2024

姑蘇年鑒

苏州市姑苏区档案馆（地方志办公室）编

苏州新闻出版集团
古吴轩出版社

图书在版编目（CIP）数据

姑苏年鉴. 2024 / 苏州市姑苏区档案馆（地方志办公室）编. -- 苏州 : 古吴轩出版社, 2024. 12.
ISBN 978-7-5546-2573-6

Ⅰ. Z525.34

中国国家版本馆CIP数据核字第2025KD9562号

责任编辑：李爱华
见习编辑：杨　楠
装帧设计：韩桂丽
责任校对：任佳佳
责任照排：吴　静

书　　名：姑苏年鉴（2024）
编　　者：苏州市姑苏区档案馆（地方志办公室）
出版发行：苏州新闻出版集团
古吴轩出版社
地址：苏州市八达街118号苏州新闻大厦30F
电话：0512-65233679　　邮编：215123
出 版 人：王乐飞
印　　刷：苏州恒久印务有限公司
开　　本：889mm×1194mm　1/16
印　　张：19　　插页：40
字　　数：551千字
版　　次：2024年12月第1版
印　　次：2024年12月第1次印刷
书　　号：ISBN 978-7-5546-2573-6
定　　价：180.00元

如有印装质量问题，请与印刷厂联系。0512-65615370

《姑苏年鉴（2024）》编审人员

主　　审　许建荣

主　　编　张红兰

副 主 编　郭志坚

编　　辑　朱晓燕　蒋永方　许熠鑫　赵国成　赵泽邦

校　　审（按姓氏笔画排序）

孙建中　陈云江　陶谋堂

《姑苏年鉴（2024）》

分目审稿人员（按姓氏笔画排序）

丁　宇	万立涛	王　勇	王洪斌	王晓刚	卞慧亚
石　标	卢文路	叶华艳	申心怡	白金龙	冯靖凯
朱　军	朱襄昆	任俊桦	刘晓骊	孙大权	李　勇
李　鑫	李金良	杨晓春	杨新星	肖　琛	肖东昌
沙　菲	沈　彦	张　弘	张海州	陈　诚	陈育军
陈建花	邵　勇	罗佳怡	金　琪	周　良	周　泳
周　亮	周　笠	周子川	周慧婷	赵　莉	赵柏仙
胡　玺	胡月领	施　玮	袁　璞	钱　蓓	倪　黎
陶　颖	黄　慧	曹　黎	崔少婧	章　宗	董徐行
鲁国祥	潘恬甜	魏海斌			

编辑说明

一、《姑苏年鉴》是系统记述姑苏区自然、政治、经济、文化、社会和生态文明等方面情况的年度资料性文献，创办于2014年，本卷为第9卷。至2023年，《姑苏年鉴》由苏州市姑苏区地方志编纂委员会编纂；从2024年起，由苏州市姑苏区档案馆（地方志办公室）编纂。

二、《姑苏年鉴（2024）》以马克思列宁主义、毛泽东思想、邓小平理论、“三个代表”重要思想、科学发展观、习近平新时代中国特色社会主义思想为指导，坚持辩证唯物主义和历史唯物主义的立场、观点、方法。

三、《姑苏年鉴（2024）》记述起讫时间为2023年1月1日至12月31日。为保持内容资料的完整性、连续性，部分图文资料根据需要适当上溯或下延。

四、《姑苏年鉴（2024）》采用分类编排法，设类目、分目、条目3个层次，条目标题加【 】标识。卷首图片设“姑苏要闻”“古城保护与提升”“经济活动”“文化体育”“社会生活”5个专题。卷内设置32个类目，分别为“专记”“2023年大事记”“姑苏概览”“中共苏州国家历史文化名城保护区工作委员会　中共姑苏区委员会”“姑苏区人民代表大会”“苏州国家历史文化名城保护区管委会　苏州市姑苏区人民政府”“中国人民政治协商会议苏州市姑苏区委员会”“中共苏州国家历史文化名城保护区纪工委　中共苏州市姑苏区纪委　苏州市姑苏区监察委员会”“民主党派　工商联”“群众团体”“法治”“军事”“古城保护”“城市建设”“经济管理”“开放合作”“商圈经济”“楼宇经济”“文旅经济”“建筑业”“服务业”“生态环境”“科学技术”“教育”“文化事业”“卫生健康”“体育”“收入与分配”“社会事务”“应急管理”“街道”“荣誉和人物”。卷末设附录和索引。全书共设186个分目、772个条目。另有卷首专题图片48幅，随文图片68幅，表格26张。

五、《姑苏年鉴（2024）》主体文字、图片资料由各部门（单位）、各街道等提供，并经各单位审核。多个条目撰稿者合署一个单位或个人姓名。部分条目和图片由区档案馆（地方志办公室）整理、采编。

六、由于统计来源、口径、方法和时间不同，正文数据尚有部分出入，使用时请以统计部门数据为准。

七、《姑苏年鉴（2024）》设双重检索系统，书前刊有要目、目录，书后设索引。

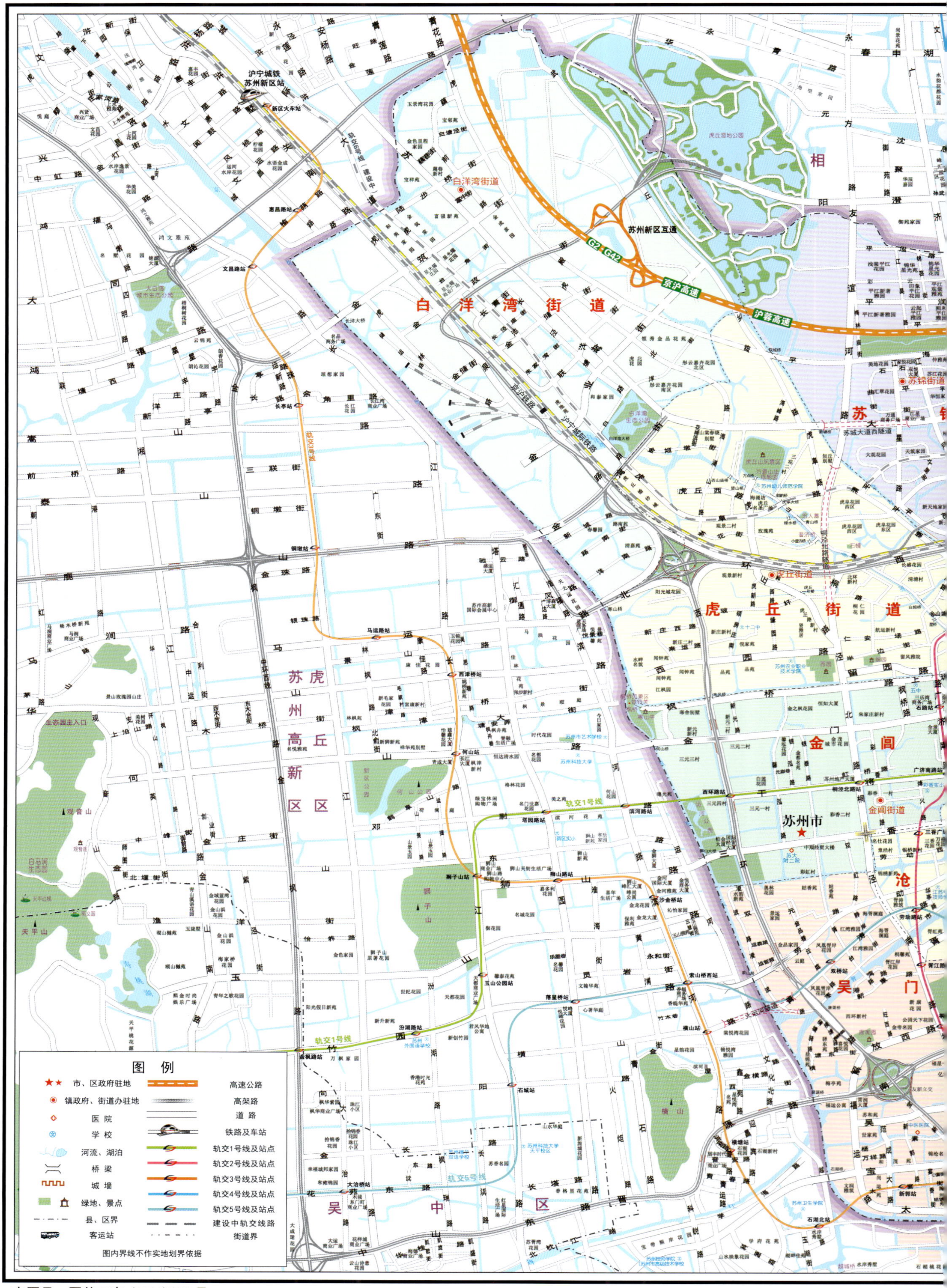

审图号：图苏E审（2024）050号

2023年姑苏区行政区划图

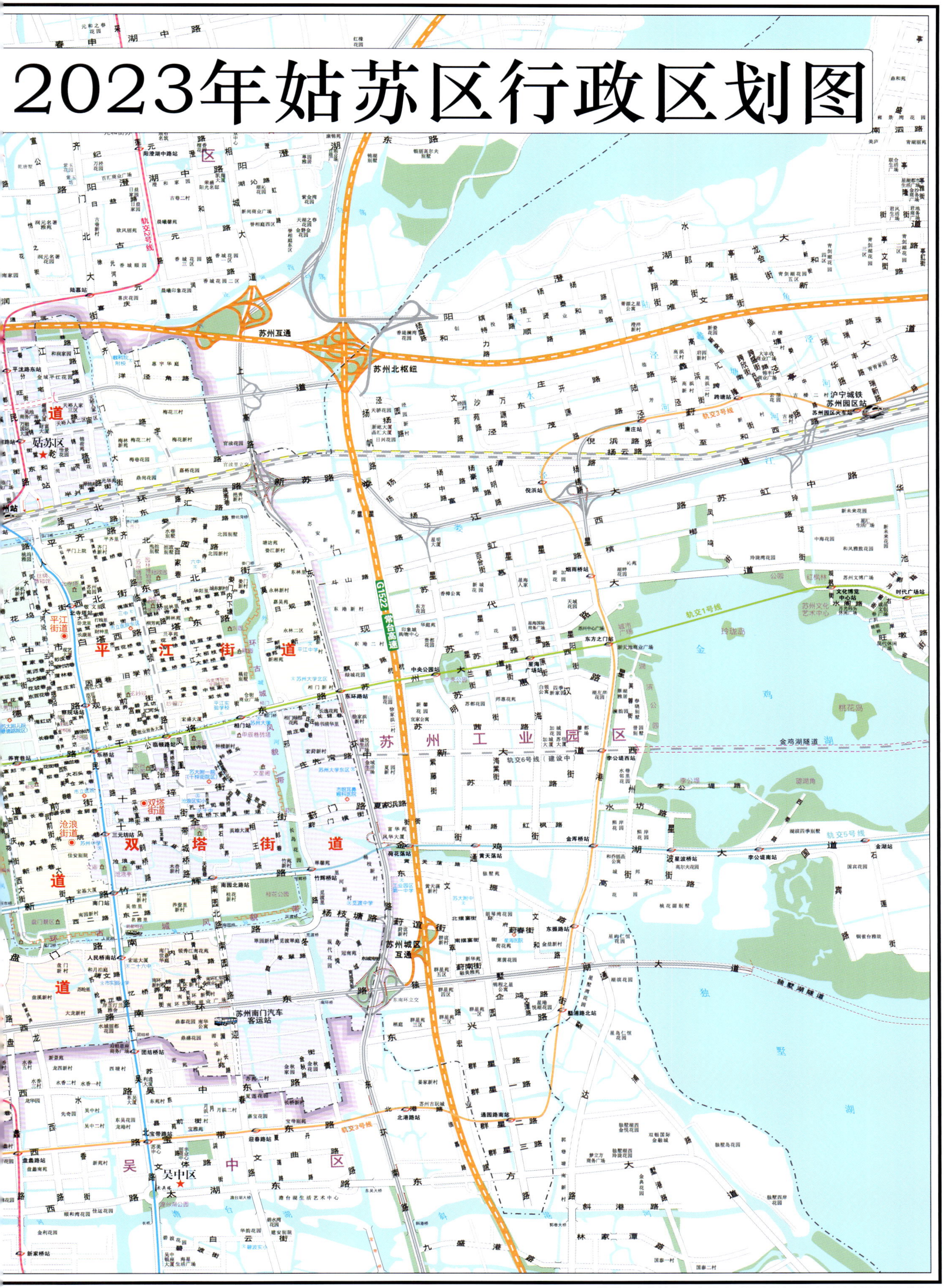

苏州吴文化地名研究所 江苏图博地理信息科技有限公司 编制

2023年7月5—7日，中共中央总书记、国家主席、中央军委主席习近平在江苏省委书记信长星和省长许昆林陪同下，先后来到苏州、南京等地，深入工业园区、企业、历史文化街区、科学实验室等进行调研。6日上午，习近平总书记到平江历史文化街区考察调研，详细听取苏州古城保护及平江历史文化街区保护、修缮、利用情况汇报。习近平总书记强调，平江历史文化街区是传承弘扬中华优秀传统文化、加强社会主义精神文明建设的宝贵财富，要保护好、挖掘好、运用好，不仅要在物质形式上传承好，更要在心里传承好。

俯瞰平江路

区融媒体中心　供稿

为深入学习贯彻习近平总书记考察江苏重要讲话精神，姑苏区第一时间组织传达学习，及时召开区委三届五次全会暨党工委（扩大）会议，审议通过学习贯彻《决定》。举办亲历者座谈会，多领域、多层面组织开展“重走总书记考察路线、重温总书记的嘱托”主题党日活动。

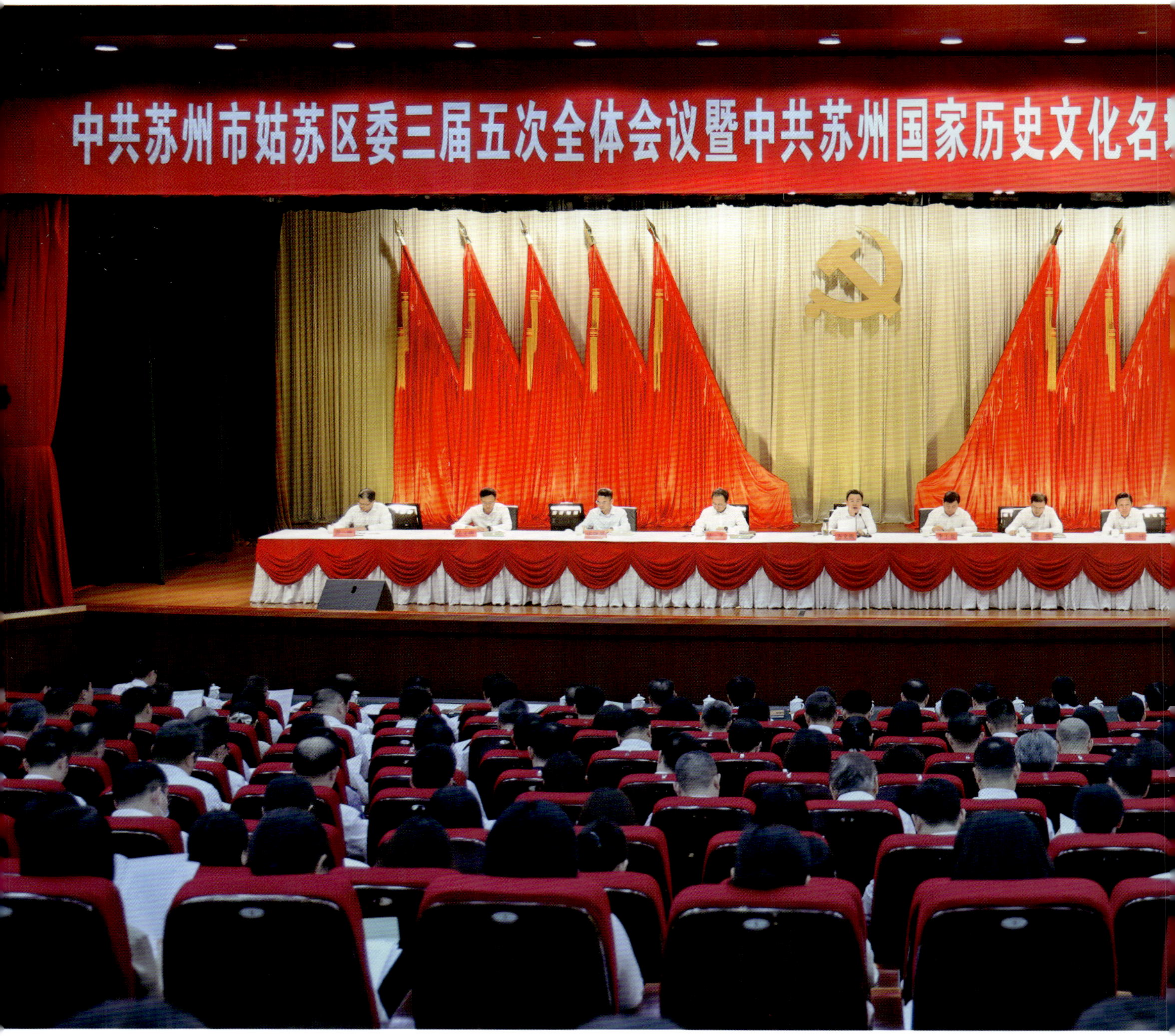

2023年7月31日，中共苏州市姑苏区委三届五次全体会议暨中共苏州国家历史文化名城保护区工委（扩大）会议召开

2023年8月1日，学习贯彻习近平总书记考察江苏重要讲话精神亲历者座谈会举行

2023年8月17日，保护区、姑苏区与苏州工业园区联合开展“重走总书记考察路线、共织苏州古今‘双面绣’”主题活动。图为苏州工业园区代表团考察平江历史文化街区

区融媒体中心　供稿

2023年2月17日，苏州市姑苏区人民政府与国家开发银行苏州市分行历史城区外重点项目战略合作签约仪式举行　　区融媒体中心　供稿

2023年3月2日，保护区、姑苏区重点项目集中开工仪式举行　　区融媒体中心　供稿

2023年6月20日，水务职能调整下放暨姑苏区水务管理中心揭牌仪式举行　　区融媒体中心　供稿

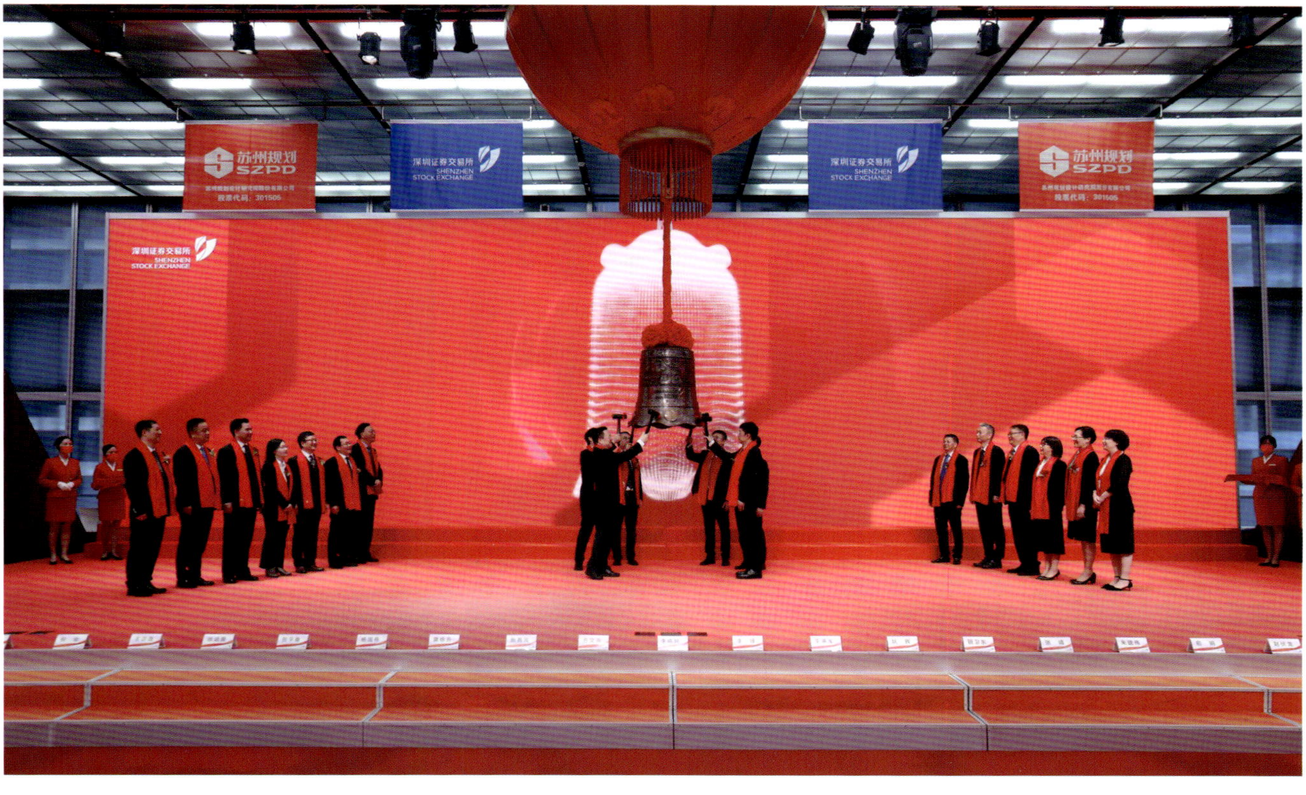

2023年7月19日，姑苏本土第一股“苏州规划”上市　　区融媒体中心　供稿

朝霞映古城

范志明　摄

2023年1月12日，城市保护更新项目集中启动仪式举办

区融媒体中心　供稿

2023年2月8日，保护区、姑苏区社区规划师聘任仪式举行

区融媒体中心　供稿

2023年2月8日，苏州古城历史文化保护传承专家咨询会议召开　　区融媒体中心　供稿

2023年10月26日，第四届建筑遗产保护与修复博览会正式开幕，桃花坞历史文化片区唐寅故居文化区正式开街

区融媒体中心　供稿

2023年10月26日，第四届建筑遗产保护与修复博览会展馆内，苏州国家历史文化名城保护成果展举办

区古保委　供稿

2023年11月11日，古城保护更新专家畅谈会召开　　区融媒体中心　供稿

2023年11月12日，苏作馆苏州旗舰店正式开馆　　区融媒体中心　供稿

2023年6月，唐寅祠修缮工程竣工

2023年6月，余宅花园修缮工程竣工

2023年6月，苏州市方志馆新馆项目竣工

苏州名城保护集团　供稿

2023年10月，金城新村修缮工程竣工并对外开放

2023年11月，苏州古城32号街坊保护与更新工程畅园更新改造项目竣工

2023年12月，章太炎故居更新改造项目竣工

2023年12月，东环杨枝塘公园项目竣工

2023年12月，姑胥角公园项目竣工

2023年12月，东环葑门石炮头小公园项目竣工

区住建委　供稿

仁恒仓街

范志明　摄

2023年2月3日，保护区、姑苏区企业家共话发展大会召开　　　　区融媒体中心　供稿

2023年4月19日，姑苏区人民政府—万豪国际集团战略合作暨平江Autograph精选酒店、AC酒店（二期）、姑苏Moxy酒店集中签约仪式举行　　　　区融媒体中心　供稿

2023年4月29日，“畅购古城　姑苏上新”五五购物节姑苏联动分会场活动举办　　区融媒体中心　供稿

2023年8月17日，姑苏智谷数字经济产业园二期项目开工暨首批招商项目签约仪式举行

区融媒体中心　供稿

2023年8月22日，第二届上市公司董事长古城保护说明会举办　　区融媒体中心　供稿

2023年12月18日，博宇鑫新一代车路协同技术科研基地项目开工仪式举行　　区融媒体中心　供稿

2023年12月30日，苏州SUONE金地广场开业仪式举行　　区融媒体中心　供稿

繁华山塘夜

范志明　摄

2023年1月18日，2023年“城门挂春联　江苏开门红”揭幕仪式暨保护区、姑苏区新春团拜会举办

区融媒体中心　供稿

2023年4月15日，霓美术馆首展《霓虹·幻影》暨金鸡湖双年展平行展开幕式举行　区融媒体中心　供稿

2023年4月22日，“‘品运河文化　探活力新城’2023姑苏健康加速跑”活动举办　　区融媒体中心　供稿

2023年6月21日，“帧藏最江南”——苏州市2023数字影像创作大赛暨保护区、姑苏区网络文化季开幕式举办

区融媒体中心　供稿

2023年9月4日，苏州市光华中学揭牌仪式举行

区融媒体中心　供稿

2023年9月28日，“石湖串月”姑苏民俗文化活动暨第三届“石湖邀月”艺术节开幕式举行　区融媒体中心　供稿

2023年12月21日，第九届“大运河姑苏民俗文化旅游节·冬至大如年”暨“双十二姑苏消费季”开幕式举行

区融媒体中心　供稿

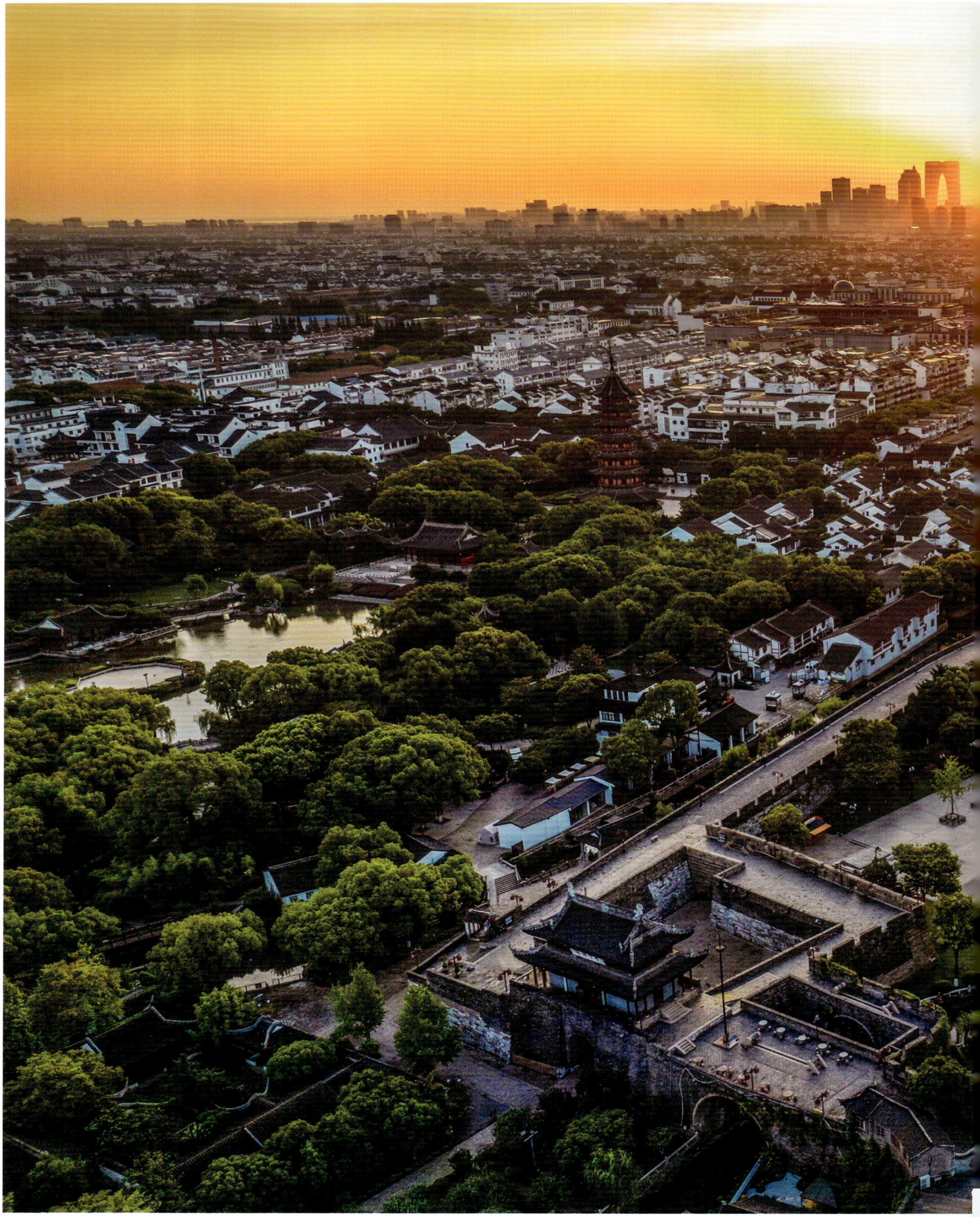

护城河朝霞

范志明　摄

2023年3月1日，保护区、姑苏区“第60个学雷锋纪念日”活动举办

区融媒体中心　供稿

2023年3月7日，“巾帼心向党　奋进新征程”姑苏区纪念“三八”国际妇女节113周年主题活动举办

区融媒体中心　供稿

2023年7月31日，彩香一村农贸市场项目开工仪式举行　区融媒体中心　供稿

2023年8月18日，姑苏区庆祝第六个“中国医师节”活动举办

区融媒体中心　供稿

2023年8月22日，“百年昆曲　百年好合　有福有彩　七夕添彩”姑苏区苏昆剧院婚姻登记服务中心启用暨浪漫古城爱情之旅路线发布活动举办

区融媒体中心　供稿

2023年9月28日，友新综合市场开业活动举办

区融媒体中心　供稿

要　目

专　记…………………………………………………… 1
2023年大事记 ………………………………………… 6
姑苏概览………………………………………… 18
中共苏州国家历史文化名城保护区工作委员会
　中共姑苏区委员会………………………… 23
姑苏区人民代表大会………………………… 44
苏州国家历史文化名城保护区管委会
　苏州市姑苏区人民政府…………………… 49
中国人民政治协商会议苏州市姑苏区委员会… 66
中共苏州国家历史文化名城保护区纪工委
　中共苏州市姑苏区纪委
　　苏州市姑苏区监察委员会……………… 71
民主党派　工商联………………………… 75
群众团体………………………………………… 81
法　治…………………………………………… 96
军　事…………………………………………… 106
古城保护………………………………………… 108
城市建设………………………………………… 116
经济管理………………………………………… 120
开放合作………………………………………… 134
商圈经济………………………………………… 137
楼宇经济………………………………………… 144
文旅经济………………………………………… 151
建筑业…………………………………………… 154
服务业…………………………………………… 157
生态环境………………………………………… 165
科学技术………………………………………… 169
教　育…………………………………………… 172
文化事业………………………………………… 187
卫生健康………………………………………… 190
体　育…………………………………………… 195
收入与分配……………………………………… 197
社会事务………………………………………… 202
应急管理………………………………………… 211
街　道…………………………………………… 217
荣誉和人物……………………………………… 230
附　录…………………………………………… 233
索　引…………………………………………… 276

目录

专　记

学习贯彻习近平新时代中国特色社会主义思想主题教育 …… 1

2023年大事记

1月 …… 6
2月 …… 7
3月 …… 8
4月 …… 9
5月 …… 10
6月 …… 11
7月 …… 12
8月 …… 13
9月 …… 14
10月 …… 14
11月 …… 15
12月 …… 16

姑苏概览

自然地理 …… 18
- 位置面积 …… 18
- 气候 …… 18
- 自然灾害 …… 18
- 水系水文 …… 18

历史人文 …… 19
- 建置沿革 …… 19
- 行政区划 …… 19
  - 表3-1　姑苏区社区分布情况（2023） …… 19
- 节令习俗 …… 20
- 人口 …… 21
- 方言 …… 21
- 民族 …… 21
- 宗教 …… 21

经济发展 …… 21
- 古代经济 …… 21
- 近代经济 …… 22
- 现代经济 …… 22

中共苏州国家历史文化名城保护区工作委员会 中共姑苏区委员会

综　述……………………………………………23
重要会议……………………………………………26
中共苏州市姑苏区委三届五次全体会议暨中共苏州国家历史文化名城保护区工委（扩大）会议……………………………………26
中共苏州市姑苏区委三届六次全体会议、中共苏州国家历史文化名城保护区工委（扩大）会议暨区委经济工作会议……………………26
保护区党工委会议、区委常委会会议…………27
组织工作……………………………………………32
概况……………………………………………32
基层党建……………………………………………32
新业态新就业群体党建……………………………33
党员管理……………………………………………33
干部管理……………………………………………33
干部教育……………………………………………33
公务员管理……………………………………………34
综合考核……………………………………………34
人才工作……………………………………………34
宣传工作……………………………………………35
理论教育……………………………………………35
新闻宣传……………………………………………35
文化建设……………………………………………35
精神文明建设……………………………………………36
网络品牌建设……………………………………………37
统一战线工作……………………………………………37
民族宗教工作……………………………………………37
非公经济领域统战工作……………………………37
港澳台统战工作……………………………………………37
侨务工作……………………………………………37
党外知识分子和新的社会阶层人士统战工作……………………………………………38
机构编制管理……………………………………………38
基层管理体制改革……………………………………38
市区两级职能调整……………………………………38
机关绩效管理……………………………………………38
事业单位优化调整……………………………………38
事业单位登记管理……………………………………39
机关党建……………………………………………39
机关党组织和党员情况……………………………39
理论教育……………………………………………39
基层党组织建设……………………………………39
党建业务融合发展……………………………………39
机关党建服务……………………………………………39
老干部工作……………………………………………40
离退休干部队伍……………………………………40
党组织建设……………………………………………40
作用发挥……………………………………………40
服务管理……………………………………………40
能力提升……………………………………………40
党校工作……………………………………………41
干部培训……………………………………………41
科研资政……………………………………………41
阵地建设……………………………………………41
档案史志工作……………………………………………41
档案资源建设……………………………………………41
档案数字化……………………………………………42
查档利用……………………………………………42
依法治档……………………………………………42
档案宣传……………………………………………42
史志工作……………………………………………42
关心下一代工作……………………………………………42
组织建设……………………………………………42
青少年法治教育……………………………………43

青少年关爱帮扶 ……………………………43

姑苏区人民代表大会

综　述……………………………………………44
人大代表构成及机构概况 ……………………44
重大事项讨论决定 ……………………………44
人事任免 ………………………………………44
人大工作创新发展 ……………………………44
重要会议……………………………………………45
姑苏区第三届人民代表大会第三次会议 ……45
区人大常委会会议 ……………………………45
人大监督……………………………………………46
专项工作监督 …………………………………46
财政和经济工作监督 …………………………47
执法检查和视察 ………………………………47
代表工作……………………………………………47
代表履职保障工作 ……………………………47
代表建议办理 …………………………………48
表5-1　2024年姑苏区人大常委会重点督办的代表议案建议情况…………48

苏州国家历史文化名城保护区管委会 苏州市姑苏区人民政府

综　述……………………………………………49
全年主要工作成果 ……………………………49
区政府重要会议 ………………………………52
区民生实事项目 ………………………………53
表6-1　2023年姑苏区民生实事项目 ……53
区重点项目 ……………………………………56
表6-2　2023年姑苏区重点项目 …………56
督查工作……………………………………………60
常规督查 ………………………………………60
重点督查 ………………………………………60
行政审批和政务服务………………………………60
概况 ……………………………………………60
表6-3　全区各类在业市场主体登记情况（2023年）……………………………60
简政放权 ………………………………………60
营商环境优化 …………………………………61
政务服务优化 …………………………………61
项目建设审批 …………………………………61
“姑苏·惠服务”政务品牌矩阵 ……………61
“政务+电力”融合服务“电暖流”驿站 ……61
跨区域促进沪苏协同 …………………………61
数字政府建设………………………………………62
概况 ……………………………………………62
发展规划 ………………………………………62
制度规范 ………………………………………62
项目管理 ………………………………………62
数据治理 ………………………………………62
重点领域应用 …………………………………63
对口帮扶……………………………………………63
连云港赣榆区“五方挂钩”工作 ……………63
结对帮扶宿迁市 ………………………………63
阳光惠民 ………………………………………63
外事工作……………………………………………64
因公出国（境）管理 …………………………64
外事接待 ………………………………………64
外事服务 ………………………………………64
信访工作……………………………………………64
工作机制建设 …………………………………64
服务能力建设 …………………………………64
社会综合治理联动工作……………………………64
12345政务服务便民热线……………………64

联动中心信息化建设 ……………………………64
网格化社会治理 ………………………………65

中国人民政治协商会议
苏州市姑苏区委员会

综　述…………………………………………………66
政协委员构成及机构概况 ……………………66
团结合作 ……………………………………66
民主监督 ……………………………………66
调研视察 ……………………………………67
重要会议…………………………………………67
政协姑苏区三届三次会议 ……………………67
区政协常委会议 ………………………………67
区政协主席会议 ………………………………68
国家历史文化名城中心城区政协跨区域协商
第一次会议 …………………………………68
建言献策…………………………………………69
资政建言 ……………………………………69
“融入式协商”议事工作 ……………………69
提案工作 ……………………………………69
社情民意工作 …………………………………69
文史宣传工作 …………………………………69
委员工作室建设 ………………………………69
表7-1　政协苏州市姑苏区三届二次会议
以来优秀提案一览……………………69

中共苏州国家历史文化名城
保护区纪工委
中共苏州市姑苏区纪委
苏州市姑苏区监察委员会

综　述…………………………………………………71
正风肃纪反腐 …………………………………71
纪检监察信息化建设 …………………………71
纪检监察队伍建设 ……………………………71
重要会议…………………………………………72
中国共产党苏州市姑苏区第三届纪律检查
委员会第三次全体会议 ……………………72
全区领导干部警示教育大会 …………………72
保护区党工委、姑苏区委反腐败协调小组
会议 …………………………………………72
党风廉政建设……………………………………72
管党治党责任落实 ……………………………72
作风建设 ……………………………………73
廉洁文化建设 …………………………………73
监督执纪…………………………………………73
政治监督 ……………………………………73
监督贯通协调 …………………………………73
群众身边“微腐败”整治 ……………………73
审查调查…………………………………………74
信访举报 ……………………………………74
案件查处 ……………………………………74
审查调查制度建设 ……………………………74
巡察工作…………………………………………74
统筹谋划巡察工作 ……………………………74
配合上级巡视巡察 ……………………………74
巡视巡察整改和成果运用 ……………………74
“小巷巡察”品牌建设 ………………………74

民主党派　工商联

中国国民党革命委员会苏州市姑苏区基层
委员会…………………………………………75
组织建设 ……………………………………75
参政议政 ……………………………………75
社会服务 ……………………………………75

中国民主同盟苏州市姑苏区基层委员会…………76
组织建设 ……………………………………76
参政议政 ……………………………………76
社会服务 ……………………………………76
中国民主建国会苏州市姑苏区工作委员会………76
组织建设 ……………………………………76
参政议政 ……………………………………76
社会服务 ……………………………………77
中国民主促进会苏州市姑苏区基层委员会………77
组织建设 ……………………………………77
参政议政 ……………………………………77
社会服务 ……………………………………77
中国农工民主党苏州市姑苏区基层委员会………77
组织建设 ……………………………………77
参政议政 ……………………………………78
社会服务 ……………………………………78
中国致公党苏州市姑苏区基层委员会……………78
组织建设 ……………………………………78
参政议政 ……………………………………78
社会服务 ……………………………………78
九三学社苏州市姑苏区基层委员会………………78
组织建设 ……………………………………78
参政议政 ……………………………………79
社会服务 ……………………………………79
姑苏区工商业联合会……………………………79
组织建设 ……………………………………79
参政议政 ……………………………………79
非公有制经济健康发展促进 …………………80
非公有制经济人士健康成长促进 ……………80
社会服务 ……………………………………80

群众团体

姑苏区总工会……………………………………81
组织建设 ……………………………………81
阵地建设 ……………………………………81
职工思想引领 ………………………………81
职工权益维护 ………………………………81
职工困难帮扶 ………………………………81
劳动技能竞赛 ………………………………82
普惠服务 ……………………………………82
文体活动 ……………………………………82
姑苏区首家外卖配送行业联合工会委员会
成立 ………………………………………82
姑苏区工会第三次代表大会召开 ……………82
劳模精神、劳动精神和工匠精神弘扬 …………82
共青团姑苏区委员会……………………………85
组织建设 ……………………………………85
共青团苏州市姑苏区第三次代表大会 ………85
阵地建设 ……………………………………85
青少年思想引领 ……………………………85
青少年权益保护 ……………………………85
青少年关爱救助 ……………………………86
青年志愿服务 ………………………………86
少先队建设 …………………………………86
青年发展型城市（县域）建设 ………………86
姑苏区妇女联合会………………………………88
组织建设 ……………………………………88
巾帼建功 ……………………………………89
家庭服务 ……………………………………89
妇女儿童权益保护 …………………………89
儿童友好城市建设 …………………………89
姑苏区科学技术协会……………………………91
组织建设 ……………………………………91
科技智库建设 ………………………………91

企业科协双创 ······91
姑苏区文学艺术界联合会······91
组织建设 ······91
区文联第三次代表大会 ······91
规范协会换届 ······91
文化活动 ······92
文艺惠民 ······92
文艺创新和扶持 ······92
姑苏区归国华侨联合会······92
组织建设 ······92
姑苏区第三次归侨侨眷代表大会召开 ······92
为侨服务 ······92
联谊合作 ······93
侨法宣传 ······93
姑苏区残疾人联合会······93
概况 ······93
残疾人权益保障 ······93
残疾人康复服务 ······93
残疾人阵地建设 ······93
残疾人关爱服务 ······93
残疾人无障碍建设 ······94
残疾人文化体育 ······94
姑苏区红十字会······94
组织建设 ······94
姑苏区红十字会第三次会员代表大会 ······94
应急救护 ······94
人道救助 ······94
献血捐髓 ······95
遗体和人体器官捐献 ······95
养老照护服务 ······95
红十字文化宣传 ······95
筹资工作 ······95
阵地建设 ······95

法　治

政法委与综治······96
平安姑苏建设 ······96
法治保障体系 ······96
安全稳定工作 ······96
基层社会治理 ······96
政法队伍建设 ······97
法治政府建设······97
责任体系健全 ······97
重大行政决策 ······97
行政执法 ······97
行政复议 ······97
行政应诉 ······97
政府依法履职 ······97
矛盾纠纷化解 ······98
公　安······98
维护社会稳定 ······98
严打违法犯罪 ······98
社会治安 ······98
古城社会治理推进 ······98
法治公安建设 ······99
道路交通安全管理 ······99
安全隐患排查 ······99
科技赋能 ······99
公安基层基础建设 ······100
检　察······100
刑事检察 ······100
民事行政检察 ······100
公益诉讼检察 ······101
未成年人检察 ······101
法律监督 ······101
法　院······102
依法办案 ······102

法治营商环境优化 …… 102
诉讼服务 …… 102
特色审判 …… 102
多元解纷 …… 103
司法行政 …… 103
法治宣传教育 …… 103
基层民主法治建设 …… 103
公共法律服务 …… 103
法律援助 …… 103
人民调解 …… 103
人民监督员和人民陪审员工作 …… 104
基层法律服务 …… 104
社区矫正 …… 104
安置帮教 …… 104
司法所建设 …… 104
智慧司法建设 …… 105
仲　裁 …… 105
概况 …… 105
调解组织建设 …… 105

军　事

人民武装 …… 106
全区武装工作会议召开 …… 106
兵员征集 …… 106
民兵应急分队集训 …… 106
民兵整组工作 …… 106
人民防空 …… 106
人防训练演练 …… 106
人防工程建设 …… 107
人防工程管理 …… 107
人防宣传教育 …… 107
双拥共建 …… 107
双拥工作 …… 107
优抚工作 …… 107

古城保护

综　述 …… 108
机制探索 …… 108
制度建设 …… 108
课题研究 …… 108
古城墙管理 …… 109
古建老宅活化利用 …… 109
“古城细胞解剖工程” …… 109
古城保护更新伙伴计划平台建设 …… 109
历史文化街区和历史建筑保护利用现场会 109
文物保护 …… 110
概况 …… 110
文物安全管理 …… 110
文物修缮管理 …… 110
国家文物保护利用示范区创建 …… 110
保护修缮项目 …… 110
概况 …… 110
顾家花园13号修缮项目 …… 111
尚堂弄4、8、10号修缮项目 …… 111
建新巷30号修缮项目 …… 111
庙堂巷11、12号修缮项目 …… 111
庙堂巷14号修缮项目 …… 111
悬桥巷47号修缮项目 …… 111
悬桥巷23、25号（钱伯煊故居）修缮项目 … 111
顾家花园4号修缮项目 …… 111
悬桥巷14号修缮项目 …… 112
钮家巷陈宅修缮项目 …… 112
德邻堂吴宅修缮项目 …… 112
历史文化街区建设 …… 112
概况 …… 112
平江历史文化街区建设 …… 112

山塘历史文化街区建设 …… 113
虎丘地区综合改造…… 113
概况 …… 113
道路建设 …… 113
景区建设 …… 113
文物勘探 …… 113
环境提升 …… 113
项目运营 …… 114
桃花坞历史文化片区综合整治保护利用…… 114
概况 …… 114
项目建设 …… 114
保护使用 …… 114
唐寅故居文化区开街 …… 114
苏州市方志馆新馆开馆 …… 114
五卅路子城片区保护利用…… 114
概况 …… 114
项目建设 …… 115
保护使用 …… 115

城市建设

城市规划…… 116
规划研究 …… 116
项目服务 …… 116
城市更新…… 117
海绵城市建设 …… 117
老旧小区改造 …… 117
城中村（无地队）改造 …… 117
城市基础设施管理…… 117
燃气管理 …… 117
河道管理 …… 118
排水管理 …… 118
城市管理…… 118
市容环境管理 …… 118
市政管理 …… 118
环境卫生管理 …… 118
停车管理 …… 119
火车站地区综合管理…… 119
概况 …… 119
执法管理提升 …… 119
客流高峰应对 …… 119
站区环境优化 …… 119

经济管理

经济运行管理…… 120
概况 …… 120
营商环境优化 …… 120
区属国有资产管理…… 120
概况 …… 120
国有企业改革 …… 120
国有企业监管 …… 121
国有企业服务古城保护 …… 121
国有企业社会责任履行 …… 121
国有企业人才工作 …… 122
涉农资本管理…… 122
概况 …… 122
深化改革 …… 122
“三资”监管 …… 122
财　政…… 122
财政收入 …… 122
财政支出 …… 123
民生保障 …… 123
财政改革 …… 124
财政监督 …… 124
数字人民币业务 …… 124
税　务…… 124
组织收入 …… 124

服务发展 …… 124
税费征管 …… 124
营商环境 …… 125
金融服务与管理 …… 125
概况 …… 125
综合金融服务 …… 125
金融风险防控 …… 125
小贷公司 …… 126
表15-1 2023年姑苏区小额贷款公司基本情况 …… 126
担保公司 …… 126
表15-2 2023年姑苏区融资性担保公司基本情况 …… 126
再担保公司 …… 126
典当公司 …… 126
表15-3 2023年姑苏区典当公司基本情况 …… 126
商业保理 …… 126
表15-4 2023年姑苏区商业保理公司基本情况 …… 126
融资租赁 …… 126
表15-5 2023年姑苏区融资租赁公司基本情况 …… 126
工业和信息化 …… 127
概况 …… 127
“智改数转”工作 …… 127
数字产业发展 …… 127
“专精特新”企业培育 …… 127
审　计 …… 127
财政审计 …… 127
投资审计 …… 127
专项审计 …… 127
经济责任审计 …… 128
审计整改 …… 128
纪审巡审联动 …… 128
内审工作 …… 128
审计管理 …… 128
统　计 …… 128
经济统计监测 …… 128
统计分析调研工作 …… 128
统计产品 …… 128
国家统计调查 …… 129
市场监督管理 …… 129
市场主体登记注册 …… 129
反垄断调查与反不正当竞争 …… 129
网络交易与合同监管 …… 129
品牌认证监管 …… 129
企业质量发展 …… 129
计量管理 …… 130
标准化管理 …… 130
认可与检验检测管理 …… 130
产品质量安全监管 …… 130
食品安全监管 …… 130
药械监管 …… 131
特种设备监管 …… 131
消费者权益保护 …… 131
价格管理 …… 131
价格监测 …… 131
价格调控 …… 131
物价补贴 …… 132
价格收费监管 …… 132
知识产权管理 …… 132
知识产权创造 …… 132
知识产权保护 …… 132
知识产权服务 …… 132
知识产权宣传 …… 132
社会信用体系建设 …… 133
信用服务 …… 133

信用监管 …………………………………………… 133
信用信息应用 ………………………………………… 133
信用知识宣传教育 …………………………………… 133

开放合作

招商引资……………………………………………… 134
概况 ……………………………………………… 134
招商推介 ………………………………………… 134
项目引进 ………………………………………… 134
苏州国际设计周 ………………………………… 134
对外及对港澳台贸易………………………………… 135
货物贸易 ………………………………………… 135
服务贸易 ………………………………………… 135
参与“一带一路”建设情况 ………………………… 135
国际市场开拓 …………………………………… 135
中欧班列发展 …………………………………… 135
对外交流拓展 …………………………………… 135
区域发展……………………………………………… 136
区域发展协同推进 ……………………………… 136
C9联盟合作深化 ………………………………… 136
市域一体融合发展 ……………………………… 136

商圈经济

观前商圈……………………………………………… 137
概况 ……………………………………………… 137
商圈建设 ………………………………………… 137
企业服务 ………………………………………… 137
数智建设 ………………………………………… 137
业态布局优化 …………………………………… 138
环境治理 ………………………………………… 138
安全工作 ………………………………………… 138
“畅购古城　姑苏上新”五五购物节姑苏联动分会场活动 …………………………………… 138
2023观前啤酒美食节举行 ……………………… 139
“姑苏月、观前夜”系列主题活动举行……… 139
南门商圈……………………………………………… 139
概况 ……………………………………………… 139
商圈建设 ………………………………………… 139
企业服务 ………………………………………… 139
文旅融合 ………………………………………… 140
端午民俗文化节 ………………………………… 140
盘门灯会 ………………………………………… 140
泰华商城升级 …………………………………… 140
石路商圈……………………………………………… 141
概况 ……………………………………………… 141
商圈建设 ………………………………………… 141
企业服务 ………………………………………… 141
综合治理 ………………………………………… 141
街区提升 ………………………………………… 142
“繁华金阊门·石路万物生”主题市集活动 ………………………………………… 142
“繁华金阊门·石路有逛头”南浩街元宵灯会 ………………………………………… 142
“繁华金阊门·石路寻品味”春日潮流市集 ………………………………………… 142
“繁华金阊门·潮流嘉年华”主题广场活动 ………………………………………… 142
国际篮联三人篮球争霸赛暨“繁华金阊门·石路运动YE”主题运动市集活动 ………… 142
“繁华金阊门·金秋有好物”假日市集活动 ………………………………………… 142
“繁华金阊门·欢购在石路”主题广场活动 ………………………………………… 143
“点亮石路·嗨翻金阊”新年活动 ………… 143

楼宇经济

载体建设 …… 144
概况 …… 144
闲置载体盘活 …… 144
载体提档升级 …… 144
长三角示范楼宇创建 …… 144
招商运营 …… 144
招商推介 …… 144
项目引进 …… 145
新入驻企业简介 …… 145
企业服务 …… 145
政策支持 …… 145
服务企业专场活动 …… 145
企业服务中心成立 …… 145
产业园楼宇 …… 145
国发大厦 …… 145
万融国际大厦 …… 145
M+芯谷产业园 …… 146
姑苏云谷产业园 …… 146
表18-1 姑苏区产业园楼宇一览（2023）…… 146

文旅经济

文旅产品 …… 151
精品文旅路线 …… 151
大儒巷38号旅游线路 …… 151
水上旅游线路 …… 151
旅游宣传 …… 152
“水韵江南 风雅姑苏”姑苏古城旅游专题推介会 …… 152
“姑苏区优秀旅游节庆活动”征集评选 …… 152
文旅管理 …… 152
文化产业招商 …… 152
文化产业载体建设 …… 152
文旅行业监管 …… 152
旅游市场整治 …… 152
酒店民宿管理 …… 153
文旅服务 …… 153
姑苏区旅游大数据平台建设 …… 153
姑苏游客驿站 …… 153
旅游交通体系 …… 153
水韵江南 风雅姑苏——2023“姑苏杯”导游大赛 …… 153

建筑业

综 述 …… 154
建筑业规模 …… 154
建筑安装工程投资 …… 154
装配式建筑 …… 154
智能建造 …… 154
建筑施工 …… 154
概况 …… 154
智慧工地建设 …… 154
施工安全培训 …… 155
施工扬尘治理 …… 155
工程建设领域整治 …… 155
苏州第五建筑集团有限公司 …… 155
苏州建设（集团）有限责任公司 …… 155
建筑行业管理 …… 155
建筑质量监管 …… 155
建筑安全监管 …… 156
建筑业信用管理 …… 156

服务业

物流业…… 157
概况 …… 157
表21-1 重点物流企业一览(2023)…… 157
物流项目建设 …… 158
物流服务品牌创建 …… 158
重点物流企业介绍 …… 159
商务服务业…… 159
律师服务 …… 159
公证服务 …… 159
人力资源服务 …… 159
会计服务 …… 160
广告业 …… 160
居民生活服务业…… 160
住宿餐饮 …… 160
家政服务 …… 160
托育服务 …… 160
农贸市场建设 …… 160
一刻钟便民生活圈建设 …… 160
老字号宣传推广 …… 161
表21-2 姑苏区老字号一览(2023)…… 161
房地产业…… 162
直管公房管理及修缮解危 …… 162
房地产管理 …… 163
物业管理 …… 163
婚庆服务业…… 163
概况 …… 163
2023中国(苏州·虎丘)国际婚纱节 …… 163
虎丘婚纱城·2023江苏省婚纱礼服职业技能定制赛暨服装院校学生设计大赛 …… 164
中国(苏州)丝绸服装服饰设计大赛 …… 164
婚纱城橱窗大赛 …… 164

生态环境

生态环境质量…… 165
空气质量 …… 165
地表水环境质量 …… 165
土壤环境质量 …… 165
资源保护…… 165
河长制工作 …… 165
城市绿化 …… 165
节约用水 …… 165
节能减排…… 166
概况 …… 166
污水处理节能 …… 166
公共机构节能 …… 166
污染防治…… 166
大气污染防治 …… 166
水污染防治 …… 167
土壤污染防治 …… 167
环境监督管理…… 167
生态环境监测 …… 167
生态环境问题整改 …… 168
环境监管执法 …… 168

科学技术

综 述…… 169
科技成果 …… 169
科技投入 …… 169
科技政策 …… 169
科技人才…… 169
高层次人才引育 …… 169
高层次人才服务 …… 169
科技项目…… 170
概况 …… 170

柔性直流互联配电网安全经济优质调控关键技术及应用 …… 170
智能化绿色城市轨道交通移动装备关键技术研究及应用 …… 170
核级管道高质量高效现场焊接系列智能装备 …… 170
科技服务 …… 170
科技服务体系建设 …… 170
高新技术企业预申报辅导会 …… 170
2023年全区高企申报业务培训会 …… 170
姑苏区2023年高企申报专家门诊服务 …… 171
姑苏区2023年第二批高企认定申报工作专家门诊服务 …… 171
2024年复评高企动员交流会 …… 171
科学普及 …… 171
科普场馆 …… 171
科普研学 …… 171
科普活动 …… 171
科普联动 …… 171

教　育

综　述 …… 172
集团化办学 …… 172
百年老校 …… 172
表24-1　2023年度集团化办学背景下学校内涵建设重点项目一览 …… 172
表24-2　姑苏区区属百年老校一览 …… 173
教师队伍建设 …… 173
德育工作 …… 173
教育督导考评 …… 173
教育科研 …… 174
语言文字工作 …… 174
教育信息化 …… 174
学校卫生与健康教育工作 …… 175
学前教育 …… 175
概况 …… 175
学前教育普及普惠 …… 175
省、市优质园创建 …… 175
课程建设三年行动计划 …… 175
民办园办学质量提升 …… 176
义务教育 …… 176
概况 …… 176
教学改革 …… 176
表24-3　基础教育前瞻性教学改革实验项目一览 …… 176
表24-4　义务教育课程与教学改革项目一览 …… 176
义务教育入学工作 …… 177
随迁子女入学保障 …… 177
民办义务教育规范发展 …… 177
教育合作交流 …… 177
姑苏区百年老校传承发展系列工程 …… 177
新时代中小学科学教育 …… 178
国际合作交流 …… 178
心理健康教育 …… 178
艺术教育 …… 178
学生体质健康发展 …… 178
体教融合发展 …… 179
义务教育管理体制改革 …… 179
江苏省义务教育优质发展县区创建 …… 179
百年老校非遗课程 …… 179
特殊教育 …… 179
概况 …… 179
融合教育 …… 180
特殊教育师资建设 …… 180
服务管理保障机制 …… 180

社会教育…………………………………… 180
概况 …………………………………… 180
老年教育 ……………………………… 180
社区教育 ……………………………… 181
双减工作 ……………………………… 181
青少年宫…………………………………… 181
姑苏区第三次少代会 ………………… 181
少先队工作提升 ……………………… 181
科技教育 ……………………………… 181
劳动教育 ……………………………… 182
姑苏研学品牌 ………………………… 182
艺术实践活动 ………………………… 182
表 24-5 姑苏区教育体育和文化旅游委员会下属小学一览（2023）… 183
表 24-6 姑苏区教育体育和文化旅游委员会下属中学一览（2023）… 184
表 24-7 姑苏区教育体育和文化旅游委员会下属特殊教育学校一览（2023）……………………… 184
表 24-8 姑苏区幼儿园一览（2023）…… 185

文化事业

文化场馆…………………………………… 187
姑苏区公共文化中心 ………………… 187
区文化馆 ……………………………… 187
区图书馆 ……………………………… 187
姑苏区公共文化中心平江分中心 …… 187
群众文化…………………………………… 187
文化类奖项 …………………………… 187
文化惠民活动 ………………………… 187
文化市集 ……………………………… 188
全民阅读 ……………………………… 188
书海夜航 ……………………………… 188
非物质文化遗产保护……………………… 188
概况 …………………………………… 188
第六批区级非遗项目 ………………… 189
文教融合 ……………………………… 189
文旅融合 ……………………………… 189
非遗宣传周 …………………………… 189
非遗品牌活动 ………………………… 189

卫生健康

综 述…………………………………… 190
医疗卫生机构概况 …………………… 190
卫生人才队伍建设 …………………… 190
卫生健康信息化建设 ………………… 190
卫生应急体系建设 …………………… 190
疾病预防控制……………………………… 191
预防接种 ……………………………… 191
传染病防控 …………………………… 191
慢性病防控 …………………………… 191
精神卫生 ……………………………… 191
基层卫生…………………………………… 191
概况 …………………………………… 191
基层卫生服务能力建设 ……………… 191
家庭医生签约服务 …………………… 192
妇幼健康…………………………………… 192
概况 …………………………………… 192
妇幼基本公共卫生服务项目 ………… 192
母婴安全保障 ………………………… 192
出生缺陷综合防治 …………………… 192
老龄健康…………………………………… 192
老年健康服务体系建设 ……………… 192
职业健康…………………………………… 193
概况 …………………………………… 193
职业健康管理 ………………………… 193

职业病防治 …… 193
健康促进 …… 193
健康教育 …… 193
健康场所建设 …… 193
爱国卫生运动 …… 193
中医药服务 …… 193
概况 …… 193
中医药服务能力建设 …… 193
中医医联体合作 …… 194
卫生监督 …… 194
概况 …… 194
公共健康综合监管执法 …… 194
公共卫生监督 …… 194
医政药政管理 …… 194
概况 …… 194
机构许可（备案） …… 194

体　育

综　述 …… 195
体育设施建设 …… 195
体育设施管理 …… 195
体育企业安全督导 …… 195
体教融合发展 …… 195
全民健身公共服务 …… 195
体育社会组织建设 …… 195
体育赛事 …… 196
“姑苏杯”体育舞蹈城市公开赛 …… 196
江苏省运河沿岸城市第二届“姑苏杯”门球邀请赛 …… 196
姑苏区第六届篮球比赛 …… 196
“区长杯”青少年校园足球联赛 …… 196
姑苏区小学生田径运动会 …… 196

收入与分配

就业创业 …… 197
就业状况 …… 197
就业创业特色品牌 …… 197
稳岗惠企 …… 197
就业帮扶 …… 197
创业扶持 …… 198
高校毕业生就业创业 …… 198
妇女就业创业 …… 198
残疾人就业创业 …… 198
职业技能提升 …… 199
和谐劳动关系构建 …… 199
收入消费 …… 199
居民收入 …… 199
居民消费 …… 199
社会保险 …… 199
养老保险 …… 199
失业保险 …… 199
工伤保险 …… 199
医疗和生育保险 …… 199
社会救助 …… 200
低收入人群救助 …… 200
流浪乞讨人员救助 …… 200
慈善救助 …… 200
教育救助 …… 200
帮扶慰问送温暖活动 …… 200
社会福利 …… 200
儿童福利 …… 200
老年人福利 …… 200
残疾人福利 …… 200
住房保障 …… 201
保障性租赁住房 …… 201
住房公积金管理 …… 201

住房公积金服务 …………………………… 201

社会事务

人口家庭…………………………………… 202
人口出生监测 ……………………………… 202
计划生育家庭奖励帮扶 …………………… 202
婚姻登记 ………………………………… 202
收养管理 ………………………………… 202
殡葬管理 ………………………………… 202
老龄事务…………………………………… 202
老年人口概况 ……………………………… 202
居家养老 ………………………………… 203
社区养老 ………………………………… 203
机构养老 ………………………………… 203
退休人员社会化管理 ……………………… 203
退役军人事务……………………………… 203
退役军人移交安置 ………………………… 203
退役军人就业创业 ………………………… 203
退役军人困难帮扶 ………………………… 204
退役军人权益保障 ………………………… 204
社区建设…………………………………… 204
社区治理与服务 …………………………… 204
社会工作发展 ……………………………… 204
社区工作人才队伍建设 …………………… 204
社会组织管理……………………………… 205
概况 ……………………………………… 205
表29-1　姑苏区3A级以上社会组织一览 ………………………… 205
社会组织评估 ……………………………… 208
社会组织监管执法 ………………………… 208
区划和地名管理…………………………… 208
行政区划界线管理 ………………………… 208
地名管理 ………………………………… 208
地名文化建设 ……………………………… 208
表29-2　2023年姑苏区地名新命名、调整注销情况 ………………… 208

应急管理

综　述…………………………………… 211
应急管理体系建设 ………………………… 211
应急能力建设 ……………………………… 211
应急预案 ………………………………… 211
应急物资储备 ……………………………… 211
应急队伍建设 ……………………………… 212
防灾减灾…………………………………… 212
概况 ……………………………………… 212
防灾减灾宣传教育 ………………………… 212
安全生产…………………………………… 212
概况 ……………………………………… 212
安全生产责任落实 ………………………… 213
安全生产风险管控 ………………………… 213
安全发展示范城市建设 …………………… 213
危险化学品安全监管 ……………………… 213
工矿领域安全监管 ………………………… 213
安全生产专项整治 ………………………… 213
安全生产监管执法 ………………………… 214
安全生产宣传教育 ………………………… 214
消防救援…………………………………… 214
消防责任落实 ……………………………… 214
火灾隐患治理 ……………………………… 214
消防执法管理 ……………………………… 215
灭火救援 ………………………………… 215
火灾事故调查 ……………………………… 215
消防救援队伍建设 ………………………… 215
消防安全宣传教育 ………………………… 215

街　道

拙政园历史文化片区·平江街道 …… 217
概况 …… 217
经济建设 …… 217
城市建设 …… 217
社会建设 …… 218
党的建设 …… 218
“平江晒书节” …… 218
阊门历史文化片区·金阊街道 …… 218
概况 …… 218
经济建设 …… 219
城市建设 …… 219
社会建设 …… 219
党的建设 …… 219
“轧神仙”民俗文化活动 …… 219
盘门历史文化片区·沧浪街道 …… 220
概况 …… 220
经济建设 …… 220
城市建设 …… 220
社会建设 …… 220
党的建设 …… 221
文化特色 …… 221
第十九届苏州端午民俗文化节 …… 221
葑门历史文化片区·双塔街道 …… 221
概况 …… 221
经济建设 …… 222
城市建设 …… 222
社会建设 …… 222
党的建设 …… 223
山塘历史文化片区·虎丘街道 …… 223
概况 …… 223
经济建设 …… 223
城市建设 …… 223
社会建设 …… 224
党的建设 …… 224
茶花村工作 …… 224
平江新城·苏锦街道 …… 225
概况 …… 225
经济建设 …… 225
城市建设 …… 225
社会建设 …… 225
党的建设 …… 225
楼宇品牌打造 …… 226
四季平门塘 …… 226
沧浪新城·吴门桥街道 …… 226
概况 …… 226
经济建设 …… 226
城市建设 …… 227
社会建设 …… 227
党的建设 …… 227
“石湖串月”民俗文化活动 …… 228
金阊新城·白洋湾街道 …… 228
概况 …… 228
经济建设 …… 228
城市建设 …… 229
社会建设 …… 229
党的建设 …… 229
“一路山歌”白洋湾山歌文化节活动 …… 229

荣誉和人物

全国五四红旗团委 …… 230
苏州市姑苏区平江街道团工委 …… 230
二星级全国青年文明号 …… 230
苏州市公安局姑苏分局观前派出所 …… 230

全国巾帼文明岗…… 231
苏州市姑苏区金阊街道“彩香嫂”志愿服务团队 …… 231
全球世界遗产教育创新案例奖卓越之星奖…… 231
拙政问雅·夜苏博：一场跨越五百年的时空邀约 …… 231
全国优秀群众文化品牌案例…… 232
平江历史文化街区 …… 232
全国模范人民调解员…… 232
罗悦生 …… 232

附　录

文　献…… 233
政府工作报告 …… 233
组织机构及负责人名录…… 243
媒体报道…… 258
在推进中国式现代化中走在前做示范　谱写“强富美高”新江苏现代化建设新篇章 …… 258
“白发姑苏”传承焕新 …… 260
老菜场更新记（人民眼·城市更新）…… 261
何以姑苏好　风雅传古今 …… 266
苏州有个“001号守城人” …… 270
苏州古城敞开胸怀拥抱现代化 …… 271
统计资料…… 275
表33-1　姑苏区主要经济指标（2023）… 275
表33-2　姑苏区一般公共预算收入（2023）…… 275

索　引

A …… 276
B …… 276
C …… 276
D …… 277
E …… 277
F …… 278
G …… 278
H …… 279
J …… 279
K …… 280
L …… 281
M …… 281
N …… 281
P …… 281
Q …… 281
R …… 282
S …… 282
T …… 283
W …… 284
X …… 284
Y …… 285
Z …… 285

学习贯彻习近平新时代中国特色社会主义思想主题教育

在全党深入开展学习贯彻习近平新时代中国特色社会主义思想主题教育，是推动贯彻党的二十大战略部署的有力举措，是深入推进新时代党的建设新的伟大工程的重大部署。2023年，姑苏区广大党员干部认真贯彻“学思想、强党性、重实践、建新功”的总要求，一体推进理论学习、调查研究、推动发展、检视整改、建章立制等重点措施，对标对表、笃信笃行，自觉深刻领悟“两个确立”的决定性意义，进一步增强“四个意识”、坚定“四个自信”、做到“两个维护”，在以学铸魂、以学增智、以学正风、以学促干方面取得实实在在的成效。

凝心铸魂筑牢根本

姑苏区把“学思想”作为首要任务贯穿始终，持续推动党的创新理论学习的深化、内化和转化，不断筑牢思想根基。

突出以上率下，有力有序统筹。全面构建起区委“领学、督学、促学”机制。“领学”把准方向。结合古城实际，在全面学的基础上，将习近平总书记关于加强历史文化遗产保护重要论述纳入班子学习安排和个人学习计划，纳入县处级以上领导干部读书班课程体系，发挥区委常委会示范引领作用。“督学”确保落实。成立区委主题教育领导小组，第一时间下发县处级以上领导班子和领导干部、基层党组织2份任务单，制定9个领域分类工作指引及重点工作提示，建立31个重点培育基层党组织清单，健全分类指导、定期调度、推演调研等工作机制。“促学”激发活力。依托党支部基层联系点制度、社情民意联系机制等，指导各级党员领导干部在深入学习思考的基础上，到所在支部、分管领域、部门和所联系街道、社区、学校、企业开展专题党课、宣讲辅导、互动交流等活动，形成以讲促学浓厚氛围。

紧扣原文原著，保质保量学习。围绕深刻领会习近平新时代中国特色社会主义思想的科学体系、精髓要义、实践要求，引导党员干部认认真真读原著、学原文、悟原理。学透规定书目。分两个阶段举办县处级以上领导班子和领导干部主题教育读书班，组织县处级以上领导干部逐篇研读党的二十大报告、党章、《习近平著作选读》等8本学习材料。学深领袖嘱托。系统梳理习近平总书记重要讲话精神，聚焦习近平总书记对江苏、苏州工作重要讲话精神，指导各单位分专题分系统深入学习习近平总

2023年3月3日，全区领导干部会议暨区管干部学习贯彻习近平新时代中国特色社会主义思想和党的二十大精神集中轮训班开班式举办

书记关于本地区本部门本行业工作的重要论述，准确把握习近平总书记提出的“保护好、挖掘好、运用好”等丰富内涵和实践要求。学精最新讲话。坚持“第一议题”制度，将每月至少开展一次理论学习中心组学习研讨作为固定动作，全区各级党委（党组）把习近平总书记发表的重要讲话、作出的重要指示纳入学习议题。

贴近基层实际，分层分类推进。以党支部为单位，在依托“三会一课”、主题党日等的基础上，引导党员干部广泛学、主动学、深入学。抓好集中培训。依托区委党校，推动苏州城市基层党建学院实体化运行，组织党支部书记和党员加强对党的创新理论基本内容、基本观点、基本要求的理解把握，多形式、分层次、全覆盖推进基层党组织书记、党员集中轮训。突出分类推进。把握不同层级、不同领域、不同对象特点，精准匹配学习“套餐”，激发年老党员“学习热情”，打造“朝霞学习组”“老书记工作室”等学习载体，实现书记领学、挂钩帮学、送学上门。丰富学习形式。线上开设“微信群组”云端促学，线下建强“暖‘新’红韵”阵地助学，结合党群服务阵地开设移动小微党课。推动开展“立足岗位作贡献”“四亮四争”“统一服务日”等活动，开展苏州市“海棠云听　身边榜样说”姑苏分场学习身边榜样开放式主题党日，激励党员进一步发挥先锋模范作用。

锤炼品格强化忠诚

姑苏区坚持把习近平新时代中国特色社会主义思想作为砥砺初心使命、锤炼党性觉悟的最好营养剂，教育引导党员、干部常怀感恩之心、砥砺奋进之志，使听习近平总书记话、跟习近平总书记走、不辜负习近平总书记厚望重托成为全区上下的共同意志、共同行动。

加强政治品格锤炼。坚持把学思想和强党性

紧密结合起来，加强党员干部政治忠诚教育、党性教育和正确政绩观教育，召开“树立和践行正确政绩观 为高质量发展赋能增效”主题教育专题学习会，引导全区党员干部把拥护“两个确立”真正转化为做到“两个维护”的思想自觉、政治自觉、行动自觉。持续深化纪律作风建设，不断发扬“主动担当、奋勇争先、高效务实”的姑苏精神和“凡事有交代、件件有着落、事事有回音”的靠谱闭环作风，让“马上办、马上就办、马上办好”成为工作准则。

健全贯彻落实机制。建立习近平总书记重要讲话和重要指示精神贯彻落实工作清单制度，始终在思想上、政治上、行动上同党中央保持高度一致。聚焦习近平总书记强调的具有牵引性的重大任务，按照省委、市委部署要求，制定实施打造西环路沿线科技创新片区、加快推动创新型经济发展、高质量发展集体经济、全面提升社区治理和服务能力、古城水系治理等5个行动方案。聚焦习近平总书记关心和强调的非遗保护传承、文化人才引育等重点事项逐一专题调研推进。围绕习近平总书记最新讲话，第一时间召开区委常委会会议传达学习，推动学习宣传贯彻走深走实。

创新学习教育载体。开展“牢记嘱托、感恩奋进、走在前列”讨论，围绕“走在前列的要求是什么”“我们的差距在哪里”“下一步怎么干”进行交流研讨，省委组织部赴姑苏区拍摄“牢记嘱托、感恩奋进、走在前列”专题电教片《双面“绣”姑苏》。积极开展革命传统教育、爱国主义教育，创新打造“重走总书记考察路”主题教育实境课堂，充分利用各类红色点位、红色线路、红色资源，推出9个沉浸式党性教育精品套餐，引导广大干部群众知史爱党、明史爱国。组织开展“重走总书记考察路线、重温总书记的嘱托”主题党日，平江历史文化街区累计接待全国各地党政机关超1000批次，获《新闻联播》《焦点访谈》《人民日报》等国家权威媒体报道百余篇次。

实干担当促进发展

姑苏区持之以恒深学细悟、真信笃行，将统筹好发展与保护的历史使命同主题教育的目标任务相结合，以实实在在的成效彰显习近平新时代中国特色社会主义思想的强大真理力量和实践伟力。

突出需求导向攻坚克难。围绕以学促干要求，坚持高标准谋划，保护为先、发展为要，推进主题教育各项措施与中心工作有机融入。找准发展着力点。区委主要负责同志主持召开多次专题会议，组建学习考察组赴青岛、绍兴、温州、大理、丽江等5个国家历史文化名城考察学习，修订完善历史文化保护传承、古城保护更新、党的建设等9个既有的全区三年行动计划，新制订酒店业高质量发展、培育元宇宙运用场景等4个全区三年行动计划。下好保护先手棋。住建部历史文化街区和历史建筑保护利用现场会等全国性会议在姑苏古城圆满召开，“争取中长期低息贷款支持古城保护”纳入住建部实施城市更新行动可复制经验做法清单（第二批），为全省唯一。“古城保护更新伙伴计划”持续推进，苏作馆苏州旗舰店、畅园有熊酒店、丁宅金海华等项目顺利开业。增强项目牵引力。经济指标稳中有进，成立并实体化运作街道企业服务中心，仁恒仓街、胥江龙湖天街等商业载体全新亮相。姑苏区入选国家文旅产业融合发展示范区建设单位。苏州热工研究院清洁能源技术研发实验中心项目成功落户，实现姑苏区国家级平台“零”的突破。

坚持问题导向真调实研。坚持以“问题导向”引领“调研方向”，推动领导干部深入基层开展领题调研，靶向施策破解发展难题。结合实际精准选题。学好用好“深、实、细、准、效”五字诀，从解决影响姑苏改革发展、群众关心的关键问题入手，建立“三审三查”选题机制，统筹确定“古建老宅保护利用研究”“数字赋能激发文化产业高质量发展新动能”等96个调研课题。沉下身子深入破题。围绕“分类施策开展综合整治、征收搬迁破解城中村、老旧小区治理难题”调研课题，区委主要领导多次深入茶花村、化工新村等城中村、老旧小区开展调研，累计完成里双河以南等5个城中村、危旧房征收搬迁项目，完成改造永林新村二区等30个老旧小区，创新探索“房产超市”“物业城市”等治理模式。高效务实全力解题。建立调研成果转化运用清单，聚焦“建章立制”和“为民实事”两个方面的成效，推动调研成果转化为解决问题、改进工作的实际举措。

注重结果导向履职尽责。认真贯彻落实“解剖一个案例，解决一类问题”的要求，推动9个县处级领导班子确定正反面典型案例，解剖麻雀、举一反三，确保高质量发展稳步推进。坚持以小见大。立足姑苏实际，确定“事件具体、权责清晰、影响明显、有推广或反思意义”的正反面案例各6个，从正面案例中感悟党的创新理论的真理力量和实践伟力；从反面案例中剖析深层次、根源性问题，以代表性事件的剖析推动面上工作整体提升。坚持以上率下。区四套班子领导带头深入基层调研284次，围绕社情民意联系机制、苏州智慧小区改造纠纷进行解剖式调研，深刻剖析问题、总结经验，其中苏州智慧小区纠纷改造案例被推荐为省优秀案例。5家正处建制单位确定“古城细胞解剖工程”“私宅古井保护”“钟楼新村征迁工作”等古城保护、社会民生类案例，形成调研成果10篇。坚持以点带面。起草《对标“保护好、挖掘好、运用好”面向世界贡献古城保护的苏州方案》正面案例剖析材料，“以古城保护更新为代表的历史文化传承姑苏实践”被列为市委常委会正面典型剖析案例，并入选省优秀案例。

践行宗旨为民造福

姑苏区坚持以人民为中心的发展思想，进一步树牢造福人民的政绩观，问计于民、问需于民，全面抓深抓实各项重点措施，着力解决好人民群众最关心、最直接、最现实的利益问题，真正以主题教育的实际成效取信于民。

用心用情办好民生实事。聚焦关系群众切身利益的现实问题，全面完成31项民生实事项目，推动实现更高水平的“民生七有”。民心工程扎实推进。精心组织实施就业优先政策、优化调整教育资源、强化医疗资源配置、完善农贸市场等民心工程，不断增进民生福祉。群众诉求即接即办。用好12345政务服务平台、“姑苏发布”留言等平台，建立接听受理、转办督促、回访评判的闭环系统，梳理汇总群众关心、市场关切问题1.5万余件。开展信访突出问题“百日会战”专项攻坚，信访积案实现动态清零。建立快速响应机制，专人包案销案，快速回应群众需求。重点问题加速整治。扎实开展“三听三问”活动，总结梳理古城保护、安全生产、民生需求等10大类共性问题并做好课题研究，组建工作专班，联动解决复杂问题，形成长效机制。

深入一线破解急难愁盼。党员干部紧紧围绕群众的急难愁盼问题，采取“四不两直”方式，扑下身子、沉到一线，深入基层攻坚破解。准确把握需求。践行“四下基层”制度，开展“千村万企、千家万户”大走访、“集中服务月”活动，实现全区“四上企业”和困难家庭户走访全覆盖。切实压实责任。坚持区委常委会调度重点项目制度，针对既有建筑、消防、城镇燃气等重点领域，每周研判分析问题隐患，研究制定解决对策。贯彻落实“1+7”工作清单制度，下发风险防控提示单，实现问题发现、处置、解决、预防的全流程闭环。聚力抓实工作。针对普遍关注的营商环境问题，邀请30名企业家成为“体验官”“监督员”。在全省率先推出活化利用传统民居“一件事”、开办旅游民宿“一件事”，率先通过全链通系统办理“企业开办+用电报装”。

多元共治助力基层善治。强化系统思维，聚焦古城、老城、新城治理难点和重点，积极探索党建引领、多元参与的中国式现代化古城保护更新发展路径，姑苏区被确定为中组部党的建设制度改革基层联系点。创新分类治理模式。加快党建引领“三圈六型”社区分类治理体系建设，将全区169个社区分为开放式街区社区、商圈型社区、拆迁安置社区、普通商品房社区、老新村社区、混合型社区6种类型，聚焦不同类型社区治理重点难点，精准施策，分类选树首批24个样板示范社区，探索社区分类治理“工作六法”。提升共建联建合力。深入开展机关党组织助力基层治理“红哨行动”，深化149个机关事业、国企党支部结对169个社区机制，常态实施“同心同力”党建服务项目。强化社区物业党建联建。打造基层治理“七支队伍”。深化实施社区治理带头人“雁阵工程”，配强“全科社区工作者”队伍。

廉洁奉公树立新风

姑苏区对照“真、实、准”要求，通过查摆突出问题、深化联动整改、开展专项整治等，确保责任明确到位、措施落实到位、问题解决到位，推动主题教育抓出质量、取得实效。

注重分类整改。对照整改整治“五个紧盯”，围绕“五个聚焦”，深入开展“三对照三排查”，抓牢抓细检视整改。建立问题清单。通过自查自纠、谈心谈话等方式，结合巡视巡察、审计监督发现的问题，深入检视排查问题，累计梳理出问题清单102条，制定整改措施333条。做好分类指导。对涉及领域行业系统的突出问题，压实行业管理部门整改责任，集中攻关、协同解决，问题清单在主题教育期间均符合销号要求。抓实基层基础。持续整顿软弱涣散党组织，组织党员深入开展个人党性分析，推动基层党组织围绕执行上级组织决定、严格组织生活等方面开展检视分析，累计查找梳理出涉及理论学习、经济民生、企业服务、党员管理教育等痛点难点堵点问题，针对性制定整改措施。

深化专项整治。坚持抓好突出问题专项整治，对第一批主题教育中省级部署开展的专项整治内容进行全面梳理检视，将力戒形式主义、官僚主义贯穿整改整治全过程。树立正确政绩观。对大肆举债、大干快上搞“半拉子工程”“形象工程”“面子工程”专项进行全面排查，均不属于问题项目。组织开展“新形象工程”、党政机关习惯过紧日子等专项排查。围绕统计造假搞“虚假政绩”专项，共对207家企业开展专业核查，对58家企业开展执法检查，发送责令改正通知9份，1家企业被依法予以警告处罚。净化基层正风气。围绕基层治理不良现象专项，制订社区党建台账目录、社区“三张清单”，排查基层突出矛盾问题65件，全部整改到位。提振干部精气神。围绕党员干部不担当不作为专项，指导51家党（工）委（党组）全面梳理，坚持“三个区分开来”，精准实施容错纠错10起，及时开展澄清正名21起，做好风险报备41起。

做好难点整改。围绕历史遗留问题、制约古城保护发展的瓶颈问题等，突出标本兼治、久久为功，以重点突破带动整体提升。深挖问题根源。聚焦古建老宅活化利用、直管公房解危修缮、老旧小区改造等制约姑苏经济社会发展、群众反映强烈的问题难题，制定区党政主要负责同志专项整治方案3个。坚持开门整改。进一步创新“伙伴计划”多元产业导入的古建老宅活化利用模式，推动古建老宅活化利用22处，完成直管公房解危修缮3万平方米，制定《姑苏区属直管公有住房申请式退租办法》及配套内部操作流程，切实推动公房资源高效盘活。建立长效机制。将制度建设贯穿于整改整治全过程，建立健全学习贯彻党的创新理论、推动高质量发展、为民服务办实事和作风建设等行得通、做得实、管长远的制度机制，研究制定《关于加强党建引领开放式街区治理的实施方案》《保护区、姑苏区推进古城产业业态提升工作方案》等制度机制，推动整改整治见底见效、常态长效。（区委组织部）

2023年大事记

1月

1日

△《姑苏区行政执法过错责任追究实施细则》施行。

2日

△苏州市新能源汽车产业创新集群建设推进大会暨项目集中开工签约仪式举行，姑苏区新能源汽车运营支持中心项目开工，吉旗物流项目签约。

3—5日

△中国人民政治协商会议苏州市姑苏区第三届委员会第二次会议召开。

△苏州市姑苏区第三届人民代表大会第二次会议召开。

4日

△姑苏区社情民意微实事项目获评“2022苏州十大民心工程”。

6日

△保护区党工委副书记、管委会主任，姑苏区委副书记、区政府区长陈羔调研观前老字号企业，了解老字号企业发展情况。

11日

△市委常委、保护区党工委书记、姑苏区委书记方文浜走访中国电信股份有限公司苏州分公司、苏州混凝土水泥制品研究院有限公司、江苏省苏州市烟草专卖局（公司）、国网江苏省电力有限公司苏州供电分公司、中国石化销售股份有限公司江苏苏州石油分公司等重点企业。

△姑苏区双塔街道获评第十批全国民族团结进步示范区示范单位。

12日

△苏州名城保护集团27个古城保护更新项目集中启动仪式在言子书院举办，总投资额近120亿元。

△姑苏区中街路文化生活街区获评2022年度苏州市“精品美丽街区”，山塘历史文化街区、子城历史文化街区获评2022年度苏州市“美丽街区”。

△姑苏区“中医惠侨　姑苏有爱”主题活动在吴门桥街道美地PARK产业园举办，设立首批16个“中医惠侨”基地，成立“中医惠侨”服务联盟。

15日

△姑苏区春风行动暨就业援助月主题活动在苏州火车站启动，为返乡务工人员送上200份“离苏暖心礼包”，开展春风行动线上专场招聘，为期15天。

16日

△姑苏区“政协委员之家”“民建会员之家”双

平台揭牌仪式暨“融入式协商·深化委员工作室功能作用”专题协商议事会在中科健康产业集团苏州有限公司举办。

17日

△姑苏区首笔土拍出让金使用数字人民币缴纳。

18日

△2023年“城门挂春联　苏州开门红”揭幕仪式暨保护区、姑苏区新春团拜会举办。

20日

△姑苏区观景社区“红豆侨屋”入选“2021—2022年度全国侨联系统‘侨胞之家’典型选树单位”。

28日

△保护区、姑苏区推进“敢为、敢闯、敢干、敢首创”动员会暨作风建设大会召开。

31日

△2023年全区教育工作会议召开。

是月

△苏州姑苏数字人力资源服务产业园开园。

2月

1日

△江苏省委书记信长星到平江历史文化街区调研，走进古城保护展示馆、刺绣工作室和传统民居，察看历史文化保护传承，了解文旅消费情况。

△《解放日报》刊登文章《苏州有个“001号守城人”》。

2日

△市委常委、保护区党工委书记、姑苏区委书记方文浜，保护区党工委副书记、管委会主任，姑苏区委副书记、区政府区长陈羔到阊门片区调研，强调要发扬“四敢”精神，深挖“寻根文化”内涵，串珠成链，重现“金阊门”繁华盛景。

3日

△保护区、姑苏区企业家共话发展大会召开。中建国际等2家央企及泰丰文化等40个产业招商项目签约，签约金额61.5亿元。

△市委常委、保护区党工委书记、姑苏区委书记方文浜会见意大利外贸委员会中国区首席代表张保龙·布鲁诺，交流引进意大利优质品牌、扩大市场消费需求相关事宜。

4—5日

△第22届古胥门元宵灯会举办。

6日

△中国共产党苏州市姑苏区第三届纪律检查委员会第三次全体会议召开。

7日

△全省人社工作会议在南京召开。会议表扬全省人力资源社会保障系统2022年重点工作成效明显的集体和个人，姑苏区沧浪街道桂花社区入选“全省人力资源社会保障系统2022年重点工作成效明显的集体”名单。

8日

△保护区、姑苏区社区规划师聘任仪式举行，51位古城保护领域专家、学者获聘成为姑苏古城的社区规划师。

△苏州古城历史文化保护传承专家咨询会议举行，邀请知名专家学者和企业家代表齐聚一堂，共商苏州古城保护大计。

△金阊街道石路获2022年度苏州市十佳“城商协作”样板道路。

17日

△姑苏区政府与国家开发银行苏州市分行举行历史城区外重点项目战略合作签约仪式。

△《新华日报》刊登文章《苏州古城敞开胸怀拥抱现代化》。

18日

△全区消防安全工作会议召开。

21日

△姑苏云谷产业园“质量赋能站”成立。

△万丰里征收搬迁项目启动。

21—23日

△保护区、姑苏区党政代表团赴南京、扬州、上海等地考察。

23日

△国务院安委会综合检查组第十三组赴姑苏区开展检查，对苏州博物馆、平江华府、昆曲博物馆、平江路历史街区等进行抽查。

25日

△苏州市姑苏区金阊街道“彩香嫂”志愿服务团队获评“全国巾帼文明岗”。

3月

2日

△市委常委会专题调研姑苏区工作会议暨苏州国家历史文化名城保护工作领导小组会议召开。

△全区重点项目集中开工仪式举行。共确定46个重点项目，涵盖古城保护、商贸物流、公共服务、房地产开发等方面。其中，新增项目14个、续建项目32个，项目总投资1142亿元，年度计划投资142.36亿元。

3日

△全区领导干部会议暨区管干部学习贯彻习近平新时代中国特色社会主义思想和党的二十大精神集中轮训班开班式举行。

△姑苏区政府与中建国际建设有限公司签约。双方将深化在老宅活化、城市更新、产业招引等方面合作。

△保护区、姑苏区征收搬迁推进大会召开。

△苏州市虎丘实验小学校获评“全国国防教育示范学校”。

6日

△省委常委、政法委书记刘建洋到姑苏区调研古城保护与基层社会治理、社会面治安防控等工作。

7日

△市委常委、保护区党工委书记、姑苏区委书记方文浜带队赴苏州老平江食府餐饮管理有限公司、苏州大学督导检查。

12日

△保护区、姑苏区2023年义务植树和区级总林长巡林活动开展。

15日

△全区组织工作暨老干部工作会议召开。

16日

△保护区、姑苏区“天平护航　法润新湾”活动在白洋湾街道姑苏云谷产业园举办，全区首个社区“共享法庭”在富强社区揭牌启用。

17日

△姑苏区法院“太湖流域环境资源法庭太湖生态岛巡回审判点”在吴中区金庭镇启用。

21日

△《姑苏区省级“民主法治示范社区”提优工程实施方案（2023—2025）》出台。

22日

△中央政法委宣教局调研组至姑苏区调研基层社会治理、古城保护等工作。

23—24日

△市委常委、保护区党工委书记、姑苏区委书记方文浜率队赴杭州学习考察。

24日

△《人民日报》专刊《人民眼·城市更新》刊登文章《老菜场更新记》。

25日

△省人社厅厅长张彤率队到姑苏区调研就业创业工作开展情况。

28日

△市委常委、保护区党工委书记、姑苏区委书记方文浜率队调研西园寺北到虎丘南地区城市形象提升工作。

△“姑苏政协文史馆”揭幕仪式在姑苏区党群服务中心举行。

29日

△中国流动科技馆江苏巡展苏州市姑苏区站活动在苏州市敬文教育集团东中市实验小学校启动。

30日

△中国工农红军苏州八一红军小学授旗授牌仪式在苏州市虎丘实验小学校举行，中国关工委主任、全国红军小学建设工程理事会荣誉理事长顾秀莲出席活动并为苏州八一红军小学授校旗、校牌和颁发新时代雷锋学校牌匾，市委副书记、市长吴庆文出席活动并致辞。

31日

△姑苏区政府与中信和业投资有限公司签约仪式举行。双方在竹辉路沿线闲置载体盘活利用、古城保护与城市更新等方面加强合作。

△“姑苏·惠服务”政务品牌矩阵暨十大惠企利民项目发布。

4月

1日

△“诗游运河·舟行江南”全民阅读活动在吴门桥环古城河道游船上举行。

10日

△吴中区法院、姑苏区法院、姑苏区检察院、姑苏区司法局共同设立行政争议协同化解工作站。

12日

△苏州市姑苏区外卖配送行业联合工会委员会第一届第一次会员代表大会召开。姑苏区外卖配送行业联合工会成立。

13日

△江苏省文化和旅游厅公布2023年江苏省“双千计划”实施对象名单，虎丘街道海棠芳“非”非遗文化馆入选2023年度“最美公共文化空间”打造对象。

17日

△平江街道团工委获共青团中央“全国五四红旗团委”荣誉称号。

18日

△“繁华姑苏　毓秀常熟”——双城联袂文化退管融合项目启动仪式在苏州市大学生公共创业实训基地（谷·姑苏社）举行。

△姑苏区法院在山林脚下公开开庭审理一起滥伐林木的刑事附带民事公益诉讼案件，案件图文被收录于最高人民法院“天平杯·随手拍”大赛作品展播，并发布在最高人民法院微信公众号。该案系全省首例以认购碳汇方式替代性履行生态修复义务的案件。

19日

△姑苏区政府与万豪国际集团战略合作暨平江Autograph Collection酒店、AC（Adequate Comfort）酒店（二期）、姑苏Moxy酒店集中签约仪式举行。

20日

△最高人民法院党组书记、院长张军率调研组考察姑苏区法院太湖流域环境资源法庭设立在太湖生态岛的巡回审判点。

28日

△保护区、姑苏区2022年度高质量发展总结表彰会议暨2023年庆祝“五一”国际劳动节活动举行。

△山塘历史文化街区、十全街入选第三批省级夜间文化和旅游消费集聚区建设单位名单。

30日

△市委副书记、市长吴庆文专题调研古城保护

工作。

5月

9日

△省残联党组书记、理事长姜爱军一行赴姑苏区调研，走访慰问残疾人家庭，考察姑苏区寒香会社、居家乐养老服务中心。

10日

△2023年姑苏区“510尚廉日”党风廉政宣传教育系列活动启动仪式举行。

△省政务办党组书记、主任张文浩率省政务办主题教育调研组一行至苏州开展数字政府建设情况调研，到中街路社区考察“数字社区”建设。

16日

△全区首个“就在苏州·乐业姑苏”劳动者驿站揭牌启用，同步启用“融·姑苏潮”家门口就业服务站。

△姑苏区第三十三次“全国助残日”活动举办。“融入式协商　爱无碍”政协委员工作室、姑苏区残疾人托养服务中心、“特殊儿童成长关爱联盟”揭牌。姑苏区2023年“残工委成员单位每年为残疾人办实事”项目、姑苏区2023年街道创新创优助残项目发布，姑苏区残疾人文化周活动启动。

18日

△保护区、姑苏区党政代表团赴高新区、虎丘区考察。

19日

△2023年新时代姑苏产业工人队伍建设改革联席会议暨工作推进会召开。会上，为获得第二批“苏州工匠实训基地”的苏州刺绣研究所有限公司、苏州天创职业培训中心2家单位，以及获得第三批姑苏区“匠人匠星”职工职业技能实训基地的苏州市金莎美容美发化妆培训学校、苏州市新慧职业培训学校2家单位颁发奖牌。

20日

△2023年“就在苏州·留在苏州”人才夜市启动仪式暨首场招聘活动在环宇荟购物中心举办。

△“5·20世界计量日”系列宣传暨计量科普宣传周活动举办。

21日

△“就业创业暖民心·凝心聚力促发展”2023年姑苏区就创业主题宣传月活动在苏州姑苏人力资源服务产业园启动。

△《姑苏区法律援助工作站点覆盖提升工程实施方案》出台。

22日

△姑苏区纪念“5·22”国际生物多样性日暨鸟类生物多样性观测站建站启动仪式举行。姑苏区法院与姑苏生态环境局签署共同推动打击生态环境违法犯罪、推动生物多样性保护协议。

△保护区、姑苏区古城墙保护管理工作专题会议召开。

23日

△姑苏区首家个体工商户集中登记点——“悦民市集”在大公园社区党群服务中心设立。

24日

△“观科技创新，筑网络堤坝”科技企业参观活动举办。

26日

△市委常委、保护区党工委书记、姑苏区委书记方文浜率队调研名城发展集团并召开专题会议。

30日

△“鼓号嘹亮，童心向党”——2023年姑苏区少先队鼓号队风采展示大赛举办。

△《新华每日电讯》刊登文章《“白发姑苏”传承焕新》。

31日

△姑苏区新一代企业家商会成立大会暨《姑苏商道》传承发布仪式举办。姑苏区总商会副会长、苏州市石路国际商城有限责任公司董事长吴人杰当选首任会长。

△姑苏区疾病预防控制局挂牌成立。

△苏州市首个助老爱老心理健康关爱站在金阊街道三元一村社区党群服务中心揭牌启用。

是月

△双塔街道翠园社区获“江苏省健康社区”和“苏州市健康社区”荣誉称号。

△双塔街道团工委获评“江苏省五四红旗团委(团工委)”。

△苏州传化公路港物流有限公司团支部获评“江苏省五四红旗团支部(团总支)”。

△江星路停车场地面公园、三香路阊胥路西北角绿地、江宙路滨水公园3处绿色空间入选江苏省100处“乐享园林”民生实事项目名单。

6月

1日

△2023年“大运河姑苏民俗文化旅游节·轧神仙”活动启幕。“石路上城门”、京东旗舰店、天虹改造、国展南区、演艺中心改造等项目发布,“正好遇见你·寻美姑苏城”大运河文化研学线路发布。

5日

△姑苏区法院依法审结全链条打击机动车检测作弊污染环境案。全国首创按污染环境罪共同犯罪处理作弊器制造、销售、使用者黑色链条。

12日

△2023姑苏非遗宣传周暨“运河畔非遗文化互鉴”系列活动启动。

△市委常委、保护区党工委书记、姑苏区委书记方文浜实地走访调研辖区养老服务机构。

13日

△市委常委、保护区党工委书记、姑苏区委书记方文浜实地踏勘“两河一江”环境综合整治工程遗留动迁户情况。

14日

△住房和城乡建设部总经济师杨保军调研古城保护更新工作。

15日

△中国共产主义青年团苏州市姑苏区第三次代表大会召开。

16日

△苏州市姑苏区科学技术协会第三次代表大会召开。

△保护区、姑苏区“6·16安全宣传咨询日”活动暨新时代文明实践应急志愿服务总队成立仪式举行。

18日

△姑苏区古城保护更新伙伴计划平台正式上线,首批18个“伙伴计划”亮相。

19日

△苏州市姑苏区妇女第三次代表大会召开。

△市委常委、保护区党工委书记、姑苏区委书记方文浜实地调研“平江九巷”项目。

△虎丘街道质量发展委员会成立,是姑苏区首个街道一级质量发展委员会。

20日

△苏州市姑苏区工会第三次代表大会召开。

△水务职能调整下放暨姑苏区水务管理中心揭牌仪式举行。

△全区优化营商环境工作推进会召开,《姑苏区优化营商环境创新行动2023》发布。

21日

△苏州市姑苏区红十字会第三次会员代表大

会召开。

△"志说江南·江南旧志舆图展"在廖家巷28号桃花坞历史文化片区唐寅故居文化区开幕。

△市委常委、保护区党工委书记、姑苏区委书记方文浜专题调研区纪检监察干部队伍教育整顿工作。

22日

△2023大运河姑苏民俗文化旅游节·吴地端午——第五届中国苏州江南文化艺术·国际旅游节姑苏分会场暨第十九届苏州端午民俗文化节活动在盘门景区举办。

28日

△市委常委、保护区党工委书记、姑苏区委书记方文浜实地走访调研辖区养老服务机构。

30日

△2023"传媒之夜　乐游江南"启动仪式在石路演艺中心举行，运河剧场开工。运河剧场是由苏州广电传媒集团、姑苏区政府与开心麻花集团共同打造的苏州演艺新地标。

7月

2日

△省委常委、市委书记曹路宝在姑苏区专题调研基层党建工作，参加锦帆路社区学习运用"浦江经验"开放式主题党日。

4日

△《平江路志》首发暨江苏书展推介会在苏州国际博览中心书香苏州馆举行。

5日

△中国致公党苏州市姑苏区第三次党员代表大会召开。

△姑苏区多彩"行走课堂"科普研学系列活动启动。

6日

△中共中央总书记、国家主席、中央军委主席习近平到平江历史文化街区考察调研，详细听取苏州古城保护及平江历史文化街区保护、修缮、利用情况汇报。

7日

△姑苏区法院集约式人大代表联络站启用。

8日

△《光明日报》刊登文章《习近平在江苏考察时强调　在推进中国式现代化中走在前做示范　谱写"强富美高"新江苏现代化建设新篇章》。

8—25日

△2023国际篮联三人篮球争霸赛苏州站在石路商圈举办。本次赛事是中国（除港澳台）首次面向社会大众组织的国际性高规格三人篮球赛事。

10日

△姑苏区青少年暑托班集中开班仪式暨沧浪街道潼泾一社区"伙伴计划"项目启动仪式在沧浪街道综合为老服务中心举行。

11日

△姑苏区创意技术人才对接会举行，19个重点产业人才项目签约。

19日

△苏州规划设计研究院股份有限公司在深圳证券交易所创业板上市。

20日

△市委常委、保护区党工委书记、姑苏区委书记方文浜一行赴北京拜访住建部、中国城市规划设计研究院、国家开发银行，汇报苏州古城保护更新工作情况，开展项目合作签约等活动。

△金山办公苏南总部入驻姑苏云谷产业园。

21日

△全市老年助餐服务现场推进会召开。姑苏区南环综合为老服务中心、二郎巷综合为老服务中心、三元综合为老服务中心获评最具人气老年助餐

点，江苏居家乐健康产业有限公司、姑苏健康养老产业发展（苏州）有限公司获评“优秀老年助餐服务单位”，姑苏区银龄乐营养配餐中心入选全市第一批餐饮业参与“适老餐”服务企业。

24日

△保护区党工委副书记、管委会主任，姑苏区委副书记、区政府区长陈羔实地调研民生实事项目，现场察看永林新村二区老旧小区改造和东环路沿线环境整体提升项目。

31日

△中共苏州市姑苏区委三届五次全体会议暨中共苏州国家历史文化名城保护区工委（扩大）会议召开。

△彩香一村农贸市场项目开工建设。

8月

1日

△第三届海峡两岸青年文化月姑苏区分会场“姑苏缘　两岸情”非遗之旅体验活动举办。

2日

△姑苏区残联与河南省信阳市浉河区残联签订推进残疾人事业高质量发展交流合作框架协议，建立常态化交流合作机制。

3日

△江苏省发改委副主任黄海楠一行到姑苏区就历史文化街区的保护和文化传承发展“专精特新”工程项目开展调研。

4日

△姑苏区建筑行业协会会员大会暨一届一次理事会举行。

△“水韵江南　风雅姑苏”2023年姑苏区创新精品文旅线路发布。

9日

△香港姑苏经济科技文化协会庆祝香港回归祖国26周年暨第三届理事会换届典礼在香港举行。

10日

△省委统战部副部长、省民宗委主任马连美到姑苏区开展调研。

△市委常委、保护区党工委书记、姑苏区委书记方文浜，保护区党工委副书记、管委会主任，姑苏区委副书记、区政府区长陈羔率队拜访苏州国际发展集团有限公司，就古城保护更新发展，盘活优化载体空间，更新升级区域产业业态等方面进行交流。

16日

△“百年风云”特色展览在章太炎故居举办。

17日

△姑苏智谷数字经济产业园二期项目开工暨首批招商项目签约仪式举行。二期项目规划用地面积2.4万平方米，总建筑面积9.7万平方米，共规划有6栋产业载体。

21日

△姑苏公安分局观前派出所被认定为首批二星级全国青年文明号。

22日

△姑苏区苏昆剧院婚姻登记服务中心启用，浪漫古城爱情之旅路线发布。

△“古往平江去·今到姑苏来”第二届上市公司董事长古城保护说明会举办。会上，《保护区、姑苏区婚庆服务业高质量发展三年行动计划（2023—2025年）》暨首批姑苏区婚庆产业浪漫地标发布；第二批“古城保护更新伙伴计划”项目发布。

28日

△苏大附一院总院片区医疗健康服务产业集聚区专题会议召开。

△盘胥路改造新市桥节点工程完成，地面主线全面通车。

30日

△保护区、姑苏区党政代表团赴上海学习考察。

9月

4日

△苏州市光华中学揭牌。苏州市第二十四中学校更名为苏州市光华中学。

7日

△全区教师代表座谈会暨庆祝第39个教师节活动举办。

12日

△苏州市学习贯彻习近平新时代中国特色社会主义思想主题教育动员会议召开,保护区、姑苏区组织收听收看并第一时间召开续会。

14日

△姑苏区"2023年全国科普日"系列活动启动,十大科技科普活动项目发布。

17日

△省委常委、市委书记曹路宝到姑苏区围绕学习贯彻习近平新时代中国特色社会主义思想主题教育进行督导并调研。

19日

△省委常委、省纪委书记、省监委代主任张忠到平江路历史文化街区开展调研。

20日

△姑苏区检察院与姑苏区司法局会签《关于开展审查起诉阶段刑事案件律师辩护全覆盖工作的实施办法》。姑苏区法律援助中心驻姑苏区检察院法律援助工作站揭牌仪式举行。

21日

△"稚爱古城　童唱姑苏"新时代文明实践少儿童谣创作朗诵大赛颁奖典礼举办。姑苏区2023年"强国复兴有我"群众性主题宣传教育活动重点项目发布。

26日

△"劳模育人　匠心筑梦"——传承工匠精神・培育时代人才共建活动举行。"劳模工匠进校园　思政教师进企业"讲师团成立,"姑苏好模样"劳模创新工作室联盟成立。

27日

△"我们的节日・中秋"第六届"石湖串月"姑苏民俗文化活动暨第三届"石湖邀月"艺术节系列活动在石湖景区开幕。活动现场授牌成立石湖棹歌文化研究中心、姑苏非遗"游石湖习俗"保护传承基地,推动石湖一体化品牌战略合作。

28日

△友新综合市场在新郭港路128号开业。友新综合市场是原南门水产市场的整体迁入项目。

△仁恒仓街启幕暨2023苏州国际设计周开幕活动举办。

△"2023姑苏孔子文化节"在苏州碑刻博物馆(苏州文庙)启幕。

△阊门历史文化片区(金阊街道)人民调解委员会调解员罗悦生获评全国模范人民调解员。

10月

7日

△姑苏区第四届应急管理综合行政执法比武竞赛举行。

8日

△全区社区建设大会召开,《姑苏区基层服务"六支队伍"建设工作指引》出台。

9日

△《光明日报》专刊《红船初心》整版刊登文

章《何以姑苏好 风雅传古今——江苏苏州保护、挖掘、运用好苏州古城的探索实践》。

10日

△全国首部心理音乐剧《花开河西巷》在市公共文化中心首演。该剧由保护区、姑苏区和市残联出品，剧本曾荣获“戏剧中国”2021年度音乐剧类优秀剧本奖。

11日

△苏州路演中心首场论坛——资本助力新消费·“美味创业，聚力姑苏”暨“2023美味中国苏州城市论坛”举办，20余个投资机构与150余家新消费赛道知名品牌负责人参与论坛。

13日

△《新华日报》“苏州观察·关注”刊发文章《姑苏古城向世界深情告白》。

△姑苏区政协联合市立医院北区举办“融入式协商·构建多元化医联体 助力苏式康养产业高质量发展”民生专题协商议事活动，“融入式协商委员之家”“王小楠委员工作室”揭牌。

18日

△姑苏文化人才创新发展交流论坛暨“鸿儒会客厅”文化人才沙龙活动举办。

△姑苏区社区少工委集中成立活动暨少先队校外实践地图发布仪式举办。

18—20日

△国家历史文化名城中心城区政协跨区域协商第一次会议在苏州会议中心举办。来自全国六省八市的8家国家历史文化名城中心城区政协齐聚姑苏，共商古城保护发展大计。

25日

△住房和城乡建设部历史文化街区和历史建筑保护利用现场会在苏州召开。会前，与会代表现场观摩平江历史文化街区、报恩寺塔片区、32号街坊。

△共青团江苏省委公布《关于通报表扬2023年“爱心暑托班”省域突出单位和个人的通知》。沧浪街道潼泾一社区新时代文明实践站暑托班、吴门桥街道姑苏教投悦龄中心苏趣暑托班获评“优秀示范班点”。

26日

△《中国日报》头版刊登文章“Modern touches help safeguard Suzhou's past”。

△苏州国家历史文化名城保护纪念日活动及第四届建筑遗产保护与修复博览会开幕暨桃花坞历史文化片区唐寅故居文化区开街仪式举办。保护区、姑苏区招引落地96个项目，投资总额113亿元。

27日

△《新华日报》“苏州观察”刊发文章《留住城市记忆 绽放时代光彩》。

28日

△泰华商城完成改造升级开业。

△2023年古城保护及产业创新集群紧缺高层次人才猎聘会举办。

30日

△姑苏区与东南大学联合举办“技联东南大学”产学研合作对接会。

11月

2日

△平江路步行街被江苏省商务厅评为“江苏省示范步行街”。

3日

△“青春筑梦 乐业同行”苏州大学·姑苏大学生职业规划大赛举办。

3—6日

△香港姑苏经济科技文化协会会长秦岭、永久名誉会长王秀华、荣誉会长席与善一行到姑苏区访问。

7日

△省委常委、市委书记刘小涛专题调研古城保护工作。

10日

△市委副书记、市长吴庆文到姑苏区开展“千村万企、千家万户”走访。

△2023“锦绣江南”中国(苏州)丝绸服装服饰设计大赛决赛在姑苏区桃花坞文昌阁广场举办。作品《梦江南》获金奖,《自在行》获银奖,*speechless*获铜奖。

11日

△古城保护更新专家畅谈会召开。会上,省委常委、市委书记刘小涛与邓东等9位专家代表亲切交谈,研究探讨古城保育活化工作。

12日

△中央文明办发布2023年第三季度“中国好人榜”,姑苏区谢勤国荣登助人为乐中国好人榜。

△古吴轩书店(章太炎故居店)在锦帆路38号开业。

△苏作馆苏州首店在五卅路金城新村1号楼开馆。

15日

△保护区、姑苏区“海棠赋能　同心聚才　产业优+”产业链党建工作推进会召开。现场,启用姑苏·金阊新城数字经济党群服务中心,发布政企研金协服“六端”服务资源,揭牌苏州市数字经济特色产业园区、姑苏区欧美同学会实践创新基地、新侨驿站,开展结对共建签约。姑苏区新材料商会知识产权工作站、姑苏区云谷知识产权工作站成立。

16日

△“帧藏最江南”苏州市2023数字影像大赛成果展映活动在唐寅故居文化区桃花坞美术馆举行。

△苏半科技产业园开园仪式暨姑苏“金才荟”高层次人才投融资对接会举行。南理工科技成果转化中心产学研合作基地签约。

17日

△保护区、姑苏区街道企业服务中心集中授牌。

18—20日

△市委常委、保护区党工委书记、姑苏区委书记方文浜带队赴云南省大理白族自治州、丽江市学习考察。

22日

△以“安全用药、健康为民”为主题的“安全用药月”启动仪式暨落实药械化企业主体责任部署会举办。

23日

△姑苏区法院与姑苏区新一代企业家商会签订合作协议,共建“会心解忧”矛盾纠纷多元化解基地。

24日

△2023年苏州市姑苏区“区长杯”青少年校园足球联赛开赛。全区24所小学、13所初中共54支参赛队800余名小球员参加比赛。(12月9日结束)

△比利时艺术家马努·维布·廷托雷个展“花园小径”在位于姑苏德必WE文化产业园的优艺美术馆(姑苏)空间启幕。

是月

△姑苏区城市地下市政基础设施普查工作完工,姑苏区地下市政基础设施综合管理信息平台建立。

12月

1日

△化学成像前沿科技及应用学术会议在保护区、姑苏区举办,“先进化学成像联合实验室”签约落地姑苏。

△苏州市方志馆新馆在桃花坞历史文化片区

唐寅故居文化区开馆。

2日

△省委常委、市委书记刘小涛专题调研十全街保护更新情况，现场研究部署提升工作。

4日

△“姑苏32号街坊”主题画展在道前社区开幕。画展征集32号街坊主题书画、写生作品40余件。

6日

△省人大常委会副主任张宝娟一行到姑苏区“做件好事残疾人之家”开展调研。

6—7日

△市委常委、保护区党工委书记、姑苏区委书记方文浜赴广东省深圳市、广州市学习考察古城保护更新与产业发展工作。

12日

△姑苏区获评国家文化产业和旅游产业融合发展示范区建设单位。

△江苏省风景名胜区高质量发展座谈会在南京召开。虎丘山风景名胜区入选“首届江苏省风景名胜区最受欢迎十佳景点”。

△第三批江苏省文化和旅游便捷支付示范区名单公布，十全街、山塘历史文化街区入选。

15日

△姑苏区法院与姑苏区市场监管局共建企业知识产权保护司法服务对接机制签约仪式举办。

△“一路山歌”2023年第五届白洋湾山歌文化节启动。“山歌传唱　青春留芳”白洋湾山歌青年传习计划发布，金阊新城（白洋湾街道）与苏州大学艺术教育中心合作签约仪式举办。

18日

△博宇鑫新一代车路协同技术科研基地项目开工。

23日

△姑苏首个古城墙跨年灯光秀在相门城墙上演。

27日

△中共苏州市姑苏区委三届六次全体会议、中共苏州国家历史文化名城保护区工委（扩大）会议暨区委经济工作会议召开。

△姑苏区社区学院搬迁至桐泾北路291号原八一小学。

30日

△苏州古城首个双首层商业体SUONE金地广场开业。

姑苏概览

自然地理

【位置面积】 姑苏区位于北纬31° 15′ 25"~31° 22′ 51"，东经120° 31′ 29"~120° 39′ 03"。地处苏州市中部，东与苏州工业园区相接，南与吴中区相邻，西与虎丘区隔京杭大运河相望，北与相城区相连。辖区东西最长距离11.5千米，南北最长距离13千米，面积83.42平方千米。

姑苏区地处长江三角洲太湖水网化平原，地势平坦，微向东倾，地面标高海拔2~4米，河网密布。境内最高点虎丘山（位于虎丘街道）海拔34.3米。

【气候】 辖区属亚热带季风性湿润气候，四季分明，冬夏季长，春秋季短。夏季温暖潮湿多雨，冬季干燥寒冷。无霜期年平均220~240天。境内常年平均日照时数为1965小时，日照时数的季节分布是：春季（3—5月）454.9小时，夏季（6—8月）624.8小时，秋季（9—11月）486.7小时，冬季（12月至次年2月）398.6小时。年平均降水量1000~1100毫米，年平均降水日数122~133天。降雨集中在每年4—10月。

苏州季风更替明显，冬季受蒙古冷高压控制，西北风及东北风出现频率占一半以上；春季盛行风向为东南风，出现频率约占三分之一；夏季受副热带高压和印度热低压的共同作用，东南风的出现频率占五分之二以上；秋季盛行风向接近冬季的风向。

【自然灾害】 姑苏区地处长江三角洲地区，气候资源丰富，由于所处的地理位置和季风的不稳定性，气候变化剧烈，四季中常有多种类型的灾害性天气出现。既有时间较长的旱、涝、连阴雨，也有时间稍短的强烈天气现象，如热带风暴（台风）、暴雨、寒潮，还有一些破坏性很大的剧烈天气现象，如冰雹、龙卷风、雷雨、强风等。

【水系水文】 姑苏城自古就是一座著名的水城，有“东方水城”之称。春秋时期伍子胥建城之初，就把水作为城市规划的一个重要主题，利用自然河道，开挖城内纵横交错的河道和城外胥浦、胥溪等水道，贯通江湖河海，形成十分合理的太湖水网体系。楚国春申君黄歇治吴，又在原有基础上进一步疏浚开挖，形成以“四纵五横”为主的城内河道网络。城内河道南宋绍定时有以“七纵十四横”为主干的82千米，明末有90千米左右，清嘉庆时有以“三横四直”为主干的57千米；后经清代、民国和20世纪50年代后期的填河，80年代以来的开挖，如今城内河道尚存35千米。现有河道全面疏浚，水环境治理初见成效。

境内河道主要有京杭大运河苏州段、胥江、十字洋河、上塘河、山塘河、葑门塘、相门塘、娄江、外城河等。境内地势由西向东南微微倾斜，河流、湖泊受上游来水、下游江海潮汐和人类活动的影响，水文情势比较复杂。梅雨和台风是造成洪涝灾害的主要原因。

历史人文

【建置沿革】 秦王政二十五年（前222），置会稽郡，并置吴县，属会稽郡吴县。东汉永建四年（129），属吴郡吴县。隋开皇九年（589），属苏州吴县。唐武周万岁通天元年（696），析吴县地置长洲县，分属吴县、长洲县。北宋政和三年（1113），以苏州为帝节镇，升为平江府，分属平江府吴县、长洲县。元属平江路，境域属县不变。明属苏州府，境域属县不变。清雍正二年（1724），析长洲县置元和县，分属苏州府元和、长洲、吴县三县。宣统三年（1911），裁撤苏州府和元和、长洲、吴县三县，设苏州，属苏州。1912年，改苏州为吴县，属吴县。1928年，析吴县城厢设苏州市，属苏州市。1930年，撤苏州市，其辖区并入吴县，复属吴县。

1949年4月，苏州解放，划苏州为市。1951年10月，苏州城区建立东、南、西、北、中5个区人民政府。1955年10月，东区改称平江区，南区改称沧浪区，西区改称金阊区，北区改称北塔区，中区改称观前区。1956年7月，撤销观前区。1958年7月，撤销北塔区。1958年11月，平江区、沧浪区、金阊区分别成立人民公社。1960年7—8月，析平江区人民公社设北塔区人民公社，析沧浪区人民公社设胥江区人民公社，析金阊区人民公社设桃坞区人民公社。1962年6月，城区撤销人民公社，恢复区的建置。1963年3月，北塔区并入平江区，胥江区并入沧浪区，桃坞区并入金阊区。1966年11月，平江区更名为东风区，沧浪区更名为红旗区，金阊区更名为延安区。1979年6月，三区复名为平江区、沧浪区、金阊区。2012年8月29日，经国务院批准，江苏省人民政府同意撤销平江区、沧浪区、金阊区，设立姑苏区，以原平江区、沧浪区、金阊区的行政区域为姑苏区的行政区域。2012年10月26日，苏州国家历史文化名城保护区、姑苏区挂牌成立。

【行政区划】 姑苏区人民政府驻苏锦街道平川路510号，邮政编码215031。2023年，下辖平江、金阊、沧浪、双塔、虎丘、苏锦、吴门桥、白洋湾等8个街道，设有169个社区居委会。年内，拆分增加1个社区居委会：原新城社区拆分为新城一社区和新城二社区；合并减少1个社区居委会：原友联二社区撤销并入友联一社区。

表3-1　姑苏区社区分布情况（2023）

序号	街道	社区
1	平江街道（23个社区）	历史街区社区、大儒巷社区、拙政园社区、北园社区、东园社区、钮家巷社区、察院场社区、观前社区、旧学前社区、装驾桥社区、香花桥社区、北寺塔社区、西北街社区、齐门社区、娄江社区、永林社区、鼎尚社区、东环社区、相门社区、官渎社区、新湘苑社区、梅巷社区、惠宇华庭社区
2	金阊街道（29个社区）	彩香二村南社区、彩香二村北社区、双虹社区、彩虹社区、虹桥社区、毛家桥社区、金夏社区、滨河社区、运河社区、三元四村社区、白莲社区、三元一村社区、金茂社区、西街社区、阊门社区、石幢社区、桃花坞社区、环秀社区、金门社区、中街路社区、养育巷社区、学士社区、三乐湾社区、信记社区、朱家庄社区、彩香一村南区社区、彩香一村三区社区、彩香一村四区社区、佳菱社区

续表

序号	街道	社区
3	沧浪街道（21个社区）	玉兰社区、养蚕里第一社区、养蚕里第二社区、竹辉社区、瑞光社区、西大街社区、东大街社区、西美社区、道前社区、金狮社区、佳安社区、吉庆社区、桂花社区、万年社区、三香社区、泰南社区、胥江社区、潼泾一社区、潼泾二社区、胥虹社区、新沧社区
4	双塔街道（21个社区）	二郎巷社区、百步街社区、定慧寺巷社区、钟楼社区、网师巷社区、唐家巷社区、锦帆路社区、滚绣坊社区、沧浪亭社区、大公园社区、葑溪社区、宏葑社区、横街社区、长岛社区、里河社区、觅渡社区、杨枝社区、杏秀社区、城湾社区、翠园社区、联青社区
5	虎丘街道（19个社区）	山塘社区、桐星社区、清塘社区、红星社区、茶花社区、虎丘社区、虎阜社区、新庄社区、景新社区、留园社区、湖田社区、仁安社区、玻纤路社区、虎丘路社区、硕房庄社区、观景社区、来运社区、来凤社区、阳光城花园社区
6	苏锦街道（13个社区）	新天地家园南社区、新天地家园北社区、火车站社区、苏锦一社区、苏锦二社区、光华社区、万达社区、锦华社区、金光社区、金星社区、汇翠社区、大观名园社区、万达二社区
7	吴门桥街道（29个社区）	南环第一社区、南环第二社区、南环第三社区、金塘社区、解放社区、盘溪第一社区、盘溪第二社区、内马路社区、润达社区、南华社区、涓长社区、兴隆桥社区、何家塔社区、大龙社区、龙港苑社区、梅亭社区、四季晶华社区、双桥社区、友联社区、新郭社区、友联一社区、友联三社区、福星社区、新康社区、姑香社区、象牙社区、新城一社区、新城二社区、福运社区
8	白洋湾街道（14个社区）	路南社区、富强社区、宝邻社区、南山社区、金筑社区、宝祥社区、金色里程社区、和美社区、玉景湾社区、长青社区、和泰社区、虎池苑社区、领秀金品社区、清嘉苑社区

（王　玲）

【节令习俗】 姑苏许多风俗习惯与岁时节令有关。春节，年前主要习俗有掸檐尘、送灶、祭神祭祖、贴春联门神、吃年夜饭、守岁。年初一放开门炮仗，吃年糕、圆子、春卷，相互拜年祝福，给孩子压岁钱。春节期间，走亲访友吃节酒。2016年11月，苏州市人民政府颁布《苏州市市区禁止燃放烟花爆竹规定》，明确自2017年1月1日起，全区禁止燃放烟花爆竹。农历正月十五元宵节，旧时有放灯习俗，正月十三夜上灯，十八夜落灯。举办元宵灯会、猜灯谜等活动。农历二月初二，俗传这天为龙抬头日，有“二月二，龙抬头”之说。又称“二月二，瓜菜落苏（茄子）尽下地”，意思是农村这时要下种了。把余下的年糕，切成薄片，油炙而吃，叫作“撑腰糕”。立夏日，旧俗用樱桃、青梅、元麦享祀祖先。有“立夏见三新”之说，也有“立夏尝三鲜”的说法。三鲜有菜三鲜：苋菜、蚕豆、竹笋；也有河三鲜：黄鱼、海蛳、鲥鱼。小孩在脖颈上挂一只线编的“蛋络子”，内放一个咸鸭蛋。四月十四“轧神仙”。农历四月十四，传说是吕纯阳诞辰。阊门内下塘是“轧神仙”的中心地带，那里列摊设市，出售各种花草盆景、泥塑玩偶等。善男信女特别是得疑难杂症者，买些小玩意儿或花卉以求神仙保佑。所买之物也都冠以“神仙”两字，如“神仙乌龟”“神仙糕”等。后为方便市民通行，活动迁移并扩至石路地区。农历五月初五端午节，旧俗多与避邪防毒有关。门悬菖蒲、艾草、蒜头，小孩戴虎头帽、穿虎纹衣、着虎头鞋，额上用雄黄水写“王”字，门梢床头贴五毒符，庭院洒雄黄水。家家包粽子，妇女用五色丝线裹成小彩粽，挂于胸前。除吃粽子纪念伍子胥之外，还举办游船和赛龙舟活动。农历八月十五中秋节，俗称“团圆节”。每逢佳节，在外的人都赶回家，一家团聚，吃月饼赏月。有糖芋艿、红菱、鲜藕、石榴、栗子、白果等可口时令佳品。农历九月初九重阳节，有吃重阳糕的习俗，糕系米粉制成，有红、黄、绿三色。这天还有爬山登高的习俗。1988年起，“九九”重阳节为全国老年节。苏州有“冬至大如年”之说。相传古代周朝历法的新年第一天，正好与冬至重合。因泰伯、仲雍南下建立“勾吴”，吴地沿用周历，后改成通用的夏历。但吴人仍重旧俗，把冬至看得比新年还重。冬至前夕称冬至夜，全家团聚吃冬至夜饭，喝冬酿酒。农历十二月初八，俗称“腊八”，寺院煮粥，里面放进枣栗果仁，施舍结缘，谓“腊八粥”。后转传民间，逐步丰富粥的营养成分，有用花生、莲子、红枣、栗子、白果、桂圆、赤豆等甜食型果品煮成的“腊八粥”，有用青菜、胡萝卜、花生、发芽豆、黄豆、蚕豆、山芋、芋艿、白果、荸荠、红枣等煮成的咸味型腊八粥。

【人口】 2023年，姑苏区年末户籍人口74.96万人，出生总数3231人，死亡总数7894人，出生率4.02‰，死亡率9.82‰，自然增长率-5.8‰。

【方言】 苏州方言属吴语。吴语是我国最重要的汉语方言之一，主要分布在苏南丹阳以东地区和上海全市、浙江全省。苏州方言历来在江南地区有重大影响，“吴”就是苏州的简称，苏州话被认为是吴语的代表。一般说的苏州话，指的是姑苏区的方言，姑苏区方言内部基本一致，其他各市、区方言跟姑苏区方言都有一定程度的差别，但跟外地方言相比，差别还是比较小的，他们都属于吴语太湖片苏嘉湖小片。

苏州方言的形成，最早源自周泰伯、仲雍奔吴之时。此前的吴地居民说的是古百越民族的语言，泰伯等带来中原的华夏语，在百越语的影响下，经过3000多年的逐渐演变，形成现代苏州话。苏州话有一些重要特点：没有卷舌音声母，全部都是舌尖前音，“中”音同“宗”；前后鼻音不分，“程”音同“陈”；分尖团，“箭”发音与“剑”不同；“八”的读音特殊，跟“北”同音，这是全国其他地方都没有的；用“阿V”（V代表动词）表示是否问，“阿吃”意为“吃吗”。

改革开放以来，受普通话的影响，年轻人说的苏州话发生变化，比如分尖团的特点消失，变成“箭”音同“剑”，一些变化使老年人觉得年轻人说苏州话不像苏州话。同时，年轻人说苏州话的范围越来越窄。这种现象引起各方面的关注，正在采取适当措施保护苏州话，同时也是保护苏州的传统文化。

（姑　鉴）

【民族】 2023年，姑苏区人口民族以汉族为主，少数民族散杂居。区内有回族、满族、土家族、蒙古族、壮族等50个族别的少数民族人口1.24万人，其中户籍人口7300余人，流动人口5100余人。区内有少数民族经商集聚点1个。

【宗教】 2023年，姑苏区内有寒山寺、西园寺、玄妙观、神仙庙、太平坊清真寺、杨家桥天主堂、使徒堂等各类宗教场所22个，其中佛教场所9个、道教场所6个、伊斯兰教场所1个、天主教场所2个、基督教场所4个。各场所常驻宗教教职人员170余人，有宗教信众3.3万人，全年各重要宗教节庆活动8项。

（钱　蓓）

经济发展

【古代经济】 苏州姑苏辖区是苏州商品经济较早发展的地区。早在吴国建都时，今乐桥周围便是古吴市的中心。隋代大运河的开通，唐代山塘河的开挖、山塘街的筑造通行，促进辖区商业的发展和市场的繁荣。宋代在祥符寺巷轩辕宫设丝织业议事之所，明代在北局设织造局，清代在城南增设织造署，印染织业、制线业、缝纫业相继兴起。随着丝织业的发展，纺织机械业相应加速发展。清乾隆年间，在号称“日出万绸，衣被天下”的苏州丝绸行业中，区内的丝织业占着显赫的龙头地位。清同治、光绪年间，丝织业被称为“产业之冠”，推动刺绣、戏衣服装、制扇等行业的发展。在以阊门为中心向外辐射的古运河和山塘河两岸，形成南濠街、上塘街、枫桥路、山塘街等批发行和批零兼营的商市区，成为江南贸易中心和重要的货物集散地。

【近代经济】 从鸦片战争到辛亥革命时期，全区经济发生重大变化。清光绪二十一年（1895），根据《马关条约》，苏州被辟为通商口岸。二十二年（1896），苏州建立海关（洋关）。二十三年（1897），在城南青旸地设立日租界，在日租界东面设立公共租界（公共通商场）。日、英、美等国工商业者先后在此开设商店、兴办工厂。新式民族工业苏经丝厂和苏纶纱厂先后在盘门外开业，为苏州近代工业之肇始。缫丝、纺织、火柴、面粉、电力等近代工业相继兴起。观前地区发展成为苏州商业中心，1927年观前地区有商店120余家，至1932年发展到256家。其中有松鹤楼、采芝斋、稻香村、叶受和、黄天源、陆稿荐、乾泰祥等百年老店。1937—1945年，辖区经济遭受重创。抗日战争胜利初期，丝绸、纺织、轻工等行业，生产有所恢复，但很快又遭厄运。近代工业奄奄一息，手工行业纷纷倒闭，经济濒临崩溃。

【现代经济】 1949年4月27日，苏州解放，全区经济和社会发展开启新篇章。通过社会主义计划经济的统筹安排，工业规模由小到大，生产方式从手工生产到机器生产，新产业不断涌现。1956年后，市、区、街道因地制宜创办一大批工业企业，经过一定时间的发展，有的成为国营企业，有的成为市属大集体企业，有的成为区属企业。1992年后，全区实施发展第三产业战略和产业布局调整，第二产业逐步退出、第三产业加快进入，第三产业增加值在三类产业中的比重持续提升。通过企业体制改革，产业结构调整，依靠科技进步培育企业，国有企业、集体企业、合资企业、私营企业共同发展。观前、石路、南门三大商业区改造提升，产业园、楼宇经济持续壮大，文旅经济融合发展，建筑业、服务业蓬勃发展。全区2012年实现地区生产总值超500亿元，2022年实现地区生产总值超900亿元，2023年实现地区生产总值950亿元。（姑 鉴）

中共苏州国家历史文化名城保护区工作委员会 中共姑苏区委员会

综　述

2023年，中共苏州国家历史文化名城保护区工作委员会、中共姑苏区委员会（简称“保护区党工委、姑苏区委”）坚持以习近平新时代中国特色社会主义思想为指导，全面贯彻党的二十大、二十届二中全会精神和习近平总书记对江苏、苏州工作重要讲话精神，落实党中央决策部署和省委、市委工作要求，一体推进三件大事，推动全区经济社会发展和党的建设各项工作取得新成绩。把深入学习宣传贯彻党的二十大精神，习近平总书记对江苏、苏州工作重要讲话精神和开展学习贯彻习近平新时代中国特色社会主义思想主题教育紧密结合起来，作为贯穿全年工作的主题主线，引领推动姑苏现代化建设新征程开好局、起好步。

坚持把学习宣传贯彻党的二十大精神作为首要政治任务，举办区管领导干部理论研讨班，示范引领各级干部开展培训，多形式、分层次、全覆盖推进基层党组织书记、党员集中轮训，持续兴起学习宣传贯彻热潮。围绕学习贯彻习近平总书记提出的“四个走在前”重大任务，区委理论学习中心组进行专题学习交流，区委常委带头开展重点课题调研，制定实施5个行动方案。7月初，习近平总书记亲临江苏考察，要求江苏在推进中国式现代化中走在前、做示范，赋予“四个新”重大任务。7月6日，习近平总书记亲临平江历史文化街区考察并作出重要指示。保护区党工委、姑苏区委第一时间组织传达学习，及时召开区委三届五次全会暨党工委（扩大）会议，审议通过学习贯彻决定。举办亲历者座谈会，多领域、多层面组织开展“重走总书记考察路线、重温总书记的嘱托”主题党日活动。12月，习近平总书记亲临盐城考察并作出重要指示，第一时间召开会议传达学习，将习近平总书记重要指示作为第二批主题教育的生动教材，推动学习宣传贯彻走深走实。

组织召开全区主题教育部署会议，把“牢记嘱托、感恩奋进、走在前列”贯穿始终。着力悟思想、明思路，建立习近平总书记重要讲话和重要指示批示精神贯彻落实工作清单制度，构建区委“领学、督学、促学”机制，举办县处级领导干部读书班，召开区级领导干部主题教育调研成果交流会暨区委务虚会。着力强信念、增信心，认真贯彻落实中央、省委、市委经济工作会议部署，推动各街道“比学晾晒”，引导基层党员干部实干担当、推动发展。着力知民情、解民忧，用好“四下基层”重要抓手，大兴调查研究，结合社情民意联系机制，开展“千村万企、千家万户”大走访、“集中服务月”等活动，面对面听取问题诉求，心贴心联系服务群众。着力固底板、守底线，建立巡视、审计、督查、生态环保督察、安全生产和自然灾害、网络舆情、群众信访7张问题清单，构建动态销号、闭环管理等机制，推动各级领导干部把清单摆在案头、把责任扛在肩上、把工作融入日常。

持续提升古城保护美誉度。保护效应充分展现，圆满保障住建部历史文化街区和历史建筑保护利用现场会、第四届建筑遗产保护与修复博览会等全国性会议顺利召开，面向全国展示姑苏古城保护成果。潘氏祖宅项目荣获联合国教科文组织亚太地区文化遗产保护优秀奖。32号街坊保护更新项目入选中宣部优秀案例。苏州国家历史文化名城保护纪念日活动、苏州古城历史文化保护传承专家咨询会、古城保护更新专家畅谈会举办。保护项目稳步推进，苏州国家历史文化名城保护工作领导小组办公室坚持高效运转，累计召开10次会议，推动落实111项议题。聚焦“点、线、圈、面”空间格局，“一片一策、一街一策”推动古城整体保护焕新，打造十全街等示范街区。五卅路子城片区等保护更新项目稳步实施，唐寅故居文化区盛大开街，市方志馆新馆建成开放，唐寅祠、钱伯煊故居、顾廷龙故居等16处文控保建筑完成保护修缮。保护理念持续创新，坚持“使用是最好的保护”，“古城保护更新伙伴计划”全新发布，全方面、多层次、宽领域招引“伙伴对象”，陈宅等22处古建老宅焕发新生，古吴轩入驻章太炎故居。技术赋能古城水系360度体检，639口古井实现全天候保护预警。苏州名城保护集团与国开行战略合作不断深化，归集古城资产超11.2万平方米。“争取中长期低息贷款支持古城保护”纳入住建部实施城市更新行动可复制经验做法清单（第二批），系全省唯一。

创新激发产业经济加速度。持续推动经济向好，定期召开经济发展和招商服务工作领导小组会议，强化经济运行统筹调度。在全市率先发布推动经济运行率先整体好转50条、推动经济持续向好25条政策措施。各项主要指标增幅排名在全市实现争先进位，经济运行保持回升向好态势。持续优化产业载体，掀起新一轮大抓招商、大抓项目、大抓发展热潮。新增新兴服务业签约、开工、投产项目36个，总投资248.2亿元。全年招引光印网络、联通视频等数字创意项目83个，因诺维森、梦网物联等高技术服务产业项目141个。12个省、市重大项目年度计划投资均超额完成。姑苏云谷、元创智谷等加快打造，元创姑苏智谷一、二期顺利开工，三、四期滚动储备。苏大附一院医疗健康服务产业聚集区加快打造，法律服务产业园启动区开园、核心区正式开工。持续优化企业服务，挂牌成立并实体化运作街道企业服务中心，24宗地块挂牌上市。主动服务保障测绘院、苏规院、李良济、博宇鑫等优质总部企业竞拍M0、A35等产业用地10宗。苏规院成为全区首个本土培育上市企业，园林设计院挂牌新三板创新层。苏州热工研究院清洁能源技术研发实验中心项目拿地落户，实现国家级平台“零”的突破。持续优化营商环境，邀请30名企业家成为“体验官”“监督员”。第五次全国经济普查工作正式启动，累计清查单位65034家、个体经营户89760家。用好姑苏领军人才区域专项，实现国家级人才计划“零”的突破。

切实打响文旅融合知名度。文旅市场持续火爆，全年接待游客6435.6万人次，较2019年增长160.7%，位居全市第一。一批精品酒店落户古城，全区各类酒店入住人数位居全市前列。“平江九巷”爆红出圈，桃花坞木版年画“一团和气馆”对外开业，平江路日均人流量、客流量创历史新高。苏州首部特色名街志《平江路志》首发亮相。打造人文经济共生共荣的“平江样本”入选首批长三角人文经济典型案例。文旅产品更加丰富，创新策划状元之旅、运河之旅等六大主题12条文旅线路，推出3条水上游线路，寻“苏味”和“苏作匠心”2条线路入选省级非遗主题精品旅游线路。吴地端午、轧神仙等大运河姑苏民俗文化旅游节系列活动举办。中国电影资料馆江南分馆成功落地，开心麻花与运河剧场达成合作。文旅消费持续升温，胥江龙湖、仁恒仓街、金地广场等商业综合体盛大亮相，泰华商城完成改造升级，华贸中心、美罗创意产业园等重点项目稳步推进。平江路获评省示范步行街，山塘街、十全街入选省级夜间文旅消费集聚区建设单位。

积极提升城市形象辨识度。加强城市有机更新，永林二区等104个老旧小区启动改造，惠及居民3.4万户。新塘村等39个征收搬迁项目清零，签约总户数超过前三年总和。创新试点货币化安置政策，启动搁置20年未改造的万丰里项目，总搬迁率达99.6%；启动搁置17年未解危的钟楼新村项目，一期及二期东区项目提前清零。延续16年久攻不下的恒宇机械项目成功拆除。深入研究“7+11”个城中村征收搬迁，全面做好项目启动前期准备工作。3万平方米直管公房消险解危压茬推进。加强城市精细管理，桐泾路北延工程建成通车，虎东路等7条“断头路”全线贯通。东、西环高架沿线和竹辉路等重点区段改造提升工程顺利完工，毗邻区域市容环境明显改善。“物业城市”试点工程全面启动，古城内无物业小区、零星楼及开放式街区加快实现物业全覆盖。苏州火车站地区实现一体化联合管理，网约车上下客空间有力释放。环古城河步道高效集中管理。加强生态环境保护，坚决打好污染防治攻坚战和蓝天碧水净土保卫战，协同推进降碳、减污、扩绿、增长。河长制、林长制工作有效落实，新增13处口袋公园、7条幸福河湖，区水务管理中心正式成立。

着力提升民生品质满意度。就业形势保持平稳，始终坚持就业优先导向，全年新增就业岗位5.88万个，“家门口”就业服务站工作品牌向全国推广，省级和谐劳动关系示范区成功创建。公共服务扎实推进，新增参保扩面9.1万人，社会救助、抚恤优待、大病保险等托底政策落实。新启用5所小学、幼儿园，16所初中顺利转隶，创成省级义务教育优质均衡发展区、省级健康区。获评全国医养结合示范区，系全市唯一。民生改善更加务实，常态化开展“社情民意联系日”活动12期，累计接待居民5679名，现场处理或答复群众诉求和意见6299件。完成1727户家庭适老化改造，帮助7421户困难家庭开展电线老化更新。南环第二社区入选商务部一刻钟便民生活圈案例。三香、富强等农贸市场改造进展顺利，“汇邻·新市”项目正式开工。友新综合市场对外开业，南门水产市场平稳高效完成整体迁入。

牢牢守住社会稳定安全度。始终抓牢政治安全这个根本，全面贯彻落实意识形态工作基层建设年部署，制定意识形态安全事件应对处置流程。全力维护安全稳定，针对既有建筑、消防、城镇燃气、建筑施工等重点领域，每周研判分析问题隐患，研究制定解决对策。贯彻落实“1+7”工作清单制度，下发风险防控提示单，实现问题“发现、处置、解决、预防”的全流程闭环。道路交通、消防火灾事故起数大幅下降，生产安全继续保持“零事故”“零死亡”。12345等群众诉求快速响应，信访突出问题“百日会战”专项攻坚，信访积案实现动态清零。围绕“保交楼、保民生、保稳定”，扎实推进风险楼盘稳妥处置和交付工作。纵深推进法治建设，深入学习贯彻习近平法治思想，一体推进法治姑苏、法治政府、法治社会建设，在全市率先建立一站式执行服务中心、公益诉讼调查指挥中心。

自觉接受省委巡视监督并做好巡视整改“后半篇文章”。主动接受省委第二巡视组对姑苏区“政治体检”，同步对照历年中央、省委巡视反馈问题整改情况“回头看”。高效务实做好巡视服务保障，积极配合省委巡视组开展各项工作，边巡边改、立行立改取得实效。雷厉风行落实巡视要求，第一时间专题学习省委巡视反馈意见，分工落实整改工作。召开区委常委会会议、区委理论学习中心组专题学习会，传达学习省、市巡视巡察工作会议精神，层层传导压力、层层压实责任。蹄疾步稳推进巡视整改，制定印发区委巡视整改工作方案，统筹推进选人用人、意识形态工作责任制和巡察工作专项检查反馈问题整改。

积极推进全过程人民民主。加强和改进党对人大工作的全面领导，支持区人大常委会履职尽责，开展专题调研、集中视察、监督检查。全面加强党对政协工作的领导，支持政协更好发挥专门协商机构作用，精心打造“融入式协商”工作品牌。牵头建立国家历史文化名城中心城区政协跨区域协商机制。完善大统战工作格局，支持各民主党派、无党派人士和党外知识分子、新的社会阶层人士开展“凝心铸魂强根基、团结奋进新征程”主题教育。持续深化“石榴籽工程”品牌内涵，双塔街道获评第十批全国民族团结进步示范区示范单位，平江街道历史街区社区获评全省第三批红石榴家园。推动群团工作走深走实，圆满完成工会、共青团、妇联、科协、残联、文联、侨联、工商联、红十字会等群团换届。平江街道团工委获评全国五四红旗团委，观前派出所获评二星级全国青年文明号，金阊街道“彩香嫂”志愿服务团队获评全国巾帼文明岗，区侨联获评全国侨联系统“侨胞之家”典型选树单位。

坚决扛起全面从严治党重大责任。有序开展三届区委巡察工作，“小巷巡察”特色品牌在《中国纪检监察报》上刊发。深入贯彻新时代党的组织路线，召开全区组织工作会议作出系统部署。选优配强领导干部，区委常委会研究干部工作11次，涉及干部184名，提拔88名。扎实推进“新舸奋楫”三年培养工程，加快党建引领“三圈六型”社区分类治理体系建设，优化社区党组织书记“区街共管”机制。充分激发干事创业精气神，制定贯彻落实“四敢”要求实施方案，设立“暖心”咨询平台，创新开展“我向组织说句心里话”活动，传递组织温暖、激励担当作为。认真落实“三个区分开来”，积极稳妥推进风险报备、容错纠错、澄清正名等工作。优化高质量发展综合考核，干事担事导向更加鲜明。坚定不移推动正风肃纪反腐向纵深发展，查处违反中央八项规定精神问题24起26人、群众身边不正之风和腐败问题7起10人。运用“四种形态”批评教育帮助和处理219人次，立案119件119人，给予党纪政务处分96人，移送检察机关16人，挽回经济损失3715.2万元。

重要会议

【中共苏州市姑苏区委三届五次全体会议暨中共苏州国家历史文化名城保护区工委（扩大）会议】 于2023年7月31日召开。市委常委、保护区党工委书记、姑苏区委书记方文浜讲话。会议审议通过《中共苏州市姑苏区委　中共苏州国家历史文化名城保护区工委关于深入学习贯彻习近平总书记对江苏工作重要讲话精神在推进中国式现代化中走在前做示范谱写“强富美高”新姑苏现代化建设新篇章的决定》和全会《决议》。会议号召全区上下要更加紧密地团结在以习近平同志为核心的党中央周围，深入学习贯彻习近平总书记对江苏、苏州工作重要讲话指示精神，在省委和市委的坚强领导下，真抓实干、埋头苦干，用心用情用力把古城保护好、挖掘好、运用好，面向世界贡献古城保护的苏州方案、提供展现中国文化自信的苏州样本，为苏州在江苏推进中国式现代化走在前、做示范中当好排头兵作出姑苏贡献。

【中共苏州市姑苏区委三届六次全体会议、中共苏州国家历史文化名城保护区工委（扩大）会议暨区委经济工作会议】 于2023年12月27日召开。市委常委、保护区党工委书记、姑苏区委书记方文浜

2023年12月27日，中共苏州市姑苏区委三届六次全体会议、中共苏州国家历史文化名城保护区工委（扩大）会议暨区委经济工作会议召开　　区融媒体中心　供稿

代表区委常委会（党工委）作工作报告并讲话。会议审议通过《中共苏州市姑苏区委三届六次全体会议暨中共苏州国家历史文化名城保护区工委（扩大）会议决议》，审议通过免去区委委员职务、递补区委委员以及对有关代表终止代表资格的《决定》，书面审议《中共苏州市姑苏区委常委会　中共苏州国家历史文化名城保护区工委2023年度落实全面从严治党主体责任情况的报告》。会议号召全区上下要更加紧密地团结在以习近平同志为核心的党中央周围，全面学习贯彻习近平新时代中国特色社会主义思想，在省委和市委的坚强领导下，发扬“不怕困难、不畏艰险，勇于斗争、敢于胜利”的精神，面向世界贡献古城保护的苏州方案，为苏州在江苏推进中国式现代化走在前、做示范中当好排头兵作出姑苏贡献。

【保护区党工委会议、区委常委会会议】 2023年，保护区党工委、姑苏区委常委会召开会议49次。

1月10日，保护区党工委、姑苏区委常委会召开会议，学习贯彻习近平总书记关于加强历史文化遗产保护重要论述和近期重要讲话重要指示精神，传达学习贯彻市两会精神，听取关于近期全区疫情防控工作情况汇报，关于保护区、姑苏区2022年度“社情民意联系日”活动情况的汇报，关于建设江苏省健康区工作情况的汇报，关于《保护区、姑苏区慢性病防治三年计划》起草情况的汇报，关于保护区、姑苏区深化医药卫生体制改革情况的汇报、关于《保护区、姑苏区深入打好污染防治攻坚战的工作方案》起草情况的汇报。

1月20日，保护区党工委、区委常委会召开会议，学习贯彻习近平总书记关于加强历史文化遗产保护重要论述和近期重要讲话重要指示精神，传达学习贯彻省十四届人大一次会议、省政协十三届一次会议精神，学习贯彻近期省委主要领导的讲话精神，传达近期市委主要领导的相关批示要求，听取关于《党工委、区委常委会2022年度民主生活会查摆问题整改方案》起草情况的汇报，关于《保护区、姑苏区关于贯彻落实〈中共苏州市委关于推进“敢为、敢闯、敢干、敢首创”，不断凝聚扛起新使命、谱写新篇章强大动力的意见〉的实施方案》起草情况和保护区、姑苏区推进“敢为、敢闯、敢干、敢首创”动员会暨作风建设大会筹备情况的汇报，关于区关工委2022年工作情况以及《关于加强新时代关心下一代工作委员会工作的实施意见》《关于建立区关工委成员单位联席会议制度的通知》《姑苏区关工委2023年工作要点》起草情况的汇报，关于《“奋进新征程　谱写新篇章”——保护区、姑苏区2023年系列重点活动筹备方案》起草情况的汇报。

1月29日，保护区党工委、区委常委会召开会议，学习贯彻习近平总书记关于加强历史文化遗产保护重要论述和近期重要讲话重要指示精神，听取关于保护区、姑苏区经济运行开好局情况的汇报，关于全区载体盘活利用提升工作情况的汇报，关于2022年招商引资整体情况及2023年招商引资工作安排、人民路沿线商业活力提升情况及2022年姑苏区重点企业会办扶持情况的汇报，关于各街道及国资集团近期重点项目情况及2023年招商服务工作安排的汇报。

2月4日，保护区党工委、区委常委会召开会议，学习贯彻习近平总书记近期重要讲话重要指示精神，学习贯彻省委书记信长星在苏州调研时的讲话要求，传达学习市委常委会会议精神和近期市委主要领导调研要求，传达省推动长江经济带发展领导小组会议暨长江经济带生态环境突出问题整改推进会议精神，听取关于《中国苏州国家历史文化名城保护区工委、中共姑苏区委常委会2023年工作要点》起草情况的汇报，关于《姑苏区贯彻落实省、市关于推动经济运行率先好转的若干措施的实施方案》《贯彻落实中央经济会议精神做好一季度经济社会发展工作方案》起草情况的汇报，关于姑苏区2023年民生实事项目建设及重点项目建设任务分解工作的汇报，传达学习中央和省、市纪委全会精神并听取关于区纪委全会筹备情况的汇报，传达学习全国、全省、全市宣传部长会议精神并听取姑苏区贯彻落实建议的汇报，传达学习全国、全省、全市征兵工作会议精神并听取区2023年征兵工作安排的汇报，研究有关干部人事工作。

2月11日，保护区党工委、区委常委会召开会议，学习贯彻习近平总书记近期重要讲话重要指示精神，传达学习全市深入打好污染防治攻坚战指挥部会议精神，听取关于《保护区、姑苏区关于贯彻落实苏州古城历史文化保护传承专家咨询会议精神的任务分解方案》起草情况的汇报，传达学习贯彻中央和省委、市委政法工作会议精神并听取关于姑苏区贯彻落实建议的汇报，传达学习全省对口支援协作合作工作电视电话会议精神并听取关于姑苏区2022年工作落实情况和2023年工作安排的汇报。

2月18日，保护区党工委、区委常委会召开会议，学习贯彻习近平总书记近期重要讲话重要指示精神，听取关于《姑苏区审计局2023年度审计项目计划草案》起草情况的汇报，书面传达上级党委审计委员会会议精神，书面审议《姑苏区审计局审计工作情况汇报》，关于区文明典范城市创建工作情况的汇报，关于当前全区安全生产工作情况的汇报。

3月4日，保护区党工委、区委常委会召开会议，学习邓小平同志《视察江苏等地回北京后的谈话》精神，习近平总书记对苏州工作的重要讲话精神及其他重要指示精神和省委有关决议决定及省委书记信长星有关讲话精神，学习贯彻党的二十届二中全会精神，学习贯彻市委常委会专题调研保护区、姑苏区工作会议暨苏州国家历史文化名城保护工作领导小组第3次会议精神并研究贯彻落实任务分解方案，听取关于当前全区疫情防控工作情况的汇报，关于《保护区、姑苏区三年系列行动计划监督保障工作方案》起草情况的汇报，关于《姑苏区进一步优化营商环境降低市场主体制度性交易成本任务分工方案》起草情况的汇报，关于全区武装工作情况的汇报，研究部署重点工作。

3月11日，保护区党工委、区委常委会召开会议，学习贯彻习近平总书记系列重要讲话重要指示精神，习近平总书记在参加十四届全国人大一次会议江苏代表团审议时的重要讲话精神，听取关于《中共苏州国家历史文化名城保护区工委、中共姑苏区委常委会2023年工作要点任务分解方案》起草情况的汇报，关于全国、全省、全市组织部长会议以及上级老干部工作、机关党的建设工作会议精神，及姑苏区贯彻落实建议的汇报，关于姑苏区被中组部党的建设制度改革专项小组办公室确定为基层联系点的情况汇报，关于全国、全省、全市统战部长会议精神及姑苏区贯彻落实建议，《关于加强新时代统一战线工作的实施方案》起草情况的汇报，研究部署重点工作。

3月16日，保护区党工委、区委常委会召开会议，学习贯彻习近平总书记在全国两会期间有关重要讲话精神及其他重要讲话重要指示精神，传达省、市学习贯彻两会会议精神，听取关于《2023年年轻干部综合实践锻炼工作方案》起草情况的汇报。

3月26日，保护区党工委、区委常委会召开会议，学习贯彻习近平总书记系列重要讲话重要指示精神，关于2022年度“市考”结果分析和姑苏区综合考核结果的汇报，研究部署重点工作。

3月31日，保护区党工委、区委常委会召开会议，学习贯彻习近平总书记系列重要讲话重要指示精神，关于2022年“市考”结果分析和姑苏区2023年综合考核文件修订情况的汇报，关于清明、“五一”期间全区安全保障工作情况的汇报，传达全省消防工作会议精神，听取近期消防工作情况的汇报，听取关于《姑苏区第一届最美古城妆造设计大赛实施方案》起草情况的汇报。

4月7日，保护区党工委、区委常委会召开会议，学习贯彻习近平总书记系列重要讲话重要指示精神，听取全区当前经济运行情况和下一步重点工作措施的汇报、《关于在全区各级党组织和广大党员干部中大兴调查研究的实施方案》起草情况的汇报、关于《数字姑苏建设2023年工作要点》起草情况的汇报，研究部署重点工作。

4月21日，保护区党工委、区委常委会召开会议，学习贯彻习近平总书记系列重要讲话重要指示精神，传达学习全省学习贯彻习近平新时代中国特色社会主义思想主题教育动员会议精神，关于2022年度姑苏区“主动担当、奋勇争先、高效务实”先进集体和先进个人评选推荐情况的汇报，研究部署重点工作。

4月28日，保护区党工委、区委常委会召开会议，学习贯彻习近平总书记系列重要讲话重要指示精神，传达学习《中共中央关于学习〈习近平著作选读〉第一卷、第二卷的通知》，听取一季度全区经济运行情况的汇报，关于《党工委、区委全面深化改革委员会2023年工作要点》起草情况的汇报，审议有关文件，研究部署重点工作。

5月12日，保护区党工委、区委常委会召开会议，学习贯彻习近平总书记系列重要讲话重要指示精神，传达贯彻《关于青海省6名领导干部严重违反中央八项规定精神问题查处情况及教训警示的通报》精神，《关于深化质量强区建设的工作方案》起草情况的汇报，研究部署重点工作。

5月20日，保护区党工委、区委常委会召开会议，学习贯彻习近平总书记系列重要讲话重要指示精神，传达贯彻省安委会全体（扩大）会议暨全省重大事故隐患排查整治行动动员部署会议精神，听取关于区总工会、团区委、区妇联、区科协换届工作情况的汇报，研究部署重点工作。

5月27日，保护区党工委、区委常委会召开会议，学习贯彻习近平总书记系列重要讲话重要指示精神，听取《关于加强和改进新时代政协工作的实施意见》起草情况的汇报，传达全省高校毕业生等青年就业创业工作电视电话会议精神、听取姑苏区相关情况的汇报，听取关于姑苏区红十字会第三次会员代表大会筹备情况的汇报，关于近期招商引资工作情况及下一步工作计划的汇报，关于近期古建老宅活化利用工作情况的汇报。

6月3日，保护区党工委、区委常委会召开会议，学习贯彻习近平总书记系列重要讲话重要指示精神，传达全市深化文明城市常态长效建设工作推进会精神，听取近期姑苏区文明城市建设工作情况的汇报，听取2023年市、区两级年轻干部挂职锻炼工作安排情况的汇报。

6月19日，保护区党工委、区委常委会召开会议，学习贯彻习近平总书记系列重要讲话重要指示精神，传达贯彻中央纪委关于河南虞城“麦田里长出高楼”相关问题查处情况的通报精神，传达学习全国政协重点提案督办调研组在江苏调研工作要求，信长星同志在省委常委会赴省应急管理厅开展响水“3·21”特别重大爆炸事故案例解剖式调研暨警示教育时的讲话精神，信长星同志在省委常委会开展“长江江苏段的‘沧桑巨变’”案例解剖式调研时的讲话精神，传达贯彻苏州名城保护集团高质量发展大会精神，听取全区月度经济运行情况和下一步重点工作建议的汇报，传达学习市人口高质量发展专题会精神，听取姑苏区工作任务分解情况的汇报，关于《保护区、姑苏区推动酒店业高质量发展三年行动计划（2023—2025年）》起草情况的汇报，关于2023年（第十五届）苏州国际精英创业周姑苏区分会场活动建议方案的汇报，传达学习《领导干部报告个人有关事项规定》精神，审议有关文件，研究部署重点工作。

7月9日，保护区党工委、区委常委会召开会议，传达学习习近平总书记视察江苏、视察苏州重要讲话重要指示精神，学习贯彻习近平总书记系列重要讲话重要指示精神，专题听取当前安全稳定情况的汇报。

7月22日，保护区党工委、区委常委会召开会议，学习贯彻习近平总书记系列重要讲话重要指示精神，专题听取安全稳定有关工作情况汇报，传达学习中央文明办改革改进文明城市创建工作专题调研座谈会精神，听取姑苏区贯彻落实举措的汇报，《关于姑苏区2022年度本级预算执行和其他财政收支的审计工作报告》起草情况的汇报，研究部署重点工作。

7月29日，保护区党工委、区委常委会召开会议，学习贯彻习近平总书记系列重要讲话重要指示精神，听取关于特种设备安全专项整治工作情况的汇报，学习贯彻习近平总书记在全国生态环境保护大会上的重要讲话精神，传达省有关会议精神，研究姑苏区贯彻落实意见，分析上半年全区经济形势，研究下一阶段工作，听取关于姑苏区委三届五次全会暨保护区党工委（扩大）会议方案及有关文件起草情况的汇报，研究部署重点工作。

8月5日，保护区党工委、区委常委会召开会议，学习贯彻习近平总书记系列重要讲话重要指示精神，专题听取安全稳定有关工作情况汇报，传达贯彻省委十四届四次全会及市委十三届五次全会精神，听取《保护区、姑苏区扎实推进长三角一体化发展2023年工作要点》起草情况的汇报，研究部署重点工作。

8月11日，保护区党工委、区委常委会召开会议，学习贯彻习近平总书记系列重要讲话重要指示精神，专题听取安全稳定有关工作情况汇报，传达学习市委农村工作会议精神，听取关于全区乡村振兴工作情况的汇报，关于《推进保护区、姑苏区婚庆服务业高质量发展工作联席会议制度》《保护区、姑苏区婚庆服务业高质量发展三年行动计划（2023—2025年）》起草情况的汇报。

8月19日，保护区党工委、区委常委会召开会议，学习贯彻习近平总书记系列重要讲话重要指示精神，听取关于当前全区消防安全形势分析的汇报，传达学习贯彻全市古镇古村历史文化保护工作专题会议精神，听取关于《保护区、姑苏区古城保护更新三年行动计划》修订和工作开展情况的汇报。

8月25日，保护区党工委、区委常委会召开会议，学习贯彻习近平总书记系列重要讲话重要指示精神，专题听取安全稳定有关工作情况的汇报，听取关于《保护区、姑苏区历史文化保护传承三年行动计划》修订和工作开展情况的汇报，关于《保护区、姑苏区产业培育三年行动计划》修订和工作开展情况的汇报。

9月2日，保护区党工委、区委常委会召开会议，学习贯彻习近平总书记系列重要讲话重要指示精神，专题听取安全稳定有关工作情况汇报，有关三年行动计划修订和工作开展情况的汇报，学习贯彻习近平总书记对党的建设和组织工作的重要指示，传达学习全国、全省、全市组织工作会议主要精神，听取姑苏区贯彻落实建议的汇报，《关于进一步激励广大干部在姑苏现代化建设中担当作为的具体举措》起草情况的汇报。

9月8日，保护区党工委、区委常委会召开会议，学习贯彻习近平总书记系列重要讲话重要指示精神，专题听取安全稳定有关工作情况的汇报，听取有关三年行动计划修订和工作开展情况的汇报。

9月13日，保护区党工委、区委常委会召开会议，学习贯彻习近平总书记系列重要讲话重要指示精神，专题听取安全稳定有关工作情况的汇报，听取《关于促进全区经济持续回升向好的若干政策措施》起草情况的汇报，有关三年行动计划修订和工作开展情况的汇报，专题听取关于区委学习贯彻习近平新时代中国特色社会主义思想主题教育有关情况的汇报。

9月20日，保护区党工委、区委常委会召开会议，学习贯彻习近平总书记系列重要讲话重要指示精神，专题听取安全稳定有关工作情况的汇报，听取《关于全面加强全区国有企业党的建设的实施意见》《保护区、姑苏区区属国有企业高质量发展三年行动计划（2023—2025年）》《保护区、姑苏区国有企业改革深化提升行动实施方案（2023—2025年）》《关于构建区级机关部门与区属国有企业高效协同关系的指导意见》起草情况的汇报。

9月26日，保护区党工委、区委常委会召开会议，学习贯彻习近平总书记系列重要讲话重要指示精神，专题听取中秋国庆期间全区安全稳定情况汇报。

10月13日，保护区党工委、区委常委会召开会议，学习贯彻习近平总书记系列重要讲话重要指示精神，专题听取安全稳定有关工作情况的汇报，听取关于生态廊道建设有关项目工作情况的汇报，关于姑苏区三季度经济运行情况和下一步重点工作建议的汇报，研究部署重点工作。

10月21日，保护区党工委、区委常委会召开会议，学习贯彻习近平总书记系列重要讲话重要指示精神，专题听取安全稳定有关工作情况的汇报，听取关于住建部历史文化街区和历史建筑保护利用全国现场会筹备情况的汇报，关于苏州国家历史文化名城保护纪念日有关活动筹备情况的汇报，《姑苏区关于强化知识产权保护的实施方案》起草情况的汇报。

10月28日，保护区党工委、区委常委会召开会议，学习贯彻习近平总书记系列重要讲话重要指示精神，专题听取安全稳定有关工作情况的汇报，听取《关于开展"千村万企、千家万户"大走访工作的实施方案》起草情况的汇报，研究部署重点工作。

11月4日，保护区党工委、区委常委会召开会议，学习贯彻习近平总书记系列重要讲话重要指示精神，专题听取安全稳定有关工作情况的汇报，听取关于有关群团换届工作情况的汇报，研究部署重点工作。

11月5日，保护区党工委、区委常委会召开会议，专题学习传达贯彻市委主要领导有关指示要求。

11月17日，保护区党工委、区委常委会召开会议，学习贯彻习近平总书记系列重要讲话重要指示精神，听取全区安全稳定工作情况的汇报，传达学习贯彻市委主要领导调研古城保护有关指示精神，听取全区经济发展和招商服务工作情况汇报，关于中央和省委、市委主题教育工作推进会有关精神及姑苏区贯彻落实建议的汇报，《关于加强党建引领开放式街区治理的实施方案》起草情况的汇报。

11月24日，保护区党工委、区委常委会召开会议，学习贯彻习近平总书记系列重要讲话重要指示精神，专题研究安全稳定工作，听取关于中国少年先锋队苏州市姑苏区第三次代表大会筹备情况的汇报，研究部署重点工作。

12月1日，保护区党工委、区委常委会召开会议，学习贯彻习近平总书记系列重要讲话重要指示精神，专题研究安全稳定工作，听取《关于2022年度姑苏区本级预算执行和其他财政收支审计发现问题整改情况的报告》起草情况的汇报。

12月8日，保护区党工委、区委常委会召开会议，学习贯彻习近平总书记系列重要讲话重要指示精神，专题研究安全稳定工作，听取全区宣传思想文化工作会议建议方案，关于《深入学习贯彻习近

平文化思想　加快建成社会主义文化强区实施方案》起草情况的汇报。

12月16日，保护区党工委、区委常委会召开会议，学习贯彻习近平总书记系列重要讲话重要指示精神，专题研究安全稳定工作，听取全区项目谋划推进工作情况的汇报，关于2023年全区未成年人保护工作情况的汇报，研究部署重点工作。

12月23日，保护区党工委、区委常委会召开会议，学习贯彻习近平总书记系列重要讲话重要指示精神，专题研究安全稳定工作，传达学习贯彻省委十四届五次全会、省委经济工作会议精神，研究中共苏州市姑苏区委三届六次全体会议、中共苏州国家历史文化名城保护区工委（扩大）会议暨区委经济工作会议有关事项，听取关于2023年度基层党建“书记项目”实施情况的汇报，关于《姑苏区数字化改革总体方案》起草情况的汇报，审议有关文件，研究部署重点工作。

12月29日，保护区党工委、区委常委会召开会议，学习贯彻习近平总书记系列重要讲话重要指示精神，专题研究安全稳定工作，传达学习市委十三届六次全会暨市委经济工作会议精神，听取关于区两会筹备情况和有关工作报告起草情况的汇报，关于姑苏区2023年民生实事项目完成情况和2024年民生实事候选项目形成情况的汇报，关于姑苏区2023年重点项目完成情况和2024年重点项目预排情况的汇报，关于2023年全区金融业高质量发展情况的汇报，关于做好主题教育总结评估工作的汇报，关于2023年姑苏区产业工人队伍建设改革情况的汇报，研究部署重点工作。　（潘国华、张丽娟）

组织工作

【概况】　2023年，姑苏区共有基层党组织2249个，中共党员46355人，全年新发展党员313人。区委管理的担任领导职务干部761人，其中乡科级正职260人、乡科级副职501人。

【基层党建】　2023年，姑苏区统筹推进中组部党的建设制度改革基层联系点工作，围绕“文化与基层治理”等重点课题开展调查研究，形成《姑苏区挖掘传统文化时代价值　探索党建引领基层治理有效路径》调研报告。实施“三圈六型”社区分类治理，制定《社区分类治理工作指导手册》，打造24个特色化治理示范样板，初步形成开放式街区社区以文促治、动迁安置型社区亲缘重塑等社区分类治理“工作六法”，不断完善社区分类治理体系。突出加强社区物业党建联建，推进物业服务企业党组织应建尽建，推动36个业委会建立党支部（党的工作小组），引导公职人员积极加入业委会，推行“双向进入、交叉任职”，不断健全党建引领下的社区居委会、业委会、物业服务企业协调运行机制。压茬推进“根系工程”重点任务落实，推动每个社区建立“五库三清单”，推广小区党组织建设“五聚工作法”，一区域一策加强城中村等复杂区域治理，有效发挥海棠先锋作用，微网群覆盖率91.3%，不断提升民情响应速度。深化实施社区党组织书记“雁阵工程”，

2023年7月25日，“党建赋能·群众添福”姑苏区党建引领“三圈六型”社区分类治理体系发布暨基层党建品牌提升全媒体行动启动　区委组织部　供稿

推行积分制管理，制定《姑苏区社区党组织书记奖惩实施办法（试行）》，构建层次清晰、指标量化的评价体系，注重结果运用，强化积分结果与分档评定、评先树优、责任约束挂钩，新增1名省“百名示范”、9名市“千名领先”社区书记。

【新业态新就业群体党建】 2023年，姑苏区深化实施新业态新就业群体“海棠聚力　融‘新’共治”工程，推动实施3个行业党委“书记项目”，规范12个党支部建设，实施16个机关部门党建关爱凝聚项目，出台《助力新业态新就业群体职业发展“十项举措”》，探索通过积分管理等方式有效引导新就业群体积极参与网格治理、文明城市创建等工作。

【党员管理】 2023年，姑苏区高质量高标准落实发展党员、教育管理等各项工作任务，积极探索创新党员教育管理的有效载体和形式。全年新发展党员313名，落实“组织部—党（工）委—党支部”联动培养，区级举办2期发展对象标准化培训班、1期新党员党性教育培训班，累计641人参训。制定各直属党工委高层次人才及新业态新就业群体后备队伍培育指标，编印发放《发展党员工作指引》《党务一点通》。组织开展“先锋领学二十大”、流动党员“六个一”、“重走总书记考察路线，重温总书记的嘱托”专题活动，开展学习贯彻习近平新时代中国特色社会主义思想主题教育。立足本土红色资源，融合实境体验、仪式教育、情景模拟等教育形式，推出9个沉浸式党性教育“精品套餐”，2场主题党日活动获市级开放观摩，微党课视频《我的叔公金瑞生》获第十六届全省党员教育作品观摩交流活动一等奖。结合新党员党性教育培训，向全区新党员颁发政治生日提醒卡。加强和改进流动党员管理，开发线上流动党员登记报到模块，组织开展“流动党员，组织喊你回家啦”活动。建立区级党内关爱资金使用管理办法，春节及“七一”前后累计走访困难党员、老党员2556人，颁发“光荣在党50年”纪念章555枚。

【干部管理】 2023年，姑苏区立体化推进综合实践锻炼，集中选派112名年轻干部到社区、重点工作专班实践锻炼。不断拓宽“上下联动、内外对标”的实践锻炼平台，选派2名年轻干部到住建部跟班锻炼、1名年轻干部参加苏州市对口支援新疆工作，选派4批次15名年轻干部赴上海市黄浦区、南京市鼓楼区、云南省丽江市、张家港市开展跟班学习。积极推动市、区两级年轻干部交流，与6家市直单位签署第二批合作备忘录，15名市直单位干部到区锻炼，选派18名干部到市级机关和重点专班锻炼。加强正反面典型宣传教育，深入挖掘一线重点工作中的典型案例27个，制定出台《保护区、姑苏区推进领导干部能上能下实施细则（试行）》，坚决树立能者上、优者奖、庸者下、劣者汰的用人导向。

出台《关于进一步激励广大干部在姑苏现代化建设中担当作为的具体举措》，针对性地从增强担当作为的内生动力和干事本领、突出实干实绩的用人导向、改进完善考核评价办法、营造严管厚爱的干事创业氛围4个方面着手，提出10条符合姑苏实际的创新举措。聚焦经济发展、征收搬迁、古城保护等重点工作，“四不两直”赴平江街道、虎丘街道、双塔街道、吴门桥街道等部门单位开展驻点调研、跟岗研判，多角度、近距离、分类型掌握干部精神状态、能力素养和工作实绩。配合市委组织部做好相关市管干部选用工作，提拔副处职干部4名，晋升二级巡视员1名、三级调研员3名。根据区委要求，选优配强领导干部，区委常委会研究干部工作11次，涉及干部184名，提拔88名。

【干部教育】 2023年，姑苏区持续深化党的创新理论教育，分批组织全区735名区管干部对习近平总书记对江苏工作的重要讲话精神开展专题培训；采用“集中辅导+线上自学”的模式，全覆盖推进区管干部学习党的二十大精神集中轮训工作；深度融入全市“干将学习节”活动，会同相关市直单位首次探索联合举办“敢为”铸魂、“干将”有我年轻科职干部党性教育培训班，积极打造“围炉夜学”现场教学品牌；贯通“初任培训—青苗班—青干班—中青班”链式培养路径，举办青干班、青苗班，同步办好区管干部进修班1期、新任科职干部培训班2期。依托党校师资库和高校平台，有针对性地开设党的二十大精神学习、驱动长三角地区高质量发展等精品课程，全年共举办干部能力提升大讲堂8期，组织学员参加江苏公务员大讲堂2期。

【公务员管理】 2023年，姑苏区切实发挥好考试录用补充优秀人才主渠道、主阵地作用，全年新录用公务员（参公人员）53名。综合运用考录、调任、转任等方式，围绕古城保护中心任务，持续引进急需紧缺的专业化人才。深入实施“新舸奋楫”三年培养工程，组织开展“胜任力”“思辨力”特训营，全年开展培训24期，覆盖学员216人。加大年轻股级干部选配力度，全年新配“95后”股级干部11名。强化职级公务员队伍宏观管理和分析研判，全年区管以下公务员中晋升三级主任科员及相应层次职级12人、四级主任科员及相应层次职级41人。

【综合考核】 2023年，姑苏区充分发挥考核“指挥棒”作用，修订出台“1+2”综合考核文件，紧扣市委常委会专题调研姑苏区工作会议精神、名保办会议交办事项、“三年行动计划”2023年任务等重点工作目标，设置相关共性指标，强化协同联动，推动各项决策部署落地见效。围绕“古城、老城、新城”分区定位，加压设置街道个性指标，进一步拉高标杆、鲜明导向。持续加强平时考核跟踪问效，常态化进行市考自查评估，开展对下考核监测分析和通报反馈，及时提醒短板弱项，帮助改进提升。评选30名“担当作为好干部”，广泛宣传干部干事创业、开拓创新的先进事迹和鲜活事例，引导广大干部增强干事自觉、激发干事活力、催生干事动力。

【人才工作】 2023年，姑苏区出台《关于支持国家级重大人才引进工程申报的若干措施》，引育国家级重点人才1名，锚定产业导向精准引育科技领军创业人才，新增市级领军人才8名、区级领军人才19名，引育市级宣传文化人才10名、区级文旅体产业创新人才8名和数字创意紧缺人才8名。新增区高技能重点人才、企业首席技师30名，区高技能人才公共实训基地3家，入选姑苏乡土人才14名。加强医卫、教师等社会事业人才引育，新增省特聘医学专家1名，“苏教名家”培养对象1名、省教学名师4名、市级各类教育人才（含团队）61名。

优化人才引育平台，设立姑苏云谷数字经济双创中心人才会客厅，密集举办大赛、项目路演、投融资对接等活动，开展“智汇姑苏”创新创业大赛、创业周分会场等人才活动，全年落户人才项目113个。加强与重点高校的深度对接，举办“校园苏州日”春季和秋季引才系列活动，配合全市举办武汉高校和合肥高校对接专场活动，走进东南大学、山东大学、江苏科技大学、南京艺术学院等高校院所，开展高层次人才招引和产学研对接活动。举办姑苏猎才联盟产业创新集群紧缺高层次人才猎聘会，为103家企业439个岗位需求链接1613名中高端人才。成立姑苏区首支天使基金，全年通过基金对接高层次人才项目15个，落地4个。推动鸿儒昭庆文艺人才创新基地焕新启用，集成单雾翔工作室、“一团和气”非遗人才展示馆、文艺人才会客厅、中国网络文学创作基地等多个功能。举办第三届文创精英挑战赛并首次启动“伙伴计划”，借助企业和平台的专业力量帮助优秀作品落地转化，40余件获奖作品中打样试制产品20余款。

创新建立人才服务联系机制，全年开展集中联

2023年3月30日，“校园苏州日”姑苏专列走进南京艺术学院，校地合作恳谈、创新创业环境推介、毕业生专场招聘等活动开展　　区委组织部　供稿

系服务日活动10场，全年上线8家青年人才驿站，新增姑苏云谷人才公寓房源200套，满足青年人才租住需求；举办“人才服务直通车”活动9场，走进重点产业园区，累计服务各类人才10325人次；开发城市魅力体验线路5条，设置人才打卡点位15个，吸引青年人才1000余人参与；深化“人才看姑苏”系列活动，结合节气节日，组织开展双创环境考察、非遗体验、交友联谊、安居行、CITYWALK等活动21场。　　（凌　娜）

宣传工作

【理论教育】 2023年，姑苏区扎实推进区委理论学习中心组学习制度化规范化，印发《2023年全区各级党委（党组）理论学习中心组专题学习计划》，举办15次理论中心组专题学习交流会，6次专题辅导报告会。结合“社情民意联系日”开展“理悦姑苏宣讲日”活动。建强理论宣讲队伍，新获评苏州市基层理论宣讲名师1名，名师培育对象1名。制定《2022—2023年度全区基层党员冬训工作实施方案》，累计开展集中培训60场，实训党员44550余人。打造区级“文艺+理论”样板课堂，构建“1+8+169”样板课堂矩阵，获评2022年度全省基层党员冬训工作示范区。同名家单霁翔工作室、东吴智库等合作，推出微报告文学集《我心为民——姑苏区社区治理实践录》，形成《典籍里的姑苏》《打造苏式生活典范的战略思路与实现路径》等系列社科理论研究成果。

【新闻宣传】 2023年，姑苏区坚持围绕中心、服务大局，聚力唱响古城振兴主旋律，聚焦总书记江苏考察，在《新闻联播》《人民日报》等央媒发布报道百余篇，首次实现《新闻联播》《东方时空》《焦点访谈》等3个央视品牌栏目政务新闻全覆盖。围绕苏州古城历史文化保护传承专家咨询会、住建部历史文化街区和历史建筑保护利用现场会等重大工作，在各类平台刊发新闻报道14000余篇，全力呈现姑苏积极实践和创新成果。联合抖音平台，开展“十全又‘食’美，冬至‘dou’有福”主题宣传。优化阵地建设，释放媒体新势能，区融媒体中心带动“姑苏发布”政务矩阵持续发力，微信公众号粉丝数近38万，视频号、抖音号累计阅读量约2270万次，海外社交媒体账号“I Love Gusu”总粉丝数突破12.6万。

【文化建设】 2023年，姑苏区坚持把文化工作置于古城保护大局中统筹推进，挖潜用活文化家底，推出情景剧《典籍里的姑苏》先导篇《最江南》。邀请单霁翔、章剑华等名家参与“姑苏·大家说”苏州历史文化讲座学习会，全年累计举办7期。《平江路志》首发亮相，“赓续古城历史文脉　焕新江南文化魅力——苏州32号街坊保护更新项目”入选中宣部优秀案例。创新开展文化交流，举办2023第四届建筑遗产保护与修复博览会，打造“名人名园名诗”对外宣传产品。举办“大运河姑苏民俗文化旅游节”系列活动。用心锻造文化精品，推进演艺中心中国电影资料馆江南分馆、开心麻花项目建设。推出音乐剧《花开河西巷》《苏州街巷史话》等文艺力作，运河三部曲第二部舞蹈《嘿！新来那小伙》、歌曲《山歌唱美白洋湾》等获第五届苏州市群众文化“繁星奖”金奖。协办第十八届苏州阅读节开幕式，发布“走读姑苏　书香驿站”阅读地图，推出《家在古城》有声书，举办第十三届江苏书展姑苏分会场活动。

【精神文明建设】 2023年，姑苏区推进“文明润万家　苏州更美好”主题实践活动，完成桐芳苑、狮林苑等文明小区建设，全区10个楼道获评市级文明示范楼道荣誉；3个市场获评2023年苏州市文明菜场。启动并完成2020—2022年度姑苏区文明单位（社区、校园）评选工作，开展“常青树”赋能计划。拓展深化新时代文明实践，落实《关于深化拓展全区新时代文明实践中心建设的实施方案》，建实建优区级分中心、实践点。围绕“第60个学雷锋纪念日”“我们的节日”等节点开展新时代文明实践活动，推进“文明姑苏幸福夜”“绿意姑苏　创享文明”等项目，惠及20万余人次。强化公民思想道德建设，评选“姑苏好人”55名，2人获评“中国好人”，2人获评“江苏好人”，6人获评“苏州时代新人”，6人获评“新时代苏州好少年”。深化“强国复兴有我”群众性主题宣传教育活动，举办“全民国防教育月”“童声里的中国”少儿童谣创作大赛暨“稚爱古城　童唱姑苏”新时代文明实践朗诵大赛等活动。

姑苏区“中国好人”名单（2023）

谢勤国：守护姑苏古城文化40余年的文物保护志愿者（双塔街道）

秦兴海：矢志不渝践行学雷锋誓言60年的退伍老兵（双塔街道）

姑苏区“江苏好人”名单（2023）

谢勤国：守护姑苏古城文化40余年的文物保护志愿者（双塔街道）

秦兴海：矢志不渝践行学雷锋誓言60年的退伍老兵（双塔街道）

姑苏区“苏州市精神文明建设‘十佳新人’·苏州市道德模范提名”名单（2023）

谢勤国：守护姑苏古城文化40余年的文物保护志愿者（双塔街道）

翁明浩：用“铁脚板”走好社区“幸福路”的小巷总理（平江街道）

姑苏区“苏州时代新人”名单（2023）

秦兴海：矢志不渝践行学雷锋誓言60年的退伍老兵（双塔街道）

张学杨：行驶80万公里无事故的最美货车司机（白洋湾街道）

许甜：见义勇为急救地铁乘客的白衣天使（双塔街道）

翁明浩：用“铁脚板”走好社区“幸福路”的小巷总理（平江街道）

祁文连：投身社区新时代文明实践的“老园丁”（沧浪街道）

张阳：钻研DNA鉴定技术帮助家庭团圆的寻亲民警（姑苏公安分局）

姑苏区“新时代苏州好少年”名单（2023）

赵起：积极参与志愿服务的阳光小暖男（苏州市三元实验小学）

傅子垚：每月资助贵州铜仁贫困学子的爱心小使者（苏州市沧浪新城第二实验小学）

宋晨睿：热爱发明研究的科创小达人（苏州市金筑实验小学）

王苏缘：全面发展的文艺小才女（苏州市勤惜实验小学）

丁涵琳：热心公益的爱心小达人（苏州市沧浪

新城第一实验小学）

朱漪萱：传承红色基因的热心“小主播”（苏州市振华中学校）

【网络品牌建设】 2023年，姑苏区试点“网站分级分类数据库”，推进“清朗2023”专项行动和“2023蓝盾i姑苏”实战攻防演练。探索形成网络普法“姑苏样板”。推荐3家企业入选“江苏省数字化绿色化协同转型发展服务资源池单位”，“苏州市姑苏区打造数字社区治理新模式”项目获评2023数字江苏建设优秀实践成果、2023年苏州国家职能社会治理优秀研究成果。全方位深化“姑苏喵”数字IP应用场景，推出《姑苏喵游记》第三季（中英文版），开发“姑苏喵”主题文创产品。组织开展2023年姑苏区网络文化季活动，举办“帧藏最江南”——2023数字影像创作大赛。深化网络文明建设，召开网络直播行业专题座谈会。（刘志昊）

统一战线工作

【民族宗教工作】 2023年，中共姑苏区委统一战线工作部（简称“区委统战部”）坚持铸牢中华民族共同体意识。双塔街道获评第十批全国民族团结进步示范区示范单位、平江街道历史街区社区获评全省第三批“红石榴家园”精品单位，虎丘街道、吴门桥街道四季晶华社区、苏锦街道大观名园社区获评苏州市民族团结进步创建示范基地。创新打造“平江同心路”中华民族共同体意识宣传教育基地，组织开展“国风民族风·平江同心路”各民族文化联谊等活动50余场。顺利完成区民促会换届工作。开展宗教活动场所“四进”、宗教中国化示范场所创建等活动。寒山寺“坚持我国佛教中国化方向”学术研讨会、玄妙观姑苏仙乐中秋音乐会等活动举办。

【非公经济领域统战工作】 2023年，区委统战部举办民营经济代表人士理想信念教育培训班2期，创新开展“姑苏商道”主题传承活动。完善政企沟通联系机制，全年累计协调区相关部门办理企业意见建议14条。强化商事调解网络化建设，设置商事调解中心、建立综合调解员队伍，累计调解案件53起，帮助相关企业和个人挽回直接经济损失近650万元。持续推进商会改革，推动建立完善现代商会制度，完成区新一代企业家商会组建工作。引导民营企业家履行社会责任，组织开设“姑苏市集”2期。

2023年11月30日，民营经济代表人士理想信念教育培训班举办　　区委统战部　供稿

【港澳台统战工作】 2023年，区委统战部开展姑苏港人、港企代表走访慰问，组织在苏港人参加“家在苏州”联谊活动，进一步增进认同、深化交融。指导香港姑苏经济科技文化协会完成换届，开展项目推介、座谈考察等活动。深入走访调研台资企业，助力台商台企更好融入新发展格局。完成区台协会换届工作。开展第三届海峡两岸青年文化月姑苏分会场活动。深化“姑苏缘　两岸情”品牌建设，厚植和平统一坚实基础。

【侨务工作】 2023年，区委统战部不断推进侨务工作进社区、进产业园区、进校区，构建为侨公共服务体系，“红豆侨屋”负责人潘晓明获评全国归侨侨眷先进个人。加强“五侨”联动，形成为侨服务工作合力。举办“中医惠侨 姑苏有爱”主题活动，成立“中医惠侨”服务联盟。配合办好苏州发展大会，用好与海内外姑苏籍知名人士沟通联谊平台，巩固拓展务实合作的长效机制。

【党外知识分子和新的社会阶层人士统战工作】 2023年，区委统战部完善无党派代表人士数据库，完成区党外知识分子联谊会换届工作。贯彻落实《关于加强新的社会阶层人士联谊组织建设的意见》精神，加强对全区新的社会阶层人士统战工作的指导。深化新的社会阶层人士统战工作实践创新示范基地建设，依托街道、社区、产业园区、楼宇等基层组织和单位，扩大新的社会阶层人士工作覆盖面。加强新的社会阶层人士联谊组织建设工作，实现8个街道组织全覆盖。 （钱 蓓）

机构编制管理

【基层管理体制改革】 2023年，姑苏区委机构编制委员会办公室（简称“区委编办”）结合中心城区特点，制定城市街道基层管理体制改革典型培育方案及年度工作推进计划。指导各街道深挖辖区特色亮点，探索城市街道基层管理体制改革的路径举措。会同区行政审批局等职能部门赴街道进行“四不两直”，反馈问题30余条，督促各街道对照检查整改。优化基层市场监督管理运行模式，完善市监分局股级职数设置，划转基层市场主体注册登记人员编制，推动市监分局规范化建设。针对观前商圈综合管理工作中需要协调解决的问题，从加强街道统一领导、明确观管办职能定位、调整财政保障方式、加强队伍管理、加强制度建设等方面，完善观管办管理体制，进一步夯实属地街道管理责任，加快商圈提档升级。

【市区两级职能调整】 2023年，区委编办充分发挥机构编制部门的统筹协调作用，立足姑苏未来发展定位需求，积极推动教育、水务领域职能承接。做好市属初中学校转隶工作。优化教体文旅委内设机构，增设综合教育处，明确相关处室职责，做强配套业务指导服务机构，分设区教育科学研究中心和区教师发展中心，将区少年宫更名为区青少年宫，重新制定“三定”规定，有效提升教科研、教师队伍建设以及青少年校外实践能力水平。推进中小学校党组织领导的校长负责制，完成学校党组织专职领导职数核定工作。完善城建领域职能体系建设，指导相关部门谋划水务管理体制调整具体方案，撤销3家泵房管理所，设立区水务管理中心。

【机关绩效管理】 2023年，区委编办研究制订2023年度区级机关单位服务高质量发展绩效评价体系，进一步调整优化考评指标和分值权重，突出高质量发展、安全发展导向，聚焦重点工作、市考指标落实。开展考核业务工作培训指导，组织落实日常考核工作，全面提升考核水平，充分发挥考核激励导向作用，进一步鼓励争先进位及对上争取，更好服务区域高质量发展。

【事业单位优化调整】 2023年，区委编办贯彻落实上级关于疾控机构改革相关要求，整合区疾病预防控制中心和区卫生监督所，重新组建区疾病预防控制中心，挂区卫生监督所牌子。不断优化全区教育领域资源布局，保障百年老校跃升计划，新建平润实验小学校、平润实验幼儿园，将第二十四中学校更名为光华中学、八一小学校更名为尚德实验小学校。整合利用区文化馆和区图书馆现有公共文化服务力量，调优公共文化服务机构设置，组建区公共文化中心。提升城市管理、市场监管等执法队伍执法能力和水平，重新明确区城市管理行政执法直属大队、机动督查大队、苏州火车站地区执法大队、区市场稽查大队等4支队伍内设机构设置。加强社保基金管理，在区社会保险基金管理中心增设内设机构审计科。

【事业单位登记管理】 2023年，区委编办持续提升事业单位登记管理工作规范化水平，健全完善事业单位登记管理“三项制度”，夯实登记工作基础。全面完成2022年度事业单位法人年报工作，并在江苏机关赋码和事业单位登记管理网进行公示。优化事业单位登记管理服务，完成事业单位法人设立登记3项、变更登记143项。抽取区疾控中心等5家事业单位开展“双随机、一公开”实地核查工作，不断加强事业单位事中事后监管体系建设。（王艺新）

机关党建

【机关党组织和党员情况】 截至2023年底，姑苏区委区级机关工委共有党员4209名，下辖基层党组织256个，其中党委16个、党总支14个、党支部226个。

【理论教育】 2023年，区委组织部举办全区机关国企党组织书记学习贯彻党的二十大精神培训、学习贯彻习近平总书记考察江苏重要讲话精神培训，组织参加学习贯彻习近平新时代中国特色社会主义思想集中培训，全年共计近500人次参加培训，全面提升机关党组织书记政治理论水平。指导区机关开展好学习贯彻习近平新时代中国特色社会主义思想主题教育，严格规范党内政治生活，推动建立健全“学—干—改”一体推进机制，努力在以学铸魂、以学增智、以学正风、以学促干方面取得实效。全年举办4期机关党务干部专题培训，共计160余人次参训，全面提升党务干部综合素质能力。

【基层党组织建设】 2023年，区委组织部开展“践行‘四敢’要求　争当‘敢为’先锋”机关党组织“大讨论、见行动”系列活动，精心组织开展全区主题演讲比赛，举办第十一届机关书市活动，梳理展示机关党组织大讨论案例，推动机关党组织比学赶超。指导16家机关党组织开展期满换届、届中调整，加强区委区级机关工委日常党费收缴和管理。严把发展党员“入口关”，建立机关290人入党后备队伍动态管理库，全年指导发展43名新党员。

【党建业务融合发展】 2023年，机关各级党组织深入基层一线助推基层治理。完善机关、国企、事业单位与街道社区挂钩机制，深入开展机关党组织助力基层治理“红哨行动”，深化“在职党员进社区”活动，开展“千村万企、千家万户”大走访，指导实施186个“同心同力”项目，组织22家机关部门走进石路亚细亚广场开展集中服务，发动462人次机关党员参加轨道交通站点志愿服务。指导实施41个机关党建书记项目，梳理党建惠企服务清单，举办机关党建先锋直播活动，组建15支助力产业链发展行动支部，常态开展“四个一”走访调研，实施16个机关暖“新”项目，制定助力新业态新就业群体职业发展“十项举措”，为职业转型提供指导服务。积极参与长三角“C9第一方阵”“古城保护”等党建联建项目，聚焦文商旅融合、为民为企服务等领域，加强与8城区学习交流，共同推动区域高质量发展。

【机关党建服务】 2023年，区委组织部注重干部职工关心关爱，指导各部门走访慰问115人，推选11家区文明单位、6名区劳动模范、2名市五一劳动奖章获得者，组织198名机关党员集中献血并做好慰问工作。（凌　娜）

老干部工作

【离退休干部队伍】 2023年末，区委老干部局管理和服务的离休干部72人，包含享受地市级待遇的1人；处级及以上退休干部134人；科级及以下退休干部1362人；离退休党员总数为1204人。离退休干部党组织设置架构为：区离休和处级退休干部党总支1个，下设离休支部6个、处级退休支部（平江、金阊、沧浪）3个；区机关科级退休干部党委1个，下设部门、街道机关退休干部党总支4个、党支部43个。离休和处级退休干部党总支、机关退休干部党委均隶属于区级机关党工委。

【党组织建设】 2023年，区委老干部局探索运用“原文深学、宣讲领学、常态助学、结对共学、参观见学、活动促学、实践活学、典型励学”等形式，引导全区广大老干部深入学习宣传贯彻党的二十大精神，推动党的二十大精神入脑入心。扎实开展学习贯彻习近平新时代中国特色社会主义思想主题教育。通过会议传达、线上共学、送学上门等形式，引导老同志牢记嘱托。深入开展“学思践悟二十大，银发先锋在行动”主题党日和“六好”示范党支部创建活动。持续实施“银发头雁培养计划”，将老干部支部书记培训纳入区级机关党支部书记轮训计划。做好“光荣在党50年”老党员纪念章颁发，不断强化党员意识、激发荣誉担当。

【作用发挥】 2023年，区委老干部局引导老同志始终牢记习近平总书记关于古城“要保护好、挖掘好、运用好”的殷殷嘱托，大力实施“晚霞生辉耀古城”先锋行动。按照“自觉自愿、量力而行”原则，吸纳一批政治立场坚定、奉献意识强、有一技之长的离退休干部加入“银发人才”队伍。着眼理论宣讲、古城保护、文化传承、基层治理、关心下一代等领域，建立离退休干部志愿服务队。打造“桑榆生辉”“薪火拾光”等功能特色鲜明、发挥作用明显、具有一定影响力的老党员（老干部）工作室。积极落实老干部服务基层专项行动，举办“红色音乐会”，开展“文艺进社区、银发当先锋”活动；组织青少年围绕“探寻历史脉搏、传承古井文韵”开展古巷古井探寻活动；推动“银发人才”融入式参与姑苏区“社情民意联系日”活动，离退休干部认领民情“心愿单”、办好“微实事”，在基层治理、服务群众一线发挥积极作用。

【服务管理】 2023年，区委老干部局认真组织享受地市级政治待遇的老干部、区机关退休党支部书记参加市老干部情况通报会，召开全区老干部情况通报会。走访慰问全区离退休干部及遗属1200余人次，开展集中体检和疗养工作。建立健全区域性服务资源、阵地资源、活动资源共享机制，各部门、各街道结合实际推出“情暖桑榆”“红棠驿”零距离服务等资源清单，形成服务合力。组织区机关部门、街道认真做好春节期间关心关爱离退休干部工作。老年节前夕，组织区级机关部门、街道开展离退休干部“送温暖、送关怀、送祝福、送健康、送欢乐”等活动。会同区教体文旅委做好转隶初中学校离休干部政治生活待遇落实有关工作。启动4处老干部活动中心改造升级，积极打造“实用温馨”的老干部“家园”。联动各级党群服务中心和公共服务、特色文化空间，新增一批老干部活动共享阵地，为老干部就近开展活动、举办特色活动提供便利。

【能力提升】 2023年，区委老干部局有效规范组织设置、畅通原单位关心关爱老干部的渠道，增强退休干部对原单位归属感。及时总结和提炼老干部工作特色做法、优秀案例和经验收获，不断提升老干部工作能见度和影响力。深入开展“发扬‘四敢’精神、争当‘敢为’先锋”机关党组织“大讨论、见行动”系列活动，加大对老干部工作人员业务知识、协调沟通、办文办会等能力的培养。全面建立在职党员兼任退休党支部副书记制度，为老干部工作的有效落实提供支持保障。发挥局党支部党员先锋作用，推动局重点工作争先创优。加强重点工作任务完成进度情况梳理分析，及时完善补短赶超工作举措，发挥考核“指挥棒”作用，促进全区老干部工作高质量发展。（袁　昊）

党校工作

【干部培训】 2023年，姑苏区委党校始终把习近平新时代中国特色社会主义思想、党的二十大精神学习作为必修课，充分发挥党校作为轮训培训党员领导干部的主渠道作用，切实加强马克思主义经典理论学习和党性教育，以深入学习贯彻习近平新时代中国特色社会主义思想为主题主线，党的理论教育为根本，党性教育为核心，履职能力培训为关键，知识培训为基础，全面加强和提升办班质量。举办区内各类培训班28期，培训人数2985人次。突出抓好党的二十大精神及习近平总书记考察江苏重要讲话精神集中轮训，分期分批开展多种形式的全覆盖教育培训，举办区管干部学习贯彻习近平新时代中国特色社会主义思想和党的二十大精神集中轮训班、基层党组织书记学习贯彻党的二十大精神集中轮训班、学习习近平总书记考察江苏重要讲话精神专题学习班等，涉及党员领导干部1564人次。

【科研资政】 2023年，区委党校协同推进科研攻关和课程研发，组织开展能力提升学习会、工作推进会、课题研讨会等，督促并引导党校教师主动强化党的创新理论武装，进一步加强原创精品课程开发和师资队伍建设。在2023年市委党校系统教学竞赛活动中，姑苏区委党校《中国式现代化城市有机更新的姑苏探索》课程获得二等奖，获得全市党校系统第九届优秀科研工作组织奖，教务室2名教师获优秀科研管理工作者称号。打造平江路现场教学路线，以平江历史文化街区为范例，沿着总书记考察路线，区委党校以省、市、区三级党校上下协作联动为契机，通过现场讲解、专题讲座、拓展训练、沉浸式体验等教学形式，变现场为课堂、变讲课为互动、变素材为教材，打造平江路现场教学精品路线，重点打磨卢建英苏绣工作室、乔麦桃花坞木刻年画体验室、右见·人才会客厅及潘祖荫祖宅·花间堂4个现场教学精品点位。

【阵地建设】 2023年，区委党校搭建网络教学管理信息系统，利用数字化设备和云端技术搭建“数字课堂”教学管理信息系统，建立学员档案库、师资库、课程库、现场教学资源库和评价分析库，运行“签到、考核、评估、反馈”全链条线上服务模式，实时开展对培训课程、内容、环节、师资的考核，实现培训需求数字化分析、学习过程数字化跟踪、学习成绩数字化评价、培训效果数字化反馈，增强党校教学培训的针对性和实效性。立足“政治训练、教学培训、会议承办、党群服务”功能定位，服务区委、区政府工作大局和中心工作，做到会务保障服务到位、培训管理服务周到。全年为全区各部门、街道、社区提供会议活动保障服务177场次，累计服务8500人次。（钮芳芳）

档案史志工作

【档案资源建设】 2023年，姑苏区档案馆接收2022年度婚姻档案8490件；姑苏区动物监督所文书档案514件，会计档案539卷；区民政和卫生健康局会计档案2016卷；整理图书资料143册。截至年底，馆藏档案共有17.1万卷78.61万件。加大疫情防控档案指导力度，会同区疫情防控指挥部及时按要求收集2021年和2022年的疫情档案，总计接收文书档案1345件、光盘档案13卷（张）。加强重大活动档案征集，征集接收区2022年重大活动照片档案，整理归档1725张。征集金国荣大型真丝剪《庆祝姑苏区成立十周年》作品1幅、苏州市新四军暨华中抗日根据地历史研究会英雄儿女志愿军老战士革命风范画册1本、士尧（马志强）唐寅《落花诗》长卷1幅。配合市档案馆，对2023年7月重要活动档案进行收集移交，收集文书档案42件、光盘档案1卷。

【档案数字化】 2023年，区档案馆实施档案数字化集中统筹管理，为部门提供集中数字化加工、目录制作、数据备份等服务，打造数字化加工新模式。共涉及33个全宗单位，完成目录录入49416条、原文扫描316939页。

【查档利用】 2023年，共现场接待查档10351人次，接听电话咨询5544次，调阅档案10849卷（件），提供有效证明17662页。跨库平台办结38件。“惠姑苏”App在线受理48件，其中邮寄到付25件，到馆取件7件，全国平台34件。

【依法治档】 2023年，区档案馆加大档案行政监管力度，拓展依法治档能力，由区档案局、区档案馆组成联合执法检查组，对4个街道开展档案工作情况进行执法检查。印发《关于做好2022年度文件理归档工作的通知》，督促各单位做好年度归档工作，明确相关档案业务要求，确保材料应收尽收，应归尽归，采取线上交流、现场指导等方法督促指导区机关部门开展年度归档工作，开展对33家单位的年度评价工作，促进各单位档案管理水平提升。

【档案宣传】 2023年，区档案馆积极开展“6·9”国际档案日宣传活动，举行档案文化进社区活动，以“奋进新征程　兰台谱新篇”为主题开展形式多样的集中宣传活动，生动展现档案系统深入贯彻落实党的二十大精神的昂扬面貌。组织发动区机关档案人员参加国家档案局举办的有奖征文、线上讲座等活动，共收到征文10篇。

【史志工作】 2023年，区档案馆组织开展《姑苏年鉴（2023）》组稿工作，对年鉴框架进行优化调整，协调区各部门、各街道有序推进落实各项年鉴编纂任务。按省、市要求完成《江苏年鉴2023》《苏州年鉴（2023）》《苏州党史纪事》《苏州档案学会志》姑苏篇目供稿。7月，《平江路志》首发暨江苏书展推介会在苏州国际博览中心举行。协助区民政部门开展苏州市第二批红色地名申报以及姑苏区第一批红色地名申报工作，完成苏州市第二批红色地名申报10个、首批姑苏区红色地名申报18个，地名文化遗产申报102个。协助区政协打造网上文史馆，提供地方志相关内容。组织举办年鉴编纂业务培训，区各部门、各街道、各有关单位年鉴撰稿人员50余人参加。组织参加地方志学术研讨，发展学会个人会员11人，发动全区各部门、各街道积极撰写报送地方志信息。

（蒋永方）

关心下一代工作

【组织建设】 2023年，姑苏区关心下一代工作委员会（简称“区关工委”）有关工委组织270个，其中，区级1个，街道8个，社区167个，教育系统68个，政法系统21个，民企5个。社区基层关工委“五有五好”考评达标153个，达标率为91.6%。参加关心下一代工作的“五老”（老干部、老战士、老专家、老教师、老模范）志愿者1550人，其中参与帮教57人、法治报告宣讲团33个、法治教育宣讲员346人、“五老”法治副校长16人、“五老”人民调解员126人、老民警53人、在职民警和辅警81人、党史宣讲员117人、参加校外辅导的“五老”516人，参加辅导的社会志愿者736人。全年开展各类活动2293场次，受教育的青少年10.97万人次。举办各类培训班1821场次，参与的未成年人4.41万人次。3月30日，姑苏区虎丘实验小学被中国关工委、中央军委政治部、全国红军小学建设工程理事会批准，挂牌成立“中国工农红军苏州八一红军小学”，成为苏南地区首所加强青少年革命传统、革命理想和红军长征精神教育的基地。

【青少年法治教育】 2023年，区关工委深入推进“未成年人零犯罪零受害社区”创建工作，对辖区内未成年人犯罪及受伤害情况进行专题调研，探究存在问题，提出建议举措，获2023年度全省关工委调研报告评选活动三等奖。开展法治教育332场次，参与活动青少年4.8万人次；开展宣讲140场次，参与活动未成年人1.76万人次。

【青少年关爱帮扶】 2023年，区关工委印发《姑苏区关工委校外教育辅导站相关职责与制度》《姑苏区关工委校外教育辅导站优质化考评标准》等文件，对169个校外教育辅导站开展“校外教育辅导站优质化考评”，评选出优质化辅导站66个，达标占比40%。发挥区校外教育辅导总站的辐射功能，组织各校外教育辅导站在暑假期间开展未成年人沉浸式研学活动1100余场，参与人次1.4万。开展“结对帮教，引领人生”活动，关注失足、失管、失学、失教、失亲的青少年群体，开展有针对性地服务管理、预防犯罪和帮扶帮教工作，帮助他们树立健康积极的生活态度，更好地适应和融入社会。

（王　慧）

姑苏区人民代表大会

综　述

【人大代表构成及机构概况】 2023年，姑苏区共有人大代表444人。姑苏区第三届人大常委会有组成人员43人，其中主任1人、副主任4人、委员38人，姑苏区第三届人民代表大会设有法制委员会、监察和司法委员会、财政经济委员会、社会建设委员会，常委委员会设有办公室（研究室）、人事代表联络工作委员会、监察和司法工作委员会、财政经济工作委员会、城建环保工作委员会、教科文卫工作委员会、外事民宗侨台工作委员会、代表议案建议工作委员会。常委会下设人大代表联络中心。

【重大事项讨论决定】 2023年，姑苏区人大常委会制定人大代表建议、批评和意见重点督办工作实施办法，进一步加强和规范重点建议督办工作。区委把人大工作摆在重要位置，推动中央人大工作会议精神和有关要求落地落实，支持常委会开展省委14号文件精神专项督查，出台人大街道工委副主任（兼职）任免办法。

【人事任免】 2023年，姑苏区人大常委会任命23人次，免职16人次，其中，决定任命区人大常委会工委副主任1人次，任命街道人大工委副主任（兼职）14人次，任命区人民法院审判委员会委员、审判员5人次，任命区人民检察院检察员3人次，免去区人大常委会工委副主任1人次，免去区人民法院审判委员会委员、审判员、庭长、副庭长11人次，免去区人民检察院检察员4人次。

【人大工作创新发展】 2023年，区人大常委会机关落实党中央关于在全党大兴调查研究的重大部署，开展“践行‘四敢’要求、扛起使命担当”主题调研月活动，扎实推进重点课题调研39项，评选优秀调研报告18篇。举办苏州国家历史文化名城保护纪念日座谈会暨古城保护专业代表小组首次活动，开展“代表解民忧　民族一家亲”少数民族代表主题接待活动，更好发挥人大代表在服务大局、反映民意、促进发展中的积极作用。上线“苏代表履职记”慢直播，集中展现代表履职风采，全年开展直播11期，累计时长近1200分钟，视频浏览量超过1000万次，一大批优秀代表履职事迹得到群众点赞。区人大常委会办公室连续获评年度《人民与权力》杂志宣传先进单位、“苏州人大新闻奖”组织奖。

重要会议

【姑苏区第三届人民代表大会第三次会议】 2024年1月9—11日，姑苏区第三届人民代表大会第三次会议在苏州市会议中心举行。会议应到代表444人，实到代表417人。会议听取和审议姑苏区人民政府工作报告、姑苏区人大常委会工作报告、姑苏区人民法院工作报告、姑苏区检察院工作报告，审议姑苏区2023年国民经济和社会发展计划执行情况与2024年国民经济和社会发展计划草案的报告、姑苏区2023年财政预算执行情况和2024年财政预算草案的报告、姑苏区2023年政府实事项目完成情况和2024年政府实事项目（草案）的报告，票决2024年政府实事项目，对2023年政府实事项目完成情况开展满意度测评。大会审查和批准姑苏区2023年国民经济和社会发展计划执行情况的报告与2024年国民经济和社会发展计划、姑苏区2023年财政预算执行情况和2024年财政预算。

2024年1月9—11日，姑苏区第三届人民代表大会第三次会议在苏州市会议中心举行　　区人大办　供稿

【区人大常委会会议】 2023年，姑苏区第三届人大常委会召开6次会议（即第十一次至第十六次会议）。

姑苏区第三届人大常委会第十一次会议　于2023年2月23日召开，会议审议通过区人大常委会2023年工作要点、关于贯彻落实“四敢”重大要求　全面推进中国式现代化姑苏新实践的决议、关于组织人大代表开展2023年民生实事项目监督工作的方案、关于区三届人大一次会议代表建议、批评和意见办理工作情况报告审议意见研究处理情况的报告、关于智能安防系统建设情况报告审议意见研究处理情况的报告。会议审议通过有关人事任免案，颁发任职人员任命书，并举行宪法宣誓仪式。会议举办学习贯彻党的二十大精神的专题讲座。

姑苏区第三届人大常委会第十二次会议　于2023年4月23日召开，会议听取审议关于加强未成年人检察工作情况的报告、关于2022年度环境状况及环境保护目标完成情况的报告、关于《深入推进古城保护和数字文旅产业融合，促进文化产业创新发展》代表议案处理意见的报告、关于检查《苏州市文明行为促进条例》贯彻实施情况的报告、部分苏州市人大代表履职情况的报告；学习讨论习近平总书记重要讲话精神和全国人代会精神；审议通过有关人事任免案。

姑苏区第三届人大常委会第十三次会议　于2023年6月28日召开，会议听取审议关于垃圾分类管理情况的报告、关于学校体育设施开放利用情况的报告、关于检查《中华人民共和国行政复议法》贯彻实施情况的报告，部分市人大代表履职情况的报告；举办“数字经济的发展与治理”专题讲座；围绕垃圾分类管理情况开展专题询问；审议通过有关人事任免案。

姑苏区第三届人大常委会第十四次会议　于2023年8月30日召开，会议听取审议关于加强年轻法官培养工作情况的报告、关于姑苏区2022年本级财政决算（草案）的报告、关于姑苏区2022年本级预算执行及其他财政收支情况的审计工作报告、关于姑苏区2023年1—6月国民经济和社会发展计划执行情况的报告、关于姑苏区2023年1—6

月财政预算执行情况的报告、关于义务教育管理体制改革推进情况的报告、关于姑苏区国民经济和社会发展"十四五"规划中期执行情况评估报告、关于检查《中华人民共和国劳动法》贯彻实施情况的报告、部分市人大代表履职情况的报告、部分法官检察官履职情况的报告、关于2023年度法官检察官履职评议工作情况的报告；审议通过有关人事任免案。

姑苏区第三届人大常委会第十五次会议 于2023年10月31日召开，会议听取审议区人大常委会任命人员履职评议工作情况的报告、关于姑苏区国有资产管理专项工作情况的报告、关于推动数字社区建设工作情况的报告、关于区三届人大二次会议代表建议、批评和意见办理工作情况的报告、关于"深入推进古城保护和数字文旅产业融合，促进文化产业创新发展"代表议案办理情况的报告、关于社区卫生服务体系建设情况的报告、苏州市人大代表履职情况的报告、关于在部分选区组织出缺代表补选的决定（草案）的说明、关于街道工作委员会副主任（兼职）任免办法（草案）的说明、关于加强经济工作监督的决定（草案）的说明；举办"人大代表讲坛"讲座学习贯彻习近平法治思想；围绕社区卫生服务体系建设情况开展专题询问；审议通过有关人事任免案；对6位常委会任命人员履职情况开展满意度测评，对新任命的4位同志颁发任命书，举行宪法宣誓仪式。

姑苏区第三届人大常委会第十六次会议 于2023年12月29日召开，会议听取审议关于召开区第三届人民代表大会第三次会议的决定（草案）、议程（草案）、日程（草案）的说明，姑苏区人大常委会工作报告（草案稿）的起草说明、关于2022年本级财政及其他收支审计查出问题整改情况的报告、关于2023年国民经济和社会发展计划执行情况与2024年国民经济和社会发展计划草案的报告、关于2023年民生实事项目、重点投资项目完成情况和2024年民生实事项目候选项目草案形成情况的报告、关于姑苏区2023年财政预算调整方案（草案）的报告、关于2024年财政预算草案初步方案的报告、关于任命区第三届人大常委会街道工作委员会副主任（兼职）的议案的说明；学习传达区委三届六次全会、党工委（扩大）会议暨区委经济工作会议精神；审议通过有关人事任免案。

人大监督

【专项工作监督】 2023年，区人大常委会专题走访苏州名城保护集团，调研区属国资集团重点项目，开展"U型空间"精细化管理工作专题视察，关注32号街坊、五卅路子城片区、直管公房文控保建筑活化利用，推进物业城市、万丰里改造、大运河沿河整治等重点工作，持续提升城市面貌。听取老旧小区改造情况报告，督促政府探索建立长效管理机制。开展生活垃圾分类管理工作专题询问，聚焦体制机制建设、重点分类处置能力等问题，推动垃圾分类从"新时尚"变成"好习惯"。深入推进环境污染防治，听取审议环境状况和环境保护目标完成情况报告，助力美丽姑苏建设。开展市文明行为促进条例执法检查，就加强文明宣传、完善工作机制、落实任务清单化等方面提出意见。关注学校体育设施开放利用情况，促进全民健身与全民健康深度融合，推进健康中国建设。聚焦义务教育管理体制改革，督促政府聚焦重点，完善机制，保证教育优先发展。专题询问社区卫生服务体系建设，区有关部门负责同志就体系规划构建、优化服务网络、强化医疗服务能力等内容到会应询，有效回应群众对基层医疗卫生服务的关切。积极构建和谐劳动关系，检查《中华人民共和国劳动法》贯彻实施情况，进一步增强劳动者法治意识，切实保障劳动者合法权益。首次开展常委会任命人员履职评议，听取审议6名政府部门主要负责人和两院副职领导履职情况报告，并开展满意度测评，持续推进“两官”评议工作，全年共对8名法官检察官开展评议，有效促进国家机关工作人员依法履职、为民尽责。开展《中华人民共和国行政复议法》执法检查，督促政府有效发挥行政复议预防化解行政争议作用，切实解决群众合法合理诉求。听取审议年轻法官培养、“正执廉行”品牌建设、未成年人检察、检察服务经济发展等报告，不断提升公正司法水平。聚焦数字社区建设情况，推动社区治理与智慧服务深度融合。调研慈善事业、家庭教育等工作，视察宗教活动场所属地管理责任落实情况，关注工会阵地建设、服务侨胞等工作，以高质量社会治理助力经济社会高质量发展。

【财政和经济工作监督】 2023年，区人大常委会听取审议决算和预算执行、国民经济和社会发展计划、“十四五”规划纲要实施中期评估、审计和税收等工作报告，强化对重点专项资金、重大投资项目、政府债务等方面的审查监督。加强人大国有资产监督职能，听取审议国有资产管理综合报告和专项报告，纵深推进国企改革，努力提升国有企业核心竞争力和盈利能力。作出关于加强经济工作监督的决定，持续强化人大在经济运行、预算执行、国有资产管理等方面的监督力度。听取科技工作、新城产业发展情况等报告，推进产业培育、载体建设三年行动计划，促进数字创新和高技术服务两大产业创新集群发展。打造“知企助企共推共进”服务品牌，开展重点企业走访、惠企政策宣讲、营商环境调研等工作，共协调解决企业反馈的问题诉求32条。

【执法检查和视察】 2023年4月20日，区人大常委会就《苏州市文明行为促进条例》贯彻实施情况开展执法检查。执法检查组深入居民小区、社区新时代文明实践站，走进政务大厅、火车站、步行街广场等公共场所进行实地查看，深入了解《条例》贯彻实施情况。随机抽取旅游景区、交通路口、农贸市场周边等部位的实时视频监控，进行线上检查。通过开展座谈会与人大代表围绕进一步加强《条例》贯彻落实进行交流探讨。

6月25日，区人大常委会就《中华人民共和国行政复议法》贯彻实施情况开展执法检查。执法检查组走进双塔街道公共法律服务中心行政复议联系点、姑苏区行政复议立案登记中心等公共场所进行实地查看，深入了解《中华人民共和国行政复议法》贯彻实施情况。通过开展座谈会与人大代表围绕进一步加强《中华人民共和国行政复议法》贯彻落实进行交流探讨，提出针对性意见和建议。

8月21日，区人大常委会对《中华人民共和国劳动法》贯彻实施情况开展执法检查，召开执法检查工作座谈会，详细了解政府及相关部门围绕强化劳动者合法权益保障、构建和谐劳动关系等领域的履职情况。

代表工作

【代表履职保障工作】 2023年，区人大常委会强化代表工作能力建设，重视代表履职能力提升，系统化组织代表集中培训、专业轮训、主题研讨、专题讲座等活动，全年参训代表450余人次。畅通代表知情知政渠道，召开半年度“一府两院”工作情况通报会，定期向代表提供相关工作情况资料，邀请代表参与视察、专题询问、执法检查、“两院”开放日等活动370余人次。举办苏州国家历史文化名城保护纪念日座谈会暨古城保护专业代表小组首次活动，开展“代表解民忧　民族一家亲”少数民族代表主题接待活动。服务市人大代表依法履职，组织市代表履职活动16次，监督推进挂钩的12个市民生实事项目。市十七届人大二次会议期间，姑苏区代表团共提出议案1件、建议41件。

保障街道人大依法履职，人大各街道工委全年共组织开展代表视察调研43次，代表小组活动36次，形成上下联动、齐心协力推动高质量发展的良好局面。平江街道聚焦节日文旅市场安全，组织代表开展主题调研；沧浪街道建立“沧浪营家”文化专业代表小组；白洋湾街道开展“服务长三角　融入一体化”口岸调研主题活动；金阊街道做实做强“菜单式履职”品牌；双塔街道结合代表专业特长推出“代表课堂”培训活动；吴门桥街道举办“青年代表话履职”“新老代表谈作为”活动；虎丘街道首创“逢八助发”政企互动品牌；苏锦街道不断升级宪法公园的居民议事功能，有效发挥代表桥梁纽带作用。

【代表建议办理】 2023年，区人大常委会制定人大代表建议、批评和意见重点督办工作实施办法，进一步加强和规范重点建议督办工作。建立人大代表建议与公益诉讼检察建议衔接转化工作机制，实现人大代表建议与公益诉讼检察建议的“双向衔接转化”。深化“上下联动，督办重点建议”工作机制，围绕“菜篮子”保供体系建设、加快推进医养结合等建议开展联动督办。加强代表议案建议提交和初审工作，提升代表提出议案建议的精准度和实效性。区三届人大二次会议的144件代表建议，均按期办结。

（张志鑫）

2023年11月1日，姑苏区人大“民生·民声”代表直播间畅谈“社情民意联系日”活动举办　　区人大办　供稿

表5-1　2024年姑苏区人大常委会重点督办的代表议案建议情况

序号	议案建议编号	议案建议名称	提议案建议代表
1	第0001号	关于进一步发挥古宅活化利用成功案例示范作用　加快推进苏州古城保护发展和古建老宅盘活利用	丁学芳
2	第0002号	用“文化”点亮“新经济”，激发姑苏古城消费新活力	胡　俊
3	第0077号	关于协同推进姑苏区养老服务质量与能力提升的建议	王　芹
4	第0034号	关于修复三香路闾胥路立交下行路面的建议	朱一坚等
5	第0039号	关于推进市场化调解模式提升社会治理水平的建议	林李金
6	第0175号	关于宏葑新村停车改造并新增充电桩的建议	徐忠民
7	第0019号	关于加强具有新时代工匠精神和创新创业能力的非遗传承人培养和扶持的建议	周才生
8	第0023号	关于推进流动少数民族子女义务教育入学的建议	李梦军
9	第0013号	关于打造姑苏区零碳文化产业园区的建议	刘　军
10	第0105号	关于加强姑苏区网络餐饮监管的建议	韩小燕
11	第0058号	关于深化高龄老人居家养老专业服务的建议	刘俊秋
12	第0071号	关于加强姑苏古城古井保护的建议	张英缨

（张志鑫）

苏州国家历史文化名城保护区管委会
苏州市姑苏区人民政府

综　述

【全年主要工作成果】 2023年，苏州国家历史文化名城保护区管委会、姑苏区人民政府（简称“保护区管委会、姑苏区政府”）在市委、市政府和区委的坚强领导下，坚持以习近平新时代中国特色社会主义思想为指导，深入学习贯彻党的二十大精神和习近平总书记考察江苏重要讲话精神，紧紧团结依靠全区人民，同心同德、砥砺奋进，统筹做好古城保护、民生改善、产业发展、安全生产、城市建管等工作，经济社会各项事业攻坚克难、承压前行，取得一系列来之不易的成绩。

古城保护实践创新探索。示范引领作用更加凸显，住建部历史文化街区和历史建筑保护利用现场会圆满召开，一批创新举措纳入住建部实施城市更新行动可复制经验做法清单。潘氏祖宅项目获联合国教科文组织亚太地区文化遗产保护优秀奖，“拙政问雅”获全球世界遗产教育创新案例奖。“平江九巷”纳入“紫金奖·建筑及环境设计大赛”城市合作赛道，亮相具有全球影响力的品牌赛事。文物建筑国家文物保护利用示范区建设通过国家验收。“数字孪生古城”平台上线运行。整体保护机制更加健全，名保办机制高效运转，落实推动111项议题。与国开行完成历史文化名城保护和提升利用工程二期项目战略签约，与苏创投合作成立10亿元规模古城保护基金，国资国企合作力度持续加大。传统民居活化利用实施方案制定出台，古城54个街坊实现社区规划师队伍全覆盖。苏州国家历史文化名城保护纪念日活动、苏州古城历史文化保护传承专家咨询会、古城保护更新专家畅谈会成功举办。重点项目推进更加高效，片区综合改造工程稳步推进，虎丘正山门段环境提升工程竣工验收，唐寅故居文化区正式开街，市方志馆新馆建成开放，唐寅祠、按察使署旧址主体等关键点位修缮完成，廖家巷南扩和阊门西街顺利通车。“古城保护更新伙伴计划”创新推出，活化利用传统民居“一件事”正式启动，22处古建老宅通过吸引社会资本实现活化利用，苏作馆苏州旗舰店等一批项目顺利开业，古吴轩入驻章太炎故居。文化事业发展更加繁荣，文化品牌加速打造，运河剧场全面开工，中国电影资料馆江南分馆顺利落地，桃花坞木版年画“一团和气馆”对外开业。全省首个老字号商标品牌指导站创新设立，“苏州老字号”新增4家。苏州国际设计周、“大运河姑苏民俗文化旅游节”等活动成功举办。特色名街志《平江路志》首发亮相。

经济发展质效逐步提高。主要指标争先进位，全区经济保持恢复性增长态势。预计实现地区生产总值950亿元,增长4%;一般公共预算收入64.6亿元,增长4.5%;社会消费品零售总额突破千亿大关,实现1028亿元,增长6%;全社会固定资产投资180亿元,完成全年目标任务。各项主要指标在全市排名进一步提升,摆脱“落后垫底”局面。创新动能持续增强,重点产业集群呈现积厚成势、加速跃升新气象,全年落地数字创意产业项目83个、高技术服务产业项目141个,新增省服务业领军企业1家、市服务业领军企业2家、市级总部企业3家。苏半科技产业园、姑苏法律服务产业园启动区顺利开园。区域创新能力显著提升,苏州热工研究院清洁能源技术研发实验中心项目成功落地,实现全国重点实验室重大突破;江苏国保获评省级“瞪羚”企业;3家企业科技项目分获省科学技术奖一、二、三等奖;有效高企数、“专精特新”企业数创历史新高。人才招引靶向发力,落地高层次人才创业项目113个,国家级人才引育实现“零”的突破。产业空间要素加速释放,全年累计出让M0、A35等产业用地10宗,有效盘活超30万平方米载体资源。消费潜力加速释放,文旅市场持续火爆,全年接待游客人次、旅游总收入均位居全市第一,姑苏区入选国家文旅产业融合发展示范区建设单位。“状元之旅”等六大主题12条精品文旅路线全新推出,上塘河水上游品质优化提升。畅园有熊、万豪AC等一批精品酒店落户古城,旅游民宿业规范发展指导意见出台实施。平江路获评省示范步行街。商贸新业态蓬勃发展,胥江龙湖、仁恒仓街、金地广场等地标型商业载体全新亮相,泰华商城改造升级,华贸中心等重点项目稳步推进,“景区+商圈”联动格局加快构建。营商环境持续优化,全面落实国家和省、市稳经济一揽子政策和接续措施,先后出台推动经济运行率先整体好转50条、促进经济持续回升向好25条政策措施,落实减免各类税额5.5亿元。成立街道企业服务中心,30名企业家成为区营商环境“体验官”“监督员”。深入开展“千村万企、千家万户”大走访、“集中服务月”活动,支持存量企业做大做强,苏规院成为首个本土培育上市企业,园林设计院挂牌新三板创新层。彩香一村农贸市场等9个项目实现“拿地即开工”,“企业开办+用电报装”一站式服务率先落地,“姑苏·惠服务”和黄浦“店小二”政务服务品牌深度协作,高频涉企服务实现跨省远程办理。全区24个银行网点设置“企业开办一站式服务专窗”。

城市功能品质显著提升。历史欠账有效化解,加压推进历史遗留问题攻坚,创新试点货币化安置政策,搁置20年未改造的城中村万丰里和搁置17年未解危的钟楼新村,相继实施协议搬迁。停摆8年的沧浪城完成盘活利用,“汇邻·新市”项目正式开工。闲置8年的友新综合市场对外开业,南门水产市场整体迁入。直管公有住房管理办法制定出台,超3万平方米公房修缮工作全面启动。城市更新提质增效,全域65个单元城市体检压茬推进,永林新村二区等104个老旧小区启动改造,惠及居民3.4万户。征收搬迁压茬推进,41个项目实现清零。桐泾路北延等一批重点城建交通项目竣工通车,虎东路等7条“断头路”全线贯通,区域交通循环格局进一步完善。东、西环高架沿线、货运苏州西站以及竹辉路等重点区段改造提升工程顺利完工,毗邻区域城市市容环境明显改善。市容管理精细精准,近35万平方米违法建设完成拆除,150条“净美街巷”集中创建,火车站北广场、观前主街等8个“席地而坐”示范区创新打造。智慧停车管理平台正式启用,新增停车泊位超1万个、共享开放点21处,“停车难”问题有效缓解。“物业城市”试点工程全面启动,古城范围内181个无物业住区实现基础物业服务全覆盖。生态环境持续向好,扎实落实河长制、林长制工作,深入打好“蓝天”“碧水”“净土”保卫战。$PM_{2.5}$年均浓度达每立方米31微克,空气优良天数比率达80.3%。新改建13处口袋公园、新增7条市级幸福河湖,省考断面水质优Ⅱ比例达100%,取得历史性突破。中央、省生态环保督察交办信访件全部整改销号。区水务管理中心正式成立。

为民服务水平不断提高。民生底线筑实兜牢，15个大项31个子项民生实事全面完成，路面修整、飞线入地、绿化提升等一批民生微实事项目顺利开展。为7000余户困难家庭开展电线老化更新等消防安全提升项目，既有住宅电梯加装等一批无障碍设施工程顺利完成，为最柔软群体托起“稳稳的幸福”。就创业形势保持平稳，新增就业岗位5.9万个，“家门口”就业服务站工作品牌获全国推广。新增参保扩面9.1万人，社会救助、抚恤优待、大病保险等托底政策扎实落实。公共服务优化改善，新启用5所小学、幼儿园，16所初中平稳转隶，义务教育实现全学段贯通，中小学校医和心理教师配备全覆盖。医疗健康服务产业聚集区加快打造，桃花坞社区卫生服务站建成运营，医联体合作持续深化。国投宝原老年公寓、福相护理院、悦邻护理院和3个街道综合为老服务中心投入使用，新增养老机构床位480张，完成家庭适老化改造1727户。普惠托育服务供给进一步扩大，新增托位1053个。创成全国医养结合示范区、省级义务教育优质均衡发展区、省级和谐劳动关系示范区和省级健康区。3个社区综合为民服务中心提档升级，18所“家门口”的老年大学建设完成，一批健身路径、夜书房、24小时药店完成布点，三香、娄门、富强等农贸市场改造项目取得突破性进展，南环第二社区入选商务部一刻钟便民生活圈典型案例。社会大局保持稳定，圆满完成各项重大安保维稳任务。深入开展专项整治巩固提升年和基础建设强化年行动，89项三级政府挂牌督办隐患问题整改到位，近九成疑似严重损坏房屋完成整治，葑门路、茶花村等小型消防站建成投用，烟感报警、燃气安保装置安装工作全域铺开，火灾事故比上年大幅下降，消防警情平均响应时间全市最快，生产安全继续保持“双零”。治安环境不断净化，“两抢一盗”警情比上年下降近30%，街面见警率进一步提升。“社情民意联系日”活动深入开展，区、街道、社区三级矛调中心建设完成，信访突出问题“百日会战”“双月攻坚”行动加压推进，一批风险隐患有效化解，社会大局持续保持平安稳定。在全市率先启动“透明餐厅”守护工程，“食安姑苏”品牌持续擦亮。

政府自身建设全面加强。政治方向始终坚定，深入开展学习贯彻习近平新时代中国特色社会主义思想主题教育，在政府系统把“牢记嘱托、感恩奋进、走在前列”贯穿始终，召开区政府党组理论学习中心组学习会，创新方式方法，利用互动交流、主旨发言、学习研讨等多种形式，深学细照笃行习近平新时代中国特色社会主义思想，坚定捍卫“两个确立”，增强“四个意识”、坚定“四个自信”、做到“两个维护”，不断提高政治判断力、政治领悟力、政治执行力。牢固树立总体国家安全观，扛稳意识形态责任，有效应对意识形态领域风险挑战。组织召开专题民主生活会，扎实开展批评和自我批评，将谈心交心、分析评议、整改落实等制度落实到民主生活会的各个环节。持续强化问题导向，深入细致对照省委巡视反馈意见，以“抓铁有痕、踏石留印”的过硬作风抓好整改落实。依法行政不断深化，持续推进法治政府建设，突出依法、科学、民主，严格执行政府议事规则和重大行政决策程序，扩大公众参与度。高标准高质量办好人大代表议案建议和政协提案，依法接受人大法律监督、工作监督，自觉接受政协民主监督，全年承办市两会建议提案37件，办理区人大建议144件、区政协提案263件，办复率和代表委员满意率均为100%。持续推动执法规范化，推行包容审慎监管，落实涉企“免罚轻罚”清单，行政执法既有力度又有温度，行政诉讼案件总量及败诉案件量大幅下降。重视司法、舆论、社会监督，完善审计监督机制。深入推进政务公开和政府信息公开，及时回应社会关切，让行政权力在阳光下运行。数字政府加快建设，持续推动“放管服”改革，深化“高效办成一件事”，落实线下“一窗办”，进一步减环节、减材料、减时限、减费用，全区98%以上申请类权力事项可通过网上申报，实现“不见面”办理。围绕让企业和群众更加“有感”，积极推进数据开放共享、贯通融合、场景落地，区城运联动指挥平台二期项目建设完成，数据开放数量比上年提升60%，“一网感知态势、一网决策指挥、一网协同共治”的运行模式加快形成，数字社区治理工作走在全省前列。政治生态持续巩固，始终把纪律和规矩挺在前面，深入推进政府系统党风廉政建设，紧盯重点领域和关键环节，一体筑牢不敢腐、不能腐、不想腐的防线，坚决整治群众身边的作风积弊和腐败问题，持续巩固风清气正的政治生态。坚决贯彻落实中央八项规定精神和省、市、区委相关规定，持之以恒纠治“四风”，力戒形式主义、官僚主义，持续为基层松绑减负。厉行勤俭节约，持续精文减会，大力压缩非刚性、非重点、非急需支出，全年压减政府一般性支出超1亿元，将85%以上的财政支出投入民生领域，用政府的“紧日子”换取人民群众的“好日子”。（宋思雨）

【区政府重要会议】 2023年，保护区管委会、姑苏区政府共召开14次常务会议，审议一批重要文件，听取一批重要汇报，作出相关决定。主要内容为：

1月13日，保护区管委会、姑苏区政府召开第9次常务会议，学习贯彻习近平总书记系列重要讲话重要指示精神，学习《江苏省行政规范性文件管理规定》，听取关于2023年人大代表建议、政协委员提案办理工作打算的汇报，传达贯彻全国安全生产电视电话会议精神，听取全区岁末年初安全防范工作情况的汇报，听取关于2023年保护区管委会、姑苏区政府工作任务分解情况的汇报，研究部署相关重点事项。

2月10日，保护区管委会、姑苏区政府召开第10次常务会议，学习贯彻习近平总书记系列重要讲话重要指示精神，审议有关文件。

3月24日，保护区管委会、姑苏区政府召开第11次常务会议，学习贯彻习近平总书记系列重要讲话重要指示精神，听取关于全区经济运行情况、全区垃圾分类工作情况的汇报，审议有关文件。

4月20日，保护区管委会、姑苏区政府召开第12次常务会议，学习贯彻习近平总书记系列重要讲话重要指示精神，学习《江苏省数字经济促进条例》，听取关于全区经济运行情况的汇报，关于安全生产工作情况的汇报，关于工程建设领域农民工工资保证金管理调整情况的汇报，审议有关文件。

5月9日，保护区管委会、姑苏区政府召开第13次常务会议，学习贯彻习近平总书记系列重要讲话重要指示精神，听取关于全区经济运行情况的汇报，听取关于姑苏区第五次全国经济普查工作情况的汇报，审议有关文件。

6月9日，保护区管委会、姑苏区政府召开第14次常务会议，学习贯彻习近平总书记系列重要讲话重要指示精神，贯彻落实全区经济运行情况专题会议精神，研究调度全区经济运行情况，听取关于姑苏法律服务产业园相关扶持政策的汇报，关于调整区安全生产各专业委员会有关方案的汇报，以及全区危化品、工贸及消防安全专项治理领域安全生产工作情况的汇报，审议有关文件。

7月14日，保护区管委会、姑苏区政府召开第15次常务会议，学习贯彻习近平总书记系列重要讲话重要指示精神，学习《江苏省消防条例》，听取关于全区政务诚信建设情况的汇报，关于全区“菜篮子”工作情况的汇报，审议有关文件。

7月28日，保护区管委会、姑苏区政府召开第16次常务会议，学习贯彻习近平总书记系列重要讲话重要指示精神，专题听取全区安全稳定工作情况的汇报，听取关于全区经济运行情况的汇报，关于娄门市场有关事宜的汇报，审议有关文件。

8月18日，保护区管委会、姑苏区政府召开第17

次常务会议，学习贯彻习近平总书记系列重要讲话重要指示精神，听取当前全区安全防范工作情况的汇报，关于全区经济运行情况的汇报，审议有关文件。

9月14日，保护区管委会、姑苏区政府召开第18次常务会议，学习贯彻习近平总书记系列重要讲话重要指示精神，传达省、市安委会重大事故隐患专项排查整治行动调度暨中秋国庆节日安全防范部署会议精神，听取中秋国庆假期安全防范工作安排的汇报，关于全区经济运行情况的汇报，审议有关文件。

10月27日，保护区管委会、姑苏区政府召开第19次常务会议，学习贯彻习近平总书记系列重要讲话重要指示精神，听取当前全区安全稳定工作情况的汇报，传达学习全国党委和政府秘书长会议、全省党委和政府秘书长办公室（厅）主任会议精神，听取关于全区经济运行情况的汇报，审议有关文件。

11月25日，保护区管委会、姑苏区政府召开第20次常务会议，学习贯彻习近平总书记系列重要讲话重要指示精神，专题研究全区安全稳定工作，听取关于2023年市、区两会建议提案办理工作情况的汇报，审议有关文件，部署推进相关重点事项。

12月8日，保护区管委会、姑苏区政府召开第21次常务会议，学习贯彻习近平总书记系列重要讲话重要指示精神，学习习近平法治思想视野下的《中华人民共和国行政复议法》修订，专题研究全区安全稳定工作，听取关于《保护区、姑苏区推进古城业态产业提升工作方案》制定情况及《产业图谱》绘制情况的汇报，关于法律服务行业发展情况的汇报，审议有关文件。

12月21日，保护区管委会、姑苏区政府召开第22次常务会议，学习贯彻习近平总书记系列重要讲话重要指示精神，听取关于姑苏区2023年开展“一带一路”建设相关工作情况的汇报，关于姑苏区2023年推动长江经济带高质量发展工作情况的汇报，关于姑苏区2023年民生实事项目完成情况和2024年民生实事候选项目形成情况的汇报，关于姑苏区2023年重点项目完成情况和2024年重点项目预排情况的汇报，关于姑苏区2023年国民经济和社会发展计划执行情况与2024年国民经济和社会发展计划草案的汇报，关于2023年全区经济社会发展目标预计完成情况及2024年计划安排的汇报，审议有关文件，部署推进相关重点事项。（张丽娟）

【区民生实事项目】 2023年姑苏区民生实事项目共15个大项，31个子项，总投资2.86亿元，项目涵盖民生就业、教育文体、健康卫生、环境改善、社区服务等领域，31个子项均已在当年完成年度目标。其中，社情民意微实事项目获得第二十二届“苏州十大民心工程”县级市（区）项目。

表6-1　2023年姑苏区民生实事项目

序号	项目名称	子项名称	实施内容
1	教育发展与文化建设	1.百年老校基础建设提档升级项目（二期）	实施第三批百年老校基础建设提档升级项目，2023年继续以历史文化传承与恢复为主题，对虎丘实小、平直实小两所百年老校进行基础建设，包括文化环境建设、老旧校舍翻新、硬件设施改造、活动场室建造等方面
		2.金光小学（暂命名）项目	项目位于民生路以南、文陵路以东，占地面积24059平方米，办学规模6轨36班，总建筑面积27361平方米。2023年完成土建主体结构施工
		3.金光幼儿园（暂命名）项目	项目位于民生路以南、文陵路以东，占地面积11224平方米，办学规模6轨18班，总建筑面积11050平方米。2023年完成土建主体结构施工
		4.“双减双增双提”儿童核心素养提升项目	1.对全区44所学校开展“姑苏地方文化校园读本系列丛书”进行再版印刷，为课后服务提供更优质的文化课程资源，帮助学校进一步衍生开发项目化学习、古城研学等课程。 2.配合新课标对跨学科学习的要求，进行区域性探索，利用古城文化资源拓展学校艺术、科技、体育、文化的跨学科学习融通，通过非遗大师进校园等项目，建设高质量教育体系，发展素质教育，促进教育公平

续表

序号	项目名称	子项名称	实施内容
1	教育发展与文化建设	5.中小学校装配空调	完成44所公办小学教室空调装配，统一采购空调设备，同步做好电力扩容和线路改造，并制定学校空调管理使用制度
2	“就业惠民、创业富民”工程	6.“就业惠民、创业富民”工程	2023年全区建设11个“家门口的人社服务站”，新增就业岗位5.88万个，其中大学生就业岗位1.23万个，开展项目制培训2048人，促进技能提升，扶持自主创业人数3950人，引领大学生创业175人，实现新增社保参保人数9.1万个
3	民生健康关爱项目	7.母婴阳光工程	1.婚前医学检查：为辖区3600人实施婚姻登记、婚育保健咨询、婚前医学检查一站式服务。2.为辖区4000名产妇开展产后抑郁筛查。3.为辖区22000名35—64岁常住妇女进行免费两癌筛查。4.儿童系统保健：为辖区0—6岁儿童提供健康体检、神经行为测定、贫血检测、视力筛查等全面系统的儿童保健服务；为40000名儿童开展孤独症筛查干预服务；为23500名托幼机构在园儿童开展视力防控并建立视力健康电子档案，有效预防降低近视发生率
		8.儿童口腔健康幸福工程	对辖区内45所区属小学9000名8周岁学生进行口腔健康教育、口腔健康检查，对二年级学生开展窝沟封闭，并对其进行随访复查
		9.老年人家庭适老化改造	对有适老化改造需求的老年人家庭进行改造，按照“需求导向、一户一策”的原则，合理设计方案，选择老年人居家生活最适合、最迫切的改造项目，涉及助行、助力、助浴、助急、防滑等方面，包括安装便携式家具、智能化设备等，改善老年人居家生活照护条件，增强居家生活安全性、便利性和舒适性，全年完成1602户老年人家庭适老化改造，为独居老人家庭免费安装延误报警器1180户
		10.基层中医药服务示范工程（一期）	1.建设1家吴门医派中医药传承工作坊，创建2家四星级中医馆、1家中医阁。2.开展中医药适宜技术惠民工程，为2500名群众发放中医药惠民包。3.开展中医药文化传承工作，加强中医药养生保健知识传播，建设2个中医药文化知识角，组织中医药文化进校园活动。4.开展中医药公共服务，普及推广传统健身活动，为25000名老年人及儿童提供中医预防保健服务
4	老旧小区改造	11.老旧小区改造	对永林新村二区、菱塘新村二区、三香花园等老旧小区更新改造，包括住宅整修、市政道路设施整治、管线改造、绿化景观整治、立面线路梳理、智能化设施建设、住宅电梯增设等，打造一刻钟便民服务生活圈，完善小区智能化安防设备，通过改造，打造安全智能、环境优美、设施完善、宜居和谐的幸福住区
5	“净美街巷”典范工程	12.“净美街巷”典范工程	2023年完成全域1606条街巷大扫除工作，完成相关问题整改6578条，完成平江、金阊、沧浪、双塔和虎丘5个街道150条街巷美化提升，完成香花桥片区、长鎏光华片区、33号街坊、唐宋遗韵片区、留园片区等5个净美街区创建，并举办古城街巷摄影比赛、游线设计比赛等，开展多范围多层次宣传
6	城市环境微更新	13.西环路桥下空间绿化景观提升工程	对西环路（南至南环路，北至新庄立交范围内）高架下及两侧绿地绿化、景观、照明等进行改造提升，更换长势不良的绿化，结合周边环境及功能需求，通过优化、梳理营造桥下空间，打造特色鲜明的城市风景线
		14.东环路沿线环境整体提升工程	1.沿线绿化及市政提升：对东环路西侧人行道及以西部分的绿地、口袋公园改造提升，通过丰富植物配置、改善灯光照明，提升景观品质。2.公共空间立面环境提升：对高架沿线范围内的公建、围墙、一层沿街商业进行立面整治，包括建筑立面出新、重点建筑灯光亮化、空调机罩更换或增加、广告店招更新、违建拆除、围墙改造等。项目改造建筑面积56456平方米
		15.护城河片区微更新项目	对万年社区、道前社区辖区内的部分老旧小区、零星楼及街巷破损外立面修补，破损道路修复，楼道整治，绿化整治，飞线梳理以及有条件的安装电瓶车充电桩等
		16.桐泾南路片区微更新项目	对新沧社区、潼泾社区辖区内的部分老旧小区、零星楼及街巷破损外立面修补，破损道路修复，楼道整治，绿化整治，飞线梳理以及有条件的安装电瓶车充电桩等

续表

序号	项目名称	子项名称	实施内容
6	城市环境微更新	17.体育场路九如巷周边环境提升	1.围绕乐益女中，东起五卅路，西至锦帆路，南至十梓街，对范围内的道路、房屋、绿化、设施等做提升改造，提升市容市貌。2.增加红色元素，设置党建宣传长廊、任务故事照片展墙等红色打卡点和主题标识
		18.儿童友好主题公共空间	对江星路停车场地面公园从绿化、景观、照明等方面进行改造提升，打造可达性强的公共空间，重点实施儿童友好设计成果，增加绿地面积
		19.清洁路小游园等口袋公园改造提升工程	对清洁路小游园、清塘路望塔苑、江星路停车场地面公园、占鱼墩文化公园、三香路间胥路西北角绿地、元和塘滨水绿地、清塘路三角绿地、盘胥路南带状绿地、平川路与江宙路交叉口绿地、虎泉路与新城路西北角绿地等10个口袋公园进行整体设计，从绿化、景观、照明等方面改造提升，打造可达性强的公共空间，提升对外展示效果
7	公共卫生间建设	20.公共卫生间建设	提标打造相王弄北、新庄新农贸、菉葭巷西、苏站西路等公厕，增设第三卫生间、设置“环卫驿站”功能拓展区等便民措施；对富仁坊、三香弄、长洲路、西环路等公厕改建修缮，稳固结构、立面见新，完善公厕设施。通过项目实施，提高辖区公共卫生间建设标准、优化布局、完善环卫基础设施功能，提升城市文明程度和公共服务水平
8	公共空间休憩座椅优化提升	21.公共空间休憩座椅优化提升	2023年在平海路、虎殿路、干将路、三香路、道前街、馨泓路、广济路及承德里、潭花湖等口袋公园提升改造1000个休憩座椅
9	人行天桥加装无障碍设施建设	22.相门过街天桥加装无障碍设施	项目位于相门过街天桥，拆除南北两侧东西向踏步并安装直升电梯，方便老年人和残疾人通行
10	小型消防站建设	23.莫邪路小型消防站建设项目	项目位于葑门路17号，对17号北侧多层建筑的1—3层进行改造装修，建筑面积819.62平方米，主要进行建筑加固、墙面粉刷、地砖铺设、门窗更换等，同时设置消防车库、通信室（含值班室、接警系统）、体能训练室、执勤器材库、训练器材库、物资被装仓库等
11	停车泊位优化建设项目	24.停车泊位优化建设项目	2023年累计完成非机动车停车标线施划工作，新增停车线框1710个，新增10128个停车泊位。其中新增西北街等路内停车泊位1813个（含分步式停车泊位1033个），校核统计新增翠庭路停车场等公共停车泊位2580个，完成藕前路等54条街巷道路1033个分步式泊位增划并完成智能化建设，校核统计新增云起平江停车场等配建停车泊位5735个（含工程项目带动增设配建泊位545个）
12	大件垃圾免费清运	25.大件垃圾免费清运项目	2023年累计上门免费清运大件垃圾5366户，清运处置大件垃圾937.39吨，同时设置新郭、何山2个大件垃圾免费处置点，方便居民大件垃圾自送，并进行垃圾处置
13	社区综合为民服务中心建设	26.定慧寺社区服务中心建设项目	对干将东路621号处房屋进行改造修缮，建筑面积556平方米，主要进行内部格局调整、装修装饰，用于定慧寺巷社区办公和居民调解、议事、活动等，并添置电子大屏、展示柜等家具、家电设备，以满足新时代社区工作的实际需求
		27.东园社区活动用房改造项目	项目位于葛百户巷24-1号，对1—3楼的社区活动用房进行改造装修，建筑面积570平方米，主要进行铺设地砖、隔断，墙面粉刷，门窗更换，安装空调及监控，购置相关场所的家具、设施设备等
		28.新益社区活动用房改造项目	对位于虎北花园多层综合楼19幢1楼和3楼的社区活动用房进行改造装修，建筑面积973平方米，主要进行铺设地砖、隔断，墙面粉刷，门窗更换，安装空调及监控，购置相关场所的家具、设施设备等，设置居民一站式办事大厅、党员活动室、图书阅览室、市民学校等功能室场
		29.苏锦街道综合治理站点建设项目	建立沪宁高速以北苏锦街道第五网格化联动工作站，星光、锦尚城市管理服务站，街道社工站，街道公益坊，中心警务室等站点，提升街道及社区综合治理能力。全面构建“街道联动分中心—网格化联动工作站—社区网格”三级组织运行管理体系，提升北部综合管理常态化、科学化、规范化和精细化水平

续表

序号	项目名称	子项名称	实施内容
14	社情民意微实事	30.社情民意微实事项目	2023年共开展“社情民意联系日”活动12期，领导干部、党员、人大代表、政协委员赴社区8139人次，累计接待居民群众5268名，收集问题诉求2022条、意见建议3246条，现场处理与答复4700多件，累计实施社情民意微实事项目381个，涉及环境提升、设施维修、绿化修剪、无主垃圾清理等群众诉求迫切的民生小事
15	农贸市场改造提升工程	31.白洋湾农贸市场改造提升	项目位于白洋街299号，实施白洋湾农贸市场扩建改造提升，将原市场二楼东北侧面积1400平方米空地作为市场功能性提升的实施区域和范围，丰富完善一刻钟便民生活圈建设，持续增强农贸市场高品质服务供给

（姚　婷）

【区重点项目】2023年，姑苏区有区重点项目共54个，总投资1247.48亿元，年度计划投资160.49亿元。至年底，累计完成投资186.97亿元。54个区重点项目中，苏州历史文化名城保护和提升一期工程列入省重大项目，总投资30亿元，年度计划投资5亿元，1—12月累计完成投资13亿元。苏州历史文化名城保护和提升工程、元创·姑苏智谷数字经济产业基地、姑苏胥江数字文化创意湾、2023年老旧小区环境综合整治工程、古城道路综合改造工程（一期）、苏州桃花坞历史文化片区综合整治保护利用工程、苏州市公共卫生指挥部和苏州大学附属第二医院救治中心大楼、苏州市立医院康复医疗中心项目、苏州大学附属第一医院总院二期、苏州市转化医学中心、联东U谷·姑苏数字科技产业园、国投宝原健康养老综合体项目（一期）等12个项目列入市重点，总投资300.87亿元，年度计划投资47.53亿元，1—12月完成投资57.51亿元。

表6-2　2023年姑苏区重点项目

序号	项目名称	建设内容	责任单位
1	苏州历史文化名城保护和提升工程	苏州历史文化名城内32号街坊、子城片区等及其他片区的历史遗存保护利用工程及片区改造提升工程	苏州名城保护集团有限公司
2	元创·姑苏智谷数字经济产业基地	项目位于金阊新城，占地面积16万平方米，建筑面积62万平方米，建设集研发和生产的数字经济产业基地。项目的技术研究细分方向为数字产业化和产业数字化，打造数字产业集群。主要生产产品为高端半导体、智能机器人、智慧工厂软硬件、高端数字医疗设备等	白洋湾街道
3	姑苏胥江数字文化创意湾	项目位于西环路以西、劳动路以南、枣市街以东，总建设面积14万平方米，拟建设2栋研发办公楼（18F）及二层裙房商业。办公部分将引进符合数字创意、高技术服务定位的产业公司，商业部分主要为产业园提供配套商务需求服务。项目依托姑苏区胥江小岛周边地块的优越区位条件，良好的生态环境布局，丰厚的大运河文化底蕴，成熟的配套设施，拟引入汇聚数字经济、科创总部、金融服务等产业，打造产城融合与创新发展的新地标	吴门桥街道
4	2023年老旧小区环境综合整治工程	对永林二区等16个小区从房屋整治、市政道路设施整治、管线整治、绿化整治、环境秩序整治、增加安全技防设施、建立长效管理机制等7个方面进行小区环境整治，涉及房屋260幢，总建筑面积58万平方米，惠及居民6445户	区住建委
5	古城道路综合改造工程（一期）	临顿路、金门路（桐泾路—阊胥路）拓宽改造工程，华贸太阳广场天桥改造工程	区住建委、金阊街道

续表

序号	项目名称	建设内容	责任单位
6	苏州桃花坞历史文化片区综合整治保护利用工程	项目位于古城区西北部，占地约1.84平方千米，一期主要包括唐寅文化区、泰伯庙·阊门西街文化区两个部分，唐寅故居文化区主要修复唐寅故居、恢复双荷花池，打造文创产业集聚区。泰伯庙·阊门西街文化区主要是扩建泰伯庙，沿阊门西街打造成一条综合性文化休闲特色街。二期工程主要实施桃花坞旅游集散中心、创意产业园、元宁公所、校场桥路河东延、校场桥路河西延、廖家巷南拓、桃花坞大街部分节点改造等区域，总体符合桃花坞片区建设要求，体现“沟通一期、配套一期、完善一期”的原则	苏州名城保护集团有限公司
7	苏州市公共卫生指挥部和苏州大学附属第二医院救治中心大楼	苏州市公共卫生指挥部（A楼），占地面积7898平方米，建筑面积28777.69平方米，地上5层，建筑面积为14066.93平方米，容积率1.78。苏州大学附属第二医院救治中心大楼（B楼）占地面积8000平方米，建筑面积69008.62平方米，地上16层，建筑面积为48053.53平方米，拟建设集应急指挥、院前救治、院内抢救、重症监护、专科救治“五位一体”的急救中心	金阊街道
8	苏州市立医院康复医疗中心项目	项目位于广济路286号，总用地面积25637平方米，总建筑面积69713.67平方米	虎丘街道
9	苏州大学附属第一医院总院二期	项目位于江莲路以东、平海路以南、人民路以西、平泷路以北地块。建筑面积33万平方米，地下2层、地上5—19层，由病房楼、科研楼、急诊急救楼、传染核医学楼、门诊医技楼组成	苏锦街道
10	苏州市转化医学中心	项目位于姑苏区平江新城锦莲河以北、平海路以南、齐溪路以西、原江坤路以东。占地面积11913.33平方米，总建筑面积72763.16平方米，其中，地上59144.99平方米，地下13618.17万平方米	苏锦街道
11	联东U谷·姑苏数字科技产业园	项目位于虎池街以南、联洋街以西，用地面积39133平方米，规划总建筑面积约155987.54平方米，其中，地上总建筑面积约116891.75平方米，地下总建筑面积约39095.79平方米，包括9栋工业厂房、1栋工业（研发）楼及地下车库	白洋湾街道
12	国投宝原健康养老综合体项目（一期）	项目位于人民路2114号，建设健康养老服务综合体，一期建筑规模1.7万平方米，规划各类养老护理床位约700张，涉及25幢单体建筑改造	平江街道
13	虎丘地区综合改造工程	项目范围北起京沪高速，南到沪宁铁路，西至苏虞张连接线，东至十字洋河，区域面积约4.3平方千米	苏州名城保护集团有限公司
14	姑苏区东、西环高架环境整治工程	对姑苏区东、西环高架桥下实施公共空间品质提升和沿线公共建筑立面整治、居民楼改造等项目	区城管委、区住建委
15	友联运河大桥拆除重建工程	项目北起宝带西路，南至新郭港路，线跨京杭大运河，全长915米，标准横断面宽42米和44米。对友联运河大桥拆除重建，拓宽为双向六车道，同步改造提升桥梁附属设施及周边道路	区住建委
16	2023年姑苏区绿化和景观提升工程	对姑苏区范围内实施绿化景观提升，对桥下空间绿化提升、植被景观营造，河道驳岸改造和绿化提升，对姑苏区内完成约25万平方米的区管绿地灌木及地被更新	区住建委
17	“新华书店观前书城”项目	项目位于观前街166号，将新华书店观前书城打造成观前商圈核心亮点，探索文化消费，构建新的阅读场景、生活美学应用，打造成为新文化潮流综合体，形成多功能复合场景的苏州文化样本。项目以“文化+”为定位，融入文创、非遗、数字经济产业、国际文化IP等商业新经济，共同探索姑苏精神文化互动以及新型运营模式	平江街道
18	仁恒仓街项目	项目位于干将路北、仓街东（原第三监狱和振亚丝织厂地块），地块占地面积为8.5万平方米	平江街道

续表

序号	项目名称	建设内容	责任单位
19	古建老宅活化更新试点项目(平江东、西片区)	项目分为东、西片区：东片区(东至仓街，西至平江路，北至大柳枝河，南至中张家巷)，占地面积4.75万平方米，建筑面积3.8万平方米，涉及居民607户；西片区(东至平江路，西至临顿路，北至菉葭巷，南至大儒巷)，占地面积3万平方米，建筑面积2.4万平方米，涉及居民448户。实施内容：对民居进行腾迁，并结合景区文旅融合发展进行房屋修缮	平江街道
20	六六视觉大儒巷厂房改造项目	项目位于大儒巷33号、34号，南北厂房总建筑面积约23000平方米，完成厂房改造并对外招商，打造数字经济产业园	平江街道
21	上城门项目	项目位于石路步行街29号，计划建设1—7层的垂直街区，建筑面积13500平方米，打造集网红新零售、早咖夜酒、文创、餐饮、酒店等业态以及古城观景平台等功能于一体的文旅垂直街区	金阊街道
22	苏州华贸中心	项目位于广济路以西、金门路以北、上塘街以南、市第五中学以东，地块由地块一(4059.3平方米)和地块二(89424.5平方米)组成	金阊街道
23	国展商业广场北区工程	项目位于金门路100-1号。占地面积1.3万平方米，总建筑面积1.74万平方米。新建2栋住宅、1个裙房商业、1个汽车塔库及地下室	金阊街道
24	苏地2019-WG-1号地块项目(同悦)	项目位于金门路南、彩香路东。住宅地块占地面积2.7万平方米，拟建总建筑面积4.89万平方米，拟建9幢7层住宅、1幢3层社区中心	金阊街道
25	苏州金阊医院迁建工程	项目位于桐泾路东、金门路南、彩香路西、香雪海路北。总占地面积1.38万平方米，总建筑面积共5.97万平方米	金阊街道
26	龙湖胥江天街项目	项目位于劳动路南、华亭路西，住宅建筑面积3.5万平方米，商业建筑面积12.5万平方米	沧浪街道
27	南门兴业坊项目	项目位于兴业路与西二路交会处，为新建商业，占地面积8959平方米，总建筑面积39057平方米	沧浪街道
28	桃溪澜园住宅项目	项目位于胥江路北、巴里河南，占地面积3.99万平方米，总建筑面积10.98万平方米	沧浪街道
29	凤凰广场人防工程项目	项目位于干将路和鹅颈湾路交叉口东南角，用地面积9500平方米，建筑面积14923平方米，建设人防工程	双塔街道
30	苏州眼耳鼻喉科医院改建项目	项目位于南环东路以南、迎春路以东，南环东路10号新联大厦北楼，改造面积7996平方米	双塔街道
31	江苏省苏州中学校东校区改造工程项目	项目位于人民路以东、沧浪亭以北、100医院以西、十全街以南，占地面积4.27万平方米，总建筑面积4.6万平方米	双塔街道
32	苏州新侨置业有限公司苏地2021-WG-16号地块项目	项目位于虎丘街道西园路以北、硕房庄路以南、冶坊浜以东，占地面积1.85万平方米，建筑面积3.32万平方米	虎丘街道
33	苏州城投平新置业有限公司苏地2022-WG-3号地块项目(城投)	项目位于日益路南、广济路西，占地面积4.02万平方米，总建筑面积15.5万平方米	苏锦街道
34	平江新城新塘汇邻中心	项目位于江乾路与平泷路交叉口东北侧，占地面积6284平方米，总建筑面积1.52万平方米	苏锦街道
35	苏州广信置业有限公司苏地2021-WG-81号地块项目(天地源)	项目东至广济北路、西至纬四路、南至平润路、北至彩云里路，占地面积3.77万平方米，总建筑面积13.86万平方米	苏锦街道
36	苏州宸竣房地产开发有限公司苏地2020-WG-42号地块(金科)	项目位于姑苏区日益路以北、苏清路以东，占地面积3.42万平方米，总建筑面积12.82万平方米	苏锦街道

续表

序号	项目名称	建设内容	责任单位
37	苏州平泰置业有限公司苏地2020-WG-43号地块（首开）	项目位于日益路以南、苏清路以西，占地面积6.62万平方米，建筑面积约24.23万平方米	苏锦街道
38	苏州恺宏淼房地产开发有限公司苏地2018-WG-45号（融信海月平江）	项目位于民清路与日益路交叉口，占地面积2.69万平方米，总建筑面积9.06万平方米	苏锦街道
39	苏州信展置业有限公司苏地2019-WG-11号	项目北至总官堂路、东至江乾路、南至石鱼桥浜、西至斜河浜，占地面积6503平方米，总建筑面积36402.26平方米	苏锦街道
40	平海路P+R停车场项目	项目位于平海路北侧、沪宁高速南侧，项目整体占地约4.66万平方米，建筑面积约5.3万平方米	苏锦街道
41	中建国际装饰全球总部	项目位于人民路以西、端文路以北，总建筑面积11万平方米，规划为聚集文化创意产业，打造传统姑苏文化与国际潮流结合的文商旅融合发展新样板	吴门桥街道
42	苏州铧景创盛置业有限公司苏地2023-WG-15号地块住宅项目	项目位于宝带西路南、太湖西路西，占地面积4.07万平方米，建筑面积约为11.9万平方米，共有12栋高层建筑	吴门桥街道
43	苏州环泰置业有限公司苏地2023-WG-24号地块住宅项目	项目位于吴门桥街道运泰路南、凌波路东，占地面积1.86万平方米，建筑面积约为2.98万平方米，计划建设8栋住宅	吴门桥街道
44	胥江南岸X-7、X-8地块项目	项目位于胥江以南、胥台桥以东、胥台桥以西，总占地面积3.41万平方米，总建筑面积约为15.13万平方米	吴门桥街道
45	胥江南岸X-9、X-10地块项目	项目位于胥江以北、枣市桥以南、胥台路以东、桐泾路以西，包含两幅地块，总占地面积1.1万平方米，总建筑面积1.93万平方米	吴门桥街道
46	渔家村文化旅游项目（二期渔家水乡项目）	项目位于石湖景区内的渔家村，总占地面积约7.2万平方米，设计建筑总计28组，总设计建筑面积3.36万平方米	吴门桥街道
47	沪宁高速公路西出入口高架改造及连相路地面道路下穿铁路工程	高架上跨铁路部分南起西环北延快速路北延伸段金储街南侧，终点为快速路虎池路南侧，全长约1205米	白洋湾街道
48	苏州市海绵主题公园项目	项目位于西塘河东侧、虎殿路北侧，占地总面积10.17万平方米，建筑面积5176.58平方米	白洋湾街道
49	西环北延中环西线连接线项目（姑苏区段）	项目东起西环北延金政街跨沪宁铁路，沿金政街、虎林路、金筑街，经长浒大桥，向西至中环西线金枫路城北交叉口	白洋湾街道
50	富强农贸市场改扩建项目	项目位于白洋湾街道苏城大道西、陆步桥街北，总建筑面积1.29万平方米	白洋湾街道
51	虎丘D南保障房地块	项目位于城北西路北侧，虎北路西侧，占地面积8.5万平方米，总建筑面积为16万平方米	白洋湾街道
52	江苏（苏州）国际铁路物流中心、码头、仓储堆场工程	项目位于金阊新城，重点建设物流中心（包含综合服务中心、监管中心、专业仓库、联检中心）、2座挖入式港池（中、北港池）以及仓储堆场等	白洋湾街道
53	姑苏法律服务产业园	项目位于桐泾公园北、盘联街南，设2层地下停车场，地面1—2层为综合配套服务功能区，3—9层为商务办公区	吴门桥街道
54	医疗服务总部集聚区	项目位于平江新城，北侧与苏大附一院总院一街之隔，东侧紧靠城市生活广场，总占地面积2.2万平方米，总建筑面积14.8万平方米，其中，地上建筑面积8.8万平方米，地下建筑面积6.0万平方米	苏锦街道

（姚　婷）

督查工作

【常规督查】 2023年，姑苏区党政办公室（简称“区党政办”）全力做好领导批示督办反馈工作。加大对市、区主要领导指示批示落实反馈的督办力度，形成“建立台账、专人督办、全程跟踪、确保落实”的闭环工作机制。每月汇总通报办理进展，编发《姑苏督查通报》31期。全年承办市两会建议提案37件（市代表建议14件、市政协提案23件），办理区人大代表建议144件、区政协提案263件，均按期办结。全年办理市领导信箱来信856件，接收表扬感谢类来信7件。

【重点督查】 2023年，区党政办聚焦文件数量精简、会议活动压缩、督检考计划执行规范三项重点，统筹编制区级层面整治形式主义为基层减负工作要点，制订全区年度督查检查考核计划24项。建立健全区级层面整治形式主义为基层减负专项工作机制，高效务实推进加重村级组织负担突出问题和10个方面重点领域专项整治，着力在巩固成果、靶向施治上下功夫、见实效，进一步为基层松绑减负。

（吴佳诗）

行政审批和政务服务

【概况】 2023年，姑苏区政务服务事项总办件量147.29万件，网上办件量116.04万件，即办件量34.87万件，不见面办理49.33万件。依申请类事项实现“应进必进”，97%以上可通过线上申报实现“不见面”办理，承诺事项压缩办理时限达95%以上，即办事项达85%以上。

全区新设各类市场主体23727户，其中内资企业7967户、外资企业106户、个体工商户15654户。全区在业市场主体共计194528户，其中内资企业74428户、外资企业1016户、个体工商户119084户。

表6-3 全区各类在业市场主体登记情况（2023年）

市场主体		户数（户）		
		2021年	2022年	增幅（±）
内资企业	国有及集体企业	478	302	-36.82%
	有限责任公司	71381	72192	1.14%
	股份有限公司	600	589	-1.83%
	个人独资企业	970	891	-8.14%
	合伙企业	709	792	11.71%
	内资企业合计	74138	74766	0.85%
个体工商户		110306	119084	7.96%
合计		184444	193850	5.09%

【简政放权】 2023年，姑苏区加强政务服务事项规范化管理，梳理姑苏区行政许可清单，公布“保护区、姑苏区行政许可事项清单（2023年版）”149项，落实政务服务知识库维护工作。全省首创“活化利用传统民居一件事”，助力社会资本参与古城保护更新，通过一网申报、并联办理、电子证照调取和申报材料去重等方式，将申请材料从112份减少到90份，经过两次流程整合，将办理时限从原来的102个工作日缩减到45个工作日。

【营商环境优化】 2023年，姑苏区推出全省首个通过全链通系统办理“企业开办+用电报装”联办业务，迭代升级“企业开办”流程，提供“营业执照、公章刻制、税务登记、银行开户、公积金缴存登记、社保登记、用电报装”等“七合一”套餐服务。办理时间从2个工作日压缩至0.5个工作日。围绕不同点位高频热点需求，开通“惠专线”政务服务直通车，累计举办10场活动，服务企业30余家，服务群众5000余人。开展全市首期“服务下基层　红色帮代办”政务集市（姑苏专场）活动，现场共发放宣传资料500余份，服务600余人次。以双塔街道大公园社区为改革试点，设立姑苏区首家个体工商户集中登记点——“悦民市集”，首次将社区便民站与经营场所相结合，帮扶社区内从事居民生活服务业的个体工商户落地经营。

【政务服务优化】 2023年，姑苏区深化“15分钟政务服务圈”线上、线下基础体系，推动政务服务“触手可及、移步可至”。建设完成“苏服办”PC端网上大厅，260多个便民点位在政务服务数字地图上汇聚展示。姑苏区行政审批局在全市政务服务“双争双创”活动中被评为改革创新标兵单位。

【项目建设审批】 2023年，姑苏区提前梳理项目“拿地前、中、后”不同阶段的办理流程，积极推动多个审批事项容缺“预跑”，压缩审批时限，形成“并行预审+接力审批”的审批模式。彩香一村农贸市场项目变“串联办理”为“并联办理”，推动项目从拿地到开工时间压缩至11个工作日，实现“多证齐发”。

2023年7月25日，姑苏区首个“拿地即开工”项目发证

区行政审批局　供稿

【“姑苏·惠服务”政务品牌矩阵】 2023年，姑苏区凝聚跨行业、跨区域、跨层级的政务改革力量，以“姑苏·惠服务”品牌为统领，结合各街道实际，推出“平易办”“金E通”“一沧办”“惠通子城”“虎速办”“乐惠苏锦520”“巧心办”“百事通”8个基层政务品牌，多维赋能构建“1+8+N”的政务品牌体系。推动十大惠企利民政务服务项目落到实处，推出“惠专线”政务服务直通车、特殊人群兜底服务“帮代办”等十大惠企利民政务服务项目，新增“惠服务”站点2个、24小时自助服务区2个、公积金办理网点8个，不断拓展服务触角，助力古城保护、产业发展提速增能。

【“政务+电力”融合服务“电暖流”驿站】 2023年，姑苏区与国网苏州供电公司开展“电暖流·惠服务”品牌共建，在白洋湾街道便民服务中心打造全市首家“电暖流”驿站，通过锻造一支“电暖流·惠服务”队伍、增设一个政务“联办”专窗、梳理一套标准事项清单、配置一台网上国网智能服务云终端，为企业、群众提供“政务+电力”融合服务新体验。

【跨区域促进沪苏协同】 2023年，姑苏区与上海市黄浦区携手推进政务服务一体化，实现“姑苏·惠服务”与黄浦“店小二”品牌的深度协作。设置“沪苏一体化”窗口，为产业园内企业和招商团队提供远程虚拟窗口的“屏对屏”政策保障。在上海市黄浦区政务服务中心长三角服务区增设姑苏公安联动服务，通过“线上+线下”联动模式，实现沪苏户籍异地办理。在上海市黄浦区政务服务中心成功发出首份姑苏区跨区域人才市场集体户口登记表。

（雷佳俊　姜　程）

数字政府建设

【概况】 2023年，姑苏区紧扣市域数字政府一体化建设要求，不断夯实基础技术支撑、推动数据汇聚赋能、发挥项目应用成效，实现全区数字政府建设发展水平不断提升，获省委网信办“2023数字江苏建设优秀实践成果”、市委市政府“2022年度全市‘推动数字经济时代产业创新集群发展工作’先进集体”等19项奖项荣誉。

【发展规划】 2023年，姑苏区制定《2023年姑苏区数字政府建设工作要点》《2023年姑苏区数字政府发展水平评估实施方案（试行）》。有序推进“十四五”数字政府建设各项目标任务落地、落实，对《姑苏区“十四五”数字政府建设发展规划》30项指标开展中期评估，所有指标均已按期完成中期目标。围绕“数字姑苏”总体发展要求，以更好赋能数字社会、数字经济为目标，按需对规划进行动态修编，确保“十四五”末圆满完成《规划》各项目标任务。

【制度规范】 2023年，姑苏区修订《姑苏区信息化项目管理办法》，细化项目管理流程和具体要求，推动项目按照全区数字政府总体架构科学有序实施、集约高效建设。创新制定《姑苏区信息化项目建设运行绩效管理办法（试行）》，建立项目绩效目标、绩效运行监控、绩效评价全流程管理体系，通过苏州市地方标准立项，被省数字政府标准化技术委员会纳入2023年重点标准规范责任清单，获评2023年度江苏省优秀数字政府领域地方标准。制定《姑苏区信息化项目“回头看”实施方案》，从“建、管、用”三方面建立全面、科学、有效的项目“回头看”评估指标体系。

【项目管理】 2023年，姑苏区创新项目全生命周期管理模式。在项目申报立项环节，严把“入口关”，根据“保运转、保安全、保重点”要求，对全区33个单位申报的2024年度149个项目开展事前绩效评审，审核通过123个项目，开展造价评估和专家评审，报全面推进数字姑苏建设工作领导小组办公室审议通过。在项目实施建设环节，严把“过程关”，依托信息化项目全要素管理平台，以全流程“在线办”、全项目“在线管”、全要素“在线看”为目标，对项目建设过程进行跟踪管理。在项目建成运行环节，严把“使用关”，根据《姑苏区信息化项目“回头看”评估规范》，聚焦项目使用频度、数据交换、系统安全、项目绩效等方面，开展“回头看”专项工作，完成10个部门25个项目“回头看”，相关问题全部整改到位，确保项目运行成效。

【数据治理】 2023年，姑苏区加强数据汇聚，持续完善人口、法人、地理信息、电子证照、公共信用5大基础库43个部门库以及古城保护、文化旅游等12个重点领域主题库，累计汇聚信息资源3022项超1.22亿条数据。汇聚市级腾讯、高德关于人流、交通等社会化数据和公共机构用电、停车场等公共数据，为数字姑苏驾驶舱（城运平台）、CIM+数字孪生古城、观前智慧商圈等重点应用的实时监管、指挥调度、便民惠民等方面提供数据支撑。推动共享开放，依托区政务信息资源共享服务平台，累计提供数据服务2500余万次，有效支撑业务协同和场景应用。制定《苏州市姑苏区数据开放实施细则》，开展开放数据计划梳理，推动古城保护、教育文化、经济发展、生态环境等数据安全有序开放。

【重点领域应用】 2023年，姑苏区优化贴心服务品牌“惠姑苏”，持续推进部门高频应用全部接入姑苏城市生活服务总入口App，新增接入网上国网、家门口的人社服务站、盛世观前、流动党员报到、闲置载体招商等15项线上服务，开展“苏新消费　数惠姑苏”数字人民币促消费等线上活动29场。升级高效管理品牌“保政通”，打造姑苏区政务工作人员一站式移动办公平台“智慧政务”App，整合各类政务应用，打造提智增效品牌“苏治慧”，深化数字姑苏驾驶舱（城运平台）建设，累计接入视频监控超17000路、智能物联感知终端超20000个，形成“一网感知态势、一网决策指挥、一网协同共治”的运行模式；主动对接“数字苏州驾驶舱”，构建市、区、街道、社区、网格五级联动指挥体系。提升古城保护数字化水平，推进CIM+孪生古城平台建设，将“古城细胞解剖工程”成果与CIM平台深度融合，推动信息化成果在文物保护和城市更新方面的实践应用，重点完成古城历史影像、438处文控保单位信息、细胞解剖工程、14处古建筑三维模型、276处文保消防监测、77个非物质文化遗产影音等多类型、多尺度的数据汇聚。提升综合监管数字化水平，推进CIM+项目全生命周期智能化技术审查系统建设，实现土地储备全流程业务管理与可视化展示和区级工程建设项目全链条智能化审查；推进CIM+智慧住建系统建设，建立小型（临时）工程项目管理、房地产市场监管、城市生命线安全风险监测等相关智慧应用；推进国资在线监管平台（二期）建设，实现统一门户平台、财务监管、预算管理、投资管理、债务管理、资产管理等方面的在线监管。提升公共服务数字化水平，推进公房管理系统建设，对公房资产、房屋租赁、修缮养护、租金收缴等业务进行数字化规范管理；推进科普场馆智慧云平台项目建设，集成智慧云用户端系统、智慧云管理端系统、大数据分析系统、客流监控系统，实现科普发展成果全民共享。提升营商环境数字化水平，推进政务服务一体化应用建设项目建设，建设姑苏“免证办”服务、“云客服”系统，推动苏服码对接应用改造，不断整合提升网上服务能力；推进执法办案二期系统项目建设，建立市监局一个程序、一套文书、一个系统的执法规范体系，实现系统高度智能化，执法全程可留痕可追溯，落实办案工作责任；推进重点场所食品安全常态化监管系统项目建设，对辖区内的餐饮企业进行统一管理，健全食品安全线上监管体系。

（薛　岚）

对口帮扶

【连云港赣榆区“五方挂钩”工作】 2023年，姑苏区发改局继续担任赣榆区“五方挂钩”工作协调小组的副组长单位，及时筹集拨付500万元财政帮扶资金。发挥选派干部纽带和桥梁作用，助推赣榆区黑林镇乡村振兴，完成两年帮促规划，确立阚家岭村“1359”帮促思路，聚焦打造宜居宜业和美阚家岭目标，实施乡村创业就业站点项目等9个惠民工程。稳步推进纺织产业集中区建设项目、跨境电商孵化基地项目、现代化科技大棚建设项目等项目，助力黑林镇一二三产融合发展。

【结对帮扶宿迁市】 2023年，姑苏区筹集拨付500万元财政帮扶资金。

【阳光惠民】 2023年，姑苏区开展“阳光惠民”帮扶走访工作，全年走访完成率100%，“阳光惠农”平台涉及资金录入率达到100%。

（姚　婷）

外事工作

【因公出国（境）管理】 2023年，姑苏区赴香港、澳门开展“争取人心、同心聚才”系列活动，通过组织开展多种形式的活动，凝聚乡情，畅通渠道，打造平台推动苏港澳三地经贸、文化和人才交流。

【外事接待】 2023年，姑苏区共接待7批99人次的外宾。其中，友好交流城市客人1批2人次。接待北京大学东方奖学金学员、中欧知识产权司法论坛外方代表等国际友人；接待西班牙驻华大使拉法尔·德斯卡亚，深入促进姑苏区与西班牙地方商贸合作与人文交流，持续激发姑苏商贸商圈文旅经济新活力；协助中央广播电视总台中国国际电视台录制系列纪录片《大使的中国行记》，接待智利驻华大使毛里西奥·乌尔塔多参访姑苏。

【外事服务】 2023年，姑苏区办理外籍重点经贸人员来华邀请函申请17批次，提交企业人员办理APEC商务卡申请7人次；走访涉外企业14家，走访外国人40人。

（程　勇）

信访工作

【工作机制建设】 2023年，姑苏区坚持和发展新时代“枫桥经验”“浦江经验”，畅通信访渠道、解决合理诉求、推动源头治理、规范信访秩序。健全完善区信访工作联席会议运行机制，成立10个专项领域工作小组。依托区社会稳定风险合成处置机制，强化情报研判工作，持续开展日研判、周会商、月分析，推进重点事项化解。

【服务能力建设】 2023年，姑苏区认真贯彻“信访突出问题攻坚化解巩固提升年”行动部署要求，统筹推进治理重复信访、化解信访积案专项工作和重点领域信访突出问题专项攻坚，集中力量对重点矛盾问题和风险隐患大起底、大化解。

完善人民建议征集工作机制，建立特邀建议人机制，邀请社会各界20人成立第一批特邀建议人，通过各种渠道累计征集人民建议事项7231件，精选100余件案例汇编成册，出台指导意见促进成果转化。加强多元化解，依托“社情民意联系日”工作制度，发挥区、街两级人民来访接待中心牵引作用，健全完善联合接访运行机制，加快推进“人民满意窗口”和“网上信访人民满意窗口”建设。强化党员先进窗口建设，完善“访调对接、诉调对接、检调对接、行政对接”的机制，为群众提供一站式接待、一条龙办理、一揽子解决的信访服务，促进矛盾多元化解。

（王渐秋）

社会综合治理联动工作

【12345政务服务便民热线】 2023年，姑苏区12345政务服务便民热线呼入量72万余个，受理12345热线工单55万余件，其中流转工单23万余件，办结工单回访满意率为99.04%，“区数字城管”平台受理工单13.02万件，“寒山闻钟”论坛关联工单11470件；微信工单（包括“惠姑苏”App、姑苏区智慧政务“随手拍”App、人大微信端等）6万余件，人民网“领导留言板”共回复帖子206件，“社情民意”工单301件。

【联动中心信息化建设】 2023年，姑苏区社会综合治理联动中心（简称“区联动中心”）完成区城运联动指挥平台二期项目建设。智能物联感知终端累计接入达到15000余个，城运视频监控累计接入近12000路，平台汇聚全区22个委办局业务数据9000余万条，城运人房数据关联率达70%。12345智能回访系统上线试用，实现部分回访工单交由智能坐席进行回访，提高工作效率。

【网格化社会治理】 2023年，区联动中心推进“苏格通”信息采集及重点人员、重点房屋巡查走访等工作，“一标三实”入格率、信息采集达标网格数占比100%。加强党建引领，深入推进“格群共治”，建成“1+8+169+3991”4级群组体系。开展“千村万企、千家万户”大走访工作，累计组织网格员开展重点区域巡查1.05万人次，累计走访居民39万户，提供便民服务245次。举办2023年网格员培训、2023年度“最美网格员”评选、持续开展“一案一奖”评选工作，13个网格化优秀案例获评市“一案一奖”典型案例。制定印发《关于进一步加强网格化服务管理提升网格化知晓率的若干措施》。发挥网格巡查队伍“前哨”作用，做好防范极端天气、排查高空坠物安全隐患工作，聚焦老旧小区、背街小巷等部位的巡查，加强部件类问题巡查力度。全年共计上报网格工单1353136件，办结率达99.93%，多措并举提升网格巡查质效。（范雪峰）

2023年9月12日，2023年度姑苏区网格员培训举办

区联动中心　供稿

中国人民政治协商会议苏州市姑苏区委员会

综　述

【政协委员构成及机构概况】 2023年，姑苏区共有政协委员435人。政协苏州市姑苏区三届委员会领导机构设主席1人、副主席5人、秘书长1人，常务委员65人。政协苏州市姑苏区第三届委员会设有区政协办公室（研究室）、提案委员会、经济科技委员会、社会事业委员会、古城保护委员会（城乡建设委员会）、文化文史委员会、联络委员会。区政协委员联络服务中心为政协苏州市姑苏区委员会下属事业单位。

【团结合作】 2023年，区政协支持保障民主党派、工商联、无党派人士参与政协大会发言、专题协商等履职活动，各民主党派、工商联、无党派人士提交集体提案11件、调研成果24篇。密切与工会、共青团、妇联、残联等人民团体的联系沟通，为各界人士表达意见创造良好环境。加强与党外知识分子、非公有制经济人士、新的社会阶层人士的沟通联络，进一步扩大团结面。定期走访民族宗教界委员，打造“一家亲”民族团结等主题委员工作室，走访调研宗教活动场所，促进民族团结、宗教和谐。深入部门、街道、社区及企业走访调研，做好政策宣传、思想引导、解疑释惑等工作，助力形成有利于决策实施的社会氛围和民意基础。主动与省、市政协对接汇报工作，全力配合上级政协在姑苏区开展数字政协建设等调研视察活动，积极为姑苏发展争取助力。加强与省内外政协的互动交流，在互学互鉴中宣传姑苏，在共促共进中推介姑苏，有效提升姑苏对外影响力、关注度。

【民主监督】 2023年，区政协围绕党和国家重大方针政策、重大改革举措和重要决策部署贯彻落实情况科学选题，就党委、政府推动经济运行率先整体好转一揽子政策措施贯彻落实情况进行专题视察，提出“优化政策性、开发性金融工具应用”等监督建议近30条。召开“人民法院庭审实质化”专题民主监督座谈会，就进一步完善权力运行制约、惩治犯罪协同等机制形成相关意见建议13条。多形式强化联动监督，围绕“推动基本公共服务均等化建设情况”开展省、市、区政协三级联动民主监督，就全区政务服务“一网通办”“苏服办”等建设推广应用情况，组织委员开展监督性视察、调研4次，形成专题民主监督报告。联合区检察院出台《关于建立政协提案与公益诉讼检察衔接转化工作机制的意见》，共建“协商护公益”工作室，推荐9名政协委员担任区检察院"益心为公"志愿者，进一步强化政协民主监督和检察法律监督等其他监督形式的协同效能。

【调研视察】 2023年，区政协贯彻落实中共中央关于大兴调查研究的部署要求和省、市、区委安排，坚持把调查研究作为政协履职的前提，引导委员自觉深入基层一线、深入所在界别察实情、听意见、谋对策。累计开展各类学习视察、座谈交流72次，形成《加强博物馆集群聚落建设，助力姑苏区文旅产业发展》等调研报告42篇。

重要会议

【政协姑苏区三届三次会议】 中国人民政治协商会议苏州市姑苏区第三届委员会第三次会议于2024年1月8—10日在姑苏区行政中心举行。

市委常委、保护区党工委书记、姑苏区委书记方文浜在开幕大会上讲话，指出姑苏区政协协助出台《关于加强和改进新时代政协工作的实施意见》，精心打造"融入式协商"工作品牌，获评全省政协工作优秀创新案例。建成全市首家无边界政协文史馆，共建姑苏文史联盟。牵头建立国家历史文化名城中心城区政协跨区域协商机制，以"历史文化街区保护发展"为主题，成功召开跨区域协商第一次会议。一年来，区政协始终与区委、区政府同频共振、同向同行，坚持围绕中心、服务大局，积极践行全过程人民民主，发挥不可替代的重要作用，为推动经济社会高质量发展作出重要贡献。会上，方文浜代表保护区党工委、姑苏区委提出三点意见：要主动融入中心工作，为服务大局谋与思；要真情服务人民群众，为民生冷暖鼓与呼；要主动积极履职尽责，为古城发展奔与走。

会议通过《中国人民政治协商会议苏州市姑苏区第三届委员会第三次会议决议》。《决议》指出，会议认真讨论方文浜代表中共姑苏区委在开幕式上所作的讲话；赞同陈羔代表区人民政府所作的政府工作报告；同意陈浩受委托代表政协姑苏区第三届委员会常务委员会所作的工作报告和荣曙文代表政协姑苏区第三届委员会常务委员会所作的提案工作情况报告。会议选举叶映红为政协姑苏区第三届委员会秘书长。

会议号召，全区政协组织、政协各参加单位和全体政协委员，要更加紧密地团结在以习近平同志为核心的中共中央周围，在中共姑苏区委的坚强领导下，永葆"闯"的精神、"干"的劲头、"实"的作风，同心同德奋进新征程，凝心聚力建功新时代，为面向世界贡献古城保护的苏州方案，为苏州在江苏推进中国式现代化走在前、做示范中当好排头兵作出姑苏贡献而努力奋斗！

【区政协常委会议】 2023年，区三届政协共举行常委会议4次，即区三届政协委员会第五次到第八次常委会议。

第五次常委会议于1月5日举行。会议听取各委员讨论小组关于中共姑苏区委主要领导讲话、政协常委会工作报告、提案工作情况报告、区政府工作报告、政协三届二次会议《决议（草案）》讨论情况的汇报。

第六次常委会议于5月30日举行。会议听取区政府关于全区科技创新工作情况的通报；听取全区"着力提升楼宇经济发展质效，加快打造高品质'垂直开发区'"工作情况的通报，围绕"着力提升楼宇经济发展质效，加快打造高品质'垂直开发区'"议题开展专门协商；学习传达习近平总书记重要讲话精神和有关会议精神；协商有关人事事项。

第七次常委会议于9月14日举行。会议听取区政府关于全区城市面貌品质提升工作的情况通报；

听取区政府关于全区“积极探索社会资本参与，助推传统民居保护更新”工作情况的通报，围绕“积极探索社会资本参与，助推传统民居保护更新”议题开展专门协商；听取区政府关于全区半年度经济社会发展情况的通报；听取区政府关于政协三届二次会议以来提案办理情况的通报；听取区政协提案委关于政协三届二次会议以来提案工作情况的汇报；学习传达有关习近平总书记重要讲话精神；协商有关人事事项。

第八次常委会议于12月29日举行。会议学习传达习近平总书记重要讲话精神和有关会议精神，协商有关委员调整事项；协商区政协三届三次会议有关事项；协商区政协常委会2024年工作要点；协商有关人事任免事项。

【区政协主席会议】 2023年，区三届政协共举行主席会议6次，即区三届政协委员会第八次到第十三次主席会议。

第八次主席会议于2月17日举行。会议学习传达习近平总书记重要讲话精神和有关会议精神，协商讨论线上文史馆项目、“姑苏文史”抖音号运营、成立国家历史文化名城中心城区政协古城保护联盟等事项。

第九次主席会议于3月13日举行。会议学习传达党的二十届二中全会精神，召开区政协党风廉政建设工作会议，协商讨论并通过区政协三届二次会议以来提案审查立案及重点提案情况报告、办公室及各专委会2023年度工作计划、委组调研课题安排；协商讨论并通过其他相关事项。

第十次主席会议于3月20日举行。会议学习传达全国政协十四届一次全会精神和省、市有关会议精神，审议通过区政协反映社情民意信息暨宣传工作会议方案。

第十一次主席会议于5月26日举行。会议听取区政府关于“弘扬吴门医派文化，推动‘医养文旅’融合发展”的情况通报，围绕“弘扬吴门医派中医药文化　推动‘医养文旅’产业融合发展”议题开展专门协商；学习传达习近平总书记重要讲话和有关会议精神；协商讨论有关文件及事项。

第十二次主席会议于7月28日举行。会议听取区政府关于“深入挖掘姑苏区停车资源，助力提高城市管理质效”的情况通报，围绕“深入挖掘姑苏停车资源，助力提高城市管理质效”议题开展专门协商；审议有关退休干部拟兼任社会团体职务事项。

第十三次主席会议于12月22日举行。会议专题学习《习近平著作选读》（第二卷）相关精神，协商讨论区政协三届三次会议有关事项及其他事项。

【国家历史文化名城中心城区政协跨区域协商第一次会议】 2023年10月18日，国家历史文化名城中心城区政协跨区域协商第一次会议在苏州市会议中心举办。全国六省八市的8家国家历史文化名城中心城区政协齐聚姑苏，共商古城保护发展大计。会议倡议，围绕“历史文化街区保护发展”进行主题协商交流，会议还听取国家历史文化名城中心城区政协跨区域协商《第一次会议筹备工作情况的报告》，协商通过《第一次会议议程、日程（草案）》《第二次会议承办单位的决定（草案）》。

2023年10月18日　国家历史文化名城中心城区政协跨区域协商第一次会议召开　　区政协办　供稿

建言献策

【资政建言】2023年，区政协围绕古城保护更新、经济发展、民生服务等方面，广泛动员委员多角度切入、多形式协商，就政府工作报告、政协常委会工作报告等畅所欲言，形成大会发言26篇、调研报告31篇，为姑苏经济社会发展献计献策。

【“融入式协商”议事工作】2023年，姑苏区政协共开展“共话平江新城医疗集聚区发展”等主题协商活动26次，提高深度协商互动、意见充分表达、广泛凝聚共识水平。“助力苏式康养产业高质量发展”等5个协商案例获评苏州市2023年度协商议事优秀典型案例。所报送《助力打造“有福气”的苏州古城——姑苏区政协积极开展“融入式协商”工作探索》经验材料获评2023年度全省政协工作优秀创新案例。

【提案工作】2023年，姑苏区政协共收到提案283件，经审查立案263件，立案率达92.93%，其中，集体提案13件，22件提案被评为优秀提案。立足“办得好”，政协常委会会议专题听取提案办理情况通报，区委、区政府领导领衔督办，区政协领导班子成员重点督办、各专委会分工督办重点提案，开展提案办理“回头看”、民主评议，推动相关提案建议落实落地。提案办复率为100%，委员满意率和基本满意率达100%。

【社情民意工作】2023年，姑苏区政协加强对社情民意信息工作的分析指导，召开反映社情民意信息工作推进会，表扬先进集体9家。全年累计报送社情民意信息210件，其中93件建议分别转报全国、省政协。

【文史宣传工作】2023年，姑苏区政协以古城全域为视角、线上平台为窗口，积极打造无边界政协文史馆，线上平台收录有关职能部门专业数据120余项，古城保护类专业信息23类，线下文史资料馆馆藏文史书籍1000余册、音像资料50余种。与苏州博物馆等26家辖区单位共建姑苏文史联盟，共同举办“时间的折叠——李志宏古城摄影展”“委员镜头下的幸福古城”等专题展。依托“姑苏文史”抖音号，发布苏州古桥、方言古城等系列短视频44条。全年编发各类宣传信息181篇，其中省级以上媒体录用31篇。

【委员工作室建设】2023年，姑苏区政协按照“七个一”标准，新建平江路“爱无碍”“健康管理”等委员工作室16个，评选表扬区级“优秀委员工作室”15个，获评市级“优秀委员工作室”4个，激励广大委员依托委员工作室定期开展“扶残助残”等主题协商交流；常态化为群众提供政策咨询、争议调解、专家义诊等专业服务，助推桂花公园残疾人入园不便等急难愁盼事项的化解，成为联系界别群众、反映界别呼声的重要抓手。（孙　奕）

表7-1　政协苏州市姑苏区三届二次会议以来优秀提案一览

序号	提案内容	提案人
1	关于姑苏区古建古宅保护与利用方面的几点建议	范永艳
2	关于持续优化姑苏区营商环境的建议	郑炜
3	关于加强姑苏区地名文化遗产挖掘保护的建议	陆伟
4	关于将姑苏区建设成为文化数字创意总部的提案	李军、姚兰、孙燕燕
5	关于将桃花坞片区打造为全国“江南文化”新高地的建议	王永法

续表

序号	提案内容	提案人
6	关于“鼓励姑苏区店招、广告牌在古城特色下个性化设计，打造古城特色商业氛围”的一些建议	致公党姑苏区基层委员会
7	关于建立专门机构打造运营姑苏城市专属IP　助力我区高质量发展的建议	田晓飞、田洪涛
8	关于坚持安全属性和传统风貌的有机统一，提升古建古宅活化利用水平的建议	农工民主党姑苏区基层委员会
9	关于做好“江南山塘船宴制作技艺”申遗打响江南文化品牌的建议	陈春娥、生辉、张腊娥、郁悦波
10	关于姑苏区城市更新中如何加强历史文化名城保护的建议	王永和
11	关于引入社会餐饮力量，打造苏州特色的社区养老助餐服务的建议	民建沧浪总支
12	关于探索“社区+物业+养老”模式，健全养老服务体系的建议	民建姑苏区工作委员会
13	关于优化姑苏区慢性病（高血压和糖尿病）进入社区治疗的建议	叶建新、陈光强、蒋迎庆、陈前、黄亮、周海斌、宋清霞
14	关于对吴门楚氏伤科进行抢救性记录保护及非物质文化遗产申报跟踪调查的建议	王悦来
15	关于加强业主委员会建设管理工作的相关建议	张劲松、朱琰、刘海林、夏苏良
16	关于古城姑苏如何通过打造具有世界影响力的IP活动——江南·中国华服节，来全面复苏姑苏区旅游经济文化的建议	赵蕾、黄依群、胡群
17	关于加强区域内青少年心理健康教育的建议	束富强
18	关于结合新校建设，打造校园科学家精神教育基地的建议	张杰
19	关于抓住城市更新历史机遇，培育姑苏创新产业集群的建议	朱福全、郑炜、李春梅
20	关于打造信创产业高地，助力信创产业高质量发展的建议	赵历、王敏
21	关于优化调整姑苏区小学校课后延时服务的建议	民盟姑苏区基层委员会
22	关于因地制宜、科技赋能，将姑苏区打造成智能交通先行示范区的建议	社事委社会二组

中共苏州国家历史文化名城保护区纪工委
中共苏州市姑苏区纪委
苏州市姑苏区监察委员会

综　述

【正风肃纪反腐】 2023年，中共苏州国家历史文化名城保护区纪律检查工作委员会、中共苏州市姑苏区纪律检查委员会、苏州市姑苏区监察委员会（简称“区纪委监委”）自觉接受主题教育和教育整顿锻造洗礼，坚持不懈推进全面从严治党，坚定不移正风肃纪反腐，为“强富美高”新姑苏现代化建设提供坚强保障。强化政治监督，保障13个三年系列行动计划顺利实施，坚决扛起新时代“保护好、挖掘好、运用好”的姑苏新使命。全区运用“四种形态”批评教育帮助和处理219人次，其中第一种形态、第二种形态、第三种形态、第四种形态分别占比53.9%、32.4%、2.3%、11.4%。立案119件，处分96人，移送检察机关16人。组织开展3轮常规巡察，对9家单位、14个社区、9个股份经济合作社党组织开展常规巡察，共发现问题266个。

【纪检监察信息化建设】 2023年，区纪委监委统筹推进智慧纪委监委建设，践行“建、用、育、合、拓”理念，探索构建“监督检查+审查调查+技术”的合成化办案模式，开展大数据查询14495次，报送信息技术实战应用参考案例7篇，“助残‘小’补贴管理使用监督模型”获评市纪检监察系统建模竞赛“优秀监督模型”奖，1名纪检监察干部获得“第一届江苏省纪检监察系统电子数据调查比武竞赛”个人一等奖。

【纪检监察队伍建设】 2023年，区纪委监委加强自身建设，提升规范化、法治化、正规化水平。区纪委常委会认真落实“第一议题”制度，组织集体学习24次。围绕“学思想、强党性、重实践、建新功”，开展理论中心组专题学习7次。对标高质量发展首要任务，科学确定选题6个，深入基层开展调查研究78次，发现问题26个，推动解决22个，成果转化18个。落实纪检监察干部队伍建设主体责任，加大交流轮岗力度，激发干部队伍活力。完成监察官等级首次确定工作。推进全员培训，举办审查调查、案件审理、护航“四敢”等专题培训8期，累计培训450余人次。扎实推进审查调查三年行动计划，选派12名干部进行“双向挂职”锻炼，9名干部参与上级案件查办、巡视巡察等工作。

重要会议

【中国共产党苏州市姑苏区第三届纪律检查委员会第三次全体会议】 于2023年2月6日召开。大会应到区纪委委员15人，实到15人。全会由区纪律检查委员会常务委员会主持。全会深入学习贯彻习近平新时代中国特色社会主义思想，全面贯彻落实党的二十大、中央纪委二次全会、省纪委三次全会、市纪委三次全会和区委四次全会精神，总结2022年全区纪检监察工作，部署2023年重点任务，强调要自觉运用党的创新理论指导推动纪检监察工作；围绕中心大局发挥监督保障执行、促进完善发展作用；服务保障各项决策部署落地落实见行见效；不断提升"三不"一体推进综合效能；坚决整治群众身边腐败和不正之风；充分彰显全面从严治党利剑作用；切实发挥系统集成、协同高效制度优势；锻造堪当重任的高素质纪检监察干部队伍。全会审议通过保护区党工委委员、纪工委书记，区委常委、区纪委书记、区监委主任张玮代表区纪委常委会所作的《深入学习贯彻党的二十大精神　一刻不停推进全面从严治党　为全面推进中国式现代化姑苏新实践提供坚强保障》工作报告。

2023年2月6日，中国共产党苏州市姑苏区第三届纪律检查委员会第三次全体会议在姑苏区行政中心召开

区纪委监委　供稿

【全区领导干部警示教育大会】 于2023年2月6日召开。区委、区人大常委会、区政府、区政协领导和区人民法院、区人民检察院主要负责人出席会议。与会人员集中观看警示教育片《决不姑息》。会议强调，要深入学习贯彻党的二十大和中央纪委二次全会精神，始终沿着习近平总书记指引推进全面从严治党向纵深发展；要向着新的奋斗目标再出发，努力开创全区全面从严治党新局面；要突出严管厚爱结合激励约束并重，锻造实干担当的过硬干部队伍。

【保护区党工委、姑苏区委反腐败协调小组会议】 于2023年3月8日召开。区纪委、区人民法院、区人民检察院、区委政法委、区审计局等单位领导出席会议。会议集中学习党的二十大报告关于反腐败的重要论述和习近平总书记在十九届中央政治局第四十次集体学习时的讲话精神。会议强调，要践行"两个维护"，提高政治定力，不断增强反腐败协调工作的思想自觉；要畅通沟通协调，坚持同向发力，持续凝聚反腐败协调工作的强大合力；要加强组织领导，探索机制创新，有效提升反腐败协调工作的攻坚实力。

党风廉政建设

【管党治党责任落实】 2023年，区纪委监委紧盯"关键少数"，加强对"一把手"和领导班子的监督，开展纪检监察机关负责人同下级党委（党组）"一把手"谈话18人次，督促严于律己、严负其责、严管所辖。协助区委制定全面从严治党主体责任清单，深化运用"姑苏360"、市履责监管平台抓好责任落实。扎实开展政治生态监测评估与分析预警，促进政治生态持续向好。问责党组织1个、领导干部2人，以精准规范问责促进党员干部履职尽责、担当作为。严把选人用人政治关、廉洁关，回复党风廉政意见68批次1127人次。

【作风建设】 2023年，区纪委监委落实中央八项规定及其实施细则精神，纠“四风”、树新风。紧盯违规收送礼品礼金、公款吃喝等问题，明察暗访点位79个，发现问题22起，提出意见建议25条。查处违反中央八项规定精神问题24起26人，查处群众身边不正之风和腐败问题7起10人，通报曝光典型问题29起33人。对存在会风会纪问题的2家单位主要负责人进行约谈，运用第一种形态处置6人。开展公款旅游及隐形变异问题专项整治，依规依纪处置2人。探索构建风腐同查机制，既“由风查腐”又“由腐纠风”。认真落实“三个区分开来”，实施容错纠错10起、风险报备41起、澄清正名21起，设立“暖心”咨询平台，为7名干部“答疑解惑”，全力营造风清气顺的干事创业生活环境。

【廉洁文化建设】 2023年，区纪委监委协助召开全区领导干部警示教育大会，制作并组织观看警示教育片《决不姑息》《拍蝇惩贪　慎于微处》，推动开展各类警示教育活动160余场次，党员干部8000余人次接受教育，14人主动投案讲清情况，警示教育的震慑作用充分彰显。开展“510尚廉日”、党员干部“走馆访廉”等活动，打造平江路“尚廉行”廉政教育观览线，让廉洁理念在潜移默化中深入人心。被中央纪委国家监委新闻传播中心评为2023年度优秀集体。

监督执纪

【政治监督】 2023年，区纪委监委全面贯彻习近平总书记对江苏、苏州工作的重要讲话精神，聚焦古城保护“续、多、新”三篇文章，出台监督保障古城保护更新“十项举措”，为面向世界贡献古城保护的苏州方案提供坚强政治保障。组建9个工作组，对全区13个三年系列行动计划229个子项目实现监督全覆盖，紧盯目标任务、关键环节、时序进度、工作成效，发现问题31个，提出意见建议24条，推动盘活利用中张家巷29号等古建老宅22处，提前完成30个老旧小区改造。实施监督推动经济运行率先整体好转6条举措，开展奖补资金发放、国有资产出租管理领域专项监督，严查政企交往过程中“亲而不清”问题，给予党纪政务处分39人，专题通报曝光营商环境领域典型案例3件3人。推进消防安全、校园安全、食品药品、特种设备等领域隐患排查处置工作，守好和谐稳定底线，全区生产安全继续保持“零事故”“零死亡”。

【监督贯通协调】 2023年，区纪委监委纵深推进“组组”协同监督、“室组”联动监督、“室组地”“室组地企”联合办案机制。探索实践涉案企业廉洁合规评估工作，持续激发企业发展内生动力。量身定制派驻监督“操作指引”，打造“直管公房规范管理”“科普资金有效使用”“国有资产保值增值”等“一组一品”特色项目，精准有效发挥好“近距离”“贴身式”监督优势。发挥派出监察员办公室“前哨”作用，统筹街道、社区力量开展监督，推动监督融入基层治理。深化纪巡审协作，根据审计机关移送的问题线索查处相关案件6件，联合开展严肃财经纪律专项整治，推动全区财政资金管理提质增效。

【群众身边“微腐败”整治】 2023年，区纪委监委深入纠治多发漏发和骗取截留助残资金、垃圾分类督导补贴、居家养老服务补贴、农贸市场奖补资金、失业保险金、征地拆迁补偿款问题，严防惠民资金“跑冒滴漏”。推动成立物业服务行业委员会，完善物业公司资产经营、财务管理制度，健全内部项目三级审批机制，确保国有资产安全有效运行。

审查调查

【信访举报】 2023年，区纪委监委用好“监督一点通”平台，推动解决问题诉求1697件。监督推动“社情民意联系”机制持续深化，助力群众反映的15000余件诉求问题答复解决。畅通群众信访渠道，深化“清风邻里”行动，办结信访举报696件。

【案件查处】 2023年，区纪委监委运用“四种形态”批评教育帮助和处理219人次，立案119件119人，涉及科级干部14人，采取留置措施19人，给予党纪政务处分96人，移送检察机关16人，挽回经济损失3715.2万元。

【审查调查制度建设】 2023年，区纪委监委常态化做好查办案件“后半篇文章”，制发纪检监察建议书13份，不断发挥查处一案、规范一片、治理一域综合效应。在征收搬迁领域，推动健全完善街道征收中心、劳务合作单位、评估机构、拆房工地等相关管理制度；在市容管理领域，推动相关街道建立考核管理、减员增效、交通秩序保障等制度；在工程建设领域，推动优化完善相关改造项目管理规范。

巡察工作

【统筹谋划巡察工作】 2023年，姑苏区委高度重视巡察工作，区委常委会传达学习和研究部署巡视巡察工作9次，召开全区巡察工作会议，统筹推进区委巡察工作。根据要求修订《三届姑苏区委巡察工作规划》，进一步深化部署三届区委巡察全覆盖任务，完成三届区委第四、第五、第六轮巡察工作。

【配合上级巡视巡察】 2023年，姑苏区全力配合做好省委巡视相关工作，协助落实各项迎检准备工作，做好巡视巡察驻地保障。落实巡视整改工作要求，协助区委完成巡视整改工作方案、召开专题民主生活会、开展集中约谈、整改进展情况报告等整改任务，深入推进巡察工作专项检查整改工作。配合做好十三届市委第三轮巡察对区纪委监委机关、区委组织部、金阊街道的联动巡察和十三届市委第四轮巡察对区委宣传部、区委统战部的常规巡察，保障市委巡察工作顺利开展。

【巡视巡察整改和成果运用】 2023年，姑苏区形成首批“巡视巡察问题清单”，实行销号管理、动态更新，做到高效整改、长效预防。针对巡察发现的重点难点问题形成5份专题报告，完善巡察专报办理机制，提交书记专题会审议后及时移交办理，推动开展专项治理。针对巡察发现的共性问题，印发《关于做好三届区委巡察以来基层党建共性问题整改的工作提示》，不断强化以巡促改、以巡促治的“利器”作用。完善区委巡察整改监督模块，优化整改工作基础资料审核和反馈功能，为做实做细整改日常监督提供信息化保障。

【“小巷巡察”品牌建设】 2023年，姑苏区坚持新时代党的群众路线和调查研究方法，结合区情实际，深化“小巷巡察”品牌建设，通过“走小巷、察民情、靓古城、惠民生、促治理”，不断提升社区巡察工作质效，助力擦亮“福气之城”金名片。

（张　静　邹吉祥）

民主党派 工商联

中国国民党革命委员会苏州市姑苏区基层委员会

【组织建设】 2023年，中国国民党革命委员会苏州市姑苏区基层委员会（简称“民革姑苏区基层委”）下设15个支部。年内发展新党员18人，转出党员2人，年末共有党员429人。其中，在职副科级以上领导干部13人，省人大代表1人，省政协委员1人，市人大代表2人，市政协委员9人，区人大代表3人，区政协委员29人。一个支部为全国示范支部，建有六家“民革党员之家”。完成民革姑苏区基层委换届和调整工作。深化与兄弟单位和党派共建合作，与民革泰州海陵区一、三支部和民革苏州工业园区二支部、民革吴中区四支部结成对口支部，与苏州联通公司结成党建共建单位，与民建姑苏区沧浪二支部、九三学社姑苏区古城支社结成党派共建单位。组织骨干党员赴嘉兴学院党员教育基地，举办“凝心铸魂强根基、团结奋进新征程”主题教育党员培训班。

【参政议政】 2023年，民革姑苏区基层委45名人大代表和政协委员参加省、市、区的两会会议，提交4篇集体提案和51篇个人建议、提案。全年向各部门共提交调研报告和社情民意68篇，其中17篇被民革中央、全国政协、民革省委、省政协、市委统战部、民革市委、市政协等部门作为重点提案采用。集体提案《关于有效解决农村养老问题的建议》被市委统战部列为重点提案；集体提案《改善民生福祉，更新建设宜居姑苏》被民革市委列为重点课题。

【社会服务】 2023年，民革姑苏区基层委全力支持民革定点扶贫对象贵州纳雍县猪场乡的扶贫工作，推进纳雍县猪场乡弯子村结对帮扶工作，并构建长效机制，参与产业、消费、就业等乡村振兴项目，通过“以购代捐”“以买代帮”方式积极采购纳雍县和其他扶贫地区各种农特产品。向甘肃积石山县地震灾害捐助现金30万元。捐助江苏丰县、沛县2所小学电脑设备及图书价值1.2万元。联合民革苏州科技大学基层委员会开展“同心筑梦，暖心助学”同心实践月服务活动，向沧浪街道辖区儿童定向捐款。开展“博爱·牵手”活动，关注妇联孤寡儿童，捐赠文具等0.4万元，捐赠贫困重病老党员2.3万元。连续多年举办线上高考志愿填报公益直播讲座。组织律师党员58次驻法院开展法律咨询、165次实施法律援助（法院中心指派案件）、1次开展姑苏区创新型企业普法教育。组织医生党员开展义诊活动，受益400余人次。

中国民主同盟苏州市姑苏区基层委员会

【组织建设】 2023年，中国民主同盟苏州市姑苏区基层委员会（简称“民盟姑苏区基层委”）获评民盟江苏省委“2023年度特色基层组织”、民盟苏州市委“民盟苏州市2023年度模范集体”。8月6日，民盟苏州市姑苏区第二次代表大会在姑苏区行政中心召开，选举产生第二届基层委员会。全年共发展盟员21人，全区现有盟员767人。

【参政议政】 2023年，民盟姑苏区基层委积极参加中共姑苏区委、区政府召开的党外人士座谈会、民主协商会、双月座谈会和情况通报会，围绕古城复兴、创新驱动、文化引领、民生优先等发展战略，提出建设性意见和建议。积极参与政协协商，民盟姑苏区基层委报送的集体提案《关于加强姑苏区商贸业建设的建议》，被政协三届五次主席会议评为优秀提案。

【社会服务】 2023年，民盟姑苏区基层委始终坚持“奔走国是、关注民生”优良传统，积极开展“教育烛光行动”“春雨社区服务”“助你启航”校园招聘等社会服务活动。盟员单位忆江南公司为高新区民工子弟学校捐赠优教奖；4名盟员教师参与“我喜欢的一本书”学生暑期读书活动，进社区为小朋友开展公益讲座；沧浪二、四支部进养一社区开展重阳节敬老活动。

中国民主建国会苏州市姑苏区工作委员会

【组织建设】 2023年，中国民主建国会苏州市姑苏区工作委员会（简称“民建姑苏区工作委”）下设17个支部。年内发展新会员15人，转入会员1人，转出会员1人，去世会员18人，年末共有会员454人。其中，在职副科级以上领导干部25人，全国政协委员1人，省政协委员1人，市人大代表5人，市政协委员6人，区人大代表8人，区政协委员24人。

9月19日，民建苏州市姑苏区工作委员会第三次代表大会召开，选举产生新一届工作委员会，张红莲同志当选主任委员。在8月31日、9月2日、9月12日分别召开平江总支、沧浪总支、金阊总支及所属支部会员大会，选举产生新一届总支和各支部委员会。1月，在会员企业中科健康产业集团成立“民建会员之家”，为民建姑苏区工作委第3个“会员之家”，年底被评为苏州市“优秀民建会员之家”。6月，平江二支部与景德镇陶美二支部开展共建活动，加深组织合作与文化交流。8月，沧浪总支组织会员赴嘉兴南湖开展学习教育。11月，召开第三届工作委员会第一次全体委员会议暨主题教育活动专题调研古城文旅工作，切实推进新时代党的统一战线工作。12月，平江总支组织会员赴昆山开展主题教育活动。

【参政议政】 2023年，民建姑苏区工作委共有24名政协委员和8名人大代表参加区两会，共提交集体提案2件、个人提案22件、人大议案6件。姑苏区政协三届三次会议上，《关于持续优化姑苏区营商环境的建议》《关于姑苏区城市更新中如何加强历史文化名城保护的建议》《关于引入社会餐饮力量，打造苏州特色的社区养老助餐服务的建议》《关于探索“社区+物业+养老”模式，健全养老服务体系的建议》《关于抓住城市更新历史机遇，培育姑苏创新产业集群的建议》5篇提案获评优秀提案。民建姑苏区工作委撰写的《以提升居民幸福感为中心，开展传统民居更新工作的建议》作为区长督办提案（二号提案）。杨祖根撰写的社情民意《制定我国桑蚕资源生物开发计划》被民建中央、省级机关及省政协等单位录用。

【社会服务】 2023年，民建姑苏区工作委开展姑苏区特教学校、姑苏区残联、徐公桥小学、原工商业者等帮扶项目，协助各级妇联、高校及相关单位开展公益法律咨询服务及法律知识宣讲，认养对口帮扶宿迁地区“同心梨园”梨树。组织会员成立民建爱心菜园，菜园收获用于捐赠给困难群体。联合姑苏区妇联走访姑苏区“一户一策微关爱”困境妇女儿童家庭。联合金茂社区日间照料中心开展老年人运动伤害防范讲座和家庭急救培训。

中国民主促进会
苏州市姑苏区基层委员会

【组织建设】 2023年，中国民主促进会苏州市姑苏区基层委员会（简称“民进姑苏区基层委”）下设文化总支、综合总支、小教总支、退休总支、中教总支等5个总支，17个支部和1个小组，年末全区共有会员437人。年内，民进姑苏区基层委获评民进全省宣传思想工作先进集体、2023年度苏州民进“江南文化行”活动优秀组织奖。开展志愿服务等回馈社会活动，打造富有激情和爱心的民进之家，10余家会员工作室成为苏州民进首批“江南文化体验点”。

【参政议政】 2023年，民进姑苏区基层委提交集体提案《关于依托“文化名城”，推进“江南文化”品牌建设的建议》《姑苏区古城更新之文化产业园提升的报告》等3篇，个人提案45篇，其中《关于发掘和整合姑苏区街巷网红打卡点“讲好姑苏故事”的建议》获区委、区政府（区政协）重点督办，《关于将桃花坞片区打造为全国“江南文化”新高地的建议》等6篇获评区政协优秀提案。申报的《关于推进传统工艺数字化转型发展的对策和建议》课题被列为市委会关注课题。民进姑苏区基层委重点完善支部队伍建设，组织培训社情民意信息员，报送信息16篇。

【社会服务】 2023年，民进姑苏区基层委以姑苏区“社情民意联系日”等为抓手，打通联系服务群众的“最后一公里”。发挥教育人才主界别优势，成立“一树教育基金”，捐赠100万元支持百年名校建设；帮扶宿迁市宿城区乡村困境儿童，用“爱心助学包”照亮苏北乡村儿童上学路；邀请书画家、非遗大师进校园授课，丰富特色课程建设；组织开展“访古城、漫体验”古城走访游学活动；与苏州市文联合作推进艺术家“千师千生”培训活动等。坚持品牌建设，积极响应苏州民进“江南文化行”——“我与大师有个约会”品牌活动，累计有44位大师参与活动。

中国农工民主党
苏州市姑苏区基层委员会

【组织建设】 2023年，中国农工民主党苏州市姑苏区基层委员会（简称“农工党姑苏区基层委”）下设26个支部，年内吸收发展党员13人，完成入党申请人推荐32人，年末共有党员740人。其中，在职副科级以上领导干部37人，高级职称330人，市、区两级人大代表共6人，市、区两级政协委员共29人。成立“青年骨干锻炼营”，为青年党员成长创造交流、学习的平台；成立“建言献策智囊团”，实现中青年骨干党员履职尽责新作为。联合彩香综合为老服务中心搭建“姑苏夕阳红”社会服务基地，为老党员提供健康保健、文化娱乐、日间照料等服务，采用主题学习与交流活动相结合的方式，开展思想学习、科普讲座、评话表演等活动。“同心童行”志愿服务项目被农工党苏州市委会评为“十大服务项目”。

【参政议政】 2023年，农工党姑苏区基层委不仅针对医疗卫生、健康环保等主界别领域，也积极向民生保障、城市管理、文化传承等方面拓展开展重点调研，先后主持或参与《中小微企业纾困政策效应与问题研究》《苏州自然水文调蓄功能体系保护和建设的思考》等10项省市级调研课题。强化社情民意报送工作，全年累计撰写报送社情民意信息101篇。其中，《关于加强新型共享学习空间管理的建议》等21篇被农工党省委录用，《关于进一步强化土壤环境监测，助力深入打好净土保卫战的建议》等4篇被农工党中央录用，《关于用市场化方式解决部分偏高存量房贷利率的建议》被全国政协录用。

【社会服务】 2023年，农工党姑苏区基层委聚焦需求深入走访，开展“古城保护与更新”“深化‘同心惠企服务行’品牌建设”“促进青年就业”等专题调研，多维度推动调研成果转化运用实际。通过打造金牌服务项目，扩大社会服务影响面，全年开展义诊、咨询等社会服务46次，参与党员200余人次，直接惠及居民3000余人次。

中国致公党
苏州市姑苏区基层委员会

【组织建设】 2023年，中国致公党苏州市姑苏区基层委员会（简称“致公党姑苏区基层委”）完成换届改选，选举产生致公党姑苏区第三届基层委员会和领导班子，设金阊、沧浪、平江、综合4个总支，14个基层支部。年内发展党员11人，年末共有党员291人，本科及以上党员占比86%，硕士及以上党员占比23%，“侨海”背景党员占比77%，其中担任各级人大代表、政协委员34人。年内，在思绩堂潘宅建成“致公之家”。

【参政议政】 2023年，致公党姑苏区基层委积极培养参政议政骨干，建立参政议政联络员队伍。举办参政议政专题培训班，邀请专业人士和有经验的党员进行指导和培训。围绕“古城保护与更新”“基层医疗卫生”等主题提交调研报告25篇，社情民意109篇，助力解决“民生大事”和“关键小事”。《江苏省战略性新兴产业融合集群发展政策研究》获致公党江苏省委“汇智论坛2023”一等奖；姑苏区政协三届二次会议上《串珠成链聚链成群，让姑苏非遗文化历久弥新》作为大会发言，《关于在古城保护更新中扩大社会资本参与的建议》纳入“书面交流材料”，《构建完善城市社区养老体系，实现“人与城”的双向奔赴》等5篇被录入《政协调研报告汇编》。

【社会服务】 2023年，致公党姑苏区基层委联合苏州大学委员会、市委会社会服务委员会开展义诊活动，涉及肿瘤科、神经内科、心血管内科、骨科、呼吸科等14个科室，累计服务群众250余人次。秉承“兜底线、保基本、救急难、促发展”的总体目标，紧紧围绕“一老一小”群体，对古城内街道、社区开展深入走访调研，为后期开展长效帮扶工作奠定基础。

九三学社
苏州市姑苏区基层委员会

【组织建设】 2023年，九三学社苏州市姑苏区基层委员会（简称“九三学社姑苏区基层委”）新发展社员19人，年末共有支社11个，社员445人，共建有3个“九三学社社员之家”。九三学社苏州市姑苏区第三次代表大会于7月14日在姑苏区行政中心召开，大会选举产生九三学社姑苏区第三届基层委员会。6月，九三学社姑苏区基层委机电支社承办社市委组织开展的“凝心铸魂强根基、团结奋进新征程”主题教育暨轨道交通11号线试乘体验活动；机电支社与科研设计支社联合开展“调研参观苏州新型养老产业暨反诈防骗和《民法典》普法讲座”活动。与民革等其他党派以及其他版块九三学社基层委等基层组织联合开展相关集体观影、歌咏朗诵、主题交流等活动。年内，被九三学社江苏省委表彰为2023年度参政议政先进基层组织，九三学社姑苏区基层委及6个支社分别被九三学社苏州市委表彰为组织建设、参政议政、宣传工作、社会服务先进集体。

【参政议政】 2023年，九三学社姑苏区基层委通过立项调研、社情民意等方式履行参政议政职责，共报送社情民意51篇、调研报告17篇、重点研究课题4篇、信息宣传30余篇。参加政协苏州市姑苏区第三届委员会第二次会议，提出18篇政协委员提案和2篇人大代表议案，其中2篇委员提案被表彰为政协优秀提案；参加区委统战部双月座谈会、专题考察等会议。

【社会服务】 2023年，九三学社姑苏区基层委为甘肃临夏州积石山县6.2级地震灾区捐款捐物。苏州农职院支社在观景社区“红豆侨屋”嘉年华活动上与虎丘街道观景社区党委签订共建协议，向该社区“侨大姐书友会”捐赠图书109册。苏州市立医院东区支社组织医疗专家赴西园路农院开展健康咨询义诊；苏州市立医院北区支社的医疗专家赴相城区黄桥街道大庄社区开展健康咨询义诊；苏州市立医院本部支社联合苏康养医疗党支部开展“第六个中国医师节”之际专项健康义诊活动。围绕古城交通设施通行、退役军人优惠政策、老人就医、高质量发展等方面提出社情民意51篇。（钱　蓓）

姑苏区工商业联合会

【组织建设】 2023年，姑苏区工商业联合会（简称“区工商联”）下属8家基层商会、14家行业商会、1家异地商会，执委会委员205人，其中副主席13人、副会长20人、常务委员35人。根据市委统战部和市工商联关于加大对新一代企业家培养力度的要求，5月完成区新一代企业家商会的组建工作。加强商会规范化建设，指导各商会完善管理制度，细化管理流程，规范监督管理，以“四好商会”创建标准为抓手，探索创新运行机制、活动方式和服务手段，打造商会改革发展的“姑苏样板”，2家所属商会获评“全国四好商会”，7家商会获评“江苏省四好商会”。区工商联被认定为“2022—2023年度全国‘五好’县级工商联”，被市委、市政府授予“2021—2022年度苏州市民营经济工作贡献突出单位”荣誉称号。

【参政议政】 2023年，区工商联完善政企沟通联系机制，协助做好市领导走访民营企业和区领导挂钩联系民营企业工作，加强工商联沟通联系企业的桥梁纽带作用，搜集掌握企业面临的矛盾困难，畅通企业家参政议政和建言献策的渠道，切实帮助企业破解发展困境。组织召开商会工作座谈会，走访相关企业，充分了解掌握企业在推动经济好转方面的诉求和建议。全年协调区相关部门办理企业意见建议14条。

【非公有制经济健康发展促进】 2023年，区工商联深化企业合规第三方监管机制，深化与区检察院的合作成果，依法有序推进企业合规工作向纵深发展。邀请区法院加入第三方机制管委会，与区法院联合出台《关于完善常态化协作机制　助推商事纠纷多元化解的实施意见》，加强“总商会商事调解委员会”的作用发挥，建立定期商事调解工作机制。在各商会和部分产业园设置商事调解中心，完成工商联系统商事调解网络化建设。建设一支由老工商业者、商会会长、律师、税务师和会计师等组成的调解员队伍，累计调解案件53起，帮助相关企业和个人挽回直接经济损失近600万元。

【非公有制经济人士健康成长促进】 2023年，区工商联持续加强对民营经济代表人士的思想政治引领，运用《姑苏商界》会刊载体编撰党的二十大精神专刊，利用微信和企业云服务平台，向民营经济代表人士做好党的二十大精神的领读和解读。加强商会组织党的建设，以年度书记项目及“同心同责敢为善为”服务项目为抓手，协同和指导商会积极开展与街道社区的结对共建工作，开展重要节假日走访慰问、关爱特殊困难群体、观看红色电影展等。开展民营经济代表人士理想信念教育，2月和11月举办两期民营经济代表人士理想信念教育培训班。4月与新苏南模式研究院共同举办《风云变幻下的大国关系》形势政策报告会。创新开展《姑苏商道》主题传承活动，组建“姑苏商道”创业导师团，邀请区内“老一代”和“创一代”企业家讲创业之路、经商之道、企业家精神和企业家社会责任。

2023年5月31日，苏州市姑苏区新一代企业家商会成立大会暨《姑苏商道》传承发布仪式举办　区工商联　供稿

【社会服务】 2023年，区工商联助力“乡村振兴”，组织部分商会和企业，赴树山、长漾、澄湖等地开设“姑苏市集”，搭建企业交流合作平台，推动产销对接，促进姑苏文商旅融入乡村建设。助力“双拥工作”，充分发挥企业家和企业资源优势，赴福建慰问野外驻训部队；联系会员企业，为军属提供优质就业岗位；指导工商联会员企业开展支持退役军人创业活动，帮助退役军人企业家实现自主创业梦想。持续引导民营企业家发扬“自觉自愿、量力而行、扶危济困、德行并重”精神，区工商联“光彩基金”为全区社区一线采购爱心轮椅227辆，帮助社区不断完善便民服务能力。

（赵柏仙）

群众团体

姑苏区总工会

【组织建设】 2023年，姑苏区有机关工会组织14个，涵盖会员12442人；街道工会组织8个，涵盖会员92056人。非公企业单独建会1256个，涵盖会员56216人。联合建会212个，其中，社区联合工会169个，覆盖企业3302个，涵盖会员18611人；行业工会11家，覆盖企业151个，涵盖会员15011人；楼宇工会10个，覆盖企业138个，涵盖会员2137人；产业园（科技园、创业园）工会22个，覆盖企业410个，涵盖会员2961人。全区有工会会员11.07万人。新建工会阵地4家。新建独立基层工会58家，工会小组283个，产业园联合工会1家、行业工会2家、区域联合工会1家，新纳入会员6289人。新建姑苏区外卖配送行业联合工会，T3网约车司机全部纳入江苏大运通享出行服务有限公司工会，1644名外卖员、829名T3网约车司机纳入会员管理系统。全年共有65名个人、55个集体获省、市各类荣誉称号。

【阵地建设】 2023年，姑苏区新建苏州市金莎美容美发化妆培训学校、苏州市新慧职业培训学校2家姑苏区“匠人匠星”职工职业技能实训基地。新建工会阵地4个，其中职工之家2个、户外劳动者服务站2个，提供经费支持13.8万元，获评苏州市职工（劳模）疗休养基地7个，获评苏州工匠实训基地2个。新建妈妈驿站2家：苏州天虹商场有限公司石路店和沧浪新城第四实验小学校。

【职工思想引领】 2023年，区总工会实施“工聚匠心·会助企行”党建书记项目。“党建领航　工聚合力”赋能增效项目获评2023年度机关党建优秀“同心同力”项目。获评省职工思想政治教育基地1个、省职工宣讲比赛“云宣讲”达人1名、苏州职工思政教育讲师10名、精品课件10个。

【职工权益维护】 2023年，区总工会开展“安康杯”竞赛、安全隐患随手拍等活动，组织百余家企业工会开展安全隐患监督排查工作，引导企业做好安康驿站（点）等基础设施的建设。参与安全生产宣传咨询日活动，组织“百团进百万企业千万员工”安全宣讲活动。

【职工困难帮扶】 2023年，区总工会开展以“工会常伴·贴心送暖”为主题的送温暖活动，走访慰问困难职工82人次、企事业单位35家，发放暖心礼包5500份。开展“关爱·圆梦”行动，帮助困难职工子女缓解就学困难。组织18场心理讲座进企事业单位。为21家单位6150名一线职工发放清凉慰问品，为2021名新就业形态劳动者购买团体意外险。开展金秋助学活动，共帮扶13人，帮扶资金4.1万元。实施“关爱·圆梦”结对助学项目，惠及3个家庭，共发放1.8万元。帮助申报工会会员大病补助65人。

【劳动技能竞赛】 2023年，区总工会完善《姑苏区职工职业技能竞赛活动经费补贴办法（修订）》。与区委人才办、区人社局联合举办“百工百艺·匠人匠星”技艺技能状元大赛16场，3856人通过大赛获得三级（高级工）证书。

【普惠服务】 2023年，区总工会举办“学习贯彻党的二十大精神，促进高质量充分就业”“巾帼心向党 奋进新征程”等主题会员普惠活动5场，发放福利价值105万余元，惠及职工1.72万人次。

【文体活动】 2023年，区总工会开展文化体育活动项目14个，组织职工参与羽毛球、乒乓球、篮球、摄影等活动。开展“‘职’抒心语 ‘工’享书单”“玫瑰书香·阅读悦美”等读书活动，支持职工多读书、读好书。

【姑苏区首家外卖配送行业联合工会委员会成立】 2023年4月12日，苏州市姑苏区外卖配送行业联合工会委员会第一届第一次会员代表大会召开。姑苏区外卖配送行业联合工会正式成立，涵盖叮咚买菜、饿了么、美团3个配送平台与多家合作商，为外卖配送员提供互助互济保险，送温暖、送清凉、金秋助学、苏工惠会员普惠等多种活动，服务骑手1800余人。

【姑苏区工会第三次代表大会召开】 2023年6月20日，苏州市姑苏区工会第三次代表大会召开，180名代表出席大会。市委常委、保护区党工委书记、姑苏区委书记方文浜，市人大常委会党组成员、市总工会主席陈嵘出席会议并讲话。大会听取和审议姑苏区总工会第二届委员会工作报告，书面审议第二届经费审查委员会工作报告；选举产生姑苏区总工会第三届委员会和第三届经费审查委员会。向姑苏区模范职工之家、姑苏区模范职工小家和姑苏区优秀工会工作者获奖代表授牌和颁发证书。

【劳模精神、劳动精神和工匠精神弘扬】 2023年，姑苏区评选表彰首届区劳动模范100名，寻访“姑苏工匠”20名。新评省五一劳动奖章1个、省五一劳动奖状1个、省工人先锋号2个，市五一劳动奖章16个、市五一劳动奖状5个、市工人先锋号11个。成立劳模创新工作室联盟，累计建设劳模育人实践基地11家，开展“劳模工匠进校园 思政教师进企业”活动累计23场，惠及职工、学生1800余人。全年举行“劳模领学二十大”活动共5场，涵盖4000人次（含线上）；举办劳模工匠进校园等宣讲4场，惠及2500人次（含线上）；开展“寻访劳模事迹 弘扬劳模精神”活动3次，现场参与200多人次。开展劳模居家养老服务，“姑苏好模样”品牌获2023年苏州市工会工作创新成果奖和苏州县级工会加强年专项工作“一县一品”特色成果引航先锋奖。

（施　婷）

2023年9月26日，“姑苏好模样”劳模创新工作室联盟成立

区总工会　供稿

苏州市姑苏区工会系统获全国、省、市表彰奖励主要情况（2023）

2023年全国工会职工书屋“阅读学习成才职工”：

苏大教服集团下属东吴服务产业集团（江苏）有限公司项目经理　商永强

江苏省五一劳动奖状：

苏州规划设计研究院股份有限公司

江苏省五一劳动奖章：

周峰　苏汽集团有限公司汽车修理工

江苏省工人先锋号：

苏州苏糖名酒销售有限公司专卖店组

苏州市姑苏区人力资源和社会保障局姑苏区社会保险基金管理中心

江苏省厂务公开民主管理先进单位：

苏州理想眼科医院有限公司

苏州中亿丰科技有限公司

江苏省模范职工之家：

苏州市姑苏区虎丘街道工会联合委员会

苏州市金阊新城实验小学校工会委员会

苏州猎豹特卫保安服务有限公司工会委员会

国家税务总局苏州国家历史文化名城保护区税务局工会委员会

江苏省模范职工小家：

江苏营财安保股份有限公司人事行政部工会小组

苏州市意诚房地产物业有限公司狮子林工会小组

苏州半导体总厂有限公司光电三分厂七专测试班工会小组

江苏省优秀工会工作者：

姜达震　苏州市姑苏区总工会基层工作部部长

邹守先　苏州市政园林工程集团有限公司工会主席

倪延群　苏州市姑苏区民政和卫生健康局工会联合委员会主席

程婉菲　苏州人民商场股份有限公司工会主席

2023年度全省优秀职工代表提案：

做好苏绣的发展与传承（苏州刺绣研究所有限公司）　杨敏华

2023年度全省“最美工会户外劳动者服务站点”：

苏州市姑苏区亿象城牙博士户外劳动者服务站点

苏州市姑苏区平江街道平江历史文化街区户外劳动者服务站点

苏州市五一劳动奖状：

苏州猎豹特卫保安服务有限公司

苏州人民商场股份有限公司

苏州交通工程试验检测中心有限公司

苏州市政园林工程集团有限公司

苏州市沧浪实验小学校

苏州市五一劳动奖章：

丁　锋　苏州建设（集团）有限责任公司主任工程师

许晓东　苏州混凝土水泥制品研究院检测中心有限公司总经理助理

朱晓华　中国建材检验认证集团苏州有限公司检测部负责人

刘　锐　华设设计集团股份有限公司苏州分

公司副总工程师

许小平　苏州梓胥营造有限公司副总经理、总工程师

顾　雷　苏州市南门市场管理发展有限公司办公室副主任

燕守志　苏州凌云建设有限公司总工程师

金　优　苏州市姑苏城市清洁服务公司业务部负责人

袁海燕（女）　红蚂蚁装饰股份有限公司设计师

刘光伟　苏州第一建筑集团有限公司专业技术人员

钱来源　苏州第五建筑集团有限公司项目经理

张萍（女）　苏州市南环实验小学校、平直教育集团党总支书记、总校长

柯　键　苏州市姑苏区纪委监委第二审查调查室副主任

范鸿君　苏州市姑苏区行政审批局政务服务指导处工作人员

沙莉（女）　苏州市姑苏区沧浪街道三香社区卫生服务中心主任

宋灿辉　苏州苏科环保科技有限公司董事长

2023年苏州市五一劳动奖章（劳动和技能竞赛、和谐企业创建先进）：

王东磊　苏州抱石餐饮管理有限公司总经理

苏州市工人先锋号：

苏州建设监理有限公司苏州市轨道交通S1-JL06标项目监理部

苏州理想眼科医院有限公司白内障科

苏汽集团有限公司城配事业部

江苏省纺织工业设计研究院有限公司苏州勘察分公司土工试验室

苏州映宇骏企业服务有限公司综合管理部

苏州大田国际货运代理有限公司报关部

苏州耀盛集团有限公司400话务中心

苏州我爱我家房地产经纪有限公司相寓业绩核算自动化项目组

姑苏区人力资源和社会保障局姑苏区劳动保障监察大队

苏州市姑苏区消防救援大队苏站路消防救援站

国家税务总局苏州市姑苏区（苏州国家历史文化名城保护区）税务局税源管理五科

2022年度苏州城市建设重点工程劳动立功竞赛苏州市五一劳动奖：

朱歆文　苏州第一建筑集团有限公司施工员

吕　磊　苏州第一建筑集团有限公司项目工程师

谢晓树　苏州市政园林工程集团有限公司项目经理

李　荣　苏州第一建筑集团有限公司施工员

2022年度苏州城市建设重点工程劳动立功竞赛苏州市工人先锋号：

苏州第一建筑集团有限公司苏州市城乡建设档案馆测量组

苏州第一建筑集团有限公司DK20200248地块项目施工总承包工程安全工作组

苏州第一建筑集团有限公司金星小学项目质量工作组

第四届苏州时代工匠：

乔兰蓉（女）　苏州市公共文化中心桃花坞木刻年画博物馆馆员

葛　洪　苏州市姑苏区葛洪玉雕工作室设计总监

第四届苏州时代工匠提名奖：

陈广建　苏州市苏水实业发展有限公司研发

工程师

2023年苏州市幸福企业建设试点示范单位：
苏州市政园林工程集团有限公司
苏州人民商场股份有限公司

苏州市模范职工之家示范单位：
苏州市金阊新城实验小学校工会委员会
国家税务总局苏州市姑苏区税务局工会委员会
苏州理想眼科医院有限公司工会委员会

2023年度苏州市工会“妈妈驿站”示范点：
苏州市沧浪新城第四实验小学校
苏州天虹商场有限公司石路店

第二批苏州工匠实训基地名单：
苏绣技艺实训基地
苏州刺绣研究所有限公司
网络信息安全实训基地
苏州天创职业培训中心

共青团姑苏区委员会

【组织建设】 2023年底，共青团姑苏区委员会（简称“姑苏团区委”）共有下属基层团委24个、团工委12个、团总支71个、团支部2080个，动态管理共青团员（14—28周岁）15066人。全年新建团组织206个，发展团员1293名，承接中学学生入团事项，中学领域入团占比达75.3%。

【共青团苏州市姑苏区第三次代表大会】 2023年6月15日，召开姑苏区第三次团代会，组建共青团苏州市姑苏区第三届委员会。大会共有正式代表150名，选举产生35名委员、14名候补委员、13名常委，团区委配备1名专职书记、2名专职副书记、1名挂职副书记、2名兼职副书记。

【阵地建设】 2023年，姑苏区新增园林里、街区里、艺术馆里、人才公寓里的青年之家，建成108个“360度青年之家”。对苏州火车站志愿服务青年之家外立面进行焕新改造，优化内部功能分区，在原有模块上增加便民服务、就业咨询和数字体验等功能区，加载“家门口的就业服务站”“联通智慧家居体验馆”“文商旅和非遗文化展示点”等多项服务功能。打造“金狮校园里”青年文化艺术体验空间等青年主题阵地，开展“团建助企”“新兴青年追光行动”“平江片区新兴青年筑梦计划”等项目。举办2023年度团干部暨青年人才“青马工程”培训班，覆盖团干部及青年人才500余名。评选2023年度姑苏共青团工作创新创优项目9个，给予扶持资金15.7万元。

【青少年思想引领】 2023年，姑苏团区委打造“重走考察路线，重温殷殷嘱托”青年学习社线路，获评省级青年学习社线路。组织团员青年依托线路进行实地践学，全年接待60余批次。打造“网上共青团”矩阵，青春姑苏微信公众号全年发布推送257条，总阅读量超114万，活跃粉丝超12万。新建“青春姑苏”小红书账号，发布探店打卡图文视频，为姑苏区首店、“网红”店铺引流。青年发展型城市宣传片再获国家级奖项，制作拍摄《不止青年》五四青年节主题视频。推出《我和我的小摊》系列微视频。

【青少年权益保护】 2023年，姑苏团区委开办“爱心暑托班”，设111个办班点，惠及3万余人次，在平江街道试点延长办班时间，覆盖整个暑期。举办“社情民意联系日”青年专场系列活动，一月一站走进青年密度较高的社区，邀请辖区青年代表为社区

2023年8月13日，姑苏团区委在“社区青春行动”省级试点锦帆路社区设置“社情民意联系日”青年专场

姑苏团区委　供稿

治理、古城保护贡献“青年方案”。

【青少年关爱救助】 2023年，姑苏团区委开展外来务工人员子女“蒲公英计划”，组织开展“3·5”学雷锋纪念日活动、青年学习社线路研学等活动，在沧浪街道潼泾一社区开设外来务工人员子女暑托班。联合区属国资公司团工委在弘毅小学提供课后延时服务，向弘毅小学输送合唱课程并成立“弘音合唱团”，“萌芽时刻”——陪伴新苏州人子女学习成长延时服务项目被评为2023年苏州市青少年小微关爱项目三等奖。全年为5户事实无人抚养儿童实施“梦想改造+”关爱计划，联动高校志愿者为服务对象开展学习帮扶，联动苏大附儿院为服务对象提供免费体检服务，联动新华书店为16名困境儿童捐赠书籍套装、购书卡和线上阅读卡。

【青年志愿服务】 2023年，姑苏团区委与站管办、区人社局、苏锦街道联合打造苏州火车站北广场青年志愿服务阵地，为过往旅客提供行李搬运、路线指引、票务协助等服务，累计服务1万余人次。与苏州平江历史街区保护整治有限责任公司、平江街道联合打造平江路景区青年志愿服务阵地，开展游客咨询、线路讲解等服务。与电子信息技师学院志愿者协会、苏州驴先生体育服务中心等志愿者服务组织签订长期合作协议。与苏州城市学院、苏州科技大学天平学院、苏州市职业大学等高校结对共建，定期开展青年志愿服务。组织在校学子、青年参与社会治理、古城保护、为民服务等志愿服务100余场，组织500余名青年志愿者参与青少年暑托班志愿服务。打造“河小青”“青年河长”“南山捡跑团”等青年志愿服务工作品牌。

【少先队建设】 2023年，姑苏团区委成立8个街道少工委和60个社区少工委。举行姑苏区第三次少代会，来自60所学校的137名代表参会，来自12所学校的优秀红领巾社团现场展示。开展“寻访二十大党代表”“寻访身边的党员先锋”“寻访劳模”等系列活动，促进少先队员对党的二十大精神的学习理解。举办姑苏区少先队骨干辅导员研训营暨“青马工程”和校外少先队辅导员专题培训、姑苏区2023年度少先队骨干辅导员研训营暨“青马工程”培训班，全区中小学校大中队辅导员200余人参加培训。开展“伟大成就我来讲　争做四个自信好队员”区“十佳（优秀）红领巾讲解员”评选，培养出一批区级、校级红领巾讲解员小骨干。

【青年发展型城市（县域）建设】 2023年，姑苏团区委以区委名义印发《姑苏区青年发展型县域建设省级试点工作实施方案》，形成4个方面18条具体举措。打造桃花坞青年文化体验空间、十全街青年潮流生活空间、平江新城亲子陪伴空间等，形成景区、街区、商圈、艺术馆“青年之家”矩阵。发布新兴青年筑梦计划，引领新兴青年关注古城保护，孵化“声入平江”文旅融合体验产品，成立“青春FUN啡”社团，开展“盘门·也是艺术节”“桃花坞游园会”等活动，推出Citywalk、Cityride特色打卡路线。平江青年文创人才SOHO共有特色产业园6个、人才项目22个，重点企业52家。优化青年人才驿站、人才公

寓点位，近一年投用人才公寓用房2588套，260余名青年人才驿站入住者成功入职姑苏。（姚寓恬）

姑苏区共青团系统获全国、省、市表彰奖励主要情况（2023）

全国二星级青年文明号：
观前派出所

全国五四红旗团委：
平江街道团工委

全国红领巾中队：
平江实验五（8）中队（冒小驰英雄中队）
金阊实小六（4）中队（星月中队）
勤惜实小六（1）中队（春之声中队）
学士中心小学六（1）中队（倪淑英中队）
沧浪新城第一实小四（2）中队（向轩英雄中队）

江苏省省级“青年学习社”线路：
苏州市姑苏区“重走考察路线，重温殷殷嘱托”青年学习社线路

全省共青团工作争先进位奖：
姑苏团区委

江苏好青年：
姚文擎　苏州裕面堂餐饮管理有限公司

江苏省五四红旗团委：
双塔街道团工委

江苏省五四红旗团支部：
苏州传化公路港物流有限公司团支部

江苏省优秀共青团员：
郁文武　姑苏区检察院

江苏省优秀共青团干部：
邵诗义　金阊街道石路社区

省级优秀示范班点：
沧浪街道滄泾一社区新时代文明实践站暑托班
吴门桥街道姑苏教投悦龄中心苏趣暑托班

省级优秀支持单位：
苏州驴先生体育服务中心

省级优秀志愿者：
邓宁　双塔街道里河社区
邹茹洁　平江街道香花桥社区
李毓丁　白洋湾街道
顾晓燕　中国劳动关系学院
徐思琪　西南大学

省级优秀大学生志愿服务团：
三元一村社区暑托班志愿者团队

2023年“江苏省少先队英雄中队”：
苏州市善耕实验小学校顾容川中队

江苏省“红领巾讲解员”风采展示特等奖：
陶楷琪　苏州市金阊外国语实验学校

江苏省“红领巾讲解员”风采展示二等奖：
王煜凌　苏州市平江实验学校

2022年度苏州市“立体关护·成长护航”工程示范项目一等奖：
姑苏区法院以法之名　‘未’你护航成长——

遭受家暴青少年权益保护项目

第28届苏州市十佳青年文明号：
江苏天创科技有限公司

第28届苏州市青年文明号：
苏州市姑苏区检察院第三监察部
姑苏区消防救援大队
国家税务总局苏州市姑苏区税务局法制科
姑苏区双塔街道综合行政执法大队一中队
姑苏区虎丘综改攻坚突击队

2022年度苏州市青年安全生产示范岗：
苏州梓胥营造有限公司项目管理部
苏州市市政设施管理处轨交6号线工程项目部
东吴服务产业集团（江苏）有限公司桃花坞唐寅文化区联合项目管理部

苏州市五四红旗团委：
苏州市振华中学校
苏州市金阊实验小学校

苏州市五四红旗团支部：
姑苏区白洋湾街道和美社区团支部
国家税务总局苏州市姑苏区税务局团支部

苏州市优秀共青团员：
陈　喆　苏州市草桥中学
丁　宁　苏州市姑苏区沧浪街道办事处
李　超　江苏天创科技有限公司

苏州市优秀共青团干部：
胡　越　姑苏区委组织部
王赛洁　苏州市沧浪实验小学

苏州市优秀共青团支部书记：
方昳欣　双塔街道网师巷社区团支部
朱惠子　苏州大学理想眼科医院护理团支部

苏州市好青年：
潘静芝　姑苏区崇昇残障家庭互助服务社
刘　超　姑苏区苏站路消防救援站
葛　野　苏州市公安局姑苏分局巡特警大队
李　俊　苏州泰克赛威网络科技有限公司
缪婷雯　姑苏区金阊街道三元一村社区
潘书生　苏州市公安局姑苏分局大数据建设应用大队

苏州市青年学习社：
红齿轮筑梦联盟青年学习社
沧浪街道青年书虫park青年学习社

姑苏区妇女联合会

【组织建设】 2023年，召开姑苏区妇女第三次代表大会，选举产生区妇联第三届执行委员会委员51名。举办姑苏区基层妇联干部能力提升培训班。推

2023年8月22日，在姑苏区居家乐养老服务中心，姑苏区巾帼家政进社区活动暨居家乐养老服务中心妇联成立仪式举办

区妇联　供稿

进区、街道、社区三级妇联执委2455人履职工作，推动各级执委领办项目990个。全区共有行业妇联5家、妇女微家254家，年内指导成立姑苏区律师行业妇联、苏汽集团妇联、居家乐养老服务中心妇联等新兴领域妇联，建设“星lady”妇女微家、筑梦婚纱城妇女微家、中融外包女性创新创业基地等妇联阵地。组建民办区级妇女儿童活动中心——姑苏区波比城妇女儿童活动中心。打造区级创新项目17个，结合“99公益日”打造11个关爱项目，累计社会募资21万元。全年，全区妇联系统获得全国荣誉1个、省级荣誉5个、市级荣誉52个。

【巾帼建功】 2023年，姑苏区妇女联合会（简称“区妇联”）实施巾帼家政进社区项目，举办家政员技能培训班，330人参训，开展家政进社区活动21场。举办女性专场招聘活动，提供招聘岗位576个，开展女大学生创业就业实践行动，提供就业实践岗位227个。“智汇姑苏”创新创业大赛中特设姑苏巾帼创新创业奖，评选优秀女性项目6个。在“赢在苏州　慧创未来”第八届苏州市女性创业创新大赛中获二等奖1个、优秀奖1个。全年获评市巾帼文明岗4个、市巾帼建功标兵1人，6名女性人才获评苏州市“最美巾帼奋斗者”，评选区巾帼文明岗20个、区巾帼建功标兵20人。“彩香嫂”志愿服务团队获“全国巾帼文明岗”称号。指导成立姑苏区平江新城商会妇联，打造5家巾帼科技人才服务阵地，开展“我与古城保护”等各类活动20余次，惠及2000余人次。

【家庭服务】 2023年，区妇联制定《姑苏区关于加强家庭教育指导工作的实施意见》和《姑苏区家庭教育指导工作三年行动计划（2023~2025年）》。启用苏州市家庭教育指导服务姑苏区分中心，各街道挂牌家庭教育指导服务工作站。开展“家力量　悦姑苏”家庭文化季活动、“爱满姑苏　美在家庭”主题系列活动。出版发行《兔小囡游姑苏》亲子共读绘本，社会化募集资金10万元，打造“稚爱古城　走读姑苏”家风研学线路4条，开展研学活动12场。联合区委宣传部、文明办开展“爱满苏城·寻找姑苏最美家庭”活动，评出区级最美家庭110户、市级最美家庭6户、省级最美家庭1户。启用姑苏区新时代文明实践妇女儿童服务分中心，获评苏州市“木兰花开　在你身边”文明实践巾帼志愿阳光站，分中心执行主任获评2023年度苏州市新时代文明实践工作优秀带头人。

【妇女儿童权益保护】 2023年，区妇联推动建立8个街道婚姻家庭纠纷调解工作室和166个标准化家事调解社区工作室，制定“135家事调解工作法”。与区检察院联合开展困难妇女群体专项司法救助，为1名未成年人出具司法救助线索移送函。与区法院联合设立“彩虹桥”家事执行未成年人探视中心，安排探视10起。开展“三八维权周”主题普法宣传活动、“法润童心　典亮生活”青少年法治宣传教育、反家庭暴力等主题活动，发放各类普法资料5000余份。推进“我助妇儿康·妇儿权益维护与安全守护课堂”公益项目，开展主题讲座102场，累计服务3000余人次。开展“娘家有爱，情暖寒冬”新春送关爱、“99公益一户一策微关爱”、特殊儿童社交增能项目，惠及约360户家庭。做好结对助学工作，为180名困境儿童发放助学金19.57万元。与姑苏公安分局联合打造“姑苏@家”反家暴联合工作站，为家暴事件当事人化解矛盾纠纷，提供心理咨询和临时庇护服务。

【儿童友好城市建设】 2023年，区妇联制定《姑苏区儿童友好城市建设工作领导小组成员单位职责》《姑苏区建设儿童友好城市三年行动计划（2023—2025年）》。建成市级儿童友好学校3所、社区2个，区级儿童友好场馆1个、社区9个。改造提升江星路停车场地面公园，打造儿童友好主题公共空间，面积9000平方米。配置专业的涉少审判团队处理未成年人权益保护相关案件,建设“一站式办案中心”。在14家社区卫生服务中心开设儿童保健门诊,其中2家儿科专业门诊。在学校周边打造交通“微循环”,26所学校周边设施落地整改。在重点街区片区新建改造、老新村改造等项目工程中融入儿童友好适儿化改造。（顾静洁）

姑苏区妇联系统获全国、省、市表彰奖励主要情况（2023）

全国巾帼文明岗：

姑苏区金阊街道“彩香嫂”志愿服务团队

江苏省巾帼家政服务社区示范工作站：

苏州市姑苏区居家乐养老服务中心里河社区工作站

江苏居家乐健康产业有限公司沧浪新城社区工作站

省级最美家庭：

王妍家庭

第五届江苏女性融媒体创意大赛二等奖：

【漫画检察】《如何爱孩子,是父母一生的课题》

2023年度江苏省女大学生创业就业实践基地：

江苏中融外包服务股份有限公司

第八届苏州市最美家庭：

顾晓薇家庭　刘超家庭　徐辉家庭

金宝林家庭　吴东萍家庭　刘喜尧家庭

苏州市三八红旗手：

成丽君　姑苏区吴门桥街道新城社区

朱　芳　苏州规划设计研究院股份有限公司

林化美　江苏久信律师事务所

曹巧璐　姑苏区社区卫生管理中心

滕芳芳　姑苏区绿化管理站

苏州市三八红旗集体：

姑苏区平江街道办事处

苏州市龙凤金店有限责任公司

苏州市姑苏区妇幼保健所

“吴地芬芳”苏州市妇女儿童家庭公益项目创意大赛木兰奖：

家门口的技能培训学校——退休女性赋能计划

“吴地芬芳”苏州市妇女儿童家庭公益项目创意大赛蒲公英奖：

保障“她”权益、绽放“她”力量——女性权益保护计划

首批苏州市级“三全”家庭教育指导服务示范点：

锦华社区　富强社区　滨河社区

新湘苑社区　大公园社区　桂花社区

双桥社区　虎阜社区

第三批“苏州市新时代家教家风实践基地”：

苏州状元博物馆

苏州碑刻博物馆

第五届苏州女性融媒体创意大赛微信图文组一等奖：

【漫画检察】《如何爱孩子,是父母一生的课题》

苏州市儿童友好社区：

虎丘路社区

2023年度苏州市巾帼文明岗：

苏州市平江实验学校“大成”家庭教育指导中心

姑苏区双塔街道大公园社区

苏州雷允上吴门中医馆

东吴服务产业集团（江苏）有限公司城市生活广场项目行政业态岗组

2023年度苏州市巾帼建功标兵：

杨蓓　苏州缘杨服饰有限公司

2023年苏州市巾帼志愿服务十大感动人物：

黄忆芳　平江街道香花桥社区居民

第九届苏州市最美家庭：

柯继承家庭　王福民家庭　徐勋家庭

薛艳家庭　庾人健家庭　赵人杰家庭

姑苏区科学技术协会

【组织建设】 姑苏区科学技术协会（简称“区科协”）下辖区老科协、青少年科技创新教育协会、全科医学会、心理卫生服务联盟、科普基地联合会等5个专业学（协）会，于8个街道成立科协，接受市科协业务指导。

【科技智库建设】 2023年，区科协积极对接省力学学会、省土木建筑学会，持续推进博宇鑫省级科技服务站、江苏城市轨道交通院士协同中心平台建设。联手各街道科协全面开展2023年度市“托举工程”资助培养人员推荐选拔工作，组织苏报智库专家开展姑苏区科技服务业调研。

【企业科协双创】 2023年，区科协建成企业科协14家，吸纳科技工作者会员500余人。发挥企业创新主体作用，联合苏州中国计算机学会业务总部和学术交流中心、科学家企业家苏州协同创新联盟等打造高端学术交流品牌，推动学术年会、主题论坛、科学沙龙等成果产出、转化与应用。联合区市场监督管理局，与国家知识产权局专利局审查协作江苏中心签订三方合作协议，为姑苏区高新技术企业、“专精特新”企业、科技型中小企业匹配“服务管家”，提供“一对一”精准服务。　（傅　瑜）

姑苏区文学艺术界联合会

【组织建设】 截至2023年底，姑苏区文学艺术界联合会（简称“区文联”）有文艺家协会8个，会员1582人，其中国家级会员83人、省级会员192人、市级会员354人。

【区文联第三次代表大会】 2023年11月29日，姑苏区文学艺术界联合会第三次代表大会召开。大会选举产生第三届委员会委员，当选委员43人。大会选举张卫新为主席，周国红、徐圭逊（兼）、施政（兼）、怀念（兼）、徐世平（兼）、曹潺明（兼）为副主席，聘任宋阳为秘书长。

【规范协会换届】 2023年，区民间文艺家协会、戏剧曲艺家协会、摄影家协会、音乐舞蹈家协会、美术家协会、收藏家协会、作家协会先后召开第三次代表大会，会议各自选举产生新一届理事会和协会领导班子。协会班子党员人数38人，占比32.8%，比上一届提高26.7%。协会班子平均年龄48.9岁，比上一届降低4.9岁，其中45周岁及以下文艺工作者45人，占比38.8%，比上一届提高66.7%。

2023年9月21日,"稚爱古城　童唱姑苏"新时代文明实践少儿童谣创作朗诵大赛举办　　区文联　供稿

【文化活动】 2023年7月,"画里有话"——《活色苏城》苏式生活连环画图书分享会在第十三届江苏书展现场举办,美术家、教授李涵,作家李昉,作家、诗人苏唐果现场为大家作分享。9月,《黄河大合唱》音乐会在苏州市阳光文体中心举办,苏州市苏韵合唱团、姑苏区双塔街道爱之声合唱团、姑苏区老干部银悦合唱团、苏州市美之韵合唱团参加。"稚爱古城　童唱姑苏"新时代文明实践少儿童谣创作朗诵大赛在姑苏区教育服务分中心区青少年宫举行。12月,区音乐舞蹈家协会承办的"2024中国教育电视台全国少儿艺术龙年春晚"苏州赛区选拔赛在苏州市第二工人文化宫聚橙剧院举行,全市60多家少儿艺术单位共选送257个节目参演。区收藏家协会举办苏州古桥摄影展,展出纪实拍摄及收集整理的百余幅古桥摄影作品,涉及平江路、中国大运河苏州段、陆巷古村。

【文艺惠民】 2023年1月,区文联联合吴门桥街道,在桐泾广场开展"喜迎瑞兔　福暖人心"迎新惠民送春联活动。6月,"琴韵姑苏"古琴艺术展览系列活动在大儒巷38号举办,活动包含古琴书法联展、古琴音乐会、古琴的风格与倪琴制作讲座等。9月,区民间文艺家协会在观前街集中展示中秋传统花灯,向市民及游客传授传统花灯知识,传播传统花灯文化。

【文艺创新和扶持】 2023年3月,区文联"百诗百巷"苏州街巷文化线上推广项目获2022年度全市文联工作创新项目。区民间文艺家协会获第五届苏州市民间文艺(民间工艺类)创作推优优秀组织奖。11月,区文联和市文联联合申报的苏州市平江文化中心获江苏省"文艺两新"首批实践基地。报告文学《家在古城》入选江苏省重大题材文艺创作项目,《活色苏城》苏式生活连环画入选苏州艺术基金扶持项目。　　(宋　阳)

姑苏区归国华侨联合会

【组织建设】 2023年,姑苏区归国华侨联合会(简称"区侨联")以"服务侨胞有真情、凝聚侨胞有载体、团结侨胞有骨干、活跃组织有品牌、维护侨益有能力"为标准,在凝侨心、聚侨力、护侨益、创品牌等方面走新路、出实招,在服务经济转型升级、构建和谐侨界等方面取得明显成效。加强"侨之家""侨胞之家"阵地建设,打造"红豆侨屋"和"侨大姐"品牌,虎丘街道观景社区"红豆侨屋"获2021—2022年度全国侨联系统"侨胞之家"典型选树单位。

【姑苏区第三次归侨侨眷代表大会召开】 2023年12月13日,苏州市姑苏区第三次归侨侨眷代表大会召开。市委常委、保护区党工委书记、姑苏区委书记方文浜,苏州市侨联党组书记、主席李文辉出席会议并讲话。姑苏区侨联主席李静主持会议,共143名代表出席大会。会议选举产生姑苏区侨联第三届委员会主席1名、副主席4名、委员41名。

【为侨服务】 2023年,区侨联与区委统战部等单位联合举办"中医惠侨　姑苏有爱"主题活动,授牌首批16家姑苏区"中医惠侨"基地。举办姑苏区侨联关爱老归侨暨32号街坊“微侨家”成立仪式，开展“暖心平江·侨心向党”侨联红色茶话会。

【联谊合作】 2023年，区侨联与苏州大学纳米科学技术学院签订共建协议，探索名城名校融合发展校地侨联合作的新路径。接待中法文化交流协会、宁波市侨联、扬州邗江区侨联等，进一步扩大联谊联络面，寻求协同发展机遇。

【侨法宣传】 2023年，区侨联推进《中华人民共和国归侨侨眷权益保护法》宣传工作，将这项工作切实落实到各街道侨联分会，联动宣传，采取多种形式，将侨法宣传深入人心。（张希希）

姑苏区残疾人联合会

【概况】 2023年，姑苏区残疾人联合会（简称“区残联”）以“十四五”残疾人事业发展规划为目标，奋力推动残疾人事业高质量发展。姑苏区共有持证残疾人14648人，其中，视力残疾人2349人，听力残疾人1565人，言语残疾人70人，肢体残疾人5844人，智力残疾人1479人，精神残疾人2875人，多重残疾人466人。全年表彰14名“最美残疾人”、14名“最美残疾人工作者”以及14家“最美助残企业”。开展街道残疾人专职委员全科全能考核，7名街道残疾人专职委员获评全科全能考核认定。举办残疾人工作者“岗位大练兵、业务大比拼”知识竞赛活动。

【残疾人权益保障】 2023年，区残联组建扶残助残专项普法服务团，开展残疾人网络普法主题活动、“送法上门”活动、残疾人工作者法治素养提升行动等，全年开展残疾人法律知识网络竞赛2次，组织拍摄残疾人学法用法教学视频8场次。姑苏区残疾人法律救助工作站获评江苏省2023年度残疾人法律救助工作站规范化建设达标单位。

【残疾人康复服务】 2023年，区残联按照《关于下达2023年度残疾人康复服务任务的通知》要求，采集需求信息，残疾人基本康复服务率达到100%，辅具适配率达到100%。加强残疾儿童定点康复机构监管，建立全面考评机制，高质量实施残疾儿童康复救助工作。为20名特殊儿童及其家庭实施“星星的孩子”健康科普活动。为10名有肢体障碍的学生开展“温暖五月　康复校园行”系列活动。为20余名特殊儿童开展视力筛查活动。为特殊教育学校高年级儿童开展“‘一起趣’运动，越来越健康”运动会。

【残疾人阵地建设】 2023年，区残联完成残疾人文化创意产业基地——寒香会社新一轮运营招投标工作，于10月重装开放。搭建残疾人文化交流平台，持续开发非遗糖人、核雕等残疾人文创产品；引入知名茶饮品牌打造残疾人服务站，提供4个残疾人就业岗位，推出助残十条举措；设立“融入式协商·爱无碍”政协委员工作室，收集社情民意，帮助解决“残疾人燃油助力车进入桂花公园”等问题。持续开展残疾人之家星级创建达标评定工作，开展文艺残疾人之家创建、残疾人之家特色品牌创建等工作，打通残疾人之家“一家多能”守护模式。改建虎丘街道残疾人之家近600平方米，打造残障人士综合服务平台并投入运营。在白洋湾街道区域养老中心挂牌“姑苏区残疾人托养服务中心”，为失能失智、介助介护残疾人提供照料服务。全年为694名残疾人提供托养护理服务。

【残疾人关爱服务】 2023年春节期间，区残联走访慰问贫困残疾人家庭204户，发放慰问金16.42万元。发放低保户和低保边缘残疾人家庭助残日慰问金1085人，金额65.1万元。残疾人团体意外险投保人数8426人次，金额35.2万元。发放听力言语障碍残疾人信息费9479人次，金额84.8万元。发放无业精智三、四级社保补贴1898人次，金额322.61万元。发放无业重残社保补贴1208人次，金额211.61万元。发放0—18岁残疾儿童康复费用补助1282人次，金额795.64万元。发放0—18岁辅助器具适配补助667人次，金额276.72万元。发放人工耳蜗补助1人次，金额12万元。开展残疾人日间托养服务2540人次，金额55.75万元；全日制托养服务348人次，金额20.38万元；居家托养服务5852人次，金额74.11万元。发放残疾人"三小车"车主补贴35人次，金额71.56万元。发放残疾人机动轮椅车维修补贴716人次，金额35.31万元；残疾人机动轮椅车购车补贴64辆，金额9.3万元；残疾人燃油车燃油附加税补贴544人次，金额14.14万元。

【残疾人无障碍建设】 2023年，区残联启动"幸福亮居"改造工程，完成19户残疾人困难家庭无障碍改造。启动"怡景宜人益行——残疾人无障碍"出游项目，打造5条无障碍出游线路，成立无障碍环境建设志愿团队，开展无障碍改造知识培训。

2023年10月10日，心理音乐剧《花开河西巷》首演

区残联　供稿

【残疾人文化体育】 2023年，区残联创作音乐心理剧《花开河西巷》，10月10日首演，10月12日举办姑苏区专场演出。新创作及排练《姑苏赞》评弹节目。举办第三十三次全国助残日活动，开展残疾人文化周"六个一百"活动。区残联获评2023年度全市残疾人宣传文体（组织建设）工作先进单位。

（李　勇）

姑苏区红十字会

【组织建设】 2023年，姑苏区红十字会组建姑苏区红十字应急救护师资队、姑苏区红十字马帮应急救援队、久护志愿者服务队。金阊实验中学成立学校红十字会，指导金阊新城实验小学校创建第八批省级红十字示范学校。

【姑苏区红十字会第三次会员代表大会】 2023年6月21日，区红十字会召开姑苏区红十字会第三次会员代表大会，共152名代表出席大会。大会选举产生姑苏区红十字会第三届理事会、监事会。保护区管委会副主任、姑苏区政府副区长陈宇操当选为姑苏区红十字会会长。

【应急救护】 2023年，区红十字会完成"姑苏家庭备灾箱"项目，配备家庭备灾箱500个。开展苏州市燃气行业首个全员应急救护取证培训项目。完成初级救护培训、普及培训共计3.24万人次。举办第四届全区应急救护技能大赛，全区29支队伍203名参赛选手参加比赛。

【人道救助】 2023年，区红十字会发放救助款物136.11万元。开展博爱送万家活动2次，为辖区困难居民发放食用油1000桶、棉被600床，发放爱心资金67万元。为4名患儿申请中国红十字基金会中央专项彩票公益金大病儿童救助项目资助。

【献血捐髓】 2023年，区红十字会完成造血干细胞入库登记166人。

【遗体和人体器官捐献】 2023年，区红十字会在苏锦街道锦华社区新增捐遗登记点1个，安排志愿者值守，服务时间从每个工作日半天延长至每个自然日8小时。累计新增登记1075人。

【养老照护服务】 2023年，区红十字会携手康养集团深入社区为辖区老年人开展“点亮孤岛”认知症筛查、科普讲座、血压血糖检测等服务，服务400余人次。

【红十字文化宣传】 2023年，区红十字会深入挖掘典型事迹，获得省红十字会“学用新思想　‘苏’写新时代”主题宣传活动三等奖和优秀奖。

【筹资工作】 2023年，区红十字会筹集款物共计151.36万元。通过“姑苏红十字AED计划2”和“姑苏生命安全计划”等网络筹资项目累计募集104.83万元，共13万余人次参与，为辖区新增自动体外除颤器（AED）134台。

2023年5月8日，姑苏区红十字会发布AED电子地图

区红十字会　供稿

【阵地建设】 2023年，区红十字会设立姑苏区首个商圈博爱家园——石路博爱家园，服务范围辐射石路商圈及其周边居民。建成吉庆社区博爱家园，服务于辖区内老弱病残等群体。提升社区红十字博爱家园配置，投放带有联网能力的智能安妮、AED训练机和海姆立克训练马甲，为居民群众提供“救在身边”的互动学习场所。（李　娜）

法治

政法委与综治

【平安姑苏建设】 2023年，姑苏区建立街道政法委员统筹政法资源工作机制，制定姑苏区街道政法委员履职清单，不断夯实平安姑苏建设基础。印发《2023年度社会治安重点地区排查整治工作要点》，完成4个区级挂牌和4个街道级挂牌区域整治任务，姑苏公安分局刑事警察大队获评“全省公安机关命案积案攻坚行动成绩突出集体”。

【法治保障体系】 2023年，姑苏区制定实施《贯彻落实〈关于进一步加强市县法治建设的意见〉的实施方案》，完成“十四五”时期法治建设中期评估各项工作任务，全区行政诉讼案件总量、败诉案件量比上年分别下降33.8%、40%。落实《全市政法机关落实“四敢”要求　保障“企业敢干”十项具体举措》要求，持续加大老字号企业知识产权保护力度，深入推进涉案企业合规工作，助力打造法治化营商环境。正式运营姑苏法律服务产业园“启动区”，推动“核心区”建设破土动工，共计为13家法律服务业单位提供249万元的政策资金支持，加快推动形成苏州法律服务产业新高地。

【安全稳定工作】 2023年，姑苏区广泛开展国家安全教育，健全完善社会稳定风险合成处置、涉法涉诉信访突出问题联合处办等机制。扎实推进常态化扫黑除恶，持续加强“无黑城市”建设和涉黑恶案件线索核查以及重点行业整治工作，深入开展《反有组织犯罪法》宣传贯彻活动。完成区、街道、社区三级矛调中心（工作站）建设，探索设置25个行业领域矛盾纠纷调处化解站点，全年共计受理处办各类矛盾纠纷18000余件，全市深入推进矛调中心建设现场推进会在姑苏区召开。

【基层社会治理】 2023年，姑苏区推进“精网微格”工程，构建“街道—社区—网格—微网格—户”穿透式工作体系，实现35.9万户居民加入微网格微信群，有效畅通“上情下达”“下情上传”路径。制定《关于进一步加强网格化服务管理、提升网格化知晓率的若干措施》，开展网格员实务能力培训、网格化联动机制“一案一奖”和最美网格员评选等活动，不断提升网格管理服务能力水平。制定实施《关于进一步优化提升“社情民意联系日”活动开展质效的通知》，将12345热线不满意工单、人民网领导留言板事项等纳入社情民意处办范围，全年共计开展12期活动，推动处办居民诉求建议6000余件，“社情民意微实事项目”获评2023第二十二届“苏州十大民心工程”。

【政法队伍建设】 2023年，姑苏区在全区政法系统深入开展学习贯彻习近平新时代中国特色社会主义思想主题教育，打造全区“原心·政法”党建联建工作品牌、全覆盖开展政治督察和纪律作风督查巡查等方式，提升政法干警忠诚履职能力和履职水平，累计给40名干警授予新时代“马天民”式优秀社区民警等称号，获得各级各类荣誉410余项。推动政法干警深入基层一线参与基层治理服务工作，开展4期政法干警到社区报到活动，累计接待群众8100余人、走访居民4100余户、提供法律咨询服务2370余次，帮助居民解决各类民生小事490余件。

（赵　有）

法治政府建设

【责任体系健全】 2023年，姑苏区持续健全法治建设工作体制机制。建立法治重点工作月报制度和协调工作小组月报制度，发布9期法治姑苏记事。压实法治建设第一责任人职责，对第一责任人履职清单进行分类细化和更新优化，以定量定性相结合的方式，明确党政主要负责人履行法治建设“四个亲自”职责的具体要求。加大督查考评深度和广度。将法治建设纳入年度综合考核体系并细化考核指标，组织姑苏区“十四五”时期法治建设“一规划、两方案”实施情况中期评估，开展法治政府建设督察暨“双提双评”活动。

【重大行政决策】 2023年，姑苏区有序推进重大行政决策工作开展。持续规范落实重大行政决策目录管理、网上运行、公众参与、专家论证、风险评估、合法性审查、廉洁性审查、集体讨论决定等流程，推进依法科学民主决策。印发《姑苏区2023年度重大行政决策目录》，完成区级重大行政决策4件、街道级重大行政决策2件。

【行政执法】 2023年，姑苏区深入推进行政执法突出问题专项治理，执法部门进行全面自查自纠和整改提升，推动突出问题立行立改，长效常治。试点街道横向执法监督，在双塔、金阊街道探索形成街道一级横向行政执法监督权责清单，助力基层执法规范化。推行姑苏区现场执法规范制度，从着装规范、仪容举止、执法用语、执法记录、场所规范、监督检查等方面，提升现场执法的规范化水平。加强行政裁量权基准规范适用，由执法队员在智慧姑苏综合行政执法系统上选择裁量幅度，提高实际运用能力。累计抽取重点执法部门120余本案卷开展评查，着重对简易案件开展现场抽查，召开案卷评查情况反馈会逐一反馈整改。

【行政复议】 2023年，姑苏区构建规范、高效的行政复议工作机制，打造智能听证室，发挥复议委员会案审会功能，缩减平均办理时限。复议机关新收行政复议案件228件，办结202件（含2022年结转18件），其中纠错12件，纠错率5.94%；因实质性化解而终止的62件，实质性化解率30.7%，发送复议建议书、意见书8份。

【行政应诉】 2023年，姑苏区完善行政应诉工作相关规则，区政府及其部门、街道的行政机关负责人出庭应诉率100%。持续深化府院联席机制，先后召开2次府院联席会议，发布复议诉讼十大典型案例。两级法院办结姑苏区一审行政案件61件（不含公安），判决败诉4件。

【政府依法履职】 2023年，姑苏区强化政府法律顾问、公职律师的法治保障作用，各级政府法律顾问共提供服务2004次，其中，法律咨询930件，合同审查523件，出具书面法律意见589份。完善姑苏区人民政府聘请律师担任政府法律顾问工作制度，提高法律顾问适配度，满足基层多领域多元化的法律需求，切实强化基层法治保障。

【矛盾纠纷化解】 2023年，姑苏区持续完善矛盾纠纷多元化解机制。成立姑苏区人民调解员等级评定委员会，持续强化矛盾解纷队伍建设，其中1人被评为“全国模范人民调解员”。全区各级人民调解组织共调处成功矛盾纠纷23748件。联合吴中区法院、姑苏区法院、姑苏区检察院设立行政争议协同化解工作站，累计实质性化解行政案件12件。出台《关于深化府院联动、推动行政机关负责人出庭应诉、促进行政争议实质性化解的意见（试行）》，推动姑苏区法院判决行政诉讼案件数量、败诉案件数量实现“双下降”。 （江宇晨）

公 安

【维护社会稳定】 2023年，苏州市公安局姑苏分局（简称“姑苏公安分局”）牢牢把握“稳字当头、稳中求进”总基调，时刻牢记安全稳定是大事，不断提升防范化解风险隐患的能力水平，坚决确保全区社会大局持续平安稳定。依托警种协作和整合社会资源，开展相关情况的排摸。持续筑牢反恐高地，时刻绷紧反恐怖斗争这根弦，落实落细反恐防恐相关措施，坚决防止发生暴恐现实危害。结合全民国家安全教育日等节点，联合区反恐办共组织开展演练36场次，组织相关培训宣传100余次。全力维护社会稳定，持续优化维护稳定工作体系和涉稳因素全链条管控机制，坚决确保社会大局持续稳定，有力维护全区社会秩序平安稳定。

【严打违法犯罪】 2023年，姑苏公安分局充分发挥数字侦查中心、网安超警中心合成作战优势，扎实推进治理防范电信网络诈骗犯罪等专项行动，严厉打击电信网络诈骗、黄赌毒、盗抢骗等突出犯罪，快查快处各类严重暴力犯罪和寻衅滋事、聚众斗殴等容易引发社会关注的违法犯罪。全力打击严重暴力犯罪案件，深化落实恶性案件防范二十项措施，坚持“点上发起、线上合成”，充分发挥数据赋能作用，逐案落实侦办责任和破案措施，快速侦破各类严重暴力犯罪、个人极端犯罪等重大敏感案件。全面打防传统侵财犯罪，充分发挥视侦、网侦、刑侦等“多侦联动”、合成作战的效能，落实快侦机制，强化打击攻坚。持续深化扫黑除恶专项工作，狠抓《反有组织犯罪法》贯彻实施，优化完善涉黑涉恶线索摸排、部门协作配合、基层基础建设、“保护伞”铲除等长效机制，努力拓宽涉黑涉恶线索的来源和渠道。高压打处黄赌毒违法犯罪，深挖安全隐患、整治突出问题、整肃治安秩序，最大限度挤压违法犯罪空间。

【社会治安】 2023年，姑苏公安分局深化推进社会治安防控体系建设，加强重点区域、部位和人员密集场所巡逻防控，提升防控体系整体效能。纵深推进“1+5+N”应急处置体系建设，依托街面警务站、武装巡逻车组、交巡铁骑，打造高效联动街面巡防体系，确保一旦有事，秒级响应、有力处置。扎实开展“EU”武装冲锋车组建设，深化落实“135”快速反应机制，全面提升全区应急处突、抢险救援、跨区域增援速度和重大敏感案事件处置水平。打防并举强化警情压降，建立图像侦查工作组，充分发挥图侦研判牵引作用，推动巡防便衣队伍提档升级。

【古城社会治理推进】 2023年，姑苏公安分局坚持在推动景区安全治理、提升城市旅游环境上持续发力，为全区打造“一中心、两高地、一典范”贡献更大力量。完善景区安保方案，结合警航测绘实景图对平江路、拙政园、山塘街、观前街等景区商圈，科学调整警力摆布和勤务模式，在平江路、仓街等地推广应用“拉链式”铁马，提高限流疏导和道路通行速度，确保景区和主干道平稳畅通。严密景区安全防范，整合汇聚景区各类视频监控资源，用足用好大数据手段，全面提升景区管理质效。在平峰、高峰时期，精准掌握景区内实时人流分布，及时调整应对策略。采取“远端分流、中端管控、近端疏导”等限流措施，确保景区秩序全程可控。打击涉旅违法犯罪，建立由属地街道、公安、城管、文旅、安监、市监等“多位一体”的联勤联动工作机制，全面加强研判分析、秩序管理、打击整治等各项工作。

【法治公安建设】 2023年，姑苏公安分局聚焦“规范化法治公安体系建设排头兵”目标，以深化执法监督管理机制运行为核心，进一步筑牢法治理念，完善执法标准，强化执法监督，提升执法能力，推动执法工作全面向好向优。新建分局接报案中心，启动接报案中心实体化运行工作，入驻警种在接报案中心功能区完成接报案、笔录制作、权利义务告知等工作事项。深入开展突出问题专项整治，深化执法管理委员会运作，健全完善分局案管中心、所队案管室两级执法监督体系，常态化落实执法监督。全覆盖开展日常培训指导，聚焦现场执法标准、行政执法常见问题，突出精准培训，强化以考促学，定期组织各法制员、案管员开展法制交叉考评、考试练兵、专题培训，有力提升法制员、案管员队伍专业素养，累计培训8场400余人。

【道路交通安全管理】 2023年，姑苏公安分局深化“一点一策”交通保畅行动，围绕热点景区、商贸区等重点部位，分类制定完善工作日、节假日交通保畅方案，科学调配警力，积极应对大流量，保障全区交通运行安全畅通。探索建立“交巡一体化”警务运作机制，加强交通、治安社会共管力度。加强重点区域集中攻坚整治，持续围绕“五个十”“八个周边”重点部位集中排查整治交通乱点堵点，营造文明和谐、安全有序的交通出行环境，确保文明交通建设常态长效推进。

【安全隐患排查】 2023年，姑苏公安分局统筹建立一体化运行机制，集成联动专业警种、党政机关，全面整合人力情报、技术情报和数据情报等资源手段，推动落实属地属事责任、源头稳控措施、多元化解机制，超前防范、快速处置各类重大风险隐患。持续强化隐患排查整改，重点开展全市道路交通安全重点隐患路段“5510”整治，实地调研勘探，优化路段交通设施。对姑苏区事故多发路段和点位进行隐患排查，列为挂牌督办重点路段，加强针对性违法整治。全力抓好交通安全治理，全面加强“两客一危一货”重点车辆源头监管力度，对重点运输企业、重点车辆、重点驾驶人实行“户籍化”管理。全力强化消防安全监管，紧盯人员密集场所、易燃易爆场所、老旧住宅、养老福利机构等高风险场所，全面排查消除火灾隐患。

【科技赋能】 2023年，姑苏公安分局以高规格、高标准、高效能、高质量为目标，迭代升级本地数智强警计划，积极构建数据赋能实战新体系，持续助力姑苏公安现代警务数智化转型、深化科技赋能。建优特色平台，结合社区民警勤务工作特点，新增基础信息核查功能，实现信息数据新模式；搭建智慧交通管理平台，智能分析重点路段交通拥堵情况，判定违章停车、残疾车载客、不礼让行人、逆向行驶等违法行为。建优赋能场景，先后打造实有人口智慧管服、未成年人保护等场景，切实提升科技创新成果在警务实战应用中的转化率和产出率。建优数据模型，分赴基层派出所开展调研，收集汇总大型活动安保、安全监管、突发案件处置等方面的新需求，深度融合多维数据，探索建立常态化数据研判机制，先后输出多个数据模型。

2023年8月15日，姑苏公安分局“特警利剑 谁与争锋”小警察夏令营活动举办 顾成君 摄

【公安基层基础建设】 2023年，姑苏公安分局统筹用好“人力+技术”“网上+网下”资源手段，充分发挥专业警种、基层所队自身优势，强化基层基础，夯实新时代“市县主战、派出所主防”的根基。深入推进“马天民”品牌打造，制定“走得进家门、认得清人头、摸得全情况、管得好治安”4个方面的总体目标，以打造新时代“马天民”式社区民警为抓手，进一步践行为民宗旨、创新基层治理、深化平安创建、夯实基层基础，提升社区治理和服务能力水平，努力开创社区警务工作新局面。畅通警务基础“内循环”，将分局基层基础管控中心建成强有力的工作实体，统筹牵引、统一扎口全局基础管控任务，推动基层基础工作要素整合、形成合力；驱动警网融合“外循环”，运行姑苏公安网格联动平台，引导警力向网格延伸、要素向网格集中，最大限度聚警种合力、减派出所压力、增基层战力、强基础实力。

（钟 华）

检 察

【刑事检察】 2023年，姑苏区人民检察院（简称“区检察院”）共受理各类刑事案件1256件1610人，依法批准逮捕204件282人，提起公诉717件887人。常态化推进扫黑除恶斗争，获苏州“无黑城市”建设优秀实践项目、优秀“三书一函”等荣誉。提前介入办理舆论高度关注的“冰柜藏尸案”，及时响应社会关切。健全监检衔接机制，办理监察机关移送职务犯罪案件16件16人。依法从严打击和防范破坏金融管理秩序犯罪，对群众反映强烈的电信网络诈骗、侵害公民个人信息等案件提起公诉83人，协同侦查机关追回损失800余万元。结合办理的企业信贷领域腐败案件，向相关金融单位发送风险提示函，督促强化贷前审核，设置不法中介“出局”机制。针对办案中发现的冒用他人身份注册虚假公司实施犯罪问题，全面梳理辖区内经营异常企业情况，督促市场监管部门对13家空壳公司进行注销。联合区住建委燃气办等部门开展小餐饮燃气安全联合检查，对2022年制发的针对场（厂）内作业的工程机械车辆违规上路、导致交通事故频发的检察建议进行“回头看”。

【民事行政检察】 2023年，区检察院共办理民事、行政各类监督案件116件。关注姑苏区老字号企业，建立企业知识产权检察保护联络点，畅通企业知识产权保护检察绿色通道。以涉老字号企业的行政诉讼、行政非诉执行、行政处罚等案件为基础，发布《苏州市老字号企业合规指引暨检察服务指南》《老字号知识产权保护指引纲要》。深化“检护宜商”破产检察监督工作，调研成果连续2届在中国破产法论坛获评一等奖并作主题交流。依法助力农民工、弱势群体维权，发出民事支持起诉书10份，追索劳动报酬、损害赔偿49万余元，督促人力资源主管部门开展专项检查、规范就业服务，保障劳动者合法权益。精准推进民事检察监督，1起案件入选全省检察机关贯彻实施《中华人民共和国民法典》典型案例。充分发挥行政检察在法治政府建设中的重要作用，实质性化解行政争议42件，实现案结、事了、人和。积极构建检察监督与行政执法衔接机制，向行政机关移送行政处罚案件并提出检察意见59件，采纳率100%。办理的某科技公司涉嫌单位行贿罪相对不起诉案获评最高检行刑反向衔接典型案例。

【公益诉讼检察】 2023年，区检察院坚持“姑苏名城·检察织彩”特色品牌引领，将检察工作与全区人居环境提升等重点工作计划相结合，围绕在古城凸显的养老、医疗、教育等重点领域问题，加大监督力度。邀请区委书记、区长、人大常委会主任、政协主席、政法委书记为公益诉讼“出题”，聚焦非遗保护、公共安全、生态环境等领域，做好检察“答题”工作，督促解决59项公益问题，整改率100%。办理的非遗保护案件被评为全省检察机关公益诉讼典型案例。实施“古城水系360度体检”公益诉讼专项行动，推动对639口古井实现全天候保护预警。勇于以“诉”的确认体现司法价值引领，围绕整治医疗美容专项行动，对在减肥药中添加有毒有害物质的案件提起刑事附带民事公益诉讼，提出惩罚性10倍赔偿诉讼请求，获法院全部支持。拓宽线索来源渠道，依托公益诉讼调查指挥中心，与12345等平台扩大数据对接，实现线索移送研判智能化。面向社会招募“益心为公”志愿者120名，积极凝聚公益保护社会共识。

【未成年人检察】 2023年，区检察院坚持零容忍惩治侵害未成年人犯罪，提起公诉44人。最大限度教育、感化、挽救涉罪未成年人，依法不起诉17人。深化“法义与归”未检品牌建设，通过法治道德教育、心理疏导、家庭教育指导等方式，帮助29名涉案未成年人重归正途。联合多部门开展“禁止向未成年人售酒”等专项行动，将重点区域、新业态领域涉未问题列入常态化监督。构建密切接触未成年人从业禁止监督数据模型，定向追踪全省范围内有违法犯罪记录人员的涉未从业状况，跨区域移送线索，督促依法处置26人。建成未成年人保护法治主题公园，开展送法进校园活动25场，覆盖师生家长7000余人次。

【法律监督】 2023年，区检察院进一步加强对刑事立案、侦查、审判活动的有效监督，推进侦查监督的规范化、标准化、常态化，建立“全诊式”审判监督机制，全面深挖监督线索。充分发挥侦查监督与协作配合机制作用，提前介入引导侦查取证149次，开展刑事立案、侦查、审判活动监督96件。综合运用查阅案卷、公开听证、制发检察建议等手段，加强执检监督工作。推进全省首个公益诉讼调查指挥中心建设，完成职务犯罪侦查指挥中心建设，强化线索研判、资源调配，激活法律监督动能，增强监督协同效应，利用好姑苏区行政案件法院集中管辖优势，与区法院、区司法局、吴中区法院共同签署《关于设立行政争议协同化解工作站的意见》，设立行政争议协同化解工作站，建立常态化行政争议实质性化解联动机制。建立完善人大监督、政协民主监督与检察法律监督衔接的“融监督”机制。运用数字赋能手段，落实数字检察工作部署，在拓展监督线索、取证固证、技术性证据审查和监督上强化技术应用，推动技术辅助向“技术+业务”转型。做好

2023年9月20日，姑苏区人民检察院与姑苏区司法局共同为姑苏区法律援助中心驻区检察院法律援助工作站揭牌

区检察院 供稿

大数据法律监督模型的落地运用工作，逐步放大数据模型的监督效应。（唐 楠）

法 院

【依法办案】 2023年，姑苏区人民法院（简称“区法院”）共受理案件26809件，比上年上升19.62%。全年结案24172件，比上年增长22.24%。审结刑事案件982件，判处罪犯1228人。严惩非吸、电诈等涉众型犯罪，依法惩处为境外电信诈骗提供支持、帮助以及组织、领导传销活动等犯罪行为。保持打击毒品犯罪高压态势，结案16件。重拳惩治贪污腐败，审结各类职务犯罪案件19件20人。常态化推进扫黑除恶，精心打造“古街水巷平安行”。再获“无黑城市”建设优秀实践项目。坚持规制与衡平并重，审结民商事案件14056件，比上年上升20.48%。立足互联网空间治理，妥善审理兼职外卖骑手、网络主播等新业态纠纷，明晰“网红探店”边界，判令恶意贬损担责案。审结行政案件785件。强化“出庭出声出效果”工作导向，联合构建推进行政机关负责人应诉机制，出庭应诉率达100%。深化府院联动，开展专题培训10次，培训对象1700余人次。坚持力度与温度兼备，全年执结案件5617件，发放执行案款52亿元。开展执行会战等专项行动17次，司法网拍成交总额4.07亿元。扎实推进打击拒执犯罪，获评全市打击拒执犯罪工作先进集体。坚持失信惩戒与信用修复相结合，限制高消费5130人，修复守信记录470人。审结涉征收拆迁非诉行政案件46件，裁定准予执行37件，9件在裁定前化解。积极参加涉物业管理、环境综合整治、项目改造等纠纷化解的会商、研判120余次，为古城发展和基层治理提供司法智力支持。将多个低效资产纳入“焕新计划”，在审判执行中依法助推高效盘活闲置资源，提升利用效益，更好服务古城保护更新。

【法治营商环境优化】 2023年，区法院将苏州5个国字号专业法庭优质资源引入姑苏，完善“古城法韵 院庭协同”特色机制，走进“专精特新”企业，送上司法服务“大礼包”。开展“天平门诊”用工体检，“五一”前夕发布工伤认定典型案例，联合人社部门共建调处中心，促进企业有序经营。防范系统性金融风险，做优专业化审判，审结涉金融产品等案件1582件，促进金融服务实体经济扎实有效。释放破产保护效能，全年处置破产债权53.3亿元，安置职工839人，盘活土地厂房20余万平方米，助推百年电影集团破茧重生。获评全市法院优化法治化营商环境先进集体。

【诉讼服务】 2023年，区法院用好远程立案、网上庭审、智慧执行等信息化建设成果，实现工作方式从现场向线上、线下立体化服务的转变。在社区和行业建立13个“融诉驿站”，实现司法确认中心辖区全覆盖，构建纵向贯通端口前移、横向协同多元共治的诉源治理矩阵，为群众提供“家门口”的数字司法服务。聚合跨域诉服便民优势，牵头与沪浙皖法院打造长三角融诉驿站“四次方”。

【特色审判】 2023年，区法院审结全链条打击机动车尾气检测作弊污染环境全国第一案，连续3年入选全省法院环资十大典型案例。深入践行恢复性司法理念，全省首次以认购“碳汇”方式开展替代性修复。在首个全国生态日开展主题法治宣传活动，发布太湖流域生态环境司法保护十大典型事例。深化“大美太湖”司法保护主题系列活动，为护佑太湖流域山美、水美、景美、生态美和人文美积极贡献司法力量。

2023年3月10日，姑苏区人民法院在案发地虎丘区山林脚下进行公开开庭审理全省首例认购“碳汇”替代性修复生态案　　潘　望　摄

【多元解纷】　2023年，区法院深入推进“古街水巷，共治共享”工作项目，与白洋湾街道合力打造“天平护航，法润新湾”、位于富强社区的“融诉驿站”。以协同治理为切入点，创建“会心解忧”诉源治理工作联盟。紧扣“和谐医患”主题，联合市卫健委等单位构建“三端三化解”机制，合力让群众接受医疗服务更无忧。“天平筑诚信”工作场景获评苏州市“信易+”年度示范场景奖项。　（陈轶群）

司法行政

【法治宣传教育】　2023年，姑苏区多维度推进“八五”普法。加强青少年法治教育，实现81所中小学校法治副校长全覆盖，提升法治副校长知晓率。举办第三届法治文创节，持续优化大运河法治文化带（山塘线）建设，打造“獬小薰法治游”线路，推出“四季普法歌”“典籍里的法治”等普法IP，扩大法治宣传教育的知晓率和参与率。出台《姑苏区省级“民主法治示范社区”提优工程实施方案（2023—2025）》，全区82个省级“民主法治示范社区”提优率达70%。高标准遴选优秀人才加入“法律明白人”队伍，全区1078个网格实现“法律明白人”全覆盖。

【基层民主法治建设】　2023年，姑苏区持续推进“法律明白人”培育工程，全区1078个网格培育“法律明白人”2186名，通过分级培训、重点培育、选树典型等方式，引导其深入社区开展法律服务活动。创新推进法治小区建设，在首批创建16个法治小区的基础上，打造“法治大院”“法治弄堂”等基层治理示范样板。在“小巷评理”等议事品牌的基础上，引入社会组织和法律服务机构参与基层“援法议事”，各社区共开展“援法议事”活动1100余场次。

【公共法律服务】　2023年，姑苏区坚持“为民”“助企”两大需求导向，推动辖区公共法律服务精准化、均等化、普惠化目标，共推出13个公共法律服务项目。在优化营商环境方面，推出“法润新湾”法律服务企业等3个项目，扎根文创产业园、物流园、专业市场，精准服务辖区中小企业。在民生法治保障方面，聚焦社区公约、物业管理等民生小事，开展“法律无障碍”行动项目，为居民自治开出“法律千金方”，“会诊”物业管理重难点问题，通过指导规范业委会筹建、换届等针对性法律服务，提升物业管理水平。开展“幸福云守护”项目，开设法治公益直播、线下沙龙，为妇女维权提供法治港湾。

【法律援助】　2023年，姑苏区共受理法律援助案件1223件，新增基层法律援助工作站点6个，居家养老流动法律援助工作站获省首批“法援惠民生”服务品牌，省级示范点区法律援助中心老年人法律援助工作站被推荐为全国法律援助工作先进集体。

【人民调解】　2023年，姑苏区强化矛盾解纷队伍建设，围绕社区建设强化“六支队伍”要求制定工作

指引，成立区人民调解员等级评定委员会。1人被评为“全国模范人民调解员”。推进矛盾分层前端化解，组织各级人民调解委员会开展物业矛盾、家事纠纷等排查专项行动。全区各级人民调解组织共调处矛盾纠纷23748件。

【人民监督员和人民陪审员工作】 2023年，姑苏区加强司法宣传工作，深入乡村、社区、企事业单位，通过展板、视频、座谈会等形式积极宣传人民陪审员选任工作；把宣传贯彻《人民陪审员法》纳入“八五”普法重要内容，增进群众对人民陪审员制度的了解和认同，营造浓厚的选任氛围。贯彻落实《人民陪审员法》，配合法院做好人民陪审员业务培训，重点做好参审权利义务、司法礼仪、审判纪律宣讲，增强人民陪审工作质效。高度重视人民监督员年度考核工作，对照人民监督员年度履职情况，通过召开座谈会、征求检察机关和人民监督员所在单位或社区意见等多种方式，客观准确评价人民监督员的德才素质和工作业绩。合理运用考核结果，将考核结果作为对人民监督员表彰奖励、免除资格和续任的重要依据。

【基层法律服务】 2023年，姑苏区有法律服务所11家、基层法律服务工作者65名。依法审查基层法律服务工作者执业申请，做到实体合法、程序规范、结果公开。加强日常指导检查，按照“两随机、一公开”要求开展日常监督活动，提升群众对基层法律服务工作的满意度。组织基层法律服务团进企“法治体检”服务。基层法律服务所组建一支由12名服务工作者任成员的“专项法律服务团”，开展“法治体检”“为中小企业解千难”活动。通过运用网络、电话、上门等多种方式，对帮扶企业摸底调研，开展法律风险评估，提出合理化建议，帮助企业克服困难，依法防范风险，加强矛盾纠纷梳理排查，及时化解在用工管理、工资发放、合同履行、租赁等方面引发的矛盾纠纷，提高企业依法合规经营意识。

【社区矫正】 2023年，姑苏区加强人员摸排，开展常态化、滚动性、不间断排查，通过对在册特殊人群拉网式排查，落实“包案”责任制。加强日常监管，依托社区矫正监管平台，及时检查处置网络平台预警信息。开展精准帮扶活动，提升矫正教育帮扶质效。开展暖冬行动、春风行动、六一护苗、金秋助学等帮扶活动，帮助1716名特殊人群落实帮扶举措，为64人次特殊人群困难对象提供帮扶物资8.13万元。

【安置帮教】 2023年，姑苏区扎实做好重点人员衔接管控。做好重点帮教对象的排查、认定、接送、管控和解除等工作，及时向公安机关送交列管通知书，确保重点帮教对象列管率100%。深入监狱开展延伸帮教工作，形成监所和地方双向互动的安置帮教格局，不定期赴省内监狱对姑苏籍服刑人员开展延伸帮教工作，开展座谈交流、送政策、送书籍、送慰问等活动。落实“必接必送”工作机制。积极与监狱做好对接，提前确定衔接方案，确保服刑人员从出狱、接送到安置无缝衔接，累计落实“必接必送”15人。加快安置帮教基地优化升级，与苏州天平安装工程有限公司签订共建协议，成立天平安装阳光帮扶基地，着力解决刑释人员衔接安置、就业培训、帮困帮扶等问题。

【司法所建设】 2023年，姑苏区扎实推进基层法治建设，完成街道法治建设议事协调机构组织调整，司法所所长兼任依法治街办副主任。推进完成全区8个司法所、街道公共法律服务中心的场地硬件以及数字信息化提档升级工作，共建成2个大型司法所（双塔、吴门桥），3个市标杆司法所（平江、双塔、虎丘）。

【智慧司法建设】 2023年，姑苏区从场所建设、运维支撑体系和信息化装备建设等方面着手，推进“智慧矫正中心”建设。在场所建设方面，对现有的社区矫正中心按综合管理区、监督管理区和教育帮扶区3个主要功能区域进行升级改造，重点建设信息采集室、指挥中心和远程视频督查等功能室。在运维支持体系方面，通过购买第三方技术服务，保障智慧矫正中心信息化系统的稳定运行和系统的培训、维护，保障日常社区矫正信息化工作的开展。在信息化装备方面，配置自助矫正终端、执法记录仪和电子腕带等智慧矫正设备，实现对社区矫正对象信息的自动化采集和信息化监管。深化智慧应用，采购VR心理矫治设备、声纹电话查验系统、远程视频督查系统和舆情监测系统等智慧司法产品软硬件服务。 （江宇晨）

2023年3月16日，姑苏法律服务产业园推进工作座谈会举办
区司法局 供稿

仲 裁

【概况】 2023年，姑苏区共立案审理劳动争议1724起，其中10人以上的集体争议23起，按期结案率100%。

【调解组织建设】 2023年，姑苏区建立并完善区—街道—行业（协会）—企业四级劳动争议调解组织网络，累计建立街道劳动争议调解中心8个、行业性劳动争议调解组织3个、企业劳动争议调解组织220个，各级调解组织共调解劳资纠纷2300余起。

（阴佳浩）

军　事

人民武装

【全区武装工作会议召开】 2023年3月3日，全区武装工作会议召开，系统总结2022年姑苏区国防动员、兵员征集、国防教育、国防设施保护、双拥、军民融合等工作，部署2023年武装工作任务，市委常委、保护区党工委书记、姑苏区委书记方文浜出席会议并讲话。

【兵员征集】 2023年，姑苏区人民武装部（简称“区人武部”）努力在破解老城区征兵难上下功夫，多渠道开展征兵宣传，狠抓“五率”量化考核，采取多种举措抓实兵役登记，常态化设立体检站，有效提高体检合格率。组织预定新兵役前教育，通过教育提前发现淘汰一批思想素质不过硬、身体条件不达标的应征青年。

【民兵应急分队集训】 2023年4月10—22日，组织民兵应急排至常熟训练基地备勤训练，严格落实专武干部跟班跟训，实行全程封闭式管理和训练，运用理论授课、专题讲解、模拟操作、实战化演练等方法，进行重要目标防护演练、应急处突等课目训练。采取外请教员、辅导录像、分组训练、综合演练的方式组织进行，旨在提高民兵力量应对多种安全威胁、完成多样化军事任务能力，提升各级专武干部理论素养和组织指挥部队行动能力，提高姑苏区民兵应急连遂行作战任务的能力。

【民兵整组工作】 2023年，区人武部推进民兵调整改革，加强退役人员潜力资源调查，充分考虑战备任务区分、人口比例结构、专业队伍分布等实际，科学细化分解编兵任务，按照民兵组织调整规划。编实各级民兵组织、下达民兵干部任命、建立各级预建党组织，组织基干民兵开展出入队、政治教育和官兵相识等活动，确保全区各级民兵队伍人员落实、组织健全。　（李金良）

人民防空

【人防训练演练】 2023年，姑苏区人民防空办公室（简称“区人防办”）顺利完成“9·18”警报试鸣放任务，鸣响覆盖率达98%；在金阊实验小学、百花洲、市人才市场等8个演练分会场组织各街道开展“9·18”防空防灾人口疏散演练活动。加强人防指挥所维护管理，每周开展指挥通信系统调试工作，保持与市国动办互联互通，组织区国动委各成员单位在区人防指挥所通过视频通信系统观摩“9·18”演练活动。

【人防工程建设】 2023年，区人防办对各项人防工程审批流程进行再梳理、再优化，在严格执行审批要求的基础上，进一步缩短办理时限。完成26个新建人防工程建设审批，24个新建项目人防工程易地建设审批；完成17个人防工程项目竣工验收备案；发放23份人防工程平时使用证。

【人防工程管理】 2023年，区人防办全面推进人防工程普查工作，详细梳理人防工程基本信息，完善工程数据库，绘制各街道人防工程分布图等，摸清人防工程现状。发挥区、街道、社区三级管理网络的作用，督促有关单位做好人防工程安全生产、消防安全、防汛防台自查检查工作。

【人防宣传教育】 2023年，区人防办扎实开展“五进”宣传工作，组织辖区居民赴市民防宣教馆参观体验14次，赴相关社区、学校开展国防动员（人防）知识系列讲座72次，活动覆盖总人数近万人次；发放《人防知识读本》，向辖区居民、中小学生普及国防动员（人防）知识。 （姚 婷）

双拥共建

【双拥工作】 2023年，姑苏区退役军人事务局依托春节、“八一”等重要时间节点扎实开展走访慰问，分别向11家驻区部队赠送慰问品共计102.5万元；“五一”前夕，姑苏区双拥工作领导小组办公室携手区工商联远赴福建，走访慰问外出驻训部队，赠送总计约7.5万元的生活物资。走访慰问辖区困难海军官兵家庭。为驻区部队28名官兵子女解决入学入托问题。

【优抚工作】 2023年，姑苏区内共有各类优抚对象2200余人；共计发放优抚资金6197.3万元，其中，优待奖励补助类1371.86万元，国家抚恤补助类1883.55万元，其他类2941.89万元。完成“三属”认定、补评残调残、退役换证、重点优抚对象短期疗养、残疾军人伤残辅具2023年度配发及维护工作。优待证申领工作全面铺开、上下合力、有序推进，基本完成符合条件申请人优待证制发工作。稳妥落实全区退役军人和其他优抚对象免费乘坐公共交通工具、免费游园工作。清明期间开展“2023·崇尚·清明祭英烈”主题系列活动，在苏州烈士陵园举办英烈祭扫活动。强化区、街道、社区三级联动，开展线上祭扫活动，展播烈士事迹视频和“2023·崇尚·清明祭英烈”宣传广告，营造缅怀英烈、尊崇英烈的浓厚氛围。开展烈属“圆梦微心愿”活动，为生活困难、年老体弱的姑苏籍烈士遗属圆梦。 （胡锦瑞）

古城保护

综 述

【机制探索】 2023年，姑苏区发挥苏州国家历史文化名城保护工作领导小组办公室高位协调推进作用，持续保障苏州国家历史文化名城保护工作领导小组办公室和古城保护更新项目服务专班高效运转，全年召开名保办会议10次，落实议题111项；服务专班会议9次，落实议题52项。姑苏区国家文物保护利用示范区创建工作领导小组高效运转，立足姑苏区是创建工作核心区的重要站位，推动示范区各项创建工作落地见效。

【制度建设】 2023年，姑苏区制定印发《保护区、姑苏区历史文化传承保护三年行动计划（2023—2025）》，包含“平江九巷”古城保护项目、“古城细胞解剖工程”、古城墙保护、文物保护管理、古城保护更新伙伴计划、保护更新规划研究。以19.2平方千米历史城区范围为试点，出台《苏州国家历史文化名城保护区社区规划师制度实施办法（试行）》。51位来自中规院、东南大学、苏州大学、苏州科技大学等古城保护领域专家、学者获聘成为姑苏古城的社区规划师，实现历史城区范围内社区规划师队伍全覆盖。

2023年10月26日，第四届建筑遗产保护与修复博览会开幕式举行　　区融媒体中心　供稿

【课题研究】 2023年，姑苏区积极对标国内外先进做法，组织高校、科研院所、行业专家开展古城保护更新、文物建筑宜居性提升、古城墙历史信息展示等多领域的专项课题研究，形成《苏州国家历史文化名城历史文化街区修复、历史建筑保护利用专题研究》《文化名城街巷保护与城市更新规划指标管控专题研究》《历史文控保建筑修缮与后期使用行为规范（注意事项）》《文控保建筑传统门窗宜居性功能提升》《古城墙标识、标牌设计》等多项研究成果，着力解决古城保护与城市更新过程中的技术难点、堵点问题，填补技术领域多处空白，为保护更新工作的科学实施与高质量开展奠定扎实基础。

【古城墙管理】 2023年，姑苏区加强古城墙保护管理水平，落实《苏州市古城墙保护条例》《保护区、姑苏区古城墙保护实施意见（试行）》等相关要求，督促管理单位落实保护责任，开展古城墙日常巡查工作，完善工作台账。建立古城墙保护联席会议制度，部署城墙管理工作任务，研究城墙修缮方案，探讨总结苏州古城墙保护及活化利用方向的成功案例与经验做法。开展古城墙和古牌坊变形监测，对胥门、阊门、金门三段古城墙遗址和19处古牌坊开展位移、沉降、倾斜变形等参数的定期监测与分析，及时发掘、感知各类结构性安全隐患，提升城墙动态管理水平，提升古城墙安全预警和应急处理能力。推动古城墙保护修缮，实施城墙周边环境整治，先后完成阊门城墙遗址南段、盘门城墙东段等抢险解危工作。在完成环古城河风貌提升工程的基础上，提升古城墙及环古城河健身步道周边风貌，探索打造相门城墙灯光秀等特色品牌文旅项目。

【古建老宅活化利用】 2023年，姑苏区深入贯彻落实“保护第一、加强管理、挖掘价值、有效利用、让文物活起来”的新时代文物工作方针，守正创新推进古建老宅活态保护。系统梳理全区可活化利用古建老宅资源清单，依托古城保护更新伙伴计划平台向社会推介古城保护优秀资源，相继引入文化传习、酒店民宿、医疗养生、总部办公等不同类别的业态，加大社会力量参与古建老宅活化利用力度。菉葭巷潘宅探索“资本+品牌+载体”的创新合作模式，通过合资设立酒店管理公司，引入颐和酒店品牌，对菉葭巷潘宅及其相邻的悬桥巷60号两处国有资产进行整合活化，开设姑苏·金城颐和精品酒店；国学大师章太炎故居引入古吴轩书店品牌，塑造形成集国学大讲堂、古籍传习所、古吴轩版本馆、国学主题馆、百花书局于一体的人文空间；畅园引进万科有熊酒店品牌入驻，以江南私家园林、苏式生活体验为主题，打造文商旅融合的高端园林精品酒店。截至年底，共梳理可活化利用的古建老宅286处，其中已活化利用88处。

【“古城细胞解剖工程”】 2023年，姑苏区全面完成“古城细胞解剖工程”先行先试项目建设。完成街坊全要素信息采集，为4—6号、12—14号、18—19号、23—27号、31号、37—39号、44号共18个街坊建立详实完整的全要素信息档案，其中，23号、24号等4个街坊在实施深度普查的基础上完成街坊保护更新研究与详细设计；完成文保单位数字化保护，为江苏按察使署旧址、顾颉刚故居、洪钧故居及庄祠等8处文保单位构建三维数据模型，其中，梵门桥弄吴宅探索建立BIM系统，形成文物建筑BIM模型和配套管理系统。截至年底，通过对近2万户居民入户调查，项目累计梳理传统民居组群3797处、传统民居单体9375处，新发现古井、古树、门楼等各类保护要素2884处，并对20处文保单位开展数字化保护。

【古城保护更新伙伴计划平台建设】 2023年6月18日，姑苏区正式上线古城保护更新伙伴计划平台，依托苏州市公共资源交易网站搭建的官方发布平台，“一宅一策”制订“伙伴计划”，以公开招租、公开转让、合作开发等市场化形式招引“伙伴对象”，助推社会资本入驻古建老宅。共上线古建老宅27座，7座古建老宅牵手“伙伴对象”。

【历史文化街区和历史建筑保护利用现场会】 2023年10月25日，住房城乡建设部历史文化街区和历史建筑保护利用现场会在苏州召开，住建部、发改委等国家部委，各省、自治区住建厅负责同志，全国102座历史文化名城代表齐聚古城，共商保护发展大计。会议面向全国展示姑苏古城保护成果，古城美誉度、影响力大幅提升，古城保护相关做法得到关注推广。

文物保护

【概况】 2023年，姑苏区有全国重点文物保护单位24处、江苏省文物保护单位37处、苏州市文物保护单位123处、苏州市控制保护建筑254处。

【文物安全管理】 2023年，姑苏区落实文物安全管理相关要求，压实责任分工，将文物安全管理工作纳入姑苏区年度高质量发展个性化考核。强化日常巡查，完善文物安全联合检查与通报机制。发挥“技防”作用，借助科技手段持续推进文物建筑智能消防工程，安装电气火灾探测设备1189个，基本实现居住类文物建筑安装全覆盖。依托专业团队，对胥门、金门、阊门3处古城墙及19处古牌坊开展周期性监测，全面掌握变形、沉降情况，及时开展情况分析，为建立安全应急预案、做好预防性保护提供数据支持。积极配合上级文物部门协调相关使用管理单位，完成对全区24处全国重点文物保护单位视频监控布点安装。配合市文物局启动对254处控保建筑的安全专项评估，为控保建筑安全管理提供有效服务。

【文物修缮管理】 2023年，姑苏区围绕文物建筑保护修缮工作，积极统筹文物保护与活化利用两大要务。严守文物保护底线，严格落实修缮工程责任制，持续开展“四新技术”在文物建筑修缮领域中的应用探索。唐寅祠大殿修缮中，首次使用“单侧千斤顶偏心顶升技术”，实现大殿两侧山墙的纠偏复位，百年老墙的历史风貌、建筑元素和历史信息得以完整保留。顾颉刚故居修缮中，开展文物建筑防水层适用性研究，将传统营造智慧与现代防水工艺有机结合，基本实现文物建筑防水功能与透气耐久性的同步提升。钱伯煊故居、方嘉谟故居修缮中，开启建筑形制定性断代和测年技术定量断代相结合的设计勘察新模式，用科技手段为“修旧如旧”保驾护航。江苏按察使署旧址修缮中，首次建设BIM系统，有效提升文物建筑工程管理信息化水平。

【国家文物保护利用示范区创建】 2023年，姑苏区古城保护委员会（简称“区古保委”）在上级文物部门的关心指导及区委、区政府的正确领导下，对照示范区创建工作要求，全面推进文物保护利用工作。分级分类压实文物安全管理责任，高质量服务文物保护工程修缮方案审批，探索文物建筑活化利用新路径，全国首创的“古城细胞解剖工程”圆满完成，27个街坊全要素信息采集、20处文保单位数字化保护全面完成。紧扣节点召开示范区创建工作推进会，组织拍摄创建工作宣传片，在《人民日报》等媒体广泛宣传示范区创建工作做法与经验探索。2023年10月18—19日，国家文物局政策法规司司长金瑞国考察调研苏州文物建筑国家文物保护利用示范区创建工作，11月22—23日，国家文物局副局长陆进在苏州组织开展江苏苏州文物建筑国家文物保护利用示范区创建评估工作。 （李明励）

保护修缮项目

【概况】 2023年，姑苏区坚持“稳”字当头，“续”字当先，高质量开展古建老宅保护修缮工作，围绕文物建筑保护修缮原则，推进项目全生命周期管理，赓续传承古城历史文脉，彰显文物建筑人文经济学价值。共完成市级以下文物保护单位、控制保护建筑、未定级不可移动文物修缮项目审批35项，完成修缮项目竣工验收12项。

【顾家花园13号修缮项目】 项目为苏州市控保建筑苏肇冰故居。总用地面积约675平方米，修缮后总建筑面积约540平方米。建筑主体坐北朝南，高度两层，面阔三间，青砖外墙，是典型民国近现代花园洋房建筑，为文物建筑本体。同时修复院落内东、南、西三处附属建筑，体量上与主楼进退虚实呼应，简洁的外观融合新旧元素，烘托历史建筑的装饰细节。围绕古井遗存设计现代小型跌水，周围营造台阶式静思庭院空间。体现民国时期苏州建筑的设计及营造水平，具有较高的科学价值和艺术价值。项目于2023年3月完成整体修缮。

【尚堂弄4、8、10号修缮项目】 项目为文物登录点愉庐。总用地面积约1016平方米，修缮后总建筑面积约975平方米。整体建筑坐北朝南，一路五进，第一、四进楼厅为民国建筑，第二、三进为传统木结构建筑，其余为后期砖木结构建筑。项目于2023年3月完成整体修缮。

【建新巷30号修缮项目】 项目为苏州市控保建筑孝友堂张宅的一部分，西侧主体建筑的第四、五进为文物本体，东侧为普通传统民居，项目占地面积约1271平方米，修缮后建筑面积约1623平方米。该项目成为市政府和中国建筑学会共同举办的第一届苏州古城复兴建筑设计工作营首个落地开工项目，项目修缮结合现状，以“叠园今梦”为主题，体现新旧并存。2021年7月修缮工作正式启动。西侧文物本体遵循“不改变文物原状”“最小干预”原则，以“屋面揭顶，木结构整修”的方式修缮。东侧按照现代钢结构幕墙建筑形式重新组织。项目于2023年6月完成整体修缮。

【庙堂巷11、12号修缮项目】 项目为清代风格传统民居。其中12号为三进院落，左右两侧设东、西厢房。建筑以一、二层为主。占地面积约658平方米，总建筑面积约679平方米。项目于2023年6月完成整体修缮。

【庙堂巷14号修缮项目】 项目为清代风格传统民居。建筑群坐北朝南，分为东、西两路建筑。东路为五进院落，西路为三进院落。占地面积约735平方米，总建筑面积约738平方米。项目于2023年6月完成整体修缮。

【悬桥巷47号修缮项目】 项目为苏州市文物保护单位方嘉谟故居东路。项目占地面积约659平方米，修缮后建筑面积约679平方米，建筑坐北朝南，一路四进，分别为门厅、花厅、前楼厅和后楼厅，前三进为典型的中式庭院，第四进为中西混合式。项目于2021年12月启动修缮，2023年10月完成整体修缮。

【悬桥巷23、25号（钱伯煊故居）修缮项目】 项目为苏州市文物保护单位，两路六进，典型的苏式传统建筑群，总建筑面积约1563平方米。根据搬迁进度分两期实施修缮，悬桥巷25号为一期，建筑面积约1313平方米，2021年12月启动修缮，2023年7月完成整体修缮；悬桥巷23号为二期，建筑面积约250平方米，2023年3月启动修缮，12月完成整体修缮。

【顾家花园4号修缮项目】 项目为顾颉刚故居北侧院落，苏州市文物保护单位。占地面积约319平方米，修缮后建筑面积约246平方米。项目为顾颉刚故居的第六进，建筑坐北朝南，分为东、西两路，东路为传统木结构，西路后厅为近代重修的砖木结构建筑。修缮遵循“不改变文物原状”“最小干预”的原则，同时考虑文物建筑的活化利用，优化流线组织和使用功能。设计中选择性保留不同历史时期的层累建造，还原顾家花园曾经书香门第的文化形象。项目为中国建筑学会与苏州市人民政府共同举办的第二期苏州古城保护建筑设计工作营的课题研究项目，启迪设计集团的改造方案“宝树芳邻——历史宅园空间与未来共享社区”获评苏州古城复兴工作营第一名。项目于2023年12月完成整体修缮。

【悬桥巷14号修缮项目】 项目为传统民居。占地面积约98平方米，修缮后建筑面积约128平方米。建筑坐南朝北，典型的“前街后河”式苏州传统民居，主体为民国两层建筑。设计方案维持建筑原先的整体风貌，在保持原有空间尺度不变的情况下对其内部空间进行改善提升，恢复合院的空间布局，加入苏州当下的现代化元素，使其同时满足现代使用功能及精神需求，展现苏式民居新的精神风貌。项目于2023年12月完成整体修缮。

【钮家巷陈宅修缮项目】 项目位于钮家巷8号，为苏州市控保建筑。陈宅修缮保护工程是苏州市政府古建老宅保护修缮工程首批10处试点项目之一，为国家文物局苏州国家文物建筑保护利用示范重点项目。项目占地面积2151平方米，建筑面积约3100平方米（地上部分约1500平方米）。项目于2023年2月开工，工程使用地上落架的方式修复3幢控保建筑、复建周边风貌协调区地上砖木结构民居，新建地下空间作为项目配套，12月底完成修缮。

【德邻堂吴宅修缮项目】 项目位于大儒巷8号，为苏州市控保建筑。德邻堂吴宅修缮工程为国家文物局苏州国家文物建筑保护利用示范重点项目，项目占地面积1845.7平方米，建筑面积1624.6平方米，于2023年7月开工，修缮过程中按照“不改变文物原状”的基本原则，采用“揭顶并局部更换木构件”的修缮方式，最大限度保留原有构件和历史信息，保留修缮清朝探花徐葆光题字的砖雕门楼、明代构建木质鼓磴、雕刻有鹿的门枕石等多处古迹，12月底完成修缮。 （李明励　童　倩　陆　琦）

历史文化街区建设

【概况】 2023年，苏州历史文化名城建设集团通过平江路、山塘街双街联动，资源空间整合、一体化运作，打造“山塘早点来”“平江午后约”等街区品牌，不断扩大平江路、山塘街的知名度和影响力。

【平江历史文化街区建设】 2023年，苏州平江历史街区保护整治有限责任公司（简称“平江公司”）以资产载体利用为抓手，以文化资源挖掘为重点，致力于平江历史街区资产管理和文旅运营业务板块，打造运河十景之“平江古巷”最美体验区。聚焦“城区即景区、旅游即生活”的发展理念，大力推进古建老宅活化利用工作。潘宅引入姑苏·金城颐和酒店项目。该项目由张家港市金城投资发展有限公司、南京宁颐实业有限责任公司和平江公司共同投资运营，探索“资本+品牌+载体”的创新合作模式，打造极具古城特色风韵的平江颐和松茂居精品酒店。2023年12月30日正式运营。丁宅引入金海华平江颂项目。该项目以丁宅为载体，打造一座可游、可赏、可食的“沉浸式”苏式生活美学馆。2023年11月20日正式营业。打造“平江·午后约”特色品牌，利用大儒巷、中张家巷和平江路主街作为常设区域，围绕名城之春、夏、秋、冬，以“春醒、萃夏、秋趣、迎冬”为主题，定期开展市集活动。合计完成40余家摊位布点，开展“长洲县学·状元文化市集”“秋趣丰收　月下对诗”“孩子们眼中的平江——水粉画展”“猜灯谜”“寻找平江小事”“冬至大如年·平江养生集”等活动。联合猫空、羿唐等商户联名设计开发一团和气月饼、平江九巷丝巾、手绘地图、套章打卡图等文创产品，吸引游客市民互动体验。推广桃花坞木版年画制作技艺，与市公共文化中心共同在大儒巷38号设立桃花坞木版年画展示销售中心—团和气馆，实现非物质文化遗产的活态保护和可持续发展。平江历史文化街区获江苏省无限定空间非遗进景区示范项目、江苏省示范步行街等荣誉。

【山塘历史文化街区建设】 2023年，苏州山塘历史文化保护区发展有限责任公司有序推进各项工作。重点打造“山塘早点来”项目，线下体验店开业，做精苏式生活典范，品味人间烟火气；完成“江枫桥码头”售票亭建设，保障上塘河游线运营，增加该游线在山塘与寒山寺、枫桥景区的串联；充分细化产品，精准定位客户群体，推出“禅泊寒山”“游冶山塘”“江南船宴”“昆妆游山塘”“汉服小姐姐带你游山塘、逛虎丘”等特色文旅产品；深挖景区“七狸”等文化IP；加大智慧景区建设，合作开发AR智能游览小程序，实现实景与虚拟的无缝对接，让游客体验不一样的山塘；围绕民俗节庆、文化旅游等主题，开展“七里山塘财神到，钱兔似锦纳福来”“不夜山塘，苏式中秋”“粤见冬至”等近百场宣传教育活动。山塘历史文化街区获江苏省无限定空间非遗进景区示范项目、江苏省夜间文化和旅游消费集聚区等荣誉。 （陆　琦）

虎丘地区综合改造

【概况】 苏州市虎丘地区综合改造工程是市委、市政府有效保护和传承历史文化，提升虎丘地区生态环境和人居质量，推进城乡一体化的重大决策。项目范围北起京沪高速，南到沪宁铁路，西至苏虞张连接线，东至十字洋河，区域面积约4.3平方千米。主要建设内容为：土地整理、市政基础配套设施建设、景观环境提升、公建配套设施建设、综合开发商业运营。

【道路建设】 2023年，苏州虎丘投资建设开发公司（简称“虎丘建设公司”）重点完成虎东路东段及虎阜路建设。其中，虎东路东段于6月完工通车，虎丘片区道路与苏城大道、桐泾路北延以及北环快速路等主干道实现有效贯通。虎阜路东段正在施工中，南半幅路面完成施工并通车。

2023年6月，虎东路实现通车

苏州名城保护集团　供稿

【景区建设】 2023年，虎丘花神苑景区续建项目建筑主体竣工。山塘四期项目根据“整体策划、分段实施”原则，先行启动15000平方米既有建筑的保护修缮工作，其中试点段A、B组团启动施工招标。山塘四期延伸段（望山桥—西山庙桥）完成临时解危施工。万顺楼段完成初步策划方案，酱园及B组团二期纳入第五期苏州古城复兴建筑设计工作营项目，陶贞孝祠及周边启动建筑测绘、结构检测、产权研究等前期工作。

【文物勘探】 2023年，完成包括正山门区域地块、金鸡墩北侧地块等在内的地块考古，共计18万平方米。完成山塘街延伸段（望山桥—西山庙桥）的文物勘探工作。截至年底，虎丘片区累计完成考古调查勘探34万平方米。

【环境提升】 2023年，虎丘建设公司完成垃圾清运共计2万吨。实施架空线入地工程，其中山塘街试点段架空线入地工程推进收尾施工。山塘四期试点段景观提升工程完成90%工程量，包括街区路面修复、绿化种植、景观灯设置等。完成虎丘路（正山门段）环境提升工程，新增4000平方米景观绿化，建设临时停车场，增设机动车停车位440个，非机动车停车位230个。

【项目运营】 2023年，虎丘老街南区酒店与合作方签订框架合作协议。山塘四期项目完成街区文化挖掘，对既有建筑逐一开展建筑形态和文化价值研究，拟定保护更新与活化利用方式，完成整体策划方案，通过水上游先行的策略进行整体串联。根据“整体策划、分段实施”原则，先行启动山塘四期A、B组团的保护修缮工作。山塘四期延伸段项目南侧建筑启动策划方案编制。完成天赐广场项目运营策划初步方案。

桃花坞历史文化片区综合整治保护利用

【概况】 桃花坞历史文化片区位于苏州古城西北部，以桃花坞大街为核心，西、北至护城河，东至人民路，南到东中市、景德路，项目占地面积约1.84平方千米，主要包括唐寅故居文化区、泰伯庙·阊门西街文化区、桃花坞社区卫生服务中心、创意产业园、元宁公所、校场桥路河东延、校场桥路河西延、廖家巷南拓、桃花坞大街部分节点改造以及桃花坞大街周边地块。唐寅故居文化区主要修复唐寅故居、恢复双荷花池，打造文化馆院集聚区；泰伯庙·阊门西街文化区主要扩建泰伯庙，修复曹沧洲故居，沿阊门西街打造中医药文化特色街区。

【项目建设】 2023年，苏州桃花坞发展建设有限公司（简称“桃花坞公司”）推进唐寅祠修缮工程、余宅花园修缮工程、元宁公所保护修缮工程、曹沧洲故居修缮保护工程、阊门西街东侧新建工程全部完工。阊门西街市政道路项目通车。社区卫生服务中心项目完工交付。校场桥路河西延、廖家巷南扩道路实现通车。德必创意产业园项目加固及消防改造完成。持续推进更新地块桃花坞文化创意总部经济产业园项目、桃花坞美术馆装修改造工程建设。

【保护使用】 2023年，桃花坞公司围绕“文化馆院聚集地”运营定位，积极对接市社科联，形成文化中心聚集效应。创新运营模式，以木版年画为基础，开发桃花坞专属文创系列产品，推动片区传统文化渗透现代生活。联合恒力集团打造唐寅米酒体验馆，持续丰富消费体验。常态化举办桃花坞游园会以及各类文旅活动，增加唐寅片区人气以及社会影响力。

【唐寅故居文化区开街】 2023年10月26日，桃花坞历史文化片区唐寅故居文化区正式开街。桃花坞历史文化片区唐寅故居文化区地处桃花坞历史文化片区核心位置，占地面积7.1万平方米。文化区将依托丰富的历史人文资源，与独特的非遗元素相融合，构建江南文化展示窗口、非遗集中展示区，打造苏州古城保护的更新样板。

【苏州市方志馆新馆开馆】 2023年12月1日，苏州市方志馆新馆正式开馆。市方志馆新馆位于姑苏区桃花坞历史文化片区唐寅文化园2号、4号楼，建筑面积共4009平方米，其中公共阅览区2443平方米，馆藏可供公开查阅书籍共19969册。

五卅路子城片区保护利用

【概况】 五卅路子城片区项目位于苏州古城中心，

东至公园路、南至十梓街、西至人民路、北至干将路，占地面积32.3万平方米。该片区是历史上苏州子城的所在地，在苏州古城营建、吴地文脉传承等方面具有重要历史地位。五卅路子城片区有省保建筑1处、文保建筑5处、控保建筑10处。2022年，五卅路子城片区保护利用项目正式启动。项目紧紧围绕大公园、五卅路、锦帆路、历史建筑等保护要素，以“一核（大公园）、两轴（五卅路、锦帆路）、五路（主要道路）、八组团、十三巷弄”为主线，保护和利用并重，规划和建筑设计同步跟进，用“三织、三补、两绣、精改善”理念和方法，实施历史风貌保护更新、历史建筑修缮利用、微更新适应性改造、基础设施提升、居民搬迁腾退、地下空间开发等六大工程内容，打造古城千年历史文脉体验区、新苏式精致生活旅游体验区、国潮时尚生活集聚区、运动休闲集聚区、创智创意产业区等五大功能区。

【项目建设】 2023年2月，项目启动区之一的金城新村修缮和改造工程完成解放上海战役指挥机关旧址的保护修缮及布展，整体项目于7月开工，10月26日完成保护修缮。2月，五卅路子城片区内的双福里片区、皇废基片区启动协议搬迁，双福里片区内的控保建筑通关坊丁宅实现搬迁清零。3月，章太炎故居修缮保护工程开工，6月18日完成保护修缮。

【保护使用】 2023年，五卅路子城片区金城新村项目围绕“文化艺术+休闲商业”定位，打造苏作馆苏州旗舰店、解放上海战役纪念馆、Salt西式餐厅、高登黑胶音乐吧、高端珠宝艺术展示、大千画廊等业态，举办五卅路·金秋咖啡节、“五卅路红色Citywalk”线路发布、“五一簪春”市集等活动。章太炎故居由苏州古吴轩图书发行有限公司打造为集文化、艺术、交流、休闲等功能于一体的古吴轩书店，于2023年11月正式对外开放。 （童　倩）

2023年10月26—27日，五卅路·金秋咖啡节举办
殷　铭　摄

城市建设

城市规划

【规划研究】 2023年，苏州市自然资源和规划局姑苏分局（简称“资规姑苏分局”）摸清资产资源底账，开展多维度空间规划研究，引导形成互动融合发展格局。开展单元层次详细规划编制，完成19个地块的控规调整和技术修正编制，优化住宅用地供给，推动产业空间扩容，提升公共服务品质。开展培智学校、沃尔玛等18个地块的控规调整及技术修正工作，加强规划控制的精细化管理，满足规划建设需要。全面梳理空闲地块现状情况、规划情况、权属情况、存在问题等，摸清姑苏区土地资源底账，挖掘潜力资源，释放发展空间。梳理姑苏区市级储备地块利用情况，按照一年、两年、三年及以上的上市时序进行分类，梳理居住用地、商业用地、产业用地、其他用地的现状情况、规划情况等，提出地块利用方案建议，推进土地资源节约集约利用。梳理历史城区闲置行政机构房产，人民路、观前北局、十全街、东中市等重点区域资产权属情况。全年开展重点片区、重点类型规划研究42项。开展苏州火车站地区规划控导研究、十全街综合整治提升相关研究，配合开展“7+11”城中村改造计划研究。研究制定西留园—虎丘片区、葑门横街及周边片区、白洋湾物流园等重点区域实施项目，围绕传统民居保护更新、古城出入口城市家具、既有铁路高速公路生态廊道、民国建筑保护与利用等重点领域开展专题研究工作。开展奚宅及周边片区、城投幼儿园及周边片区、拙政园停车场等地块更新规划研究。完成苏州市私有住房建设管理规定修编工作，推动文件出台并组织开展传统民居鼓励政策研究，开展多轮座谈，寻找多样化鼓励方式，夯实历史城区整体保护的法规与管理。

【项目服务】 2023年，资规姑苏分局主动服务建设单位，办理用地预审与选址意见书、用地规划许可证、规划条件等用地审批244件，办理建筑、市政等规划审批255件，完成规划核实项目99件。推进城市更新试点项目，完成第三批44个项目入库，年内完成顾廷龙故居中路第一进、潘祖荫故居四期等4个试点项目全流程审批。牵头推进姑苏区存量建筑入库项目的盘活利用，实现国投宝原养老项目、南环东路10号眼耳鼻喉医院等12个项目转型升级。完善建设项目自行改造路径，鼓励产权人自主更新，启动红蚂蚁娄门路246号地块、容·创意园及新民桥社区服务中心自行改造程序。完成年内土拍项目规划审批，保障万科璞拾胥江华庭、中建泊月峰等楼盘实现年内预售。做好M0产业类建筑项目审批工作，推动2023-WG-48号地块B、C区（燃气南）、新建元B地块等项目申领建工证并开工建设。在明确项目实施主体的前提下，积极尝试推动彩香一村农贸市场项目“多部门联动、拿地即开工”模式实现拿地即“七证齐发”。推进美罗创意园、美罗南扩项目，研究形成项目自行改造路径。开展古城4号街坊更新实施规划研究，通过片区研究带动项目推进。（韩晓昱）

2023年12月，杨枝四村老旧小区改造完工

区住建委　供稿

城市更新

【海绵城市建设】 2023年，姑苏区以项目为抓手落实地块海绵城市建设指标，加强海绵城市专项质量监督和竣工验收管理工作。协助建设项目开展海绵城市建设专项方案和施工图审查，完成全区海绵建设项目专项交底13个，过程指导28次，竣工验收10个。协助申报市级海绵建设示范项目5个，通过典型示范项目带动全区海绵城市建设达到更高标准；组织开展对已建老旧小区海绵设施养护检查和考核工作，完善和建立海绵设施的维护管理制度和操作规程，确保海绵设施能够长久健康运行。

【老旧小区改造】 2023年，姑苏区严格按照“开工一批，预备一批，储备一批”的思路，稳妥有序推进老旧小区改造。启动改造永林新村二区等85个老旧小区，共涉及房屋1122幢、居民32142户、总建筑面积241万平方米，总投资约20亿元。完成改造永林新村二区等30个老旧小区，共涉及房屋538幢、居民14193户，总建筑面积约117万平方米，改造资金约9.2亿元。完成东环二、三期等55个老旧小区项目立项、可研、初步设计、施工招标等前期准备工作。提前谋划并完善相关机制建设，编制完成《保护区、姑苏区老旧住区改造提升职责分工和推进机制》《保护区、姑苏区老旧住区改造管线协调和联动机制》《姑苏区老旧小区改造工程施工图审查实施细则》等。

【城中村（无地队）改造】 2023年，旺家墩二期、劳动东路北地块、新塘四组、砻糠桥、万丰里项目等共13个城中村子项目实现清零。

城市基础设施管理

【燃气管理】 2023年，姑苏区紧紧围绕城镇燃气行业领域安全生产风险专项整治巩固提升年行动，以防范化解城镇燃气领域重大安全风险为主线，聚焦燃气泄漏安全保护装置和“灶管阀”等器具配件，开展使用燃气的生产经营单位和公共场所的安全生产风险专项整治行动。全区1.5万瓶装液化气居民用户借助泄漏报警保护装置监管平台，实现数据化管理，对集中使用瓶装液化气区域重点管理，落实统一配送和“电调”配送，提高入户安检质量。开展管道施工工地专项检查、餐饮场所安全使用燃气情况专项检查、九小场所燃气安全使用检查。其中，燃气场站74家次，发现隐患5起，整改5起；检查餐饮用户及用气单位227家，发现隐患130起，整改率100%。

【河道管理】 2023年，姑苏区开展河道高质量管护，拆除涉河违法建设627平方米，清除涉河乱垦种56145平方米，恢复沿河绿地约23800平方米。水行政监管方面，河湖管理范围建设项目批前勘察50余次，共批复29个项目，对2023年批复项目及往年未完工批复涉河建设项目和水工程建设规划同意书开展监管100余次，组织专家评审6个项目，完成审批6件。聚焦城市居民“观水、近水、亲水”需求，打造清洁河、元和塘等滨水口袋公园，实施完成友谊河两岸绿化改造提升项目。

【排水管理】 2023年，姑苏区污水处理量12655.67万立方米；三厂（城东污水处理厂、福星污水处理厂、娄江污水处理厂）平均进水浓度重铬酸盐指数（CODCr）为每升312毫克，污水厂出水水质100%达到苏州特别排放限值；三厂污泥处置量52086.35吨；完成管网巡视181618千米、管网养护5389千米。整治消除污水直排口53个，完成投资35万元；整治“小散乱”企业81家，完成25个小区阳台排水、5家单位庭院排水管网改造工作，完成投资1000万元；完成新建污水管网21.5千米，检测污水管网2.2千米，修复污水管网111处、雨水管网50处，完成投资1800万元。 （杨新星）

城市管理

【市容环境管理】 2023年，姑苏区城市管理委员会（简称“区城管委”）在干将路等83条道路推行市容环卫责任“分色管理”，7389家商铺纳入管理，对220家挂“红牌”商户推进重点整治，通过分类处置集中力量解决重点问题。围绕乱倒污水、乱排餐饮废弃物、违规处置建筑垃圾及隔离设施老旧凌乱等重点问题开展专项整治，项目化解决一批城市管理“顽疾”。编制《苏州市姑苏区店招标牌个性化设置导则》《姑苏区户外广告、店招标牌设施设置联审机制实施方案》等制度，建立店招标牌“一店一档”信息库，完善店招标牌管理体系。指导碧凤坊、太监弄内商户完成竖式店招设置15处，指导西北街等4条路段商户设置手书店招19处，指导胥江天街等4个重要商贸区制作街区特色店招整体方案设计，开展“最美橱窗店招”“十街区十干道十空间”评选活动。制定2023年度净美街巷实施方案、考核方案，完成对1606条街巷的全覆盖大扫除，完成年度150条“净美街巷”创建任务。对火车站北广场、观前街主街等8个“席地而坐”示范区开展精细化保洁，建立10条无烟头示范道路。累计拆违面积34.39万平方米，打造完成39个无违建治理示范小区、30条无违建治理示范街（社）区。

【市政管理】 2023年，姑苏区完成东北街、园林路、西北街等“两片区七路段”、淮阳河水景、占鱼墩公园提升改造。与高新区签订环大运河文化带景观秩序提升项目、与相城区签订两区交界区域共建共治项目。推进高架桥下空间提升整治工作，东环高架沿线公共空间立面环境提升工程主体完工，西环高架沿线公共空间立面提升工程完成93%，居民楼品质提升工程完成17.5%。苏州西站提升改造工程于10月完成竣工验收。推进与相邻行政区域22条道路市容环境美化提升，城湾村、白洋湾等交界处落实环境综合整治常态化管理。

【环境卫生管理】 2023年，区城管委聚焦全区所有主次干道、背街小巷、住宅小区环境卫生管理薄弱环节，推动城市环境大改观、面貌大变样。加强节假日重点区域环卫保洁，针对平江、山塘、观前等重点区域节假日人流量大、垃圾转运处置压力大等问题，制定重点区域节假日环卫保洁应急方案，增加保洁人员、作业车辆、清扫频次，落实24小时驻点保障、360度预警处置工作机制，常态化做好周末环卫保洁管理。推进积存垃圾整治，对全区交界处、高速与河道沿线以及各类卫生死角、犄角旮旯进行全方位精细排查，共排查积存垃圾点位470处，全部完成整治。做好日常环卫保洁工作，持续推进垃圾分类，设置“误时过时投放”点位334个，完成238个小区清洁屋、52个街巷清洁屋提升，上门免费清运大件垃圾4812户844.37吨。落实公厕“一厕一档”“一客一保洁”等日常管理措施，竣工移交苏站西路等8座翻改建公厕，完成修缮平江路石家角、仓街孟子里等12座公厕设施。

【停车管理】 2023年，区城管委强化停车管理机制建设，与市交投合作成立国资停车运营公司（静态公司），出台实施机动车停车场管理实施细则。加强停车泊位管理，新增停车泊位10128个，完成共享开放点21处，逐步推动停车资源归集。完成28918个泊位动态数据对接，完成20处停车场无感支付功能开发。开展停车场综合整治，完成对拙政园南、混堂巷、茅山塘、彩香等50处停车场整治提升。加强非机动车管理，完成4个轨道交通站点“一站一策”改造提升方案，制作有序停放引导牌200块，采购新款非机动车隔离栏3900米，施划非机动车停车线111940米，新增泊位4429个。优化公共非机动车骑行系统，在全区29个轨道交通站点117个出入口新增公共自行车点位53处（已完成49处，剩余4处因道路施工暂缓建设），淘汰老旧公共自行车8700辆，新增共享单车3100辆，完成除19.2平方千米历史城区、火车站禁运区以外4047个共享单车停放点位开放工作。开展医院周边停车治理，会同交警、属地街道，加强与医院对接联系，科学规划、深挖资源、严格管理，7家医院内部及其周边累计新增非机动车车位2500个。

火车站地区综合管理

【概况】 苏州火车站地区是指苏州火车站南北广场及其周边和地下区域，总面积143.2万平方米，区域内设有铁路苏州站、北广场汽车客运站，轨道交通2号线和4号线在此交会。2023年，苏州火车站进站2694万人，出站2756万人，开行列车日均199对。

【执法管理提升】 2023年，苏州火车站地区综合管理办公室（简称“站管办”）启用站区联合指挥中心，将站区441个监控全部纳入中心，公安、交警、城管、救助站等4个部门进驻办公。开展严管区管理，设置6个“钉子岗”强化管控。开展职业介绍专项治理行动，教育驱赶3717人次；查处违章营运653起。

【客流高峰应对】 2023年，站管办制定《苏州火车站地区客流高峰期秩序管理方案》，分3类规划人流动线，实时开展动态管理。落实周末假日委领导带班、机关包干支援、科级干部值守工作制度，强化值守力量，有效维护客流高峰秩序。

【站区环境优化】 2023年，站管办对火车站贵宾通道及苏站路沿线开展提升改造，累计立面见新6000平方米，拆除2个临时停车场并覆绿美化，整治3处闲置地块覆绿7万平方米。设置网约车专用上客点，规划32个即停即走车位，开展“家门口的人社服务站”系列活动。

（王丽贤）

经济管理

经济运行管理

【概况】 2023年，姑苏区抢抓经济快速恢复期，在年初迅速排定全年经济领域重点事项，完善运行监测和指导服务机制，强化经济运行分析研判，全年实现地区生产总值950亿元，增长4.1%；一般公共预算收入64.6亿元，增长4.5%；社会消费品零售总额1032.3亿元，增长6.4%；全社会固定资产投资181.2亿元。调动各大商圈、商街、商场、商户积极性，全年累计开展“苏州年货节”“五五购物节”“双12苏州购物节”等各类消费促进活动450场。商业载体加快建设，仁恒仓街、胥江龙湖、金地广场盛大开业，泰华西楼重装开业，平江路获评第二批“江苏省示范步行街”，数字人民币无电无网支付项目（轨交、公交）被评定为全国首创场景，山塘街、十全街入选江苏省第三批夜间文化和旅游消费集聚区建设单位，平江路、观前街无理由退货服务站成为全国消费者权益保护工作现场观摩点。落实姑苏区专项服务产业用地规划，年内成交产业用地10宗。优化住宅用地供给，全年供应住宅地块9宗。54个省、市、区级重点项目累计完成投资187亿元。

【营商环境优化】 2023年，姑苏区积极落实“姑苏服务零距离”工作举措，形成《姑苏区优化营商环境创新行动2023》，召开全区优化营商环境工作推进会，邀请30名企业家成为姑苏区营商环境“体验官”“监督员”，打通企业家参政议政、建言献策渠道。发布推动经济运行率先整体好转50条、推动经济持续向好25条政策措施。完成街道企业服务中心挂牌，结合“千村万企、千家万户”大走访，启动“集中服务月”活动，市、区两级领导班子、部门赴重点企业、重点项目实地听取意见建议、收集问题诉求。

（姚　婷）

区属国有资产管理

【概况】 截至2023年底，姑苏区共有国有一级企业3家，其中国有独资集团公司2家（姑苏名城建设集团、姑苏名城发展集团）。总资产276.84亿元，总负债163.89亿元，净资产112.95亿元。

【国有企业改革】 2023年10月，姑苏区召开全区国有企业党的建设和改革深化提升工作会议，系统回顾国资国企近年来改革成效，研究部署下阶段国企改革深化提升工作。印发《关于全面加强全区国有企业党的建设的实施意见》《保护区、姑苏区区属国有企业高质量发展三年行动计划（2023—2025年）》《保护区、姑苏区国有企业改革深化提升行动实施方案（2023—2025年）》《关于构建区级机关部门与区属国有企业高效协同关系的指导意见》等文件，以高质量党建引领保障国企高质量发展，推动区属国资国企不断深化改革、提质增效、强化协同。

【国有企业监管】 2023年，姑苏区加强投资项目审核把关，推进专家论证、"双重论证"实施，进一步规范国有企业参股投资管理，督促指导企业加强管理，维护国有股东权益。加强借款担保管理，进一步规范区属国企出借资金与提供担保管理，对区属国企及各子企业进行出借资金和提供担保的决策、管理和责任追究等方面明确具体要求，着力防范企业经营和财务风险，维护国有资产安全。落实经营性债务管理，组织区属国企清理化解互保联保，深入实施国企融资担保及投后管理月报制度，完善债务风险监测预警机制，督促指导企业降低融资成本，强化企业融资计划和资产负债率刚性约束。强化激励约束机制，坚持效益导向，优化考核指标，完善考核方案，实施企业负责人三年任期考核。加大督查督办力度，督促指导区属国资国企开展巡视、巡察、审计问题"回头看"，举一反三压实主体责任，落实问题整改。严管严抓安全生产，压紧压实企业安全生产主体责任，构建国企高标准安全生产管理体系。全区国资系统开展各类安全生产演习90次，组织消防安全生产培训及讲座161场（次），开展各类安全检查917次，发现并整改安全隐患1277处。

【国有企业服务古城保护】 2023年，姑苏区加快古建老宅活化利用，动态更新成片历史街区、古建老宅管理清单，规范古建老宅出租、交易流程。完成建新巷30号、顾家花园13号、悬桥巷25号、尚堂弄愉庐等古建老宅的保护修缮工作；陈宅茅台文化体验馆、丁宅金海华·平江颂、潘宅颐和松茂居等一批古建老宅活化利用项目实现开业运营，方宅、董氏义庄签约万豪集团平江傲途格精选酒店，推进颜家巷20号赵宅万科有熊酒店开业筹备工作。加强历史文化街区运营管理，聚焦做精"苏式生活"典范，推进平江路、山塘街等历史文化街区发展，推广"平江午后约""山塘早点来"等特色品牌，打造水上游等文旅项目。加速产业载体盘活开发，友新综合市场完成原南门水产市场的整体迁入并开业运营，沧浪城"汇邻·新市"顺利启动开工续建。实施"驻这里"创意设计产业园改造，加速提升"金狮·校园里""芯谷"等M+产业园产业集聚度。姑苏云谷4号楼打造人才公寓，为数字经济人才提供"一站式"居住服务。姑苏智谷、胥江创意湾等产业载体项目有序推进，为古城产业发展创造更多载体空间。

【国有企业社会责任履行】 2023年，姑苏区优化社区商业运营，强化"汇邻""双塔"等市集品牌运营，双塔市集被评为苏州市"无黑城市"建设示范市场和"苏州市最美菜场"，汇邻市集南环店完成改造提升工程，江星广场引进美团买菜区域总部。助力托育产业发展，姑苏教投合禾托育中心获评江苏省社区托育示范点、苏州市示范性托育机构。金阊街道彩香托育点、苏锦街道星光托育点等2个特色社区托育项目相继落地。提升康养服务水平，推动完善养老服务圈，完成4家综合为老服务中心、1家日间照料中心建设。深化医养融合，打造白洋湾"名城悦邻"护理院项目。完善物业管理服务，探索小区"物业+养老"模式，为高龄老人、独居老人等重点人群提供空调清洗、垃圾清理、隐患排查等上门服务。探索实施"物业城市"试点项目，依托国有物业企业平台，引入市场化、智慧化、高效性的经营理念和管理机制，以绿化养护、环境整治、治安巡逻及安全隐患上报等基础服务内容为切入点，统筹整合各部门管理职能及社会载体资源，扎实推进姑苏区古城区内无物业住区物业管理服务的提档升级，共同推动社区治理现代化公共服务管理新机制。

【国有企业人才工作】 2023年，姑苏区建强引才育才平台，结合企业业务发展战略目标和干部成长愿景，加大“引智聚才”力度，推进“英才计划”。推行市场化选人用人机制，统筹使用好中高级专业技术人才，通过选拔使用、挂职锻炼，为国企中层干部队伍输送专业力量。分层分类开展人才培训，组织开展区属国有企业领导干部培训班、国企青年干部培训班，通过集中学习和现场教学工作，突出党性教育、能力提升和业务实践。指导国企按照不同类别、层次、专业、岗位等特征，制定针对性强、效果突出的教育培训体系，统筹做好干部人才培训。发挥党员示范引领作用，组织开展谈心谈话和警示教育活动，加强和改进党风廉政建设，提升国企干部自觉守廉践廉意识。高质量推进组织建设，积极发展党员，充实党员后备力量。5名党员获评苏州市国资系统优秀共产党员，2名党员获评优秀党组织带头人。

（金秋萍）

涉农资本管理

【概况】 2023年，姑苏区共有32个股份合作社（村），涉及7个街道，涉农总资产42.91亿元，村级集体经济组织总收入2.4亿元，分红总额9015万元，惠及股民6.4万人。

【深化改革】 2023年，姑苏区深化农村集体产权制度改革，完成南园村股改工作。3月，南园村股份合作社成立，姑苏区全面完成社区股份合作制改革。规范换届程序，强化民主监督，10月，茶花村顺利完成换届选举，完成集体经济组织登记赋码等工作。

【“三资”监管】 2023年，姑苏区持续构建区级和街道“1+7”农村集体“三资”监管体系，实现“四网融合”和“七个预警”，不断规范集体产权交易，所有经营性集体资产全部进入省、市产权交易平台进行线上交易，省、市平台分别成交241笔（7664万元）和448笔（7918万元）。推进村级集体经济项目建设，完成苏锦街道花锦汇邻中心、金阊街道新兴村社区服务中心、白洋湾街道南部居住区农贸市场及配套项目。6月，苏锦街道新塘汇邻中心开工建设，相城苏地2021-WG-14号地块“隆兴大楼”异地抱团发展项目开工建设。完善“姑苏e阳光”平台，融入“惠姑苏”平台，加强财务、服务等信息公开。（姚 婷）

财 政

【财政收入】 2023年，姑苏区完成一般公共预算收入646017万元，比上年增长4.5%，税收占比86.2%。完成政府性基金预算收入350514万元。完成国有资本经营预算收入1132万元。一般公共预算收入分科目情况如下：增值税完成262115万元，比上年增长20.6%；企业所得税完成89627万元，比上年增长18.1%；个人所得税完成79310万元，比上年增长3.1%；城市维护建设税完成30525万元，与上年持平；房产税完成36324万元，比上年增长15.4%；印花税完成12644万元，比上年增长52.9%；城镇土地使用税完成3820万元，比上年下降8.8%；土地增值税完成41040万元，比上年下降53.3%；耕地占用税完成226万元，比上年下降71.9%；环境保护税完成1557万元，比上年下降25.8%；其他税收收入完成-34万元；专项收入完成

26262万元，比上年增长1.5%；行政事业性收费收入完成13293万元，比上年下降38.0%；罚没收入完成4876万元，比上年下降7.5%；国有资源有偿使用收入完成36462万元，比上年增长53.5%；其他收入完成7970万元，比上年增长17.2%。

【财政支出】2023年，姑苏区完成一般公共预算支出808045万元，完成调整预算的97.5%，比上年下降8.5%。完成政府性基金预算支出871838万元，完成调整预算的89.2%。完成国有资本经营预算支出632万元，完成调整预算的38.8%。一般公共预算支出分科目情况如下：一般公共服务支出48751万元，完成年度预算的98.7%，比上年下降0.2%；国防支出147万元，完成年度预算的100%（均为上级指标）；公共安全支出26988万元，完成年度预算的98.8%，比上年增长4.9%；教育支出224708万元，完成年度预算的98.9%，比上年增长34.3%；科学技术支出20028万元，完成年度预算的96.5%，比上年下降7.3%；文化旅游体育与传媒支出6670万元，完成年度预算的69.7%，比上年增长13.4%；社会保障和就业支出170703万元，完成年度预算的95.0%，比上年下降5.9%；卫生健康支出79937万元，完成年度预算的98.6%，比上年下降35.4%；节能环保支出11042万元，完成年度预算的100%，比上年增长71.6%；城乡社区支出110168万元，完成年度预算的98.1%，比上年下降39.3%；农林水支出6781万元，完成年度预算的98.4%，比上年增长467.4%；交通运输支出5万元，完成年度预算的100%（均为上级指标）；资源勘探工业信息等支出16448万元，完成年度预算的99.4%，比上年下降57.7%；商业服务业等支出2706万元，完成年度预算的94.4%（均为上级指标）；金融支出113万元，完成年度预算的100%（均为上级指标）；援助其他地区支出6188万元，完成年度预算的100%，与上年持平；自然资源海洋气象等支出1112万元，完成年度预算的100%，比上年下降73.8%；住房保障支出70210万元，完成年度预算的99.5%，比上年增长15.9%；灾害防治及应急管理支出3760万元，完成年度预算的92.2%，比上年增长11.9%；债务付息支出1571万元，完成年度预算的100%，比上年下降5.0%；债务发行费用支出9万元，完成年度预算的100%，比上年下降30.8%。

【民生保障】2023年，姑苏区财政局（简称“区财政局”）共发放最低人员生活保障金、尊老金、养老援助扶持、抚恤救助金等各类民生扶持资金37700万元；保障各类生均经费预算标准，其中幼儿园生均公用经费标准每人820元，小学生均公用经费标准每人1430元，初中生均公用经费标准每人1800元。除教育人员经费外，共安排各类教育项目经费82552万元，持续推进“五年行动计划”新建改扩建学校，共投入24050万元。制定合理的公共卫生服务机构财政保障机制，落实基本公共卫生服务经费11640万元，安排儿童口腔健康幸福工程、母婴阳光工程、社区卫生服务机构提升改造项目、幸福助餐工程、托育机构建设及运营补贴3850万元，扶持养老产业和机构1600万元（涵盖上级指标）；积极保障文物文化、旅游、体育等事业发展，共安排专项资金2458万元，安排文商旅产业资金1280万元。统筹安排各类人才资金7175万元；安排社区党组织为民服务专项、社区党员活动经费等各类党建经费5051万元，有效推动党建引领社会治理工作；安排经费26817.2万元，保障社工经费有序到位，改善社区工作者待遇水平；安排社情民意、就业创业惠民项目经费900万元。按规定支付疫情防控未结算费用，安排各类防疫资金6亿元（实际支出4.63亿元）。安排架空线整治、绿化和景观提升、垃圾分类等项目资金21844万元，安排城镇老旧小区改造、市政道路及桥梁等项目资金90498万元，拨付各类环保资金9474万元，不断改善城区环境，提升城市运行安全。

【财政改革】 2023年，区财政局根据区委、区政府关于将街道纳入预算统一管理的要求，结合新一轮市对区财政体制明确姑苏区加快完善“自我造血”功能的要求，参照市对区财政体制调整总体框架，以“保障基本、激励发展、规范支出、注重绩效”为原则，修订《街道财政保障激励办法》，强化对街道基本支出的保障，加大税收考核激励，进一步规范街道支出行为，在兜住“三保”底线基础上，突出税收增量，突出空间释放，促进区域全面发展。

【财政监督】 2023年，区财政局聚焦重点领域工作，深化财政“大监督”，统筹监督力量，加大监督力度，注重财政监督质效以及监督成果转化，助推财监工作有序运行。根据省、市财政部门部署全面应用接入江苏省政府采购交易管理系统（苏采云），实现与预算一体化系统对接；指导和监督各采购单位规范开展政府采购活动，全年完成政府采购项目476个，采购预算金额为28.63亿元，实际成交金额27.34亿元，节支率4.5%，其中中小微企业成交金额为25.99亿元，占成交总额的95%。全年完成财政评审项目171个，累计审定金额64.42亿元，累计审减1.598亿元。全年累计审核行政事业性资产预算调整（追加）122笔，合计1441.57万元；审核各类资产报废处置41笔，合计4876.43万元。持续加大代理记账行业监管力度，推动日常监督、专项监督与行业专项整治工作相结合，建立健全部门间沟通协同机制，促进代理记账机构依法合规经营。对姑苏区31家一般规模代理记账机构开展“双随机、一公开”检查，对4家重点机构开展财政专项检查，对7家未经许可从事代理记账业务的机构进行专项整治。

【数字人民币业务】 2023年，区财政局根据《2023年保护区、姑苏区深入推进数字人民币试点工作方案》要求及区专职委员会的工作安排，区财政局牵头推进财政对公支付领域数币发放事宜，配合相关部门、机构，充分拓展财政业务与数币发放相结合，拓宽数币在财政领域的应用范围，主动推动姑苏区数币工作稳定发展，截至年底，财政资金累计数币支付46亿元。（金秋萍）

税　务

【组织收入】 2023年，姑苏区涉税市场主体12.8万户，职工社保费涉及缴费单位4.36万户（含市本级），缴费人员约44万人（含市本级）；机关事业单位社保费涉及缴费单位627户，涉及缴费人员约3.6万人；城乡居民社保费涉及缴费居民约4万人，缴费学校学生约23万人；灵活就业社保费涉及缴费人员约5.14万人；个人所得税日常征管人数58万人。组织各项收入429.3亿元，其中税收收入160.4亿元（区级一般预算税收收入55.7亿元）、社保费收入136.3亿元、非税收入123.4亿元。

【服务发展】 2023年，国家税务总局苏州市姑苏区税务局（简称“区税务局”）落实落细各项税费优惠政策，持续释放政策红利，完善和强化关键时点、重点税种、重点行业和领域、重点环节、政府平台企业等常态化监控，持续提高收入质量。拓宽数据来源，按月从税种、行业、重点企业等方面系统分析，运用增值税发票、税收申报和财务报表等重要数据，积极参与全区经济运行综合协调工作，发挥参谋作用。围绕产业园、楼宇经济、新办企业、政策落实、酒店业等选题，撰写经济分析报告93篇次。

【税费征管】 2023年，区税务局不断提高“以数治税”能力，发布《姑苏区税务局关于税收监管运营中心建设的实施意见》，强化制度保障。统筹高效开展税收监管，创建3个特色监管项目。归集发布区局征管业务操作规范，明确发票票种核定等重点业务职责。分阶段将6万余户纳税人纳入数电票开票试点范围，分类组织专场培训，确保纳税人懂数电、会开票。采取“先易后难、宜早不宜迟”选户策略，确保系统应用准备到位，稳步推进成品油企业数电票扩围。筑牢“风险防控”屏障，完成总局遵从评定试点（综合）任务394户、纳税评估任务41户，开展内、外网风险提示提醒2500余户次。聚焦深度分析、提示提醒等关键环节，加强过程管控，组建应对辅导和集体审议工作小组，压紧压实各环节责任。强化风险应对任务质量管理，组织开展多次质量监督、“以案促改”抽查复核，落实应对任务回头看，规范应对处理。加强“法治建设”力度，扩充公职律师队伍，加大依法化解涉税争议力度，加强法律支持，推动涉税争议“化解在源头、处置在基层、问题不激化、矛盾不上交”。跟踪指导个体业务办理，落实“首违不罚”清单，规范行政处罚文书出具。开展现金税费征缴、政策落实风险应对、发票管理内部风险等各类专项督察，常态化开展执法风险疑点事前预警提醒、事中过错纠正、事后过错陈述，有效防范、消除执法风险。

【营商环境】 2023年，区税务局聚焦提升纳税人、

2023年4月20日，税收宣传进校园暨“小公民税校”五周年活动在苏州市金阊外国语实验学校举办　　黄司璇　摄

缴费人满意度和获得感，落实落细“便民办税春风行动”，不断优化服务举措。做好各类税费优惠政策宣传辅导工作，分类型推送提示提醒49批次，覆盖企业26万户次。在观前街、石路商圈设立家门口的“宣传小站”，举办小公民税校五周年活动。创建全省首批新时代“枫桥式”税务所，成立“有事好商量”工作室，构建一站式矛盾调处通道。与工商银行共同发布“工行姑苏税务贷”，授信额度达10亿元；联合宁波银行开展2次线上直播，为近800人次解读政策；与中国银行通过设立党员示范岗，提供优惠政策、系统操作、金融服务等咨询，共同支持个体工商户发展。　（黄司璇）

金融服务与管理

【概况】 2023年，姑苏区认真贯彻落实中央金融工作会议决策部署，按照省、市以进促稳总体要求，扎实推进防范化解金融风险和金融服务实体经济等各项工作，推动全区金融业发展保持良好势头。7月19日，苏州规划设计研究院股份有限公司（苏州规划：301505）在深圳证券交易所创业板上市，成为首家本土培育上市的企业。

【综合金融服务】 2023年，姑苏区积极推介苏州综合金融服务平台，落实《苏州市金融支持企业自主创新行动计划》，持续做好企业签约平台享受普惠金融，引导企业通过综合金融平台对接融资需求，用好线上平台，提升融资的成功率。至2023年末，13371户企业加入苏州综合金融服务平台，累计获得融资249亿元。

【金融风险防控】 2023年，始终坚持党对金融工作的领导，贯彻国家、省、市决策部署，2023年成

立区金融风险化解委员会，建立地方党政主要领导负责的金融风险处置机制。明确区防范和处置非法集资牵头部门，建立防范和处置非法集资工作协作机制和金融工作议事协调机制，构建上下联动、齐抓共管的综合治理格局。积极推动非法集资存案化解，原有2022年前存案48件，截至2023年底共化解29件，化解率为60.42%。组织开展对超2000家新增变更企业涉金融风险排查，及时处置156件12345非法金融举报投诉。加强防非宣传，利用12辆公交车开展公益广告宣传，利用各路口、农贸市场、数码广场的50余块大屏免费播放防非公益广告，创新防非宣传的新阵地、新形式。

【小贷公司】 2023年，姑苏区有小贷公司5家，注册资本8.05亿元，其中农村小额贷款公司3家、科技小额贷款公司2家。

表15-1 2023年姑苏区小额贷款公司基本情况

单位：亿元

序号	企业简称	注册资本	年末贷款余额
1	鑫鑫农贷	4	12.3
2	广银农贷	0.5	0.7
3	凯润农贷	0.55	0.5
4	名城科贷	2	2.6
5	吴门科贷	1	1.9
合计		8.05	18

【担保公司】 2023年，姑苏区有融资性担保持牌机构4家，注册资本35.97亿元。

表15-2 2023年姑苏区融资性担保公司基本情况

单位：亿元

序号	企业简称	注册资本	年末在保余额
1	农业担保	16.81	85.7
2	国发担保	8.16	128.9
3	住房置业	6	1083.3
4	中小微	5	61.8
合计		35.97	1359.7

【再担保公司】 2023年，姑苏区有再担保公司1家，苏州市融资再担保公司，注册资本15亿，年末在保余额427.68亿元。江苏省信用再担保苏州分公司，年末在保余额511.37亿元。

【典当公司】 2023年，姑苏区有在业典当公司2家，注册资本6000万元，典当总额1.72亿元。

表15-3 2023年姑苏区典当公司基本情况

单位：亿元

序号	企业简称	注册资本	年末典当总额
1	华夏典当	0.3	0.76
2	汇通典当	0.3	0.96
合计		0.6	1.72

【商业保理】 2023年，姑苏区有商业保理公司4家，注册资本16亿元，资产总额86.68亿元。

表15-4 2023年姑苏区商业保理公司基本情况

单位：亿元

序号	企业简称	注册资本	年末资产总额
1	城投保理	11	71.49
2	保信保理	3.5	14.6
3	名城保理	1	0.1
4	汇微保理	0.5	0.49
合计		16	86.68

【融资租赁】 2023年在业融资租赁公司3家，注册资本9亿元，资产总额25.69亿元。

表15-5 2023年姑苏区融资租赁公司基本情况

单位：亿元

序号	公司名称	注册资本	年末资产总额
1	中融众联	1.7	0.67
2	中亚	3	1
3	国发融资租赁	4.3	24.02
合计		9	25.69

（姚　婷）

工业和信息化

【概况】 2023年，姑苏区共有13家规上工业企业，规上工业产值累计完成63.44亿元，比上年增长2.4%。其中，制造业完成15.21亿元，比上年下降2.5%；电力、热力、燃气及水生产和供应业完成48.23亿元，比上年增长4.0%。软件和信息技术服务业营业收入实现22.25亿元，比上年增长17.85%。

【“智改数转”工作】 2023年，姑苏区规上工业企业实现“智改数转”全覆盖。苏州自来水公司完成“苏州智慧水务”和能耗在线监测系统建设，苏州燃气集团对液化气泄漏智能响应安全系统进行深度研发，苏州半导体厂对厂区网络系统进行改造升级，苏州自来水表业对物联网智联水表进行深化改造。

【数字产业发展】 2023年，姑苏云谷和M+名城商务数字经济产业园获评苏州市首批数字经济特色产业园，星辉1976科技产业园入选储备培育名单。江苏秋洋智慧科技集团有限公司获评市数字经济示范企业。苏州元澄科技股份有限公司、苏州智能交通信息科技股份有限公司2家企业获评苏州市“头雁”企业称号。江苏国保信息系统测评中心有限公司获评苏州市企业技术中心。江苏秋洋智慧科技集团有限公司等5家企业获评省三星级上云企业，累计有58家省星级上云企业。

【“专精特新”企业培育】 2023年，姑苏区加强梯度培育，新增“专精特新”企业11家，比上年增长137.5%，累计19家；创新型中小企业74家，比上年增长89%，累计113家；优质中小企业入库88家，比上年增长125%，累计128家。 （郑 曦）

审　计

【财政审计】 2023年，姑苏区审计局（简称“区审计局”）围绕区委、区政府决策部署，统筹谋划年度审计项目计划，突出对重点领域、重点部门、重点资金和重点环节的审计监督，根据五年轮审规划，实现对区级单位审计全覆盖。结合一级预算单位财务数据采集，实现对区级161家预算单位和2家国资集团财务数据采集全覆盖。实行上下联动“穿透式”审计，开展5个省、市联动专题审计，助力打好防范化解重大风险攻坚战。

【投资审计】 2023年，区审计局围绕全面实施预算绩效管理要求，关注预算单位重大政策和项目支出绩效情况，推动“过紧日子”要求落到实处。组织相关单位对138个建设项目开展合同竣工结算审核。完善中介机构合同结算审核工作机制，制定操作指引及考核说明，抽取14个区政府投资建设项目进行质量复核，加快投资审计转型发展。

【专项审计】 2023年，区审计局围绕“政治—政

2023年11月25日，区审计局审计调研姑苏区农贸市场管理运营情况 区审计局 供稿

策—项目—资金”主线，关注10项区级专项资金预算安排、分配拨付和管理使用情况，促进完善制度建设和绩效管理，推动古城产业转型升级。全面分析财政收入总量与结构，关注非税收入的真实性和完整性，促进降费政策取得实效。对省历史文化保护相关资金、养老服务体系建设、道路停车和建设项目等开展专题审计，助力保障和改善民生。

【经济责任审计】 2023年，区审计局依托“项目+”的模式，在领导干部经济责任审计项目实施中，聚焦古城保护与发展，把握重大政策、重点项目和大额资金，持续强化监督与服务。全年开展经济责任审计项目6个，共计查出审计问题67条，提出审计处理意见和建议24条。

【审计整改】 2023年，区审计局全面梳理2019年以来审计发现问题整改情况、审计移送处理书、审计决定及处理结果等情况，针对未完成整改的问题，纳入“1+7”问题清单，明确责任单位、整改计划、整改时限，确保整改效果。对2022年经济责任审计发现问题进行梳理，列出问题清单包含8大类26个问题，在全区8个街道范围内进行查漏补缺。

【纪审巡审联动】 2023年，区审计局不断探索深化巡审全过程联动工作模式，全年3个项目深度开展巡审联动，审计组和巡察组同步进驻相关单位，实现资源共享，进一步提升巡审监督质效。加强审计部门与区纪委监委、区委巡察办的交流互动。

【内审工作】 2023年，区审计局扎实做好《姑苏区内部审计工作办法》宣传贯彻，持续加强对全区各单位内审工作的指导和监督，推动区城管委挂牌成立财务中心完善内控管理。组织全区内审人员参与内审科研工作，9篇论文获评江苏省内部审计协会2023年内部审计理论研讨优秀论文，其中区审计局1篇论文获一等奖、1篇论文获三等奖。

【审计管理】 2023年，区审计局完成《姑苏区政府公共工程审计监督管理办法》修订工作，制定《姑苏区审计局2023年学法用法实施方案》，制定《姑苏区审计局数字化审计工作方案》，明确大数据审计项目实施、数字化转型部署落实等主要工作，细化任务分工，确保责任落实。推进金审三期系统公文收发、数据采集分析、审计项目上传和应用。推行“业务+数据”双主审模式，5个审计项目设数据主审，实现信息技术与审计业务深度融合。（江莉渊）

统　计

【经济统计监测】 2023年，姑苏区统计局（简称“区统计局”）紧紧围绕区委、区政府决策部署，围绕服务全区经济社会发展大局，认真贯彻年定报制度，严格落实规定填报范围、口径、计算方法和标准，聚焦“经济大镇”和重点行业企业，逐月逐季监测主要经济指标，保障经济平稳运行。持续做好节假日商圈消费、宾馆酒店、旅游景区情况监测分析。姑苏区全年完成地区生产总值950.04亿元，增长4.1%。

【统计分析调研工作】 2023年，在重要节假日，区统计局汇总分析姑苏区商圈消费、宾馆酒店、旅游景区情况，形成数据专报。配合市统计局做好“生产性服务业发展情况调研”“五经普专项试点调研”等专题调研。

【统计产品】 2023年，编印《统计快报》《统计月报》《统计年鉴》《经普信息》等统计产品。

【国家统计调查】 2023年，精心组织实施“五经普”工作，认真开展普查小区划分，扎实完成“两员”选聘及调整，切实做好“两员”保障，高效开展培训工作，协同联动完成单位清查，从严把控清查数据质量。（张云芳）

市场监督管理

【市场主体登记注册】 2023年，姑苏区新设立外资及港澳台资企业110户，比上年增长124.5%；截至年底，外资及港澳台资企业996户，比上年底新增17户，增长1.7%。

【反垄断调查与反不正当竞争】 2023年，姑苏区深入推进反垄断与反不正当竞争执法，开展反不正当竞争专项执法行动、医疗卫生领域商业贿赂和价格违法专项整治行动，立案查处相关案件21件，罚没180万余元。加强对直销企业的日常监管工作。推进商业秘密保护创新试点工作，累计建成商业秘密指导站（维权联系点）2家，商业秘密保护示范点5家。

【网络交易与合同监管】 2023年，姑苏区市场监督管理局（简称“区市场监管局”）持续做好日常网络巡查工作，共监测排查互联网网站3876个次，网店5682个次，顺利完成“6·18”“双11”网络集中促销期间专项监测工作，以及涉老、医疗美容、互联网销售危险化学品、互联网违法销售野生动物等专项治理工作，共计发现和闭环处置违法线索45条。闭环处置市场监管总局网络交易监测监管五级分发系统违法线索26条、省局和市局下发的监测信息14条。查处网络交易违法行为，加强部门联动，重点打击违法网络广告和虚假宣传，累计查办涉网案件49件。加强拍卖市场监管和合同行政监管，对全区18家拍卖企业，逐一了解经营情况和行业发展状况，根据区域经济和行业发展特点，关注线上拍卖新模式，探索市场监管新方式。完成2021—2022年度市级“守合同重信用”企业公示工作，帮助企业完善申请资料，全年共有178家企业通过市级守重申报公示。

【品牌认证监管】 2023年，姑苏区贯彻落实《“苏州制造”品牌认证三年行动方案（2021~2023年）》，发挥510中国品牌日、国际精英创业周、“质量月”“世界认可日”等各类线上、线下平台作用，组织150余家企业参与小微企业质量管理体系培训。加大“江苏精品”品牌培育力度，举办“江苏精品”申报企业辅导培训，组织7家企业提交“江苏精品”申报材料。印发《关于深入推进绿色认证促进绿色低碳循环发展的实施意见》，加强技术创新、提升技术能力，在传统产业、绿色低碳新兴产业、绿色农业、绿色服务业等方面开展绿色认证，现有有效期内绿色食品认证证书1张。全年新增质量管理体系认证证书120张。

【企业质量发展】 2023年，姑苏区持续推进企业质量发展工作，印发《姑苏区进一步提高产品、工程和服务质量行动实施方案（2023—2025年）的通知》。2家企业在“苏州市质量提升微创新成果竞赛”中获奖，苏州大学附属第二医院获一等奖，苏州轨道交通建设有限公司获三等奖。苏州城投管廊发展有限公司《基于数字孪生的智慧运维管理方法》，入选2023年全国“质量月”苏浙皖赣沪先进质量管理方法50佳。67家企业获评江苏省质量信用A级。苏州市会议中心物业管理股份有限公司、苏州城投管廊发展有限公司、江苏旭展律师事务所、悉地（苏州）勘察设计顾问有限公司等4家企业获评苏州市质量奖，苏州市轨道交通集团有限公司获评苏州市质量管理优秀奖。推进首席质量官制度建设，全区288家企业建立首席质量官制度。

【计量管理】 2023年，姑苏区探索非物质文化遗产保护传承标准化工作，以保护非物质文化遗产为主线，开展苏式传统文化主题地方标准立项工作，《苏式传统文化 苏式面制作技艺传承指南》获批立项，为姑苏区首个非遗文化保护传承地方标准。新增主导和参与制（修）订国家标准、行业标准45项，主导制（修）订行业标准9项。加快构建地方标准体系，全年获批苏州市地方标准项目立项17项。新获批1项省级标准化试点项目，1项省级服务业标准化试点项目高分通过验收；1家单位获"中国标准创新贡献奖"。多渠道保障标准化战略资助经费，区内10家单位16个项目获标准化战略市级资助106.66万元，2家单位获批2023年度江苏省质量强省奖补标准化专项资金41万元。

【标准化管理】 2023年，姑苏区出台《关于印发保护区管委会姑苏区政府深入推进计量工作的实施意见的通知》。联合市计量院组织开展"健康计量惠民工程姑苏行"活动，该项目获批2023年度"关爱民生法治行"活动项目，全年检修血压计5334台（件）。组织开展"2023年度计量服务中小企业"工作，组成计量技术服务队9个，走访调研中小企业219个，帮助解决计量问题86个。组织开展计量专项监督检查，查处作弊计量行为18起，查处其他计量违法行为38起，对相关单位开展行政约谈。报送电子秤专项集中整治工作数据和查处典型案例。组织开展"5·20世界计量日"系列宣传暨计量科普宣传周活动，以"计量与生活"科普馆为载体平台和宣传工作品牌，加强计量科普和宣传工作。

【认可与检验检测管理】 2023年，区市场监管局按照"双随机、一公开"要求开展检验检测机构监督检查。开展机动车检验检测机构"春雷2023"专项整治行动。开展能力验证结果不满意机构整改工作。组织2家机动车检测机构参加检验检测行政指导会，组织1家机构申报2023年长三角检验检测促进产业优化升级典型案例。举办姑苏区检验检测机构开放日活动，共有7家机构、2家企业、10余名市民参加活动。依托苏州热工院，组建检验检测及标准化服务产业创新集群党委，凝聚辖区检验检测行业力量。

【产品质量安全监管】 2023年，区市场监管局依法做好产品质量监督工作，开展产品质量监督抽查、专项整治、"两个规定"宣传贯彻等工作。开展重点工业产品、消费品质量安全监督抽查42批次，后处理完成率100%。组织开展电动自行车专项整治，排摸主体205家，累计检查电动自行车销售网点396家次，约谈电动自行车销售、维修企业78家。加强"灶管阀"等燃气用品专项整治，检查销售企业255家次。数字化赋能质量监督抽查后处理工作，依托"智慧市场监管平台"，上线"抽检管理"模块，加大不合格产品后处理力度，提高不合格产品后处理质效。

【食品安全监管】 2023年，区市场监管局始终坚持食品安全"四个最严"要求，落实食品安全"两个责任"，持续守护群众"舌尖上的安全"，监督19736户次，开展专项检查16次。擦亮"食安姑苏"品牌，连续三年获评全市食品安全工作先进地区。通过线下标准化规范化建设提升管理水平，线上利用"互联网+"新技术、新模式、新理念，实现"一老一少"食堂"互联网+明厨亮灶"全覆盖，其中40家学校食堂建成"阳光智慧厨房"，通过系统自动预警实现"智慧监管"；与饿了么、中国电信合作打造211家网络餐饮"透明餐厅"。多元化打响反浪费品牌，引导形成食品反浪费"新风尚"。全面打响"啄木鸟·食'吴'忧""爱在虎丘，甜蜜送面包""邻临期-临期食品社区推介站"等活动品牌。

2023年7月14日，姑苏区医疗器械宣传周活动举行

区市场监管局　供稿

【药械监管】 2023年，区市场监管局开展零售药店检查468家次，开展医疗机构检查260家次。检查化妆品经营企业468家次。对全区22家疫苗接种点和区疾控中心完成全覆盖现场监督检查，开展报废疫苗回收登记工作，共计回收交接报废疫苗12.81千克。开展药品、化妆品不良反应监测工作，全年审核药品不良反应监测报告1060例。全年共立案查办药品类案件18件，罚没款34.85万元。

【特种设备监管】 2023年，区市场监管局保障特种设备本质安全，分层分级开展使用单位现场检查，共发现并处理各类安全隐患373处，处理设备到期未报检等信息1000余条，签发监察指令书55份，查封扣押设备18台，立案查处18起，处罚金额47.2万元。对100台电梯开展质量维保抽查，对66台公共场所、动迁安置房小区、其他住宅小区等处电梯进行安全评估，督促整改问题52项。覆盖式检查液化石油气瓶充装单位等特种设备生产单位，督促整改问题4项。提升监察人员专业能力，分别新增2个A类、32个B类“特种设备安全监察员证”。分层组织特种设备使用单位人员培训12批次。

【消费者权益保护】 2023年，区市场监管局规范投诉举报处置，畅通消费维权渠道，共受理投诉举报59613件，为消费者挽回经济损失180.16万元。深化服务民生消费，提质扩面推进无理由退货工作，建成观前、盘门2座线下无理由退货服务站，线下无理由退货商家签约数达到12088家。深化“吴优数购”推广工作，全年新增“吴优数购”商户460家，累计签约商户7551家。（吕　骏）

价格管理

【价格监测】 2023年，姑苏区发展和改革局（简称“区发改局”）提升价格管理规范化水平，落实收费目录清单制度，共有区级管理收费项目10项，涉企收费5项；完成全区110家收费单位2022年度收费情况巡访，全区收费总额约1.51亿元。按照价格管理权限与定调价程序，2023年完成公用事业和公共服务定调价项目3项。高度重视粮油、蔬菜、肉禽蛋等重要民生商品价格监测预警工作，对辖区内7家农贸市场、2家超市开展零售价格数据采集。加强数据共享，8个价格采集指标接入区级大数据管理平台，全年共生成30.73万条数据。强化价格监测分析预警，共形成监测报告、趋势分析50余篇。突出春节、国庆等重要时间节点价格监测任务，密切关注主副食品市场价格变化，确保第一时间报告价格异动。

【价格调控】 2023年，区发改局加强和改进价格调控，全区列入目标责任制范围内的主要商品和服务价格，均在预期调控目标范围内。推进重要民生商品供需平衡状况定期调度机制，自4月起按月上报供需平衡分析表，夯实数据基础，提升价格调控的系统性、针对性。建立区域储备物资保供、流通市场物资保供、重点区域物资保供三级体系，切实做好猪肉、生鲜蔬菜等重要民生物资的保供增储稳价工作。

【物价补贴】 2023年,区发改局认真落实社会救助和保障标准与物价上涨挂钩联动机制,及时启动困难群众物价上涨临时补贴1次,足额发放价格补贴,向低保、边缘、特困人员发放物价补贴约34.47万元;向困境儿童发放物价补贴约3285元;向优抚对象发放物价补贴约5.72万元。 (姚 婷)

【价格收费监管】 2023年,区市场监管局指导经营者合理定价、完善明码标价行为,履行告知义务,从源头上杜绝价格欺诈行为、减少价格纠纷。推进涉企违规收费专项整治,开展转供电环节价格监管,保障惠企降费政策落实。抽取16家检查对象并匹配检查人员,布置开展2023年度姑苏区转供电环节价格"双随机"专项检查,对12家问题转供电单位进行全面检查。全年共检查转供电单位48家,查办9起转供电案件,罚款53.24万元,退款121.66万元,有效减轻企业负担。 (吕 骏)

知识产权管理

【知识产权创造】 2023年,姑苏区专利授权量2440件,比上年下降21.82%。其中,发明专利授权量581件,比上年增长60.94%;有效发明专利2139件,比上年年底增长35.90%;万人有效发明专利22.99件,比上年年底增加6.07件。2件专利获中国专利优秀奖;1件专利获江苏省专利优秀奖;1人次获得江苏省发明人奖,1人次获得苏州市杰出发明人奖;5家企业获评成长型企业,2家企业获评优势型企业。

【知识产权保护】 2023年,姑苏区联合审协江苏中心、市知识产权保护中心开展医疗机构专利分析、医疗机构专利转化调研,探索推动医疗机构创新联盟建设。印发《关于强化知识产权保护实施方案》。区市场监管局与区法院签订《共建企业知识产权保护司法服务对接机制的备忘录》。落实"蓝天"专项整治行动,促进知识产权服务业规范化发展。联合黄浦区等9家中心城区签订《打造知识产权高质量发展生态圈长三角主要城市中心城区知识产权合作协议书》。利用现场执法教学、重难点问题讨论等方式强化行政执法工作,组织干部参加远程教育培训、全员学法活动,知识产权执法能力提升培训活动。全年办理知识产权案件109件,其中商标案件66件,专利案件43件。新增市级正版正货示范街区1家、市级重点企业保护名录企业8家,新增长三角G60保护名录企业2家。4家企业及老字号商标品牌指导站入选国家知识产权局"千企百城"商标品牌提升行动名单。

【知识产权服务】 2023年,姑苏区建立《姑苏区知识产权战略实施工作联席会议制度》,将知识产权工作纳入区高质量考核体系,每季度通报。联合相关部门开展"知识产权服务管家项目",举办"知识产权为高企赋能助力科技创新发展"培训活动,开展知识产权入校园活动,开展"正版正货"示范项目授牌仪式,设立老字号商标品牌服务指导站、新材料商会知识产权工作站、云谷知识产权工作站、虎丘婚纱城知识产权工作站。

【知识产权宣传】 2023年,姑苏区制定年度知识产权宣传方案,开展"知易行·入园惠企"行动。将"知易行入园惠企"行动纳入年度创新创优项目,对老字号和新材料商会开展知识产权"强会添彩"行动,对40家商务楼宇及产业园区开展辅导和驻点服务,累计开展各类培训29场次,驻点服务44场次,发放宣传材料2000余份。 (吕 骏)

社会信用体系建设

【信用服务】 2023年，姑苏区开展2023年助企信用重塑行动，分4个批次组织110家企业参加公益性信用修复培训辅导，建立企业信用修复服务群，指导和帮助企业开展信用修复。支持和鼓励企业开发创新信用服务产品，辅导企业申报社会信用体系建设项目，7家企业3类项目获市级奖补资金58.5万元。组织“信易贷”现场推介和宣传活动，邀请信用服务机构、银行代表和企业参加，解读《企业综合金融服务方案》，帮助信用良好的企业安全高效融资。

【信用监管】 2023年，姑苏区积极构建以信用为基础的新型监管机制，拓展信用监管领域范围，推动更多行业管理部门将监管与信用等级相结合，建立信用评价机制并规范运行，在工程建设、安全生产、医疗卫生、劳动保障、市场监管、环境保护、税款缴纳等10个领域形成信用评价和分级分类结果。

【信用信息应用】 2023年，姑苏区加强信用信息归集应用，归集行政许可行政处罚信息2.5万条，信用承诺及履诺信息21万条，用水信用信息80万条。推行信用审查和信用查询制度，信用审查企业2.5万家，自然人992人，应用信用查询报告600余份。创新信用惠民便企场景应用，姑苏区人民法院“天平筑诚信　消费新天堂”品牌建设获评2023年苏州市“信易+”示范场景，白洋湾街道优化营商环境助力企业诚信经营“十八条”获评2023年苏州市社会信用体系建设典型案例。

【信用知识宣传教育】 2023年，姑苏区开展“信用宣传周”活动，组织诚信宣传进大厅、进社区、进机关、进企业、进校园。各单位开展信用知识专项学习、诚信承诺签署、守信宣誓等活动，签订《公职人员诚信承诺书》。组织学校和社区开展“信用”主题班会、知识竞赛和“争做诚信好少年”诚信教育课堂等活动，弘扬诚信文化。依托“惠姑苏”App平台开展信用知识答题抽奖活动，累计超过2000人次参与，提升企业和群众的诚信意识。　（姚　婷）

开放合作

招商引资

【概况】 2023年，姑苏区新增企业10184家，比上年增长26.75%，新增注册资本共计464亿元。新增注册资本500万元以上规模企业1954家，其中1亿元以上规模企业32家。近3年新增企业在2023年形成全口径税收（非房地产）10.49亿元，比上年增长31.13%。

【招商推介】 2023年，姑苏区举办2023姑苏区（上海）投资环境说明会、第二届上市公司董事长古城保护说明会、姑苏区消费服务业招商推介会等大型招商推介活动，区街联动举办各类招商推介活动46场。以“姑苏招商”视频号、招商云平台等融媒体、公众号为媒介，推送资源载体、产业政策等招商信息，共发布各类招商宣传视频45个，浏览量达8万余次。

【项目引进】 2023年，姑苏区依托M0产业用地项目，以“工业上楼”推动楼宇和产业深度融合。加快姑苏云谷数字经济集聚区招商进程，联东U谷与秋洋科技、依利特等24家企业签订入驻协议；持续推动苏州测绘院、博宇鑫科技、中设数字科技等龙头企业打造科技创新研发产业集群高地。发挥资本招商牵引作用，联动苏创投、名城创投等国资平台，以投带引，推动投招一体联动招商，全年通过资本招引落地依利特、食族人、鑫邦智能、纳博旺、吉旗物流等重点项目落地。依托商贸新消费，探索产业新业态，成立保护区、姑苏区数字经济、网红经济招商服务工作专班，印发《保护区、姑苏区推进古城产业业态提升工作方案》和《产业图谱》，聚焦首店经济，引进马吉拉、AMI、闻献等国内外知名首店品牌近百家；聚焦电商经济，对接抖音、快手、B站、遥望、佩莱等头部企业30余家；聚焦“网红”经济，积极推进平江九巷、渔家村、金海华、上城门等特色文旅项目。依托古建老宅等稀缺资源招引项目，全年盘活利用平江钮家巷方宅、董氏义庄，以及大儒巷丁宅、菉葭巷潘宅、章太炎故居、畅园等古建老宅22处，共计产生全口径税收2.28亿元。 （郑　曦）

【苏州国际设计周】 2023年9月28日，2023苏州国际设计周在仁恒仓街开幕。苏州国际设计周落实全市打响“江南文化”品牌部署要求，依托丰富的“江南文化”资源，围绕做优文商旅中心、做精苏

2023年9月28日，苏州仁恒仓街盛大启幕，2023苏州国际设计周同步开幕 区教体文旅委 供稿

式生活典范的目标，牢固树立"城区即景区、旅游即生活"的理念，以仁恒置地在长三角布局的首个商业地标仁恒仓街启幕为契机，通过"商圈+景区"联动，强化文旅资源与消费供给的融合发展，提升文旅消费场景，进一步推动激发中心城区的发展活力，助力苏州建设国际消费中心城市。围绕"兴文化""建社群""联全城"等多个角度，组织18场形式多样的平行分会场活动，强化文旅资源与消费供给的融合发展。（梅佳祺）

对外及对港澳台贸易

【货物贸易】 2023年，姑苏区实现货物进出口总额21.31亿美元，比上年下降13.4%。其中，出口18.89亿美元，比上年下降10.8%；进口2.42亿美元，比上年下降29.4%。

【服务贸易】 2023年，姑苏区完成服务贸易额20724.26万美元，比上年下降7.18%。其中，服务出口11796万美元，比上年下降22.02%；服务进口8928.26万美元，比上年上涨24%。（郑　曦）

参与"一带一路"建设情况

【国际市场开拓】 2023年，姑苏区推动数字贸易产业做大做强，组织发动绣娘、嘉伯乐等重点企业报名参加第二届全球数字贸易博览会等重点展会。拓展服务贸易市场，组织中铁建、小棉袄等重点企业申报国际服务外包项目和市级商务发展专项资金，全年累计上报7个项目。参与第六届进博会、第七届丝博会、第135届广交会等，其中广交会期间，共有20家企业239个展位；上海进博会期间，召开消费服务业招商推介会，围绕数字经济、商贸消费、文旅融合、外资外贸等领域对接项目30余个，促成住友电工、帝人集团与苏科环保，鑫达集团、易丰文化与姑苏区，申江实业与虎丘街道进行战略合作签约，签约总额合计约4000万美元。联合常熟"市采通"平台召开"虎丘婚纱城跨境贸易综合服务推介会"，为婚纱城出口商户提供外贸出口一站式服务。参与苏州市对口支援新疆工作，选派干部到"一带一路"重要节点新疆霍尔果斯口岸挂职锻炼，服务区内企业向西发展需求。

【中欧班列发展】 2023年，姑苏区持续创新"班列+"模式，拓展班列线路和特色产品，开行跨境电商专列、自贸区专列等特色班列。高质量推进江苏（苏州）国际铁路物流中心物流基础设施建设运营，完成投资1.79亿元。

【对外交流拓展】 2023年，姑苏区优化非遗体验，开展文化交流，新增平江历史文化街区、山塘历史文化街区2个江苏省无限定空间非遗进景区示范项目，苏作馆苏州旗舰店正式开业，"一团和气"游客驿站设立，举办2023姑苏非遗宣传周暨"运河畔非

遗文化互鉴”系列活动。推广“非遗有约”品牌，推出宝藏姑苏非遗电子地图3.0版，多条线路入选国家、省级非遗旅游线路。举办苏州国家历史文化名城专家咨询会。与中国日报网合作开设姑苏区海外社交媒体账号，累计推送帖文460条，页面总阅读量783万次，页面总互动量92.1万次。《苏州：以产业焕新推动古城复兴》通过新华丝路网以11种语言在全球同时发布，海外媒体转载落地达1114家次，覆盖人数10亿人。（姚　婷）

区域发展

【区域发展协同推进】 2023年，姑苏区推动长三角互访交流学习，姑苏区党政代表团赴上海市黄浦区、南京市鼓楼区、杭州市上城区开展实地考察，进一步深化古城保护、产业发展等方面合作，抢抓发展机遇。协力焕新老字号发展，推进“黄浦·姑苏老字号赋能创新创业行动计划”，促进沪苏老字号与新品牌同频共振。优化长三角人才服务生态，聚焦数字创意和高技术服务两大产业创新集群，加大“黄浦·姑苏”在人才引进、人事档案管理等方面的合作力度。公共服务加快共享，与上海黄浦区互相进驻4台政务服务自助终端，覆盖政务服务中心、银行、24小时自助服务区等多个应用场景。在黄浦区政务服务中心长三角服务区增设姑苏公安联动服务，首次实现公安窗口业务跨地域线下、线上联动办理，实现沪苏户籍“异地互办”。

【C9联盟合作深化】 2023年，姑苏区贯彻实施《长三角主要城市中心城区高质量发展联盟2023年工作计划》，牵头开展“城市保护更新与发展行动”，成立古城保护与城市更新发展联合体。携手C9联盟各区发布《长三角主要城市中心城区高质量发展联盟白皮书》及长三角中心城区政务合作2.0版成果。参与长三角主要城市中心城区高质量发展联盟第三届联盟大会，大会公布长三角主要城市中心城区商务楼宇等级首轮评定成果，其中姑苏区国发大厦、吴中大厦分别被评为长三角示范楼宇、新锐楼宇。

【市域一体融合发展】 2023年，姑苏区促进跨区产业项目协同协作，推进姑苏智谷数字经济产业园、姑苏胥江创意湾数字经济产业园等合作项目建设。积极开展东环路沿线、苏州西站周边、虎池路与城际路周边等板块毗邻区域环境提升综合整治，依托与吴中区、高新区的综合行政执法协作协议，共同开展石湖一体化品牌战略合作。提升跨区交通互联互通水平，推进广济路北延工程与民清路、合兴路、文灵路等跨区道路建设。（姚　婷）

商圈经济

观前商圈

【概况】 苏州市观前地区综合管理办公室（简称“观管办”），管理区域为东起临顿路，西至人民路，南抵干将路，北靠因果巷—旧学前，占地面积58.3万平方米，包含54条街巷。2023年，观管办优化体制机制、加强队伍建设、营造浓厚商圈氛围、提升环境秩序，实现观前地区稳步提升和安全发展。全年共组织各类活动44场次、主题市集18期。年内，观前商圈被表彰为“2022年苏州市十大数字人民币使用示范商圈”。

【商圈建设】 2023年，观管办制定《平江街道观前地区综合管理办公室体制机制优化实施方案（试行）》，修订完善《观前地区管理辅助人员考核管理办法（试行）》《观前地区交通秩序保障方案》，着力破解商圈实现高质量发展遇到的体制机制障碍。

【企业服务】 2023年，观管办按照《观前地区管理辅助人员考核管理办法（试行）》严格辅助管理人员进行日常管理，落实工作例会、业务培训和督查日报等制度。配合职能部门策划制定《观前商圈开店“一件事”办理指南》，为创业者提供标准化办理流程指引，提升商圈商户营商环境体验。根据年度商业运营方案，开展商圈商业运营工作，落实业态评审制度，引进符合业态定位、具备引领示范的优质项目6个、特色商业3家；服务3家企业完成姑苏区老字号申报前期准备工作。

【数智建设】 2023年，观管办组建专门工作队伍，开展“全国示范智慧商圈”创建工作可行性研究，完成对标摸底、整理申报材料等工作，安排人员至上海豫园商圈等先进街区学习，按照任务清单开展补差建设。9月，完成观前智慧商圈大数据平台和“盛世观前”App的上线试运行，开展观前智慧商圈

2023年9月22日，组织企业商户代表参加培训

平江街道　供稿

应用项目培训，分批次组织内部工作人员和企业商户代表参加培训。10月，工作队伍赴北京完成专家现场答辩评估工作。

【业态布局优化】 2023年，观管办对观前商圈进行全面摸排，对接专业机构分析现状布局。碧凤坊美食广场改造提升后盛装重开；新华书店观前书城升级焕新中；察院场邮政大厦变身苏鲲科技产业园，成为苏州首家售卖新能源潮牌汽车的科技产业园，全市最大、古城唯一的3D裸眼屏幕投入使用；打响“盛世观前街”消费品牌，协助职能部门承办国家市场监督管理总局“无理由退货”现场会；光裕书厅正式开业，推出名家名段专场；古吴轩书店回归观前街，打造复合型文旅第三空间，成为观前又一文化地标；位于大成坊的“观前街・开元里”项目致力于打造以社群社交为内核、潮玩夜市为主题、跨界艺术为创新点的新型商业街区。

【环境治理】 2023年，观管办推进观前地区环境建设工作，打造美丽商圈。全年分4期对宫巷、碧凤坊美食广场西侧、人民商场南侧、邵磨针巷和太监弄口、平安坊升降桩两侧、第一天门中段、观西北侧、邵磨针巷升降桩两侧、大成坊久泰走廊、美罗商城西侧、碧凤坊二弄等11处的路障进行美化升级，用特色花箱取代传统石球，石球数由444个减少到134个。在观前主街、玄妙观周边加装满天星、瀑布灯、太阳灯等彩饰氛围灯，进一步提升亮化效果。会同市、区城管部门实施玄妙观照明修缮和提升工程，重点改善棂星门、正山门、三清殿等点位的景观效果，于国庆前正式亮灯。确定碧凤坊—蔡汇河头—宫巷和邵磨针巷—九胜巷等路段，增设非机动车停车位6处，可容纳超200辆非机动车，补划、描划非机动车停车位线3000多米。开展商圈周边街巷专项治理，更新文明城市宣传展板及载体40余块，整治非机动车乱停放问题5000余起、占道经营456起、乱堆放乱张贴478起、高音喇叭揽客169起、无证游商201起；针对乱倒污水问题，对沿街商户、居民开展宣传教育，向乱倒易发点周边的小餐饮店铺发放“禁止乱倒污水友情提示单”168份；将服务和日常管理执法相结合，开展太监弄“城商协作”示范路创建工作，营造相互合作、和谐共赢的商圈氛围。

【安全工作】 2023年，观管办树牢属地责任意识，夯实商圈强劲发展的安全基础。通过专人发放、网上宣传等方式，在年初及重大节日前发放观前地区经营单位安全生产及消防安全告知书和承诺书5872份。全年日常安全检查商户1380余家次，累计督促整改安全问题217处；累计登记观前商圈商家店面装修备案282家，安全检查装修现场5260次，督促整改违规使用简易木字梯、施工场所不戴安全帽等装修安全问题609处。

【“畅购古城　姑苏上新”五五购物节姑苏联动分会场活动】 2023年4月29日，“畅购古城　姑苏上新”五五购物节姑苏联动分会场活动在观前街碧凤坊美食广场举办。开幕式现场，姑苏区二季度新开消费场景进行集中开业，人民路沿线的焕新载体第一批亮相，启动“校园里”艺术节，推出和启动“数

2023年4月29日，“畅购古城　姑苏上新”五五购物节姑苏联动分会场活动举办　　平江街道　供稿

惠姑苏、出行有礼”汽车消费节和“苏新消费 数惠乐居”数码家电消费季活动，各街道依托自身的资源集中发布消费品牌，姑苏团区委、广电文创部门和姑苏区老字号协会展开合作，各大商圈、商街、商家共计超105场消费促进活动，扩展本地消费，吸引外来消费。

【2023观前啤酒美食节举行】 2023年8月11日，2023观前啤酒美食节在观前街新艺广场开幕，通过四大主题元素和五大创意街区，为市民游客解锁观前潮流新玩法。当晚，主会场上国际旅游城市小姐大赛长三角赛区总决赛、“推荐中国 达人当红”文旅推荐官抖音达人大赛举行。活动期间，2023年中国影视小演员选拔大赛（苏州站）、“中国好鼓手”苏州少儿架子鼓璀璨之夜、“韵味姑苏 美美与共”玛尼瑜伽展示之夜等陆续亮相。活动持续至8月19日。

【“姑苏月、观前夜”系列主题活动举行】 2023年9月28日至10月6日，“姑苏月、观前夜”系列主题活动开展，以“姑苏月·观前夜”为主题，分为梦幻观前、雅韵玄妙、古风北局3个篇章，活动地点分别位于观前地区观前主街东、玄妙观和北局小公园。新华网、苏州新闻等媒体多方面报道，现场游客一周内超100万人次，新华网阅读量达百万，中秋当天和“央博”平台直播联动，在线观看人数25万人次以上。

（曲文韬）

2023年8月11日，2023年观前啤酒美食节活动举办

平江街道 供稿

南门商圈

【概况】 南门商圈地处姑苏区中南部，东起人民路，西至东大街，北到新市路，南至环城河，面积19.8万平方米；外围延伸，东至竹韵桥，南至苏纶厂、纺机厂，西至盘门三景，北至沧浪亭、文庙，总面积82.5万平方米。商圈以泰华商城、金地广场为中心，周边涵盖盘门景区、半导体总厂、文庙古玩市场、瑞富广场、吴宫泛太平洋酒店、轮船码头等，主导产业为高端商贸业和休闲娱乐业，承载着购物、餐饮、文教、休闲等功能。

【商圈建设】 2023年，南门商圈商业载体建设加快推进。苏州金地广场完成竣工验收，于12月30日正式开业。泰华商城完成改造升级，于10月28日重新开业。南门兴业坊精品公寓项目基本完成土建施工。兴业路完成架空线入地整治工程，东大街完成路面改造提升，新市路、竹辉路沿线建筑物立面改造提升。2023年9月，南门水产市场326户商户搬迁完成，原南门水产市场整体迁入位于新郭港路128号的友新综合市场。

【企业服务】 2023年，南门商圈综合服务中心挂牌成立，设立服务专窗，开通24小时服务热线。协助苏半科技产业园完成载体改造升级，于2023年11月正式开业，引入传周半导体、豹驰声学、优达光电子、揽华医疗科技等高新技术企业入驻。设立南门市场搬迁服务专班和先锋服务站点，做好原南门水产市场商户搬迁服务工作，协助市场内201家及市场周边104家涉农商户搬迁至新市场。指导金地广场、泰华商城内商户申报认定首店称号，协助吴宫泛太平洋酒店纳入《苏州旅行指南》宣传手册定期投放点。自挂牌成立后，共收到商圈企业咨询48起，解答率100%；收到企业诉求21件，直接解决16件，向上反馈4件，保持跟进1件，解决率96.7%。

【文旅融合】 南门商圈整合古城文旅资源优势，以“圈”的概念，强化“景区+商圈”互联互通，串珠成链打造创新旅游圈，融合延伸旅游产业链，丰富游客体验感，提高游客便捷度，集聚人气、商气，持续增强南门商圈文旅生机活力，整合盘门景区、苏州文庙等文旅资源，打造“文华南门”旅游圈。

【端午民俗文化节】 2023年，南门商圈承办第十九届苏州端午民俗文化艺术节，受到央视、《人民日报》等主流媒体的持续关注。端午节期间，举办“龙腾端午”“非遗市集”“祭祀祈福”“汉服游园”等系列活动，通过吴地特有的端午民俗，进一步推动大运河文化带建设，深度促进文旅融合以及文化产业发展。活动深受苏州百姓和来苏游客喜爱，成为苏州当地的重要民俗活动和展示吴地端午民俗文化的重要窗口。

2023年6月22日，苏州端午民俗文化艺术节活动举办
沧浪街道　供稿

【盘门灯会】 2023年，盘门景区结合元宵、端午等传统民俗举办闹花灯、猜灯谜、走三桥等文化活动，联动热门游戏“王者荣耀”开发貂蝉灯组，承办桨板精英赛、咖啡潮饮嘉年华，打造集旅游观光、文化融合、创新体验于一体的“盘门玩月”主题活动，民俗与潮流、传统和现代，多种元素碰撞融合，活动人气屡创新高。2023年的“繁华青绿”盘门夜游灯会，吸引人次近十万，并引入“盘门勋章”体系小程序系统，打破景区与商业边界问题，以元宇宙NFT流量为入口，实现景区与商业流量互补，为景区与商业导流。不仅增添片区活力，拉动片区经济，更促进文商旅进一步融合发展，文旅圈建设逐步成形。

2023年9月29日，盘门灯会活动举办　沧浪街道　供稿

【泰华商城升级】 苏州泰华商城始创于1996年，2022年泰华西楼开启改造升级。此次改造中，泰华聚焦顶级时尚美妆、精品零售、品质餐饮、娱乐配套等多元业态组合，为市民与游客带来全新品质消费体验。泰华商城在原有的人气彩妆专柜的基础上，增添HR赫莲娜、LaPrairie莱珀妮等品牌。引入苏州首店华音Live House、13DE MARZO CAFÉ、ZERO SIEVERT，打造多维潮玩调性主题派对空间，为年轻人开辟“潮奢、精致”的生活体验。（仇重远）

2023年10月28日，泰华商城完成改造升级全新开业

沧浪街道　供稿

石路商圈

【概况】 石路商圈北至上塘街，南至干将路，西至枫桥路，东至南新路，是连接古城和“二线”（山塘线：山塘街、山塘河；上塘线：上塘街、上塘河、枫桥路）、“三片”（虎丘片、留园片、寒山寺片）的重要节点，商圈内有南浩街、石路老街坊、时尚女性街等特色街区，有石路国际、天虹商厦、西城永捷等商超综合体15处，商业面积约34万平方米，有广济路、阊胥路沿线集中商务楼宇13处，商务面积约62万平方米。其中，商圈核心区域即为石路步行街区域，面积约7.5万平方米，含银河广场、亚细亚广场、太阳广场等公共区域及八面风商厦、金座大厦、百脑汇大厦等楼宇载体。

【商圈建设】 2023年，金阊街道完成商圈内“上城门”项目，演艺中心一期、二期及京东石路旗舰店等5处载体盘活，运河剧场、中国电影资料馆江南分馆等项目即将完工开放，华贸中心、国展中心、新华饭店等项目均在推进中。对时尚女性街、金门商市、南浩街等区域进行多轮摸排，形成底册，并对区域内的市容环境、停车秩序、线缆墙面等开展综合整治，遴选苏工苏作、国潮文玩以市集的形式入驻。对接网易苏州等知名互联网品牌入驻商圈，打造“璀璨石路”创意打卡点，盘活银河广场闲置载体，7座商业亭均已敲定合作意向。推动商圈内部基础设施及周边交通等配套设施统一升级，太阳广场天桥竣工，金门路拓宽工程北侧半幅完工，“上城门”项目主体建筑基本实现完工，完成银河广场、太平坊、长春巷沿线的部分楼幢外立面、破损路面的统一修补，完成亚细亚广场、太阳广场道板路面的应急更换工作，完成南浩街、神仙街区域外立面见新及技防设施更新工作，完成商圈全域视频安防工程建设以及特色街区灯光亮化。同步推进外围街巷、小区的综合治理提升，对周边10个小区、15条街巷开展30多轮集中整治。

【企业服务】 2023年，金阊街道围绕基础设施提升、老牌街区盘活等主题召集商户代表开展座谈会10场。配合华贸中心、“上城门”项目、运河剧场等，协助企业解决用电增容、开业宣传、场地活动等事项10余件。同太阳广场、石路天虹、“上城门”项目等企业的招商核心团队初步形成联席研讨、资源共享制度，由街道职能部门主导、其他载体共同出谋划策或进行洽谈承接，最大程度留住优质招商业态。

【综合治理】 2023年，金阊街道以安全稳定为第一要务，聚焦商户需求和民生诉求，做优做细石路商圈综合治理工作。协同街道相关处室及社区，累计解决商户、居民诉求50余件。回应12345等平台关于消费纠纷、设施维修、矛盾调处、经营规范、政策咨询的各类投诉建议。关注网络领域关于商圈的声音动向，及时做好舆情引导与谣言澄清。常态化开展联审联查，把好审核及准入门槛，为商圈内活动、施工、改造等工作提供指导与监督。

【街区提升】 2023年，金阊街道依托设施提升、氛围美化、活动开展等手段，推进阊门里、南浩街、金门商市成为商圈引流的重要阵地。阊门里（时尚女性街）方面，推进渡僧桥区域的引流灯光设置，对街区线缆、墙面、技防设施等进行全面梳理，助力打通“山塘—石路”的关键引流动线。南浩街方面，对其内部环境进行全面整治，对街区内部分技防设施进行全面更新，开展“繁华金阊门·石路有逛头”南浩街元宵灯会等大型活动，为老牌街区吸引客源、营造声势。金门商市方面，先后进行多轮载体摸排，联合物业方对商市内环境进行集中整治，商市内有“东北一绝锅包肉”等多家“网红”餐饮入驻，晚间人流量有所提升。

【“繁华金阊门·石路万物生”主题市集活动】 活动自2023年1月10日开始，至2月10日结束，聚焦春节时段的商圈消费热潮，在亚细亚广场等区域开设春日市集，融合文艺展演等元素，吸引大批市民游客参与体验。

【“繁华金阊门·石路有逛头”南浩街元宵灯会】 活动时间为2023年2月4—5日，围绕民俗文化主题，融合民俗表演、猜灯谜等元素，在南浩街区域举办大型灯会，引入一批非遗、文创进行展示，掀起民俗文化与苏式风情的新热潮。

2023年2月4—5日，“繁华金阊门·石路有逛头”南浩街元宵灯市活动举办　　金阊街道　供稿

【“繁华金阊门·石路寻品味”春日潮流市集】 活动自2023年3月7日开始，至3月31日结束，联合商圈多家企业共同参与，在沿阊胥路、亚细亚广场等区域布设一批春日美陈，同步引入一批优质业态，拉动商圈消费活力。

【“繁华金阊门·潮流嘉年华”主题广场活动】 活动从2023年4月28日开始，至5月25日结束，紧扣“五一”这一关键时间节点，一批知名品牌和老字号企业参与开设欢购市集、胶囊市集、后备箱市集三大潮流市集，招引客流成果显著，商圈客流量较前几年有显著回升。

【国际篮联三人篮球争霸赛暨“繁华金阊门·石路运动YE”主题运动市集活动】 2023年7月，承办2023国际篮联三人篮球争霸赛苏州站的所有赛事。本次赛事在亚细亚广场、银河广场、太阳广场三处场地同步举办，共经历13个分站赛事及2天决赛日程。活动举办期间，大量市民游客观赛，商圈人流量显著提升。配合国际篮球赛的持续开展，依托赛事带来的人流集聚效应，商圈开展“繁华金阊门·石路运动YE”广场活动，联动国缘、领克等知名品牌，促进商圈人气汇聚、消费提升。

【“繁华金阊门·金秋有好物”假日市集活动】 活动自2023年9月28日起，至10月31日结束，贯穿中秋、国庆两个假期，假期8天，商圈人流量日均5.7万人次，最高日人流量近7万人次。结合商圈活动的火热开展，潮流市集逐步向外拓展至阊胥路沿线及南浩街街区内部，并对市集载体进行统一美化提升，同步遴选一批优质业态入驻，成效初显。

【“繁华金阊门·欢购在石路”主题广场活动】 活动自2023年11月11日起，至12月20日结束，围绕“双十一”“双十二”等时间节点，联动商圈企业开设欢购市集，有力促进商圈消费。

【“点亮石路·嗨翻金阊”新年活动】 活动自2023年12月30日起，持续3天，融入无人机表演、知名乐团表演、民族乐器表演、文艺表演等创新元素，其中无人机表演以尖端科技的形式生动展现金阊优质的地缘文化，吸引大量市民游客现场观赏。爱乐乐团及民族乐器演出将创新潮流与民俗文化生动结合，发挥商圈区域特质，为市民游客打造一场别开生面的文化盛宴。（董明晖）

2023年12月30日至2024年1月1日，“点亮石路·嗨翻金阊”无人机表演在石路太阳广场举行　　金阊街道　供稿

楼宇经济

载体建设

【概况】 2023年，姑苏区160处产业园楼宇实现全口径税收45.02亿元，比上年增长12.01%，每平方米出税2035.75元，共打造亿元载体8处。

【闲置载体盘活】 2023年，姑苏区累计盘活各类闲置载体面积33.49万平方米。重点载体加快突破，凯地丝绸正式开园；的士大厦项目顺利签约，由太湖雪整体打造品牌旗舰店和研发直播中心，预计投资2000万元；友新综合市场正式开业，助力南门片区城市更新和一刻钟便民生活圈持续优化。古建老宅加快活化利用，积极吸引社会资本参与，创新上线古城保护伙伴计划，推介古城资源，苏作馆苏州旗舰店、潘宅平江颐和松茂居精品酒店等一批项目开业。

【载体提档升级】 2023年，姑苏区紧扣产业园楼宇改造目标，细化服务保障措施，完成32个区、街两级改造焕新项目。美罗创意园打造无界美罗小奢中心，聚焦数字化服务业、智慧高端商贸类等方向，植入新潮时尚设计；金浦·苏州视界1956数字文化产业园对苏州医疗器械总厂旧址进行保护性更新与全面提档升级，打造数字文化产业相融发展的开放型产业园。载体品质不断优化，安和锦文化创意产业园入选省级文化产业示范园区创建单位名单，姑苏云谷和M+名城商务数字经济产业园入选苏州市首批数字经济特色产业园名单。

【长三角示范楼宇创建】 2023年，姑苏区积极参与长三角主要城市中心城区高质量发展联盟合作，与上海黄浦区、杭州上城区共同制定《长三角商务楼宇一体化评价体系》，构建“五力”模型，设置38个细化指标，国发大厦、吴中大厦在商务楼宇等级首轮评定中分别被评定为联盟首批长三角示范楼宇、新锐楼宇。

招商运营

【招商推介】 2023年，姑苏区落实“大抓招商、大抓项目、大抓发展”的工作要求，立足自身产业优势，抢抓展会招商机遇，举办姑苏区新材料行业组织换届大会暨材料学企业招商签约仪式、第二届上市公司董事长古城保护说明会、消费服务业招商推介会等活动，在数字经济、商贸消费、文旅融合、外资外贸等领域集聚发展动能。

【项目引进】 2023年，姑苏区围绕数字创意、高技术服务发展方向，加大资源导入力度，招引落地相关产业项目224个，新增新兴服务业签约、开工、投产项目36个，总投资248.18亿元，在姑苏云谷等产业载体内引入优米康通信技术、金蝶天燕、依利特科技、传周半导体等产业项目。

【新入驻企业简介】 **苏州金蝶天燕云计算有限公司** 位于朱家湾街8号姑苏云谷产业园，成立于2023年9月，是上市公司金蝶集团旗下信创板块企业，致力于推动国产化基础软件产业的创新与发展，服务数字中国、数字苏州建设，将赋能企业数字化转型并支撑行业信创实践，为国家信息安全保驾护航。

苏州优米康通信技术有限公司 位于朱家湾街8号姑苏云谷产业园，成立于2023年3月，是一家深耕色谱行业的高新技术企业，致力于物联网及无线产品自主研发，能为智慧矿山、智慧城市、智慧旅游等行业提供高速稳定的解决方案。

苏州象鲜科技有限公司 位于西环路1788号中广核苏州科技大厦，成立于2023年3月，是美团买菜在北上广布局外的第一个地级市项目，公司通过"预售+自提"模式，打造"网上菜篮子"的消费新体验，推动生鲜零售线上、线下加速融合。

企业服务

【政策支持】 2023年，姑苏区构建"4+3"产业扶持政策体系，对产业园楼宇提质增效、优质企业引进、扩大生产规模等多方面进行政策支持，激发老旧载体改造提质积极性与企业发展动力，全年共兑现产业扶持政策奖励1.33亿元。通过走访区内头部企业，开展企业家座谈等方式，广泛收集政策意见和建议，做好新一轮全区产业政策修订工作，加大政策集成支持力度，推动产业集聚发展。出台《关于促进全区经济持续回升向好的若干政策》，推出着力提升产业发展水平和竞争力等6个方面25条具体措施，全力以赴抓创新促转型。

【服务企业专场活动】 2023年，姑苏区通过"社情民意联系日"创新拓展服务对象，以"助企直通"谋发展，姑苏服务"零距离"为主题，开展服务企业专场活动。推动机关干部进企业、进项目，"面对面"解决企业发展难题、推动项目加快投产达效。

【企业服务中心成立】 2023年11月7日，姑苏区挂牌成立企业服务中心，在各街道设立惠企服务专窗，围绕企业全生命周期，打造全链条、全天候、全过程服务新生态，进一步加强基层企业服务能力，打通惠企服务"最后一公里"。

产业园楼宇

【国发大厦】 位于人民路3118号，地处平江新城高端商务集聚区核心位置，项目总建筑面积11.8万平方米，高度98.5米，地下一层与轨道交通2号线、6号线平河路站无缝衔接。北楼入驻国发集团、国发担保、住房担保、营财投资等10余家金融总部企业。国发大厦南楼重点发展高技术服务业，引进金融科技、数字文化、互联网等总部和创新型企业70余家。2023年全口径税收达4.4亿元，获评2023年度苏州市高产出楼宇。

【万融国际大厦】 位于人民路3158号，建筑面积

4.7万平方米，高度82.85米。其中裙房1—3层为商业用房，塔楼4—19层为写字楼。万融国际大厦共入驻企业50余家，集聚苏州农发集团、苏州农业担保、鑫鑫农贷、华夏银行、交通银行、紫金保险等现代金融服务业企业，主要面向中小微企业和农业集体提供服务。2023年全口径税收达1.09亿元，获评2023年度苏州市招商运营成绩突出楼宇。

【M+芯谷产业园】 位于西环路3068号，建筑面积2.48万平方米，定位为“数字经济产业创新之谷”，拥有智慧城市、智能制造、消费电子、5G等丰富应用场景。园内集聚欧梯恩、睿智检测、人保寿险、国任财险等企业。2023年全口径税收1.07亿元，

【姑苏云谷产业园】 位于朱家湾街路8号，建筑面积20万平方米，是姑苏北部经济区在金阊新城的示范性项目，也是北部数字经济产业园的核心载体。项目由6幢楼宇组成，主要业态围绕数字基建、数字应用、数字赋能版块展开。产业园内集聚国科美润达、广目汽车等一批高技术服务企业。姑苏云谷“长三角数字经济双创中心”获评2022年苏州市科技创业孵化载体。（姚　婷）

2023年12月26日，产业园调研座谈会召开

区发改局　供图

表18-1　姑苏区产业园楼宇一览（2023）

序号	类型	载体名称	所属街道
1	产业园	创元桃花坞89文化坊	平江
2	产业园	苏州自主创新广场	平江
3	产业园	蓝·苏州自主创新广场	平江
4	产业园	平江科技创业园	平江
5	产业园	容·创意园	平江
6	产业园	德必姑苏WE国际文化创意中心	平江
7	产业园	姑苏IP产业园	平江
8	产业园	平江苏州创元科技创业园	平江
9	产业园	苏州工美文化创意产业园	平江
10	产业园	红蚂蚁家居科技文化创意产业园	平江
11	产业园	北园1981文旅梦工厂	平江
12	产业园	花里巷	平江
13	产业园	蓝·菉葭乐坊	平江
14	产业园	蓝文化创意产业园（苏州·桃花坞）	平江
15	产业园	美罗创意园	平江
16	产业园	金浦·苏州视界1956	平江
17	产业园	彩香创投园	金阊
18	产业园	品好创业园	金阊
19	产业园	工投科技创业园	金阊

续表

序号	类型	载体名称	所属街道
20	产业园	婚庆文化创意园	金阊
21	产业园	金阊科技创业园	金阊
22	产业园	金运科技创业园	金阊
23	产业园	苏州创元商务中心	金阊
24	产业园	桃花坞苏州创元科技创业园	金阊
25	产业园	LOFT圆梦空间	金阊
26	产业园	蓝·麒麟文化创意产业园	金阊
27	产业园	星辉1976产业园	金阊
28	产业园	桃花坞创意园	金阊
29	产业园	“5166”和声影视互联网产业园	沧浪
30	产业园	“谷”姑苏社	沧浪
31	产业园	东弘科技创业园	沧浪
32	产业园	姑苏69阁	沧浪
33	产业园	江南文化创意设计产业园	沧浪
34	产业园	M+金狮“校园里”	沧浪
35	产业园	蓝·盘南1983文化创意产业园	沧浪
36	产业园	胥江PARK	沧浪
37	产业园	苏州电讯电机厂有限公司	沧浪
38	产业园	天和创业园	沧浪
39	产业园	悦未来	沧浪
40	产业园	苏半科技产业园	沧浪
41	产业园	苏州市安全生产产业园	沧浪
42	产业园	267文化创意园	双塔
43	产业园	沧浪科技创业园	双塔
44	产业园	姑苏征信产业园	双塔
45	产业园	海盛泓跃产业园	双塔
46	产业园	锦帆大院	双塔
47	产业园	南环10号（一带一路）产业园	双塔
48	产业园	M+驻这里创意设计产业园	双塔
49	产业园	江南智造互联网文化创意园	虎丘
50	产业园	蓝·西环2928科技文化产业园	虎丘
51	产业园	M+视界创新产业园	虎丘
52	产业园	M+芯谷	虎丘
53	产业园	天翼（苏州）科技创业园	虎丘
54	产业园	协苏产业园	苏锦
55	产业园	蓝·江南STATION	苏锦
56	产业园	蓝·YOUNG创业工坊	吴门桥
57	产业园	蓝·芳华文化创意产业园	吴门桥
58	产业园	苏艺吴门艺海创意园	吴门桥
59	产业园	智慧交通科创园	吴门桥

续表

序号	类型	载体名称	所属街道
60	产业园	蓝朋友创业工坊	吴门桥
61	产业园	蓝63号创意产业园	吴门桥
62	产业园	蓝·989文化创意仓库	吴门桥
63	产业园	蓝·SPORT文化创意产业园	吴门桥
64	产业园	嘉美克纽扣厂	吴门桥
65	产业园	美地PARK	吴门桥
66	产业园	一丝厂	吴门桥
67	产业园	元大万华科技产业园	吴门桥
68	产业园	姑苏云谷	白洋湾
69	楼宇	丽景苑商务楼	平江
70	楼宇	和基大厦	平江
71	楼宇	宏盛大厦商务楼	平江
72	楼宇	官渎大厦	平江
73	楼宇	敬业大厦商务楼	平江
74	楼宇	百脑汇科技中心	金阊
75	楼宇	富达大厦	金阊
76	楼宇	国际经贸大厦	金阊
77	楼宇	浩力大厦	金阊
78	楼宇	佳福大厦	金阊
79	楼宇	嘉登大厦	金阊
80	楼宇	金盈大厦	金阊
81	楼宇	金洲大厦	金阊
82	楼宇	来客茂商务楼	金阊
83	楼宇	全景大厦	金阊
84	楼宇	三元大厦	金阊
85	楼宇	深业中心	金阊
86	楼宇	石路金座	金阊
87	楼宇	石路协和大厦	金阊
88	楼宇	万通大厦	金阊
89	楼宇	远东大厦	金阊
90	楼宇	中翔经贸大楼	金阊
91	楼宇	恒业铂金大厦	金阊
92	楼宇	中盛艾美写字楼	金阊
93	楼宇	永捷峰汇	金阊
94	楼宇	国展中心	金阊
95	楼宇	虹桥商务楼	金阊
96	楼宇	中广核苏州科技大厦	金阊
97	楼宇	新中森泰1788科创中心	金阊
98	楼宇	中材建筑建材研究院	金阊
99	楼宇	非矿大楼	金阊

续表

序号	类型	载体名称	所属街道
100	楼宇	银海大厦	沧浪
101	楼宇	商务大厦	沧浪
102	楼宇	国涛大厦	沧浪
103	楼宇	华孚写字楼	沧浪
104	楼宇	华亭大厦	沧浪
105	楼宇	闽柏科创园	沧浪
106	楼宇	万盛大厦	沧浪
107	楼宇	恒润大厦	沧浪
108	楼宇	宏基大厦	沧浪
109	楼宇	三香置业广场	沧浪
110	楼宇	泰华商务楼	沧浪
111	楼宇	弘+启点空间	沧浪
112	楼宇	东锦商城	双塔
113	楼宇	东凌大厦	双塔
114	楼宇	瑞基大厦	双塔
115	楼宇	新联大厦	双塔
116	楼宇	智能科技大厦	双塔
117	楼宇	创智赢家	双塔
118	楼宇	联青创业园	双塔
119	楼宇	木杏大院	双塔
120	楼宇	初心社·雨诚梦想社区	双塔
121	楼宇	交投大厦	双塔
122	楼宇	十全楼	双塔
123	楼宇	赛格文化广场	双塔
124	楼宇	竹辉大厦	双塔
125	楼宇	海弘大厦	虎丘
126	楼宇	虎丘创业大厦	虎丘
127	楼宇	金创商务大厦	虎丘
128	楼宇	名城综艺大厦	虎丘
129	楼宇	玖园商务楼	虎丘
130	楼宇	新庄创业孵化基地	虎丘
131	楼宇	江苏有线苏州传输中心	苏锦
132	楼宇	联实大厦	苏锦
133	楼宇	万达广场	苏锦
134	楼宇	万融国际大厦	苏锦
135	楼宇	国发大厦	苏锦
136	楼宇	耀盛大厦	苏锦
137	楼宇	人力资源大厦	苏锦
138	楼宇	天元辰广场	苏锦
139	楼宇	苏州世界贸易中心	苏锦

续表

序号	类型	载体名称	所属街道
140	楼宇	苏州城市生活广场A幢	苏锦
141	楼宇	好百年国际婚纱广场1号楼	苏锦
142	楼宇	星健中心3号楼	苏锦
143	楼宇	宏运大厦	吴门桥
144	楼宇	沧浪财智中心	吴门桥
145	楼宇	双桥868	吴门桥
146	楼宇	常润大厦	吴门桥
147	楼宇	思画办伴	吴门桥
148	楼宇	吴中大厦	吴门桥
149	楼宇	友联大厦	吴门桥
150	楼宇	桐泾商务广场	吴门桥
151	楼宇	新郭创业大厦	吴门桥
152	楼宇	惠康新地	吴门桥
153	楼宇	四季商业广场	吴门桥
154	楼宇	世茂广场2号楼	吴门桥
155	楼宇	智汇坊	吴门桥
156	楼宇	金鑫大厦	吴门桥
157	楼宇	旺思楼	白洋湾
158	楼宇	金阊新城物流服务大厦	白洋湾
159	楼宇	城市照明大厦	白洋湾
160	楼宇	国际物流大厦	白洋湾

文旅经济

文旅产品

【精品文旅路线】 2023年，姑苏区教育体育和文化旅游委员会（简称“区教体文旅委”）推出“状元之旅”“穿越之旅”“非遗之旅”“寻根之旅”“碑刻之旅”“运河之旅”等六大主题12条精品文旅路线。状元之旅之“示范天下”游线，穿越之旅之“平江寻踪”游线，非遗之旅之“苏作匠心”游线、“百年老店”游线、“姑苏雅韵”游线以及“最美匠心”游线，寻根之旅之“古城寻根”游线，碑刻之旅之“寻碑访刻”游线，运河之旅之“姑苏六景”2日游线。这12条游线聚焦姑苏古城旅游目的地，融合研学旅行的优势，将知识性、实践性、趣味性、参与性和互动性融入游客体验，增强游客的家国情怀和对桃花坞木版年画、苏绣、苏扇、苏工琥珀、仿古铜器、碑刻、牙雕等中华优秀传统文化的感知。线路体验点位既有平江路等历史文化名街，又有拙政园、网师园、耦园等“百园之城”代表性古典园林。体验内容既有探名胜、看风景等休闲式游览，也有听昆曲评弹、坐游船、品船点等极具江南特色的旅游体验。

【大儒巷38号旅游线路】 2023年，区教体文旅委推出大儒巷38号文旅新地标，整合平江历史文化街区、耦园、双塔市集等热门旅游打卡点，打造古城微旅游线路。书香文艺之旅从大儒巷38号古昭庆寺出发，来到平江历史文化街区，线路精选位于平江历史文化街区内的状元博物馆、文学山房、戏曲博物馆、百花书局、探花书房、沈氏笔庄、名人故居、猫空书店等“打卡地”，让游客深度感受古城的书香文艺气息。

【水上旅游线路】 2023年，区教体文旅委指导苏州水上旅游发展有限公司于4月29日起试开行护城河北段区域水上巴士、北线休闲观光游线及环城河畅游线路等3条新水上游线路。

环城河北部区域水上巴士：茅山塘码头（山塘景区）—火车站南码头—齐门码头（拙政园、狮子林、苏州博物馆），可往返。

环城河北部区域休闲观光游线：从火车站码头至齐门码头（拙政园）往返，提供评弹表演、茶水、茶点，赠送盘门景区门票一张。

环城河畅游线路：从新市桥码头出发，沿途停靠胥门、白居易、火车站南广场、齐门、相门五个码头，最终抵达盘门码头，提供评弹表演、茶水、四宫格茶点、苏式点心等，赠送盘门景区门票一张。

旅游宣传

【“水韵江南　风雅姑苏”姑苏古城旅游专题推介会】　2023年3月4日，由区教体文旅委主办的“水韵江南　风雅姑苏”姑苏古城旅游专题推介活动在南京市秦淮区老门东广场举行。活动先后对苏州古城旅游资源、苏州古典园林、经典人文旅游线路和桃花坞木版年画、苏州象牙雕刻技艺等多项非遗代表作进行现场推介。通过此次活动，姑苏、秦淮两区文旅业界进一步加强交流合作，整合文旅资源，共同打造文旅精品、宣推文旅形象、提振文旅市场，加快构建文旅发展新格局，携手推动两地文旅工作高质量发展。

2023年3月4日，区教体文旅委主办的“水韵江南　风雅姑苏”姑苏古城旅游专题推介活动在南京举行

区教体文旅委　供稿

【“姑苏区优秀旅游节庆活动”征集评选】　2023年5—7月，区教体文旅委组织开展2022年度“姑苏区优秀旅游节庆活动”征集评选工作。活动通过组织专家从文旅融合度、节庆创新性、活动影响力、活动参与性以及申报资料完整性等方面进行评分，最终“大运河姑苏民俗文化旅游节·轧神仙”活动、“石湖串月”中秋民俗活动等10项活动入选2022年度“姑苏区优秀旅游节庆活动”。通过征集评选工作，进一步整合推出古城旅游资源，宣传活跃古城旅游氛围，汇聚旅游人气。

文旅管理

【文化产业招商】　2023年，姑苏区按照大抓招商、大抓项目、大抓发展的目标要求，围绕数字创意、网红文旅、特色酒店民宿等主题主线，共对接网易传媒等企业（项目）236个，招引落地文旅企业（项目）132个，其中具有发展潜力的数字文化重点产业项目19个。

【文化产业载体建设】　截至2023年12月，姑苏区共建有38家文化产业园（含在建），总面积53.2万平方米。其中，国资产业园7家（区属国资3家），民营产业园31家。总入驻企业2000余家，其中文化企业约占42%，总营收约142亿元，纳税总额约5.66亿元，文化产业园单位面积出税1062.65元。有省级重点示范园区2家，省级示范园区创建单位1家，市级重点示范园区9家。

【文旅行业监管】　2023年，区教体文旅委优化文旅行业行政许可流程，推进业务整合和数据共享，落实一次性告知、“两个免于提交”、告知承诺制度等。全年新设立文化娱乐场所6家，文艺表演团体8家，互联网上网服务营业场所3家，内地营业性演出174场；审批新设旅行社、分社及服务网点共计50家。启动文化艺术类非学科类校外培训机构的许可工作，完成剧本娱乐经营场所备案42家。指导盘门景区做好A级景区复查工作。

【旅游市场整治】　2023年，区教体文旅委设立假日旅游指挥中心，分别在平江路、山塘街等10处重点景区商圈设立现场指挥部，实时指挥并监测所有重点区域的运行情况。指导平江历史文化街区、山塘景区细化假日游客疏散应急预案，分别组织4次应急演练，建立三级应急响应机制。持续推进旅游市场“百日综合整治”行动，全年共检查旅游大巴团队1200余个，向20000余名游客进行面对面的宣传和告知。

【酒店民宿管理】 2023年，姑苏区发布《保护区、姑苏区推动酒店业高质量发展三年行动计划（2023—2025年）》《姑苏区旅游民宿业规范发展指导意见》，保障促进姑苏区酒店民宿业发展。苏州AC酒店、苏州雅辰悦居酒店、有熊畅园酒店、有熊观前酒店、颐和松茂居酒店等酒店开业，新增客房565间、床位数778张。全年限上住宿业实现营收11.73亿元，增速55.7%。指导南园宾馆和胥城大厦开展星级酒店复核工作。

文旅服务

【姑苏区旅游大数据平台建设】 2023年，区教体文旅委启动姑苏区旅游大数据分析平台二期项目建设。发布“宝藏姑苏”3.0版“网红打卡地图”，上新“宝藏姑苏”微信小程序，增加古井古桥、古韵城门等点位。

【姑苏游客驿站】 2023年，区教体文旅委设立大儒巷38号、中街路社区、大公园社区3处姑苏游客驿站，安装投放旅游宣传展架，向市民游客提供游览休憩、旅游宣传、预约讲解以及文化体验等服务。在A级景区、星级酒店、火车站综合服务中心、旅游咨询中心、姑苏游客驿站等处发放旅游宣传材料近万份。

【旅游交通体系】 2023年，姑苏区持续健全旅游交通体系，东汇公园换乘停车场投入使用，在山塘街停车场（西）设置山塘街主要景点游览地图，协调公司在北环路设立停车场导引标识牌，引导游客前往停车游览山塘、虎丘景区。

【水韵江南　风雅姑苏——2023“姑苏杯”导游大赛】 大赛于2023年8月25日正式启动，经过初赛、复赛层层角逐，最终10名选手入围决赛。9月27日，“水韵江南　风雅姑苏——2023‘姑苏杯’导游大赛”决赛在虎丘湿地公园举行，决赛评选“姑苏金牌导游”，宣布“风雅姑苏”解说词获奖名单，发布“风雅姑苏”旅游线路和“宝藏姑苏”3.0版“网红打卡地图”，进一步提升旅游从业人员的文化素养，搭建行业互动共谋发展的交流平台。（梅佳祺）

2023年9月27日，“水韵江南　风雅姑苏——2023‘姑苏杯’导游大赛”决赛在虎丘湿地公园举行

区教体文旅委　供稿

建筑业

综　述

【建筑业规模】 2023年，姑苏区注册建筑业企业共2478家，其中市管企业1416家。建筑业完成总产值约227亿元，比上年增长0.1%（部分混凝土生产、安装、智能建筑等建筑业企业产值未被纳入其中），其中年产值10亿元以上建筑业企业5家。

【建筑安装工程投资】 2023年，姑苏区建筑安装工程投资完成91.3亿元。其中，房地产项目建筑安装工程投资完成42.5亿元，非房地产项目建筑安装工程投资完成48.8亿元。

【装配式建筑】 2023年，姑苏区新开工城镇装配式建筑面积58.06万平方米，占新开工总建筑面积47.36%。苏地2023-WG-36号地块房地产项目所有房屋采用装配式建造方式，主要应用预制叠合板、预制叠合阳台板、预制剪力墙、干式工法楼地面等装配式技术，预制装配率大于50%，为苏州市首个获得装配式容积率奖励的项目，奖励面积440.9平方米。

【智能建造】 2023年，姑苏区建成省、市级智能建造试点项目各1个。市级智能建造试点项目苏国土2022-WG-1号地块项目工程开展全周期在线协作。省级智能建造试点项目——苏州市急救中心（A楼）及苏州大学附属第二医院应急急救与危重症救治中心大楼（B楼）项目采用混凝土工程、实测实量等12款施工机器人。

建筑施工

【概况】 2023年，姑苏区在建报监项目184个（其中市管项目73个、区管项目111个），小型（临时）工程185个。区级报监在建项目中土建工程24个、装修改造工程59个、市政工程10个、老旧新村改造工程18个。在用建筑起重机械89台，其中塔吊56台、施工升降机33台，建筑起重机械“一体化”率达100%，吊钩可视化系统安装率达100%。

【智慧工地建设】 2023年，区住建委构建“监管部门、施工企业、工程项目”三级联动的“智慧工地”管理体系，提升监管工作效能。全年通过苏州市智慧工地监管平台审核项目19个，其中标准版2个、强化版17个。

【施工安全培训】 2023年，区住建委开展建筑施工领域“安全生产月”系列活动，安排安全生产专题学习15场，参与200余人次；组织开展宣讲活动11场，参与150余人次；印制发放《江苏省安全生产条例》《建筑与市政施工现场安全卫生与职业健康通用规范》1200份；组织区内建筑企业主要负责人上一堂安全课、看一部警示片、开展一次“安全承诺践诺”等相关活动共9场，参与95人次。

【施工扬尘治理】 2023年，区住建委组织开展专项检查4次、巡查44次，检查工地186个次，建筑工地扬尘防治检查评分70份次。开具整改通知书70份，扬尘类行政处罚移交6起，处罚金额共6万元，均督促责任单位整改落实。

【工程建设领域整治】 2023年，姑苏区建设工程质量安全监督站督促参建单位建立健全危大工程安全管控体系，增加安全检查频次。印制《关于进一步加强建筑施工领域高处坠落事故防范工作的通知》，编制《施工现场预防高处坠落提示函》，督促各项目第一时间完成签署。开展防高坠专项执法检查，共计检查项目255项次（所有在建项目全覆盖），发现问题隐患308条，均落实闭合。全年累计发放《预防高处坠落事故工作指引》《高处作业人员防坠落安全手册》300余份。严格监管建筑起重机械的使用登记、拆卸告知及使用注销环节，全年共计完成三轮183台次建筑起重机械设备全覆盖检查，其中塔吊90台、施工升降机68台、高处作业吊篮25台，共发现隐患234条，均落实整改。开展重大事故隐患专项检查，共排查整治项目69个，将各项目问题及时填报住建部“全国工程质量安全监管信息平台”，共完成两轮项目全覆盖检查填报，未发现重大事故隐患问题。

【苏州第五建筑集团有限公司】 苏州第五建筑集团有限公司位于福运路198号常润大厦，公司创始于1964年，是一家以建筑业为主业，集房地产开发、节能环保、服务业、生产等多产业集群于一体的综合性企业集团。公司下设建筑工程设计院、房地产、钢结构、PC构件、绿化、节能环保、劳务等多家子公司，拥有专业的技术研发中心。其中主营业务包括房屋建筑、市政公用工程、古典园林建筑、建筑装修装潢、水电安装、园林绿化景观、机电设备安装等。

【苏州建设（集团）有限责任公司】 苏州建设（集团）有限责任公司位于五卅路29号，公司于1996年11月经苏州市人民政府批准，由苏州市重点工程指挥部和市建委下属单位组建而成，2003年底完成企业改制，成为苏州地区大型城建企业集团之一。公司以建筑施工、工程代建、房地产开发及对外投资为主业，涵盖房建、市政、水利等多项施工总承包及专业建筑业企业资质，兼备房地产开发资质和商务部对外劳务合作经营资格，先后被省住建厅列为江苏省第一批项目管理试点企业、第三批政府投资工程集中代建机构、第一批EPC工程总承包试点企业、第二批装配式施工企业。

建筑行业管理

【建筑质量监管】 2023年，区住建委共受理项目142个，总建筑面积324.84万平方米，总造价75.17亿元，组织质量监督抽巡查397次，发出整改通知书341份。对发现的违法违规问题，提出行政处罚建议4起，其中，3起已结案，1起正在处办中。辖区内商品住宅工程竣工1个。

【建筑安全监管】 2023年，区住建委对市、区两级报监项目、非报监项目（主要为口袋公园改造、市政养护等）、小型（临时）工程等各类建设项目开展日常检查1313次，发现各类安全问题5156个，所有隐患问题现场开具整改单，并全部整改完成。闭环处理46个违规施工项目，其中，“应办未办施工许可”项目12个，“应备未备案小型工程”项目34个。全年组织警示约谈5次，涉及安全生产管理不到位项目21个。立案查处无证施工项目9个，立案处罚工程管理不到位、落实整改不力项目14个。

2023年9月15日，区住建委于台风“贝碧嘉”登陆前夕开展建筑工地安全检查　　区住建委　供稿

【建筑业信用管理】 2023年，区住建委受理企业首次申报196家，企业全资子公司间重组、分立253家次，增项申请60家次，升级申请2家次，简单变更申请976家次。企业信息登记审核通过1146家，发放2023年度企业信用手册976份，外地企业进区信息登记审核通过356家。 （王昭承）

服务业

物流业

【概况】 2023年，姑苏区紧盯区域物流转型升级、城市物流提效增能等重点任务，坚持一手抓提升，一手抓创新，不断优化产业布局，集聚优质资源，构筑现代物流产业高质量发展新优势。金阊新城现代物流集聚片区兼有国际、国内、市域的运、配送服务，基本形成干线运输（传化）、高端仓储（安博）、商贸物流（苏汽）、多式联运（铁路物流中心）等业态错位发展、功能互补的良性发展格局，为苏州制造业发展提供可靠的运力保障。金阊新城物流税库单位1194家，完成税收1.4亿元，其中五大物流园税收1.25亿元。

表21-1 重点物流企业一览（2023）

序号	企业名称	序号	企业名称
1	苏州传化物流基地有限公司	17	苏州远宏物流有限公司
2	安博金阊（苏州）仓储有限公司	18	苏州达利园物流有限公司
3	苏州传化公路港物流有限公司	19	苏州新丝路国际多式联运有限公司
4	江苏苏汽国际物流集团有限公司	20	苏州达安汽车运输有限公司
5	江苏白洋湾口岸建设发展有限公司	21	苏州康顺物流有限公司
6	江苏琛瑞供应链管理有限公司	22	苏州鑫磊物流有限公司
7	苏州市凯达物流有限公司	23	苏州新丝路供应链管理有限公司
8	苏州货的城市配送有限公司	24	苏州万诚众达物流有限公司
9	苏州马邦物流有限公司	25	苏州安平物流有限公司
10	苏州韩信物流有限公司	26	战马物流（苏州）有限公司
11	苏州千帆物流科技有限公司	27	苏州胜达物流有限公司
12	江苏众诚供应链管理有限公司	28	苏州大洋供应链集团有限公司
13	苏州跃灵国际货运代理有限公司	29	斯沃德（江苏）供应链管理有限公司
14	苏州亚中国际物流有限公司	30	苏州跨越物流有限公司
15	苏州定日达物流有限公司	31	江苏全程物流有限公司
16	苏州全际通物流服务有限公司	32	苏州祥迎运输服务有限公司

续表

序号	企业名称	序号	企业名称
33	苏州诚源物流有限公司	42	苏州超联物流有限公司
34	苏州凯广货运有限公司	43	苏州全顺互联物流有限公司
35	苏州市新北方物流有限公司	44	苏州华美达物流有限公司
36	苏州华厦物流有限公司	45	苏州全宏物流有限公司
37	苏州中杨物流有限公司	46	苏州市佳运汽车运输有限公司
38	苏州万诚达物流有限公司	47	苏州马邦供应链信息技术服务有限公司
39	苏州泰运物流有限公司	48	苏州恒宏供应链管理有限公司
40	苏州市赣昌物流有限公司	49	苏州佳庆物流有限公司
41	苏州宏源丰供应链管理有限公司	50	苏州天泉物流有限公司

【物流项目建设】 江苏（苏州）国际铁路物流中心位于金仓街1号，规划占地面积约85万平方米，以国家铁路一级物流基地为核心，重点建设水路（铁路）对外开放口岸，包括核心功能区和集装箱码头区。项目建有监管中心、国际物流大厦（综合服务中心）、专业仓库、中港池，2023年港航大厦（联检服务中心）及配套堆场仓储完成土建。主营业务为中欧班列和多式联运，2023年全口径税收158万元。

苏州传化公路港项目位于金筑街588号，占地面积39.2万平方米，建筑面积约20万平方米，建设运营专线运力、分拨配送、智能仓储、资源交易调度、综合服务、展示销售等六大主要功能区，快速实现物流服务、物流载体和物流需求三大资源的集聚。主营业务为公路运输，累计服务苏州大市各类制造业企业4.5万家，2023年全口径税收1.04亿元。

安博金阊（苏州）仓储项目位于虎泉路1288号，占地面积9.87万平方米，建筑面积10.9万平方米。项目是由世界500强物流企业美国安博公司投资建设的高端物流仓储项目，集运营结算、配送、仓储等功能于一体。主营业务为仓储租赁，进驻祥迎国际物流、斯沃德供应链等企业9家，2023年全口径税收1278万元。

苏州城市公共配送枢纽项目（即苏汽现代商贸物流园）位于虎林路888号，占地面积9.13万平方米，建筑面积10万平方米。主营业务为城际配送、仓储租赁，针对快速消费品为区域内商贸流通企业提供综合供应链服务。进驻壳牌便利店总仓、中石化易捷苏州配送中心、五芳斋集团苏南配送中心等，2023年全口径税收727万元。

中国邮政长三角电商产业园项目位于金政街与虎林路交叉口，占地面积7.07万平方米，建筑面积6.9万平方米。项目是由中国邮政集团有限公司苏州市分公司投资建设的跨境电商综合平台，具备仓储、配送、供应链金融等功能，可提供快速报关、优先通关、退税结汇等服务。主营业务为邮政快递及EMS分拨业务，日均处理能力120万袋（件）、发运车辆300趟次。

【物流服务品牌创建】 2023年，姑苏区举办“政企互动联系日”物流企业专场，面对面倾听企业“急难愁盼”问题，围绕产业互动发展、现代物流体系构建、转型升级政策支持、企业发展服务、从业人员关怀等内容共商高质量发展。4月发布物流产业《优化营商环境助力企业诚信经营“十八条”》，获评2023年苏州市社会信用体系建设优秀案例。聚焦货车司机的特点和需求，在传化公路港打造“新湾·红运驿家”服务阵地，配置司机之家、平安前哨、休闲大厅、图书室、健身室等8个功能场室，一站式提供驻泊休息、政策咨询、诉求收集、健身休闲、学习教育等多种服务。联合传化公路港举办“货车司机关爱月”活动，推出10项暖“新”服务清单，关心关爱新业态新就业群体。

【重点物流企业介绍】 江苏琛瑞供应链管理有限公司位于朱家湾街8号，成立于2018年，公司主营国内公路普通货物运输业务，深度整合虚拟物流链、仓储系统、运输系统、信息管理系统，与菜鸟、德邦、京东、立白、大自然等公司合作。现有员工200余人，设立多地分公司，形成全国“七大区域板块”和“五大核心基地”。

苏州马邦物流有限公司位于金筑街588号，成立于2009年，公司主营华东至西南（重庆、成都）往返干线公路运输，运用专线专业软件实现全程运输节点跟踪可视化。现有员工500余人，设有10余个分公司，自有各式货车、半挂车超120辆，主要干线运输年发车3600余车次。

苏州达利园物流有限公司位于金筑街588号，成立于2010年，是一家集园区经营、干线运输、仓储配送、第三方物流等综合物流服务为一体的物流企业，以北京、天津为中心辐射全国物流体系。现有员工100余人，合约干线车100余辆、短驳车200余辆，年发车1000余车次。

苏州新丝路国际多式联运有限公司位于金储街288号，成立于2017年，是“一带一路”中欧班列的铁路代理运营商、经市国资委批复的混合型合资公共平台，可提供国内外“海陆空铁”物流运输、仓储配送、关务、贸易、跨境电商等综合供应链服务。

苏州康顺物流有限公司位于金筑街588号，成立于2012年，公司主营苏州、成都、重庆、郑州专线零担整车往返业务，重点开展卡车航班、零担配载、城市配送、第三方物流等业务。现有员工100余人，设有3处分公司，拥有干线车50余辆、短驳车20余辆，年发车2000余车次。（姚　婷）

商务服务业

【律师服务】 截至2023年底，姑苏区律师行业有律师事务所68家，其中，1家百人所，1家80人所。全区执业律师共计991名，每万人拥有律师数10.1名。2023年营业收入40738万元，其中营业收入数在1000万元以上的律所8家，人均收入50万元以上的律所13家。加快推进法律服务行业集聚发展，强化政策支持，将法律服务行业纳入区“4+3”产业扶持政策体系，发布新一轮行业扶持政策，共发放扶持资金249.6万元。姑苏法律服务产业园启动区项目正式投用，核心区项目启动建设。

【公证服务】 截至2023年底，苏城公证处公证从业人员35人。有执业公证员14人。其中，本科以上公证员11人，占比78.57%（硕士研究生以上3人，占比21.43%）；中级职称以上公证员5人，占比35.71%；高级公证员3人，占比21.43%。公证处办理各类公证15644件，1件案例入选江苏省十大优秀公证案例。其中，国内民事12229件，占比78.2%；国内经济1479件，占比9.5%；涉外公证1737件，占比11.1%；涉港澳台公证170件，占比1.1%。全年为全区70周岁以上老人免费办理遗嘱公证300余件，共计减免费用30余万元，提供上门公证服务近300次，办理涉企公证1600多件，协助企业解决融资困难近10亿元，为企业复工复产保驾护航，年度办证件数达16445件。强化“苏城存证”App 3.0版本应用推广，推出“公证悬赏”小程序，其中商标权悬赏部分正式上线运行，进一步拓宽知识产权侵权线索收集渠道。（江宇晨）

【人力资源服务】 2023年，姑苏区共有公益性人力资源市场1家，经营性人力资源机构经审批许可84

家，分支机构登记23家。打造苏州姑苏人力资源服务产业园，发挥产业园区集聚作用，共计入驻人力资源服务机构32家，获评市级人力资源服务产业园、市级零工市场。联合姑苏区人力资源服务行业协会成立姑苏区惠企助业联盟，引导联盟为企业引进劳动者提供就业服务，金阊人力、营财安保等10家人力资源服务机构累计服务企业5524家次，与企业对接服务13462次，实际帮助解决缺工7392人。建立跨区域人力资源服务和劳务协作交流机制，组织姑苏区人力资源服务行业协会成员单位等辖区重点企业，赴河南省濮阳市和郑州市、重庆市、四川省成都市、甘肃省张掖市、湖北省武汉市、湖南省长沙市等多地开展人力资源合作交流、校企对接活动，签订20份人力资源合作协议，拓宽人力资源合作渠道。开展2022年度姑苏区人力资源服务稳定就业特殊贡献奖、姑苏区诚信人力资源服务机构评选工作，鼓励企业稳定就业。（阴佳浩）

【会计服务】 2023年，区财政局深入贯彻落实“放管服”改革要求，在持续放宽准入条件、简化审批流程的基础上，加强事前审批与事中事后监管的衔接，有效激发代理记账行业发展活力，促进代理记账行业健康发展。截至2023年底，全区代理记账机构共计365家，其中总部机构355家、分支机构10家。（全秋萍）

【广告业】 2023年，姑苏区共有广告业规上企业27家。区市场监管局积极对接辖区广告企业，谋划广告产业发展，辅导M+金狮校园里广告产业园区成功申报苏州市级广告产业园区，引导辖区内9家广告企业申报苏州市广告业发展奖补项目，共申领奖补资金75.2万元。加大食品、医疗、房地产等民生类广告监测力度，全年监测各类广告10453条次。其中，监测涉嫌医疗、药品、医疗器械、保健食品、教育培训违法广告线索4315条，监测长江禁捕线索2302条，监测涉嫌非法集资风险集中排查广告线索327条，监测打击网络直播广告违法行为线索3509条，共办理广告案件75件，累计处罚金额45.583万元，其中涉互联网广告案件10件，处罚金额15.69万元。（吕　骏）

居民生活服务业

【住宿餐饮】 2023年，姑苏区限上住宿业实现营收11.73亿元，增速55.7%。限上餐饮业实现营收37.85亿元，增速50.1%。（梅佳祺　张云芳）

【家政服务】 2023年，姑苏区发放家政服务业特岗补贴和社保补贴126.72万元，进一步鼓励推动古城家政服务企业实行员工制管理，促进家政服务从业人员技能提升。（阴佳浩）

【托育服务】 2023年，姑苏区共有托育机构69家，可提供托位3418个，每千人托位数达3.69个。新建成3家市普惠托育机构、2家省普惠托育机构、1家市示范托育机构及1家省示范托育机构，挂牌成立姑苏区托育综合服务中心及实践基地。（王　玲）

【农贸市场建设】 2023年，姑苏区对2022年完成的白洋湾二期扩建、新康、南环、友联等4个农贸市场改造项目，按照标准化验收、造价工程一审、二次复核、部门联审等环节，下达兑付补助资金912.7万元。南门市场于9月28日整体迁入友新综合市场营业，市场共有430个铺位（店）。

【一刻钟便民生活圈建设】 2023年，姑苏区对《一刻钟便民生活圈建设三年行动计划》中农贸市场、24小时药店、社区日间照料中心等10项重点工作内容进行调整，稳步推进各项工作。9个一刻钟便民生活圈获市级认定，数量居全市之首。南环第二社区一刻钟便民生活圈入选商务部一刻钟便民生活圈典型案例集。

【老字号宣传推广】 2023年，姑苏区组织老字号参加“老字号 潮起来”创意推广活动、2023重燃老字号巡回公开课、第五届中国（江苏）老字号博览会、老字号国潮年货节等各类活动；拍摄老字号系列宣传片，有效利用姑苏发布抖音号、繁华姑苏公众号等官方平台扩大宣传；开展“老字号 新创意”文化赋能计划，推出“五福·回香”雷允上特色香囊胸针和元大昌“聚福·回味”冬至礼盒，助力赋能古城老字号品牌和姑苏传统文化创新创业；子冈等4家老字号参展第六届进博会人文交流活动；24家老字号门店获“惠军商户”授牌；17家中华老字号全部通过复核；新增苏州老字号4家；松鹤楼入选“中华老字号守正创新案例集”。（郑 曦）

表21-2 姑苏区老字号一览（2023）

序号	企业名称	称号
1	苏州雷允上国药连锁总店有限公司王鸿翥药店	中华老字号
2	苏州雷允上国药连锁总店有限公司宁远堂药店	中华老字号
3	苏州雷允上国药连锁总店有限公司良利堂药店	中华老字号
4	苏州市春蕾茶庄有限公司	中华老字号
5	苏州市得月楼餐饮有限公司	中华老字号
6	苏州乾泰祥丝绸有限公司	中华老字号
7	苏州松鹤楼饮食集团股份有限公司	中华老字号
8	苏州玉露春茶叶有限公司	中华老字号
9	苏州市朱鸿兴饮食有限公司	中华老字号
10	苏州采芝斋食品有限公司	中华老字号
11	苏州市恒孚首饰集团有限公司	中华老字号
12	苏州市黄天源食品有限公司	中华老字号
13	苏州津津食品有限公司	中华老字号
14	苏州市近水台面馆	中华老字号
15	苏州三万昌茶叶有限公司	中华老字号
16	苏州叶受和食品有限公司	中华老字号
17	苏州市义昌福酒店	中华老字号
18	苏州雷允上国药连锁总店有限公司沐泰山药店	江苏老字号
19	苏州雷允上国药连锁总店有限公司诵芬堂药店	江苏老字号
20	苏州雷允上国药连锁总店有限公司童葆春药店	江苏老字号
21	苏州雷允上国药连锁总店有限公司天益生药店	江苏老字号
22	苏州雷允上国药连锁总店有限公司潘资一药店	江苏老字号
23	苏州雷允上国药连锁总店有限公司灵芝堂药店	江苏老字号
24	苏州雷允上国药连锁总店有限公司同益生药店	江苏老字号
25	苏州刺绣研究所有限公司	江苏老字号
26	苏州子冈珠宝有限公司	江苏老字号
27	苏州市大鸿运酒店有限公司	江苏老字号
28	苏州市杜三珍餐饮管理有限公司	江苏老字号
29	苏州红木雕刻厂有限公司	江苏老字号

续表

序号	企业名称	称号
30	姑苏区五芳斋面饭馆	江苏老字号
31	苏州馀昌珠宝商行	江苏老字号
32	苏州元大昌酒业有限公司	江苏老字号
33	苏州观振兴餐饮管理有限公司	江苏老字号
34	苏州老万年金银有限公司	江苏老字号
35	苏州民族乐器一厂有限公司	江苏老字号
36	苏州万福兴糕团食品有限公司	江苏老字号
37	苏州绣娘丝绸有限公司	江苏老字号
38	苏州如意檀香扇有限公司	江苏老字号
39	苏州市万康副食品有限公司	江苏老字号
40	苏州市绿杨餐饮服务管理有限公司	苏州老字号
41	苏州赵天禄食品有限公司	苏州老字号
42	苏州蜜字牌蜜饯有限公司	苏州老字号
43	苏州集宝斋文化艺术有限公司	苏州老字号
44	苏州陆正兴食品有限公司	苏州老字号
45	苏州裕面堂餐饮管理有限公司	苏州老字号
46	苏州生幼堂药业有限公司	姑苏老字号
47	姑苏区荣阳楼面店	姑苏老字号
48	苏州雷允上国药连锁总店有限公司杜良济药店	姑苏老字号
49	姑苏区协和菜馆	姑苏老字号
50	姑苏区唐嵩记工艺品商行	姑苏老字号
51	苏州胥城大厦有限公司	姑苏老字号
52	苏州市朱新年餐饮管理有限公司	姑苏老字号
53	苏州市龙凤金店有限责任公司	姑苏老字号

房地产业

【直管公房管理及修缮解危】 2023年，区住建委扎实推进直管公房管理及各项日常工作。全年姑苏区直管公房共回收租金10961万元。完成直管公房非居住房招租52处，办理无偿更名490户，房改优惠售房96处。制定《姑苏区属直管公有住房管理办法》《姑苏区属直管公有住房申请式退租办法》及配套内部操作流程。首次通过市公共资源交易中心向全社会公开招标，择优采购2023—2024年度姑苏区属直管公房委托管理单位，引导11家管理单位整合至8家，直管公房管理更加规范化、专业化。研究制定《姑苏区直管公房考核细则》及相关考核制度，进一步促使各管理单位强化精细化管理意识。完成直管公房管理系统改进，依托智慧住建CIM平台形成公房一张图展示，全面建立多维度、精细化的资产数据库。全年共实施直管公房修缮3.07万平方米，惠及居民717户。加密疑似危险房屋巡查频次，巡查房屋结构、消防和无证建筑情况，对于巡查中发现的各类隐患问题，及时记录并予以整改。制定直管公房防汛防台工作预案，组建8支直管公房应急抢险队伍，梅雨期间及时登记报修信息1384处，全部于7月中旬完成闭环处置。开展32号街坊、五卅路子城等六大重点片区保护更新项目和直管公房文控保建筑保护修缮项目所涉公房征收搬迁工作，全年共征收搬迁直管公房3.93万平方米。

【房地产管理】 2023年，姑苏区商品房销售面积36.22万平方米（住宅29.13万平方米、非住宅7.09万平方米）。完成平江观棠、桃溪澜园、春月锦园、润晨雅园、璞拾胥江华庭、和月泊庭、文润雅筑、熙和平江、胥涛雅筑9个房地产新建项目共计17批次的预售许可初审（包括地名备案和价格备案）、预售资金监管及解款审批；建立房地产市场运行月报制度和房地产维稳工作周报制度，做好房地产行业市场分析和研判，落实风险楼盘"一案一策"化解处置。组织"家住姑苏，遇见美好"2023姑苏区安家欢乐购活动，邀请房地产项目积极参与苏州"云上房展"、苏州住房"换新购"活动、市住建局人才房团购等活动，持续推介置业姑苏。12月底，出台《姑苏区实施"卖旧买新"购房契税补贴政策实施细则》，降低交易成本，满足居民改善性住房需求。

【物业管理】 截至2023年底，区住建委指导组织召开业主大会、选举成立业主委员会（含物业管理委员会）43个，接受各街道业主委员会备案材料抄送43份；完成物业服务企业合同备案19份；完成物业服务用房确认备案7份；完成物业管理承接查验6份；完成物业企业公益性岗位认定105份。完成维修资金使用审批282笔，其中应急项目242个、常规项目40个，涉及金额总计4859.19万元；完成维修资金拨付审批318笔，其中常规使用100笔、应急使用218笔，总计拨付金额2225.70万元；完成各类维修资金交款审批6307户，总计1.05亿元。组织阳光城花园项目积极参评住建部"加强物业管理，共建美好家园"活动，并获评2023年度苏州市"美好家园"住宅小区。开展文明楼道建设专项行动，全区共计10个项目获评"市级示范文明楼道"。指导浅棠平江花园、苏州新城投资国际物流大厦、苏州市人民检察院、水巷别墅4个项目积极参与2022年度省级示范物业管理项目申报工作，并于9月完成省级示范物业管理项目考核组的考核；指导苏州市市民健身中心、盛汇平江雅苑、清嘉苑、虎池苑参与2023年度市级示范物业管理项目申报工作，并通过市级示范物业管理项目考核组的考核。

（王昭承）

婚庆服务业

【概况】 2023年，姑苏区着重抓好核心领域"链主"企业发展，主要包括3大类、12个子项，涵盖婚纱礼服、婚纱摄影、婚庆策划、婚礼酒店、婚品消费等核心领域。截至年末，姑苏区工商注册且在营的婚庆服务业核心领域经营主体共计2068家。按规模、税收贡献、行业影响力等因素，遴选出行业重点、骨干企业85家。

【2023中国（苏州·虎丘）国际婚纱节】 2023年5月20—26日，由市政府指导，市工信局、姑苏区政府、苏州广电总台联合支持，苏州虎丘婚纱投资

2023年5月20日，中国（苏州·虎丘）国际婚纱节举办

虎丘街道　供稿

有限公司主办的2023中国(苏州·虎丘)国际婚纱节在虎丘山风景名胜区和虎丘婚纱城举办。通过一系列活动,拉动婚纱城在适婚人群中的品牌影响力,加速虎丘婚纱产业的提档升级。活动期间,婚纱城总销售业绩约2660万元,总人流量6.28万人。

【虎丘婚纱城·2023江苏省婚纱礼服职业技能定制赛暨服装院校学生设计大赛】 2023年8月31日,由江苏省服装协会、苏州虎丘婚纱城主办,江苏省服装设计师协会承办的虎丘婚纱城杯·2023江苏省婚纱礼服职业技能定制赛暨服装院校学生设计大赛签约仪式在虎丘婚纱城举行。大赛旨在推进江苏服装产业链上下游的融合与发展,发掘婚纱礼服领域的设计人才,将品牌与教育融合,令设计与市场接轨,为婚纱礼服产业助力。

【中国(苏州)丝绸服装服饰设计大赛】 2023年11月10日,由中国丝绸协会、苏州市工业和信息化局、苏州市姑苏区人民政府联合主办,苏州丝绸行业协会、苏州中国丝绸档案馆协办的第三届“锦绣江南”中国(苏州)丝绸服装服饰设计大赛决赛在姑苏区唐寅故居文化区文昌阁广场举办。姑苏区企业绣娘丝绸获得金奖。

【婚纱城橱窗大赛】 虎丘婚纱城橱窗大赛于2023年10月8—13日期间征集作品,11月1—7日公开投票,11月9日大赛圆满落下帷幕。大赛决出金奖1名、银奖2名、铜奖3名、人气奖3名。此次大赛以创新设计为引领,通过展示商户的橱窗设计,激发业态活力,促进商户之间的良性竞争,推动婚纱产业的特色发展。 (郑 曦 顾雪琴)

生态环境

生态环境质量

【空气质量】 2023年，姑苏区$PM_{2.5}$浓度为每立方米31.3微克，优良天数比例为80.3%。

【地表水环境质量】 2023年，姑苏区2个省考断面水质优Ⅲ比例100%，达到Ⅱ类水质标准；8个市考断面优Ⅲ比例100%；29条区管区河长制河道优Ⅲ比例达到100%。

【土壤环境质量】 2023年，姑苏区土壤环境质量总体良好并保持稳定，地块土壤污染状况调查达标率和安全利用率均达100%。 （朱帆晨）

资源保护

【河长制工作】 2023年，按照市委、市政府决策部署，姑苏区积极与市水务局等市级部门对接，将立交泵房运维、排水管理等9项水务职能承接至区级行使。成立姑苏区水务管理中心，让更多治水职能在区级层面形成闭环，提高决策效率。20名区级河长全年共完成巡河124次，81名街道级河长和162名社区级河长共完成巡河14190次，组织跨界河湖联合巡河58次，协调解决河湖问题262处。涉及姑苏区市级重要河湖“一事一办”清单任务4项、市级河长交办单4项，均按时办结。

【城市绿化】 2023年，姑苏区对环线高架桥下空间进行综合利用，实施西环高架桥下空间绿化景观提升工程、东环沿线绿化及市政道路提升工程，打造高架桥下绿化景观空间。实施友谊河绿化景观风貌提升工程，提升对外展示效果。开展空闲地块覆绿，推进地被及灌木更新工程，提升城市景观环境。完成5个公园改造。持续推进口袋公园建设，完成面积11.8万平方米。积极参与苏州市2022年“园林杯”最美口袋公园、小微绿地评选活动，拥军楼小游园、相门小游园、双亭园、春晖园4个口袋公园及乘鲤坊、平江古巷2个小微绿地入选。积极参与公园绿地开放共享试点工作，推出秋香园、绿馨园2个小游园及沪宁高速北广济路东地块1处绿地，开展试点探索，鼓励市民进入绿地活动。完成南部片区城市水网湿地保护小区建设。

【节约用水】 2023年，姑苏区对市级职能下放事项中关于计划用水、用水审计、水平衡测试、节水型载体建设、节水“三同时”管理、合同节水、节水宣传的工作要求、操作流程、法规依据进行梳理细化，为姑苏区开展节水工作提供规范化的制度指引。收集完善姑苏区639家计划用水户的基础信息，整理核实后汇编成台账。印发《姑苏区重点监控用水单位名录》，共10家用水单位纳入区级重点监管。完成计划用水户2023年用水量预警、计划调整及2024年度用水计划建议申报工作；完成6家计划用水单位的用水审计工作和20家计划用水单位的水平衡测试工作；申报创建虎北花园、仁恒江湾雅苑为省级节水型小区。（王昭承）

2023年6月7日，长江禁捕宣传活动在双塔街道里河社区举办　　姑苏生态环境局　供稿

节能减排

【概况】 2023年，姑苏区综合能源消费量为135.8万吨标准煤（等价值），比上年增长1%，单位GDP能耗总体下降2.9%。加强生态产品价值实现机制研究，制定《姑苏区建立健全生态产品价值实现机制试点实施方案》。加强项目源头把控，开展新增固定资产投资项目节能审查，对苏地2022-WG-48号地块等4个新建项目完成节能审查，无新增“两高”项目。加强新能源推广运用，年内全区新能源汽车上牌量为10676辆，比上年增长4.42%，全区机动车上牌量为26486辆，新能源汽车渗透率为40.31%，截至年底，全区新能源汽车保有量为37286辆，占本地汽车保有量的比重为7.55%，较2022年提升1.8个百分点。全区累计建成公共充电场站152座，充电桩1281个，平均服务半径1.2千米。全区光伏发电累计并网11.93兆瓦。（姚　婷）

【污水处理节能】 2023年，姑苏区污水处理量12655.67万立方米；污水厂总单耗为每立方米0.344千瓦·时，比上年降低11.57%，设备完好率98%以上，安全处置率100%。完成7个污水处理提质增效排水达标区“回头看”市级验收。（王昭承）

【公共机构节能】 2023年，姑苏区大力推行“绿色办公”模式，深入开展绿色低碳引领行动，精准抓好能源节约、高效推进无纸办公、科学配置办公资产、集约安排会议室等方面工作。深入推进能源管理数字化建设，建立实时监测、科学分析、预警监管等一体化智慧化能源管理体系。推进新能源汽车广泛替代，全年采购一般公务用车和执法执勤车辆均为新能源汽车。启动行政中心充电设施建设，启动区市民活动中心光伏系统建设。健全用能单位分类管理、能耗统计、能源审计、定额管理、评价考核工作机制。（沈蕾音）

污染防治

【大气污染防治】 2023年，姑苏区全面落实精细化微环境管控，针对清晨$PM_{2.5}$数据高值问题，组织开展每日定时巡查，发现问题即时交办整改；相关属地街道成立大气微环境巡查队伍，聚焦大气微环

境治理，重点关注露天烧烤摊、私自焚烧、家居装修等生活污染问题；对轧钢厂、彩香清洁示范社区进行提档升级，新建沧浪街道清洁示范社区。严控扬尘污染源排放，整合行业主管部门和区污防攻坚办、区大气办力量，常态化开展“三办联动”工地扬尘联合检查，通过行政处罚、停工整改、信用记录等多种手段推动扬尘治理；督促重点敏感区域工地高标准落实扬尘管控措施，茅山塘停车场等试点安装高杆喷雾设施；加大重点敏感区域保洁作业频次，定期开展道路积尘走航监测，及时通报发现问题，督促落实整改，形成闭环。加强机动车污染防治工作，现场组织柴油车淘汰补助集中帮扶指导，全年完成5237辆柴油车淘汰任务；在城北快速路等重点路段进行柴油货车联合路检，共抽查柴油货车434辆；对用车重点单位开展入户监督抽测161辆，开展非道路移动机械尾气检测102台；推进国控站点周边排堵疏畅。持续开展餐饮油烟专项整治行动，按照“严控增量、整治存量”方针，持续实施新办餐饮联合行政指导，全年共受理新办餐饮4746家；创新非现场执法方式，开发餐饮油烟“码上洗”小程序，截至年底，有2700余家餐饮单位纳入系统管理，建成餐饮油烟治理示范街区8个。

【水污染防治】 2023年，姑苏区强化断面水质监测工作，开展2个省考断面、8个市考断面、50条重点河道月度监测和181条街道级河长制河道季度监测，降雨期间开展省考、市考断面加密监测以及其他河道应急监测；提升和完善水质自动监测站建设，加强东风枢纽等13个水质自动站日常维护和校核，及时发现处理河道水质异常情况。加强各类污染源管控，完成区内8家涉磷企业整治任务，推进工业废水与生活污水分类收集、分质处理工作；开展京杭运河沿线食品加工、混凝土等公司港口码头污染源排查整治；联合市水务执法部门，对部分建筑工地泥浆水、冲洗水、生活区生活污水排水情况进行排查整治；与市水务部门加强协调，建立闸（站）管控联动机制，及时掌握闸、泵站排水时间，发现水质问题及时处置。实施水质提升项目，对道前河、外河塘等河道实施水质优化提升，采用生态浮岛、曝气增氧、沉水植物生态群落等治理工艺，促使河道形成完善的水生植物、动物以及微生物群落，河道水质自净能力得到提升。

【土壤污染防治】 2023年，姑苏区严格落实高风险遗留地块防控措施，完成全区18个高风险遗留地块土壤污染状况调查工作，对暂不开发利用的地块落实制度性管控措施；动态更新生态环境部下发的优先监管地块清单，对6个地块开展土壤、地下水及空气环境监测工作。依法对用途变更为“一住两公”地块开展土壤污染状况调查，完成23个地块的土壤污染状况调查并通过联合评审，对31个收回地块的土壤污染状况进行核实。加强修复及风险管控地块的环境监管，开展现场检查20余次，防止和减少土壤修复施工过程中二次污染。

环境监督管理

【生态环境监测】 2023年，姑苏区坚持系统观念，严守生态环境安全底线，着力提升防范化解环境安全风险隐患的能力，不断筑牢生态安全基础。积极推进产废单位分类管理，12家年产危废10吨以上的产废企业完成危废规范化建设，25家产废企业纳入小微管理，302家产废企业纳入省危险废物全生命周期监控系统，实现危险废物全过程正向跟踪和反向追溯，危险废物贮存变动、转移均可进行可视化监控。对80家射线装置使用单位开展定期检查，现场发现问题均已按照要求闭环整改；参加核技术利用单位交叉互查和宠物医院专项检查，重点指导企业新办、变更、延续辐射安全许可证；按时提交年度辐射安全与防护状况年度评估报告。对全区风险源单位应急预案编制、修编情况进行抽查，督促预案到期单位及时开展修编工作。

【生态环境问题整改】 2023年，市污防攻坚办共曝光督办姑苏区各类环境问题9件，截至年底，姑苏区均完成整改并销号。完成区污防攻坚办曝光督办的噪声、油烟等30个问题整改销号工作。

【环境监管执法】 2023年，姑苏生态环境局共出动检查人员6102人次，检查企业2655厂次，其中双随机检查323厂次，常态化开展夜查及周末执法检查。全年立案处罚35件，累计处罚金额85.4252万元。

（朱帆晨）

科学技术

综　述

【科技成果】 2023年，姑苏区高新技术企业申报135家，75家通过认定，有效高企164家，比上年增长34.4%。科技型中小企业入库561家，比上年增长34.53%。省民营科技企业备案112家，总量达690家，比上年增长12.2%。江苏国保获“苏南国家自主创新示范区瞪羚企业”称号，5家企业获评市“瞪羚”企业。苏州热工院竞拍金阊新城M0产业用地，推动“苏州热工研究院清洁能源技术研发实验中心”平台建设；苏州热工院参与“核电安全技术与装备全国重点实验室”建设，实现姑苏区国家级平台重大突破。新增省级工程技术研究中心2个。推进科创载体布局，辅导博宇鑫、苏规院等企业进行专项服务产业项目认定，出让6宗A35科研用地。新增省级众创空间5个，市级科技企业孵化器2个，市级众创空间4个。

【科技投入】 2023年，姑苏区积极落实《关于促进都市科技创新发展的扶持意见》，加大资金扶持力度，不断促进创新资源集聚。全年区级都市科技项目共计发放668家次，涉及资金2472.04万元。

【科技政策】 2023年，姑苏区加大政策引导力度，以《关于促进都市科技创新发展的扶持意见》为抓手，重点围绕培育创新主体集群、布局重大创新载体、集聚高端创新人才、深化创新开放合作、加强知识产权运用和保护、优化创新生态系统，集中发力，聚力创新，激发创新主体活力，促进创新资源集聚。

（郑　曦）

科技人才

【高层次人才引育】 2023年，姑苏区深入实施科技创新创业人才计划，加大高层次人才扶持力度，培育科技人才企业，发挥高端人才的引领带动作用。全年区领军人才立项19人；市领军人才8人，比上年增长33.3%；国家级人才入选1人。

【高层次人才服务】 2023年，姑苏区举办区“数字技术应用”创新创业挑战赛等多场大赛，持续走进西安交通大学、东南大学等高校10余所，举办产学研合作对接恳谈会，对接项目30余个，加速人才项目落地。区街联动赴北上广深等地，举办科技主题招商推介活动。

（阴佳浩）

科技项目

【概况】 2023年，姑苏区组织企业申报2023年苏州市基础研究计划、关键核心技术攻关、科技成果转化、创新载体平台建设等市科技发展计划项目近百项。国网江苏省电力有限公司苏州供电公司“柔性直流互联配电网安全经济优质调控关键技术及应用”、苏州市轨道交通集团有限公司“智能化绿色城市轨道交通移动装备关键技术研究及应用”、苏州热工研究院有限公司“核级管道高质量高效现场焊接系列智能装备”3个项目分别获江苏省科学技术奖一、二、三等奖。

【柔性直流互联配电网安全经济优质调控关键技术及应用】 “双碳”背景下伴随分布式发电与多元化负荷的高比例接入，配电网呈现高电力电子化、高不确定性、架构拓扑高可变性等显著特征，传统配电网的安全经济优质运行面临严峻挑战。项目充分发挥柔直互联技术的优势，挖掘利用分布式电源和多元化负荷聚合下的主动支撑作用，解决配电网调节资源不足的情况下潮流越限的综合控制难题，技术推广应用于苏浙沪闽等多个省份，经济社会效益显著。

【智能化绿色城市轨道交通移动装备关键技术研究及应用】 为推动城市轨道交通装备智能、绿色、低碳发展，项目以“智能运行、节能降耗、绿色制造”为出发点解决多项国内外技术难点，构建系列化的城市轨道交通移动装备技术平台，在理论与技术方面均取得重大突破，与国内外同类技术相比技术经济优势明显。项目打造系列化智能化绿色城轨装备平台，开创以绿色低碳为理念的产业模式，推动提升城轨装备技术水平，经济社会效益显著。

【核级管道高质量高效现场焊接系列智能装备】 核电核级管道、容器等部件服役时间长、介质有辐照性，所处空间狭小、规格多、位置复杂，尤其是在服役检修阶段，对自动焊装备大范围应用性、控制精准度、工艺适配性、远程操作性、数据溯源性等提出高要求。项目采用先进智能控制、工艺核心算法和智能数据云平台管理等技术，并基于模块化、智能化的设计思路，全方位研究核级管道狭小空间和高辐照环境下高质量、高管理的智能化自动焊关键技术，属于先进制造与自动控制领域，并可扩展到其他行业领域。

科技服务

【科技服务体系建设】 2023年，姑苏区持续打造“姑苏科技大讲堂”服务品牌，积极开展高企政策申报培训、专家门诊等线上、线下活动20余场，有效解决企业在申报领域、知识产权、科技成果转化能力等方面问题百余个。

【高新技术企业预申报辅导会】 2023年3月1—8日，区经科局举办9场高新技术企业预申报辅导会，现场邀请江苏省原生产力中心专家、江苏华星会计师事务所等多名资深评审专家，共同为拟申报高新技术企业“把脉问诊”，辖区90家企业参与辅导。

【2023年全区高企申报业务培训会】 2023年4月12日，区经科局在M+芯谷产业园召开2023年全区高企申报业务培训会。培训邀请省高企评审财务专家结合自身工作经验分享高企申报财务资料的常见问题，并就申报最新变化进行详细解读，辖区近百家企业参加活动。

【姑苏区2023年高企申报专家门诊服务】 2023年5月31日、6月1日，区经科局举办姑苏区2023年高企申报专家门诊服务，邀请4位专家面对面为辖区企业“把脉问诊”，帮助企业提高申报材料质量，共有39家拟申报企业参加活动。

【姑苏区2023年第二批高企认定申报工作专家门诊服务】 2023年7月6—7日，区经科局举办姑苏区2023年第二批高企认定申报工作专家门诊服务，现场邀请1名财务专家和2名技术专家为辖区企业“把脉问诊”，共有39家拟申报企业参加活动。

【2024年复评高企动员交流会】 2023年11月14日，区经科局在姑苏云谷长三角双创中心一楼中心会议厅举办2024年复评高企动员交流会，江苏省高企评审组专家就高企申报的材料内容作全面解读，帮助企业精准把握现阶段的工作要点。区内55家到期复评高企、拟申报高企近百位企业代表参加会议。 （郑　曦）

科学普及

【科普场馆】 2023年，区科协设立10万元科普场馆管理服务奖补专项资金，出台姑苏区科普场馆年度绩效考评办法。邀请省科普服务中心专家组考察红蚂蚁家居文化馆、金阊外国语实验小学校“自然探索园”、金筑实验小学校“云趣馆”等科普教育基地，指导场馆优化提升、省级科学示范学校创建。新建苏州海关国门生物安全科普馆。

【科普研学】 2023年，区科协开展梓义童趣“AI”科普微视频、麦迪森“小小生命科学家培养计划”、雷允上“神奇的中医药”等创新品牌活动。联合区科普基地联合会、区青少年宫、区青少年科技创新教育协会、苏州科学图书专架试点单位等举办姑苏区“礼赞科学家精神”3+N主题系列活动。

【科普活动】 2023年，区科协发挥姑苏区全国科普日主场活动示范带动作用，联动各街道社区、学会协会及科普教育基地、实践基地等科普主体，开展科技竞赛、科普实验演示、科普研学、专家报告等系列活动，线上、线下参与者逾55万人次。会同区教体文旅委、区青少年宫策划举办2023年“姑苏杯”第十五届苏州家庭机器人比赛暨长三角地区家庭机器人邀请赛。

【科普联动】 2023年，区科协推进长三角地区科普创新与科普联动，与上海市科学技术普及志愿者协会签订共建合作协议，建立两地科普资源开放共享与协同发展合作共建机制。 （傅　瑜）

2023年5月25日，姑苏区“礼赞科学家精神”3+N主题系列活动启动仪式举办　　区科协　供稿

教育

综述

【集团化办学】 2023年度，依托苏州教育改革和发展战略性与政策性课题和江苏省基础教育前瞻性教学改革实验项目，在推动各教育集团一体化发展的同时，进一步优化集团运行机制，力求实现优质教育资源的整合和优化，建立起相互依赖、相互依存、相互平衡的教育生态关系，让所有成员校实现高质量发展。11月，姑苏区通过省级义务教育优质均衡发展区评估现场考察，以高质量集团化办学引领区域教育优质均衡发展。各教育集团根据本集团的文化特色及发展需求，实施集团化办学背景下学校内涵建设年度重点项目。

【百年老校】 截至2023年底，姑苏区属学校中，办学历史在百年及以上的学校共22所，其中初中校2所、小学校20所。

表24-1 2023年度集团化办学背景下学校内涵建设重点项目一览

序号	教育集团	项目名称
1	平江教育集团	指向培养自主学习者的教学关系重构
2	平直教育集团	践行健康第一 落实以体育人
3	至德教育集团	运用智慧教育促进小学生深度学习的实践探索
4	吴门教育集团	完整经验：儿童数学“再创造”学习的实践探索
5	沧浪教育集团	小初衔接课程的研究
6	虎丘教育集团	强基赋能 蓄力提质——擘画集团教学质量提升新蓝图
7	金阊教育集团	儿童思政“教育场”涵育学生成长的实践与探索
8	彩香教育集团	建立“四五六”培养机制 助力教师队伍成长——集团化办学背景下教师队伍发展模式的探索
9	善耕教育集团	用行动研究解开教师成长密码
10	敬文教育集团	聚焦核心素养培育 促进学业质量提升

表24-2 姑苏区区属百年老校一览

学校	建校时间	学校	建校时间
苏州市平江实验学校	1265（旧学）、1905（新学）	苏州市尚德实验小学校	1924
苏州市大儒实验小学校	1906	苏州市胥江中心小学校	1906
苏州市桃坞中心小学校	1916	苏州市善耕实验小学校	1906
苏州市平直实验小学校	1909	苏州市勤惜实验小学校	1906
苏州市盘溪中心小学校	1915	苏州市梓义实验小学校	1911
苏州市沧浪实验小学校	1902	苏州市东中市实验小学校	1913
苏州市带城实验小学校	1912	苏州市敬文实验小学校	1907
苏州市草桥实验小学校	1906	苏州市学士中心小学校	1907
苏州市昇平实验小学校	1906	苏州市崇道小学校	1924
苏州市虎丘实验小学校	1906	苏州市振华中学校	1906
苏州市山塘中心小学校	1912	苏州市第十六中学校	1889

【教师队伍建设】 2023年，区教体文旅委落实“名城强师365行动计划”及配套文件，围绕“三领域、六层次、五工程”，全面开展深化新时代教师队伍建设改革。共招聘事业编制教师93人，推进公办幼儿园备案制教师招聘管理工作，公开招聘幼儿园备案制教师19人。积极做好教师各类评优评先工作。5个团队入选第三批苏州市“四有”好教师重点培育团队，11个团队入选第二批姑苏区“四有”好教师重点培育团队，1人入选2023年“苏教名家”培养工程，4人获评2023年江苏省教学名师，3人获评苏州市“姑苏教育特聘C类人才”，13人获评第七届苏州市中小学教师“教坛新苗”，1人获评第七届苏州市中小学教师“教坛新苗”线上教育中心专项人选，1人和1个团队获评苏州市“圣陶园丁奖”，41人被评为苏州市优秀教师、苏州市优秀教育工作者，433人被评为姑苏区优秀教师，44个团队被评为姑苏区优秀教育团队，76人被评为姑苏区“教坛新苗”。

【德育工作】 2023年，区教体文旅委牵头成立“大中小学思政课建设学校联盟”，深化思政一体化建设；深化“四史”“四敢”学习、“强国复兴有我”、节庆日、纪念日等主题教育实践活动。做好班主任、中学、家庭教育指导师、心理健康教育教师培训，开展覆盖全员的特殊学生排查工作，开展全员家访工作。深化“林老师”公益志愿服务，团队由12人扩容至32人，涵盖初中、小学骨干教师，累计开展75场公益讲座，覆盖15000余人次。发挥好市、区德育名师工作室示范引领作用；25名教师获苏州市优秀班主任称号；2名教师在第六届长三角家校合作论坛征文中获奖并受邀参加论坛。苏州市平江实验学校品格提升工程项目获省级立项，苏州市扭秀幼儿园获江苏省家园共育数字化示范园；在市家校社协同育人优秀案例活动中，14名教师获奖。依托区劳动实践指导中心“一十百”劳动教育指导体系，开展“劳动达人秀技能挑战赛”，评选区“劳动小能手”，组织区劳动评优课评比；区青少年宫获评苏州市中小学生劳动教育实践基地；1所初中、6所小学获评苏州市劳动教育特色学校；苏州市中小学劳动优质课、中小学劳动教育学科融合优质课评比中，各有7名教师获奖。

【教育督导考评】 2023年，区教体文旅委落实市政府教育目标责任考核、省学前教育普及普惠监测等工作，成功创建江苏省义务教育优质均衡发展区。组织对4所学校的素质教育进行督导考核、对23所幼儿园的办园行为进行督导评估。每月开展“通案式”挂牌督导工作，切实提高挂牌督导实效。实施2023年度教育类事业单位考评方案，加强日常考核，加大师生和家长满意度测评权重，重视群众对教育的获得感和美誉度。

【教育科研】 2023年，16所转隶初中校科研管理有效融入“区本—体本—校（园）本”三级科研管理网络；16位“科研领军型教师”、64位“科研拔尖型教师”培养对象名单在全区公示，开展3场专题培训，姑苏区科研领军培养对象“研培创”项目建设得到推进；指向科研管理的3场次“教科研管理者业务提升”专题培训、指向科研论文撰写的3场次“姑苏区教师专业研究能力提升工程”专题培训、指向“中小学各学科中的新课标落实”“学前课程游戏化”等研究热点的6场次姑苏区“教·研·写”一体化“全能型教师”培育工程专题培训，姑苏三大教师科研发展项目有序开展。省“师陶杯”获特等奖1篇、一等奖13篇、二等奖5篇，第35届省“教海探航”获特等奖2篇、一等奖21篇、二等奖24篇、三等奖18篇。

【语言文字工作】 2023年，区教体文旅委启动“吴语角”，举办“苏州话的传承与古城保护”主题沙龙，举办2023风雅姑苏“苏州话说苏州”大赛，举办“讴歌新时代 奋进新征程”2023年姑苏区“普通话、苏州方言、英语口语”比赛等，推进方言保护工程。开展“推普周”姑苏系列活动，苏州市姑苏区图书馆被评为第二批苏州市语言文字推广基地，苏州市沧浪新城第四实验小学校、苏州市姑苏区平齐实验幼儿园、苏州市姑苏区虎泉实验幼儿园成功创建苏州市语言文字工作规范化达标学校，举办2023年姑苏区小学生规范汉字书写比赛。获2023年苏州市教师国家通用语言文字教学能力大赛小学教师组特等奖、苏州市技术能手、苏州市金牌工人，市教学能力大赛姑苏区共计获奖15人次，5家单位获优秀组织奖；“诵读经典品味书香”2023年苏州市中华经典诵读大赛获奖102人次；“‘吴’所不知”苏州方言大赛活动获奖41人次，占获奖总人数的35%；“童话大运河”中小学苏州话诗词朗读大赛获奖19人；“我和书有个故事”苏州市第九届“故事大王”比赛获奖11人次；2023年苏州市教师国家通用语言文字教学能力大赛获奖19人次；第二季“水韵江南·小小讲师团”活动获奖11人次；第十五届苏州市“普通话、苏州方言、英语口语”比赛获奖26人次；6名老师获第七期“苏州话辅导师”称号。

【教育信息化】 2023年，姑苏区教育信息化工作基于“一网三链一融合”的智慧教育生态整体框架，全面推进以教育城域网为基础、“苏慧”教育云平台为支撑、数据中台为底座的新型教育信息化基础网络。区教体文旅委深入摸底初中转隶校网络及业务平台情况，扫除区域网络建设管理盲点，为贯通一体化的区教育城域网基础设施体系夯实底座。高质量构建苏慧教育整体框架，完成智慧教育三期教师、学生空间门户对接与建设，整合升级教师研训系统，加快三链建设。教育信息化应用项目《基于大数据的学生“成长链”实践与研究》成功入围教育部2022年度教育信息化教学应用实践共同体项目评选。紧扣“数据维护责任清单”核准、完善各业务平台数据，形成区域学校、教师、学生完整数据链。推进江苏省智慧校园、苏州市人工智能教育实验学校等创建工作，全年累计创建省智慧校园44所，市智慧校园四星级11所、示范校1所；14所学校申报苏州人工智能教育实验学校。持续开展区首席数据官、数据安全师专项涵育工程、启动区“数字教师”队伍建设，加强教育信息化专业队伍知识储备和技能训练。

【学校卫生与健康教育工作】 2023年，区教体文旅委切实加强学校及幼儿园传染病防控工作，制定应对学校传染病疫情的对策、措施及应急预案；督促学校落实各项传染病预防控制措施；开展传染病防控知识培训；不定期开展学校传染病防控检查。通过近视防控宣传月活动、视力监测、教学环境改善等措施做好儿童青少年近视防控工作。组织做好中小学生健康体检、适龄儿童口腔筛查和窝沟封闭等学生常见病防治工作。通过健康城市月、爱国卫生月活动的开展，推动学校卫生工作，增强师生的健康意识。将学校生活垃圾分类工作落入实处，并开展形式多样的宣教活动。

学前教育

【概况】 截至2023年底，姑苏区共有区管幼儿园68所（公办园51所，民办园17所），区管幼儿园在园幼儿总数19358人，学前三年教育毛入园率达100%。

【学前教育普及普惠】 2023年，区教体文旅委根据区域人口出生变化和学前教育事业发展需求，做好区域内学前教育资源的整体规划，提高区域普惠学前教育资源配置率。苏运实验幼儿园、枣市实验幼儿园、冠云实验幼儿园3所按省优质幼儿园标准建设的新建园投入使用，为区域内增加普惠、优质学位1500个左右。

【省、市优质园创建】 2023年，区教体文旅委强抓落实，以提高质量为核心，鼓励、指导幼儿园积极推进省、市优质园创建工作。苏州市姑苏区胥台实验幼儿园顺利完成市优质幼儿园创建现场评估。苏州市平江实验幼儿园等30所幼儿园接受江苏省优质幼儿园复审材料评估。各幼儿园在创建及复审过程中，办园质量得到大幅提升。截至年底，除近两年新建园外，全区省、市优质幼儿园占比达100%。

2023年10月30日，姑苏区胥台实验幼儿园迎来市优质园现场评估　　区教体文旅委　供稿

【课程建设三年行动计划】 2023年，区教体文旅委迎接省课程游戏化专家组现场视导，专家组对姑苏区课程游戏化项目建设取得的成效表示肯定。推进《保护区、姑苏区幼儿园课程建设和管理三年行动计划》，从行政、业务2个条线，区级、共同体、幼儿园3个层面对幼儿园课程建设和实施进行管理，通过对全区各幼儿园课程有效实施、开发实施、创新实施3个阶段的评估，提高各园课程建设及实施的能力。

2023年3月2日，江苏省课程游戏化专家组到姑苏区指导调研　　区教体文旅委　供稿

【民办园办学质量提升】 截至2023年底，姑苏区共有17所民办园，其中7所为普惠性民办园。区教体文旅委通过加强师德师风管理、公民办幼儿园结对共建帮扶、开展年检及年度考评、加大督导及巡查力度、发放奖补资金等措施促进民办园提升保教质量。在幼儿专项补贴、公用经费补助、园舍租金补贴等方面对普惠园予以奖补，对年度考核成绩优异的民办园予以奖补。全年共计发放奖补资金902.97万元。

义务教育

【概况】 2023年，姑苏区共有公办小学45所，在校学生53606人；公办初中16所，在校学生21588人。外来工子弟学校3所，在校学生1842人。民办九年制义务教育学校1所，在校学生4人。义务教育学校入学率、巩固率、毕业率100%，公办学校吸纳外来人口子女比例为100%（含政府购买学位）。

【教学改革】 2023年，姑苏区以基地教育内涵建设项目为支点，依托姑苏区教育咨询委员会专家的专业指导，深入推进教育教学改革，引导各校探索高质量发展路径，促进基础教育品质提升，取得丰硕的教育改革成果：振华中学立项省前瞻性教学改革项目，劳动路实验小学立项省义务教育课程与教学改革项目，另有9个项目获评市基础教育前瞻性教学改革实验项目，11个项目获评市义务教育课程与教学改革项目。11月，中国教师报课改中国行公益师训会暨“素养表现型教学与教学关系重构”观摩研讨会在平江实验学校举行，吸引200余位省内外教育同行参加。

表24-3 基础教育前瞻性教学改革实验项目一览

级别	立项时间	单位	项目名称	类别
省级	2023.8	苏州市振华中学校	指向创新人才培养的小初衔接实践研究	一类
市级	2023.6	苏州市沧浪新城第四实验小学校	从“半个经验” 到“一个经验”：儿童数学教学完整育人的实践探索	一类
市级	2023.6	苏州市善耕实验小学校	百年“善耕”新劳动教育的校本实践	二类
市级	2023.6	苏州市平江中学校	初中综合学习探索：“境脉学习”视域	二类
市级	2023.6	苏州市彩香实验中学校	五力并举，托举学生生命力——学校项目化建设实践研究	一类
市级	2023.6	苏州市南环实验中学校	基于资源平台建设的“数智”作业实践探索	一类
市级	2023.6	苏州市教育科学研究院附属实验学校	优兰印“彰”——学生可视化评价体系实践探索	一类
市级	2023.6	苏州市胥江实验中学校	科技教育：创新人才培养的校本实践与研究	一类
市级	2023.6	苏州市第十六中学校	浸润·融通：教师发展示范基地校建设的实践研究	一类
市级	2023.6	苏州市振华中学校	“双减”背景下本色作业的探索与实践	一类

表24-4 义务教育课程与教学改革项目一览

级别	立项时间	单位	项目名称
省级	2023.8	苏州市劳动路实验小学校	美的邀请：小学生“语言表达艺术”课程建设
市级	2023.11	苏州市第十六中学校	中学校园马拉松课程基地
市级	2023.11	苏州市振华中学校	EEME英语课程基地
市级	2023.11	苏州市南环实验中学校	新时代美育实施的路径研究
市级	2023.11	苏州市第十二中学校	跨学科视野下的劳动课程开发与教育实践研究

续表

级别	立项时间	单位	项目名称
市级	2023.11	苏州市胥江实验中学校	思结古今，构筑未来——初中数学结构化学习项目
市级	2023.11	苏州市彩香实验中学	基于学科融合的数学项目化学习课程
市级	2023.11	苏州市叶圣陶中学校	基于“活动育人”的初中数学课程基地
市级	2023.11	苏州市沧浪新城第二实验小学校	数字小公民：儿童数字智能学习场的校本建构
市级	2023.11	苏州市大儒实验小学校	毓元工坊课程——科学家精神引领下的科技课程
市级	2023.11	苏州市勤惜实验小学校	指向综合育人的“惜时馆”实践体验课程基地建设
市级	2023.11	苏州市金阊外国语实验学校	基于“科学+”的小学童创课程建设

【义务教育入学工作】 2023年，区教体文旅委严格执行各级教育部门义务教育入学文件精神，规范招生入学工作流程，及早开展入学需求预测，加强招生计划审核，合理安排开班数、班额，所有公办民办小学起始年级班额均控制在45人以内，初中班额不超过50人。调优入学、转学工作流程，加大学位统筹力度，扩大优质学位供给及覆盖面，助推优质教育资源的扩容增效。

【随迁子女入学保障】 2023年，区教体文旅委根据“两为主，两纳入”要求，保障符合条件的随迁子女入学享受同城待遇。父母或法定监护人有合法固定住所的随迁子女根据合法固定住所就近入学；父母或法定监护人无合法固定住所的可申请积分入学。全年小学申请积分入学1225人，准入公办小学1182人，未准入的43人安排至民办学校并由政府购买学位；初中申请积分入学1108人，准入公办初中1108人。

【民办义务教育规范发展】 2023年，区教体文旅委加强规范区内民办义务教育学校党的建设、教育教学、资金监管等工作，完善对民办学校的相关考核机制，规范学校办学行为。发挥教育集团在办学、管理、师资、教科研等方面的优势，完善公办学校对民办学校的帮扶和管理输出，整体提升民办义务教育水平，优化义务教育结构和布局。

【教育合作交流】 2023年，区教体文旅委聚焦育人质量提升，拓展教育对外合作范围，激活区域教育潜能，主动搭建合作平台。苏州市至德教育集团劳动路实验小学校合作项目团队赴上海戏剧学院附属高级中学参加上海戏剧学院附属学校校长沙龙，和姊妹校深入交流，学校艺术特色迈上新赛道；苏州市金阊教育集团金阊实验小学校邀请华东师范大学专家深研教学之路，探索不同学科的“乐创课堂”构建；苏州市敬文教育集团东中市实验小学校联手中国教育科学研究院，整合校内外教育资源，跨学科、系统化地开展财经素养教育；苏州市平直教育集团与上海体育大学共建团队邀请举重世界冠军陈艳青走进校园，探索践行多元育人体系，跑出“以体育人”新速度。

【姑苏区百年老校传承发展系列工程】 2023年，区教体文旅委完成苏州市虎丘实验小学校、苏州市平直实验小学校基础建设项目，提升校园育人环境，彰显百年老校历史文化风貌。印发实施《“姑苏区百年老校传承发展系列工程”之“百年老校文化创生+”跨学科学习课程项目实施方案》，提升百年老校课程领导力和课程实施水平。推进百年老校传统文化教育，活化利用校园历史建筑和古树名木，组织发布23篇“千年古城在心里”系列宣传微信推送，扩大百年老校社会影响力。

【新时代中小学科学教育】 2023年，区教体文旅委持续推进区内中小学校省、市科学教育综合示范学校建设申报。截至2023年底，全区共有6所初中、12所小学获评苏州市“十三五”“十四五”科学教育综合示范学校；3所小学获评江苏省“十三五”“十四五”科学教育综合示范学校。推动人工智能和姑苏教育深度融合，积极组织区内学校和学生参与“苏州市青少年数字公民培育计划”。截至年底，全区共有12所初中、15所小学获评苏州市青少年数字公民培育项目学校；2所初中、2所小学获评首批苏州市青少年数字公民培育优秀项目学校。全年姑苏区青少年科技教育共取得国际、国家、省、市重点赛事奖项465个。

【国际合作交流】 2023年，区教体文旅委加强学校国际交流能力建设，务实开展校际合作项目，组建区域校群共同体，积极开展国际理解教育活动，拓宽教师国际视野，提高学生国际素养。指导苏州市彩香教育集团金阊外国语实验学校与澳大利亚瑟普尔小学共同进入教育部中外语言交流合作中心设立的“中外中小学语言伙伴学校”项目，通过创新合作模式加强中外学生、教师、学校之间的教育交流合作；指导苏州市彩香教育集团彩香实验小学校与日本东村山市立化成小学校开展线上交流活动，助力友好学校间深度交流和合作。组织学校参与苏州市第七届外教课堂项目“未来之星”英语演讲大赛，提高学生英语学习和交流水平。

【心理健康教育】 2023年，姑苏区中小学完成配备专职心理教师62人，并按比例配齐兼职心理教师。完善“全员导师制”和“朋辈机制”，落实、发挥中小学法治副校长作用，选送教师参加苏州市第十六批中小学心理健康教育上岗证培训并取得证书，持续推进心理健康教育持证教师进阶培训，完成第一批、第六批、第十一批持证教师上岗证验证工作。贯彻落实“润心”行动相关要求，健全优化三级心理健康监护网络，制定《建立“重点学生”关爱工作小组行动实施方案》，对涉及的“重点学生”群体建立完成“一生一工作小组”，完善“一生一档”“一生一策”学生心理成长档案，建立完善个案矫治绿色通道协同机制。完成新建学校心理辅导室验收、达标心理辅导室年检工作。对于节假日前后、期中期末考试等重要时间节点，面向中小学学生、家长们发送心理疏导指南和资源包，心理骨干教师联合班主任队伍有序跟进，引导学生保持良好的心理状态；区心理健康教育指导服务中心定期下发市、区学生心理危机预防和干预工作实施方案指导各中小学校有序开展心理疏导工作；开展年度“心理健康宣传月”活动，在市中小学心理健康教育创新案例评比中，8名老师获奖；在市中小学校园心理剧创作活动中，8所学校获奖。

【艺术教育】 2023年，区教体文旅委实施学校美育浸润行动，开展“阳光下成长”主题班集体艺术展示活动，做到班班参与、人人参加，形成“校园每周一歌”“班班有歌声”制度。开展艺术特色项目建设，推进文教融合发展，创新艺术活动形式，鼓励和扶持校园艺术特色项目社团化发展，培育浓厚的校园艺术氛围，实现“一校多品”。开展非遗进校园活动，邀请民间艺术大师、非遗传承人等到学校授课，让传统文化浸润孩子们的成长之路。

【学生体质健康发展】 2023年，区教体文旅委对学校体育场地设施进行合理规划及改造，引导学生利用碎片化时间进行体育活动；及时更新阳光体育活动方案，尤其是针对雨雪天气等室外体育活动无法开展情况，积极实践探索小场地、微运动、大体育。引入学生体质健康第三方监测服务，强化各项管理措施，有效促进学生体质健康发展。全区中小学生体质健康监测合格率达95%以上，优良率达50%以上。

【体教融合发展】 2023年，区教体文旅委落实青少年体育“5621”计划，围绕“名校建名队”项目和“区队校建，打造强队”项目，持续推动学校体育特色发展，完善“班级—年级—校级—区级”竞赛机制，推进中小学体育俱乐部建设，参加各级中小学阳光体育联赛。共有23所学校、28个项目获评苏州市体育传统（特色）项目学校（2023—2026年度）。推动体教互融共进，开展“世界冠军进校园”特色活动，冠军团由金牌教练袁伟民领衔，包括张军、陈艳青等14位苏州培养的世界冠军，活动项目涵盖举重、技巧、羽毛球、击剑、轮滑、排球等。各教育集团开展“世界冠军进家园”特色活动，世界冠军与家长和孩子们展开互动。姑苏区校园足球联赛在参赛学校、球员人数、比赛规模、办赛水平上再创新高。

【义务教育管理体制改革】 2023年，区教体文旅委成立专项工作领导小组、专项工作专班，对接市、区两级相关领导和有关部门，推进转隶工作平稳有序落地，保障教育体制改革取得实效。优化调整初中学校管理职能，区教体文旅委机关增设综合教育处。完成区教科研中心、教师发展中心、青少年宫等非校事业单位联动机构编制调整。创新建立中小学校交流沟通合作机制，开展探索实践活动，形成上下贯通、有机衔接、相互协调、科学合理、质量保证的小初一体化衔接的区域实践样态。2023年苏州市小初衔接教学展示活动在姑苏区举行，48节展示课及深度研讨聚焦六年级教材，小初同题异构，全学科覆盖，全方位融通，共铸一体化育人样板。由江苏省教育科学研究院基础教育研究所和苏州市教育科学研究院主办，苏州市沧浪教育集团、苏州市振华中学校与苏州中学伟长实验部共同承办的江苏省“高质量发展进程中的基础教育学段衔接”学术活动在姑苏区举行。苏州市振华中学校“创新人才基础培养视域下的小初衔接实践研究”立项2023年江苏省基础教育前瞻性教学改革实验项目。苏州市胥江实验中学校获颁西安交通大学少年班优秀生源基地。

【江苏省义务教育优质发展县区创建】 2023年，姑苏区成立义务教育优质均衡发展领导小组，形成上下联动、齐抓共管、协同推进的工作机制，定期召开义务教育优质均衡发展领导小组和区政府教育督导委员会工作例会推进部署。11月，姑苏区通过江苏省义务教育优质均衡发展县区现场评估。

【百年老校非遗课程】 2023年，苏州市梓义实验小学校传承“香山帮”工匠精神，联合苏州农业职业技术学院，共建多元、立体的木工课程体系；苏州市平江实验学校、苏州市大儒实验小学校、苏州市桃坞中心小学校、苏州市平直实验小学校、苏州市盘溪中心小学校、苏州市沧浪实验小学校、苏州市山塘中心小学校、苏州市善耕实验小学校、苏州市敬文实验小学校等9所区百年老校获授牌第二批“千年非遗　百年老校”非遗大师工作室；苏州市第十六中学校、苏州市平江实验学校、苏州市平直实验小学校、苏州市昇平实验小学校、苏州市草桥实验小学校、苏州市山塘中心小学校、苏州市善耕实验小学校、苏州市东中市实验小学校等8所区百年老校入选苏州市“古韵书香——古籍文化进校园”活动首批试点学校。

（梅佳祺）

特殊教育

【概况】 2023年，姑苏区有特殊教育学校1所，建筑面积5682平方米，占地面积4909平方米，年内招生14人。区特殊教育学校易地新建项目列入2023年姑苏区实事工程，项目地块占地1.37万平方米，建筑面积2.45万平方米，规划建设25班，涵盖学前、义务及高中阶段教育，将全面满足残疾儿童少年教育和康复需求。全区共有残疾儿童少年368人，其中，幼儿园在读15人，小学在读142人，初中在读71人，特教学校在读133人，送教上门7人，适龄残疾儿童少年义务教育入学率达100%。

【融合教育】 2023年，姑苏区经认定的融合教育资源中心共44个，其中学前9个、小学18个、初中16个、区级融合教育资源及支持中心1个。发挥"区特殊教育指导中心"专业平台功能，聚焦特需学生初筛、评估、安置、个别化教育等领域，开展区域特殊教育研究、指导与服务。健全融合教育七项制度，"融合教育"有关指标纳入全区中小学、幼儿园年度综合考评体系。

【特殊教育师资建设】 2023年，姑苏区特殊教育专任教师51人，学生与教师之比为2.6∶1。专任教师具有大学专科及以上学历者达100%，具有中级及以上职称者占88.2%。截至2023年底，共有持证资源教师55人，兼职资源教师18人，专、兼职巡回指导教师12人。通过聘请高校、康复机构、孤独症研究会以及招募志愿者等方式扩充师资队伍，实现融合教育师资全面覆盖。实施"百人专项师训"计划，组织资源教师专业能力提升班、论文及案例评比、特殊教育青年教师基本功大赛等，为特殊教育、融合教育及巡回指导等师资队伍搭建分层分类培养平台。

【服务管理保障机制】 2023年，姑苏区推进区融合教育管理平台建设，"姑苏融合教育云平台"正式启用，从技术支持、功能保障和教育应用等3个层面统筹个别化教育服务资源，构建便捷高效的区域特殊教育管理网络。（区特殊教育学校）

社会教育

【概况】 2023年，姑苏区有社区学院1家，街道社区教育中心8家，社区市民学校167家，覆盖率100%，标准化率100%。社区教育专职管理人员5人，兼职1282人，志愿者39865人。全年开展从业人员继续教育年参与率64.3%，居民社区教育活动年参与率73.5%，老年教育普及率30.2%，主要劳动力平均受教育年限13.8年，新增劳动力平均受教育年限14.83年。

【老年教育】 2023年，姑苏区共打造18所"家门口"老年大学，形成覆盖广泛、主体多元、资源共享、规范有序的老年教育发展格局。老年教育课程"玩转数字化"在省"智慧助老"教学成果微视频评比中获二等奖。举办2023苏州市全民终身学习活动周暨姑苏区第十届全民终身学习活动周开幕式，宣传终身学习成果，营造全民共享共学的终身学习氛围。

2023年10月27日，联合国教科文组织官员参观吴门桥街道悦龄"家门口的老年大学"项目点　区教体文旅委　供稿

【社区教育】 2023年，区教体文旅委倡导全民终身学习，汇聚各方合力，依托区域优势打造社区教育品牌。“中医药文化进社区”课程获评2023年江苏省社区教育精品课程并获得专项资助。“博物馆学校项目”“花映山塘养教联动项目”获评2023年苏州市社区教育特色品牌；“社区江南古彩小剧场”获评2023省级社区教育品牌项目。课题“四邻福善社区养老模式的探索与实践”被列为省社会教育规划课题，课题“社区教育主视角下家校社协同育人的实践研究”在2023年苏州市社会教育课题立项申报中被列为重点课题。组织社区教育骨干教师赴湖南大学等地开展专题培训，提升社区教育教师队伍专业化能力。“家庭芳香保健——芳香头疗，香融相联”在省级社区教育教师能力大赛中获社区教育技能课程说课展示“风采之星”，“朱勤农吴文化推广工作室”被省社会教育服务指导中心立项为第四批社区教育“名师工作室”。“一眼千年，游古赏今——文化姑苏游学”立项为江苏省社区教育游学项目。

【双减工作】 2023年，姑苏区共有54家民办非学历教育培训机构，其中开展学科类校外培训机构12家。区教体文旅委开展校外培训机构专项治理工作，通过公众号发布“告家长书”“提醒函”等形式，深入宣传科学育人理念和校外培训政策要求，引导家长履行好家庭教育责任。对辖区内校外培训机构加大检查力度，开展集中住宿机构起底式摸排、火灾隐患排查整治行动、寒（暑）假期间专项治理行动，全面排查校外培训机构使用材料的插图素材；共出动人员852人次，巡查培训机构472家次，排查从业人员576人次。完成2022年度校外培训机构年检工作，46家机构通过年检，11家暂缓（整改），2家公告注销，2家注销办学许可证。

青少年宫

【姑苏区第三次少代会】 2023年12月19日，中国少年先锋队苏州市姑苏区第三次代表大会举行。来自全区60所学校的140名代表参会，大会选举产生姑苏区新一届少工委，命名苏州市姑苏区青少年宫少年科学院、苏州市平江实验学校少年科学院、苏州市振华中学校少年科学院等15个区级少年科学院。

【少先队工作提升】 2023年，姑苏区青少年宫加强少先队组织创新，全力推动团教协作，成立姑苏区8个街道少工委和60个社区少工委，形成“1+8+60”体系架构，实现学校所在街道、社区少工委组织全覆盖。持续深化开展“学习二十大，争做好队员”主题实践活动，开展“鼓号嘹亮，队旗飘扬”全区小学校鼓号队比赛、“寻访二十大党代表”“寻访身边的党员先锋”“寻访劳模”等少先队品牌活动等。定期举办“姑苏区少先队骨干辅导员研训营暨青马工程”和校外少先队辅导员专题培训活动。在市辅导员技能大赛中获团体特等奖1个，个人项目特等奖5个、一等奖2个；省赛中获一等奖1个。在“伟大成就我来讲　争做四个自信好队员”区“十佳（优秀）红领巾讲解员”评选中，姑苏区共有6万余名少先队员注册成为“红领巾讲解员”，注册率达98%以上。成功举办姑苏区第二届十佳（优秀）红领巾讲解员评比活动。涌现出一批先进个人和集体，先后获评江苏省优秀少先队辅导员2名、优秀少先队员2名、优秀少先队集体4个。区少工委推荐的“红领巾研学在少先队校外教育基地开花结果”获评江苏省少先队社会化优秀项目。

【科技教育】 2023年，姑苏区青少年宫积极推动区内学校普及开展劳动技能与人工智能大赛活动。

组队参加各级各类科创比赛，71件作品在市青少年创新大赛中获奖，获省二等奖4个、一等奖10个。全球发明大会江苏省选拔赛获一等奖1个、二等奖5个，均入围全球发展大会全国总决赛，总决赛获二等奖1个、三等奖4个。共有56个代表队在苏州市青少年机器人比赛暨创意编程大赛中获奖，其中区青少年宫获小学组综合团体冠军。姑苏区联队参加2022亚洲青少年机器人锦标赛，获得小学组一等奖3个，初中组一等奖1个，并获得小学组最佳设计奖、初中组最佳设计奖以及高中组全能奖的亚锦赛历史最好成绩。在北京世界机器人大会总决赛中，区青少年宫代表队获VEX机器人工程挑战赛亚军、BCI脑控技能赛季军（跨组别）。在2023世界机器人大会锦标赛中，区青少年宫机器人代表队获ENJOY AI系列挑战赛一、二等奖。无人机社团在全国青少年无人机大赛中获团体一等奖。组织开展"姑苏区青少年创新大赛""姑苏区青少年无人机比赛"，承办"全国劳动技能与人工智能大赛江苏省总决赛""第六届海峡两岸青年学生机器人擂台争霸赛（小学组）"和"姑苏杯"第十五届苏州家庭机器人比赛暨长三角地区家庭机器人邀请赛，吸引苏州大市及长三角地区642个家庭近1500名选手参加，近80万人次线上观看比赛直播。省级重点科技竞赛活动"全国劳动技能与人工智能大赛江苏省总决赛"落户区青少年宫。指导苏州市金筑实验小学校、苏州市沧浪新城第四实验小学校、苏州市彩香实验中学校3所学校获评苏州市"十四五"第二批科学教育综合示范学校。利用苏州市教育局、苏州市科协资源平台，在10所学校开展20个科普社团，并为社团活动提供经费4万元。区青少年宫获评江苏省青少年科技创新大赛优秀组织单位，"姑苏杯"第十五届苏州家庭机器人比赛暨长三角地区家庭机器人邀请赛优秀组织奖，被姑苏区人武部授予无人机青少年人才储备基地。

【劳动教育】 2023年，区青少年宫继续指导各校推进《劳动手册》使用，不定期随访了解手册"五结合"的使用情况，开展丰富多彩的体验课程，促进青少年形成积极自觉的劳动态度。结合"行走姑苏　研习传美"研学活动，开设花街铺地、制作假山模型、制作苏扇、脸谱艺术、中药包制作、剪纸、非遗宫灯制作等十余种非遗体验及苏工苏作课程。结合"送课进校、约课进宫"活动，开设劳动特色课程。关注学生生活技能及动手能力培养体验，特设"青少年手工创意坊"，依托"魔幻厨房""布艺馆"打造的"厨艺""布艺"课程深受学生喜爱。超轻黏土、纸日晷、紫砂泥塑课程吸引众多学生参与制作体验，其中紫砂泥塑课程以"送课进校"形式走进30所学校，学生们在非遗体验中学习传统文化。举办姑苏区小学生"劳动达人秀"技能挑战赛，来自姑苏区十大教育集团的150名小学生争当"劳动小能手"。6月，区青少年宫获评苏州市中小学劳动教育实践基地称号。

【姑苏研学品牌】 2023年，区青少年宫立项"行走姑苏　探知非遗"社科公益研学活动，入选2023年苏州市社科普及惠民扶持项目。志愿项目"行走姑苏　研习传美——青少年世遗公益研学之旅"获评"2022年度苏州市最佳志愿服务项目"。本学年举办285场研学，共计11468名学生参与春季、秋季研学，"百年老店"研学入选2023年姑苏区创新精品文旅线路，寻"苏味"——百年传承非遗体验之旅，获评2023年江苏省"水韵江苏"非遗主题精品旅游线路。研学实践中心开发"百年苏大　非遗传承""园林古建与香山帮的榫卯""寻宋江南　非遗传承"等一日营研学课程，共计322名青少年报名参与。

【艺术实践活动】 2023年，区青少年宫组织开展全区小学生阅读节系列活动，开展在线小学生阅读赏析活动以及优秀课本剧品鉴活动共5期。课本剧比赛评选出特等奖及一等奖作品各5个，主题征文大赛评选出40篇特等奖、60篇一等奖、100篇二等奖；"稚爱古城　童唱姑苏"新时代文明实践少儿童谣创作朗诵大赛，共收到原创童谣作品2472件，朗诵作品1301件，评选出100名入围奖，并从中产生10名优秀奖。举行2023年度艺术团文艺汇演。管乐团举办"少年强，逐梦复兴路"交响管乐专场音乐会，舞蹈团获得"梦想花开"江苏省首届少儿舞蹈大赛决赛特金奖，合唱团获得"第四届苏州市梦之声合唱比赛"二等奖。开展"送课进校约课进宫"活动，为学校提供公益实践活动服务以及课后延时服务课程服务，涉及科技艺术劳动等课程15类120个项目，覆盖10个集团45所学校4500余人。开展生命救护安全体验馆公益体验活动、水文化科普实践馆公益体验活动共计20余场。（梅佳祺）

表24-5　姑苏区教育体育和文化旅游委员会下属小学一览（2023）

序号	集团名	总校长	校名	地址	负责人
1	平江教育集团	金一民	平江实验学校	干将东路518号	蒋利军
			平江实验学校分校	三新路58号	柯　晴
			大儒实验小学校	旺宅路1号	金一民
			桃坞中心小学校	石幢弄34号	王　勤
			平润实验小学校	彩云里路1000号	陆　静
2	平直教育集团	张　萍	平直实验小学校	平桥直街99号	董　晨
			南环实验小学校	校园街66号	欧阳湘
			盘溪中心小学校	大龙新村62幢西	卞晓春
			姑胥小学校	金塘新村35幢西侧	诸　旸
			湄长小学	湄长新村44幢西	陈　凯
3	至德教育集团	朱晓芳	劳动路实验小学校	枣市街1166号	朱晓芳
			三元实验小学校	三元二村内	姚　敏
			新康实验小学校	桐泾南路199号新康花园内	沈　娟
			姑香苑小学校	劳动西路姑香苑新村内	程　喆
			彩虹小学校	劳动西路姑香苑新村内	程　喆
4	吴门教育集团	刘　玮	沧浪新城第一实验小学校	长吴路66号	张　瑾
			沧浪新城第二实验小学校	吴中西路1000号	章春玮
			沧浪新城第三实验小学校	南环西路669号友联一村内	李　丰
			沧浪新城第四实验小学校	新郭港路266号	曹　铃
5	沧浪教育集团	汤　岚	沧浪实验小学校	十梓街221号	汤　岚
			带城实验小学校	葑门路208号	张丽君
			草桥实验小学校	草桥弄4号	项　军
			升平实验小学校	东大街222号	白如琳
			杨枝小学校	杨枝新村57幢对面	张　蕾
6	虎丘教育集团	杜坚民	金阊新城实验小学校	藕前路8号	陆　椿
			虎丘实验小学校	白洋街666号	施惠芳
			阳光城实验小学校	北环西路2089号	杜坚民
			新庄小学校	新庄新村60幢对面	金慧琴

续表

序号	集团名	总校长	校名	地址	负责人
7	金阊教育集团	杨明媚	金阊实验小学校	广济路86号	杨明媚
			金筑实验小学校	虎北路786号	蔡晓瑛
			留园中心小学校	广济路营坊场2号	金喜荣
			山塘中心小学校	山塘街508号	许　凯
			尚德实验小学校	培德堂街61号	张　丽
8	彩香教育集团	张苾菁	金阊外国语实验学校	桐泾北路10号	金卫国
			彩香实验小学校	彩香一村三区10幢南	张苾菁
			胥江中心小学校	盘门路铁链浜	张晨依
			城西中心小学校	彩香二村109号	曹振元
			三元第三小学校	三元三村258号	孙晓莉
9	善耕教育集团	侍作兵	善耕实验小学校	平河路文里街168号	吴　珏
			梓义实验小学校	平泷路1281号	徐　丹
			勤惜实验小学校	江天路128号	俞　辰
10	敬文教育集团	吴永华	东中市实验小学校	中街路203号	孙霞芳
			敬文实验小学校	皮市街341号	吴永华
			学士中心小学校	景德路403号	沈志慧
			崇道小学校	东汇支路7—9号	顾宇恒

表24-6　姑苏区教育体育和文化旅游委员会下属中学一览（2023）

序号	校名	地址	负责人
1	平江中学校	东环路1555号	赵剑晓
2	草桥中学校	江星路555号	范　桢
3	振华中学校	相王路78号	唐　曜
4	第一初级中学校	临顿路南显子巷18号	包黎青
5	第十二中学校	西园路29号	接　峡
6	田家炳实验初级中学	解放东路88号	黄裴莉
7	第十六中学校	养育巷慕家花园11号	蒋玉红
8	光华中学	久福里7号	袁　军
9	第三十中学校	广济路路西街16号	田明亮
10	觅渡中学校	里河新村100号	葛国旺
11	南环实验中学校	锦南巷88号	薛　瑾
12	彩香实验中学校	三香路899号	钱　芳
13	胥江实验中学校	劳动路1105号	姚浩宇
14	金阊实验中学校	陆步桥街2号	陈　荔
15	教育科学研究院附属实验学校	江宇路777号	华　晔
16	叶圣陶中学校	联洋街8号	沈明程

表24-7　姑苏区教育体育和文化旅游委员会下属特殊教育学校一览（2023）

校名	地址	负责人
姑苏区特殊教育学校	养育巷海红坊6号、大铁局弄14号	刘嫣静

表24-8 姑苏区幼儿园一览（2023）

序号	共同体	园名		地址
1	平江发展共同体	1	苏州市平江中心幼儿园	临顿路菉葭巷32号
		2	苏州市挹秀幼儿园	北环路挹秀新村内
		3	苏州市姑苏区大儒实验幼儿园	南石子街10-1号
		4	苏州市姑苏区鼎尚幼儿园	苏站路588号
		5	苏州市姑苏区东环幼儿园	东环一村2幢旁
		6	苏州市姑苏区东环第二幼儿园	东环五村40幢旁
		7	苏州市姑苏区北塔幼儿园	桃花坞大街38号5幢
		8	苏州市姑苏区平齐实验幼儿园	洋澳桥街60号
		9	苏州市姑苏区宝仁幼儿园	干将东路178号苏大北小区内
2	苏锦发展共同体	10	苏州市平江实验幼儿园	石曲街66号
		11	苏州市姑苏区红苹果实验幼儿园	平泷路61号
		12	苏州市姑苏区平江新城幼儿园	江宙路128号
		13	苏州市姑苏区七色花实验幼儿园	江天路138号
		14	苏州市姑苏区百晟幼儿园	平河路文里街188号
		15	苏州市姑苏区天筑幼儿园	天筑家园80幢
		16	苏州市姑苏区小乐福幼儿园	万达广场3188号
3	虎丘发展共同体	17	苏州市姑苏区留园幼儿园	留园路28号
				航西新村14幢（航西分园）
		18	苏州市虎丘中心幼儿园	三花二村100号
		19	苏州市姑苏区新庄幼儿园	新庄新村内
		20	苏州市姑苏区清塘幼儿园	清塘新村1幢
		21	苏州市姑苏区观景幼儿园	观景新村内
		22	苏州市姑苏区冠云实验幼儿园	缘园路81号
		23	苏州市阳光城幼儿园	北环西路2087号
		24	苏州市长盛幼儿园	北环西路899号长盛花园4幢
4	白洋湾发展共同体	25	苏州市姑苏区金阊新城实验幼儿园	藕前路2号
		26	苏州市虎阜实验幼儿园	白洋街668号
		27	苏州市姑苏区爱心实验幼儿园	白洋街166号
		28	苏州市姑苏区常青实验幼儿园	金阊新城藕前路999号
		29	苏州市姑苏区虎泉实验幼儿园	路南街201号
		30	苏州市姑苏区星光耀贝街幼儿园	白洋湾街道虎池路1588号
5	金阊发展共同体	31	苏州市阊西实验幼儿园	干将西路1323号（三元一村内）
		32	苏州市姑苏区彩香村幼儿园	彩香一村二区8号
		33	苏州市虹桥幼儿园	久福里长鋆村20号
		34	苏州市曹家巷幼儿园	东中市193号
		35	苏州市姑苏区彩虹幼儿园	彩虹二村17幢旁
		36	苏州市姑苏区彩香二村幼儿园	彩香二村138号
		37	苏州市姑苏区彩香一村第二幼儿园	彩香一村四区内
		38	苏州市姑苏区三元新村第二幼儿园	三元二村内
		39	苏州市姑苏区阊西第二实验幼儿园	三元四村内

续表

序号	共同体	园名		地址
5	金阊发展共同体	40	苏州市姑苏区星加幼儿园	养育巷古吴路乘马坡横巷10号
		41	苏州市姑苏区宝石幼儿园	阊胥路宝石御景园3幢
		42	苏州市聪敏岛幼儿园	干将西路三元一村内
6	吴门桥发展共同体	43	苏州市姑苏区胥台实验幼儿园	胥涛路128号
		44	苏州市姑苏区友联幼儿园	长吴路友联一村88栋
				新康路286号（胥江府分园）
		45	苏州市姑苏区新康实验幼儿园	桐泾南路181-2号
		46	苏州市姑苏区南环实验幼儿园	普悦街99号
		47	苏州市姑苏区大龙港幼儿园	大龙港新村61幢旁
		48	苏州市姑苏区金塘幼儿园	金塘新村韩家桥堍
		49	苏州市姑苏区湄长中心幼儿园	湄长新村54幢南
		50	苏州市姑苏区苏运实验幼儿园	新郭港路368号
		51	苏州市姑苏区枣市实验幼儿园	枣市街800号
		52	苏州市姑苏区福星幼儿园	沧浪新城亿象城内福星小区南
		53	苏州市友新快乐幼儿园	友新路96号友新新村内
		54	苏州市姑苏区领秀幼儿园	领秀江南西区
7	沧浪发展共同体	55	苏州市姑苏区玉兰幼儿园	玉兰新村38幢
		56	苏州市姑苏区红旗幼儿园	南园新村261号
		57	苏州市姑苏区玉兰第二幼儿园	养蚕里新村102幢
		58	苏州市姑苏区三香中心幼儿园	三香新村18幢西
		59	苏州市姑苏区胥江幼儿园	胥江新村28幢旁
		60	苏州市新沧幼儿园	桐泾南路798号新沧花园内
		61	苏州市快乐幼儿园	三香路357号
		62	苏州市姑苏区百花洲幼儿园	西大街36号
8	双塔发展共同体	63	苏州市姑苏区沧浪实验幼儿园	孔付司巷5号
		64	苏州市姑苏区双塔中心幼儿园	凤凰街129号
				钟楼新村10-1号（钟楼分园）
		65	苏州市姑苏区杨枝实验幼儿园	杨枝新村59幢对面
		66	苏州市姑苏区葑门中心幼儿园	里河新村99幢
		67	苏州大学幼儿园（部门办）	十梓街1号
		68	苏州市新鲁同源幼儿园	竹辉路186号

文化事业

文化场馆

【姑苏区公共文化中心】 2023年2月20日，苏名城保护编发〔2023〕6号文件《关于同意调整区教体文旅委下属部分事业单位机构编制事项的批复》明确，苏州市姑苏区文化馆更名为苏州市姑苏区公共文化中心，挂区文化馆、区图书馆牌子，划入区图书馆职责，重新明确相关职责。

【区文化馆】 2023年，区文化馆接待群众178.76万人次，举办我们的中国梦——文化进万家文化迎新惠民惠商活动（三下乡）、街头艺人路演、嘻哈壹笑堂相声大会、鸿儒曲苑——惠民评弹等活动872场次。

【区图书馆】 2023年，区图书馆共接待读者78.79万人次，借阅图书36.06万册次，借阅人次1.24万人次。

【姑苏区公共文化中心平江分中心】 2023年，姑苏区打造城市文化空间品牌，对古昭庆寺修缮提升，打造全区首家在古建老宅中的非遗特色公共图书馆“鸿儒书房”，展陈非遗特色精品，展出非遗主题图书近3000册。整合姑苏非遗资源，创新推出“我在姑苏遇见大师”文化品牌，打造桃花坞木版年画展销中心，推出“一团和气”游客驿站，开发大儒巷38号木版年画套色印章，增设展览、研学、文创、市集、演艺等文旅体验项目，为市民游客开展各类沉浸式体验活动，有效塑造大儒巷38号城市空间品牌概念。

群众文化

【文化类奖项】 2023年，平江历史文化街区获评首届全国优秀群众文化品牌案例；姑苏区图书馆“夜里厢的阅读园”项目获江苏省公共图书馆优秀案例奖；微型评弹剧《人桥》获江苏省文艺大奖·第十届曲艺奖、第四届苏州市曲艺创作推优比赛“节目奖”；22个原创群文作品获第五届苏州市群众文化“繁星奖”，其中舞蹈《嘿！新来的那小伙》等8个作品获金奖，金奖数居全市第一。

【文化惠民活动】 2023年，区教体文旅委开展学习贯彻党的二十大精神“扛起新使命，谱写新篇章”——全区基层党员冬训百场群文巡展（演）活

2023年8月21日，“童心绘城　美好阅读”项目研学游活动举办　　区教体文旅委　供稿

2023年8月18日，姑苏区书海夜航系列之“夜读姑苏”活动第四期在苏州彬龙美术馆举行　　区教体文旅委　供稿

动，通过图文展览及评弹、快板、小品、歌舞、戏曲等形式，让党的创新理论“飞入寻常百姓家”。开展2023年度苏州市公共文化项目配送活动、2023年度姑苏区“虎跃姑苏，兔临春境”三下乡惠民文化活动、2023年姑苏区群众文化广场舞比赛。开展“童心绘城　美好阅读”2023姑苏区青少年文化美育工程系列活动；举办2023风雅姑苏“苏州话说苏州”系列活动，开展“苏州话的传承与古城保护”主题沙龙、线上征集比赛、线下读书会、学说苏州话小课堂等活动。举办街头艺人原创线上音乐汇，观看人数近150万人次。完成73场公共文化服务配送活动。

【文化市集】 2023年，姑苏区将传统与现代、民俗与潮流有机融合，联动相城、常熟等多个板块，与街道部门、景区、商圈、博物馆、老字号、非遗保护单位等结合民俗节庆、文化节日等开展大运河姑苏民俗文化旅游节活动，举办元宵灯彩市集，轧神仙市集，平江路“平江午后约”——春醒市集、夏萃市集，石湖串月市集，长洲县学“状元文化市集”等主题市集，融合博物馆资源，策划各类文化体验活动、非遗研学项目、苏式生活体验路线。（梅佳祺）

【全民阅读】 2023年，姑苏区持续健全全民阅读工作机制，古吴轩、光裕书厅等文化地标开业启用，“平江晒书节”入选省第三批群文“百千万”项目，《家在古城》获2023年省紫金文学奖，“24小时城市书房”“走读姑苏　书香驿站”主题阅读亭等一批城市阅读微空间辐射全域，全市首家线上无边界文史馆——姑苏政协文史馆建成，全社会“爱读书、读好书、善读书”的阅读氛围愈加浓厚。（刘志昊）

【书海夜航】 2023年，区教体文旅委结合区域文化特色、整合优质阅读资源，联合姑苏夜书房联盟打造“书海夜航”夜读品牌，以艺术沙龙、好书分享、文化漫谈、绘画赏析等形式举办“三月莺时　予你春好”“夏至平江　书香缱绻”等夜读活动，举办平江书市活动。依托市、区、街道三级阅读矩阵体系，开展二十四节气主题阅读系列活动200余场。

非物质文化遗产保护

【概况】 截至2023年底，姑苏区本级共有8大类120个非物质文化遗产项目入选国家和省、市、区各级非物质文化遗产代表作名录。其中，人类非遗代表作1项（苏州端午习俗）、国家级3项（轧神仙庙会、制扇技艺、民族乐器制作技艺）、省级8项、市级19项、区级89项。区属各级非物质文化遗产代表性传承人118人，其中省级10人、市级14人、区级94人。寻“苏味”——百年传承非遗体验之旅、“苏作匠心”非遗之旅获评江苏省“水韵江苏”非遗主题精品旅游线路；姑苏非遗传习堂——遇见大师非遗系列活动获评2023年度苏州市新时代文明实践优秀项目。

【第六批区级非遗项目】 2023年3月，姑苏区组织开展第六批姑苏区非物质文化遗产代表性项目申报等工作。经过各街道推荐申报、专家评审委员会评审、推荐名单公示、专家评审委员会复议、评审领导小组和区非物质文化遗产保护工作联席会议成员单位审核，确定20个项目为第六批区级非物质文化遗产代表性项目，24个单位为第六批区级非物质文化遗产代表性项目保护单位，8个项目为区级非物质文化遗产代表性项目名录扩展项目名录，23个单位为区级非物质文化遗产代表性项目新增保护单位，2项苏州市市级及以上非物质文化遗产代表性项目及项目保护单位申请列入姑苏区非遗名录。

【文教融合】 2023年，区教体文旅委深化非遗赋能百年老校传承发展工程，推出桃花坞木版年画牵手桃坞中心小学、舌尖上的非遗走进百年老校等9大“百年名校　千年非遗”项目。推动桃坞中心小学成为桃花坞木版年画制作技艺的苏州市市级非遗保护单位，朱新年点心店成为金阊教育集团非遗与劳动教育研学基地。依托姑苏非遗传习堂开展各类青少年姑苏文化沉浸式体验活动，在讲授传统文化知识、传授非遗项目技艺、开发特色校本教材中，推动传统文化在潜移默化中发挥育人价值。

【文旅融合】 2023年，区教体文旅委在山塘街玉涵堂推出行浸式昆曲剧场《浮生若梦·节气之旅》，将平江、山塘文旅资源与全区非遗文化有效串联。通过拓宽非遗应用场景、开发文创产品、丰富运营内容，不断提升游客体验，做好古城内容“增值”文章。在“水韵江南　风雅姑苏”2023长三角文旅惠民市集、进博会、运博会等平台积极推广姑苏文化，推出非遗精品文旅路线，让居民、游客沉浸式体验“食四时之鲜、居园林之秀、听昆曲之雅、用苏工之美”的苏式生活典范。

【非遗宣传周】 2023年，姑苏区举办2023姑苏非遗宣传周暨“运河畔非遗文化互鉴”系列活动，全新推出40余场非遗宣传活动，邀请5个运河沿线城市举办十大非遗项目文化互鉴活动，发布4大“姑苏非遗+”系列项目，打造非遗文化与华贸中心紫芝园物质文化遗产的“双遗联袂”生态体系，形成30余个主流媒体与商业平台的政商融合宣传矩阵，有效扩大姑苏非遗品牌影响。推出姑苏非遗系列丛书第一册《姑苏非遗·民俗美食卷》。

【非遗品牌活动】 2023年，区教体文旅委推出“遇见大师”项目。深化打造“非遗有约”活动，推出“我在姑苏看非遗”“我在姑苏做非遗”“我在姑苏学非遗”三大项目，依托非遗创新基地、非遗传习堂、社区非遗学堂等传承传播基地，全年开展活动超百场，进一步激发文化人才创新活力，推动“产城人文”深度融合。

（梅佳祺）

卫生健康

综　述

【医疗卫生机构概况】 2023年，姑苏区在册医疗机构324家，其中疾控中心1家、妇保所1家、社区卫生服务机构37家、门诊部（含健康体检中心）24家、诊所196家、护理站2家、内设医疗机构63家。

【卫生人才队伍建设】 2023年，姑苏区民政和卫生健康局（简称“区民卫局”）完成1个科研项目结题评审考核，年内共评选出区社会组织领军人才1人、社会组织重点人才3人，区各类卫生人才181人，区优秀卫生团队20个。

2023年5月31日，姑苏区疾病预防控制局揭牌仪式举行

陈　枫　摄

【卫生健康信息化建设】 2023年，区民卫局完成辖区基层卫生医疗机构影像系统与省卫生健康云影像平台的接口对接，实现省内医学影像跨院调阅。完成辖区卫生数据中心相关信息系统、硬件设备的迁移工作，开展卫生专网架构改造，建立数据备份机制，完善网络区域边界安全防护措施，提升辖区卫生系统网络安全防护能力。

【卫生应急体系建设】 2023年，区民卫局建立健全各类工作制度，定期对各类卫生应急预案进行评估、修订和完善，实现卫生应急工作规范化、制度化、科学化管理。全面提升基层卫生应急核心能力，组织实施公共卫生应急桌面推演，修订《姑苏区突发公共卫生事件应急预案》《姑苏区突发事件医疗卫生救援应急预案》。组织开展“平安姑苏—2023”民卫系统综合应急实战演练，围绕乙类呼吸道传染病感染应急处置、建筑物垮塌现场处置与救援、火灾现场处置与救援、危化品泄漏及电梯困人现场处置、老人突发心搏骤停现场急救与转运等方面进行实战演练，提高应急人员专业水平，增强应对突发事件应急处置的综合能力。

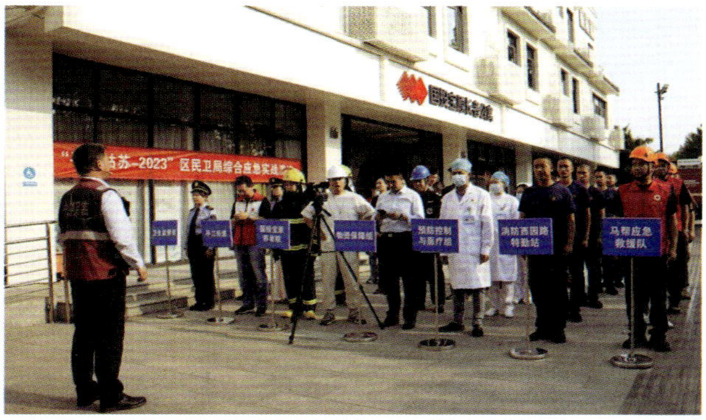

2023年10月26日，"平安姑苏—2023"民卫系统综合应急实战演练在苏州国投宝原老年公寓举办　　区民卫局　供稿

疾病预防控制

【预防接种】 2023年，区民卫局为2022—2023年度初三学生开展麻腮风疫苗接种，为65—84岁户籍老年人接种肺炎球菌疫苗3950剂次，为初一女生接种HPV疫苗，为适龄儿童免疫规划疫苗接种12.57万针次。全年15岁以下儿童非脊灰麻痹急性弛缓性麻痹（AFP）2例，发病率1.83/10万；全年疑似预防接种异常反应（AEFI）236例，其中一般反应230例、异常反应6例，48小时内报告率、调查率、规范处置率100%。采购非免疫规划疫苗25.12万支，价值1.33亿元。组织全区192名预防接种新上岗人员和1002名在岗人员开展预防接种规范化培训。

【传染病防控】 2023年，姑苏区93.068万人无甲类传染病报告。报告乙类传染病12种6504例，发病率696.45/10万，发病数比上年增加211.32%，报告死亡5例。报告丙类传染病5种14754例，发病率1579.87/10万，发病数比上年增加872.45%。辖区有传染病诊疗机构32个，正常运行率100%，及时报告率100%，及时审核率100%。接收预警系统的预警信息151次，预警响应率100%，预警响应及时率100%。处置学校、托幼机构内发生的聚集性疫情1378起，其中流感样病例疫情1241起，手足口疫情43起，感染性腹泻病33起。处置食源性疾病事件3起，涉及发病人数20例，无死亡病例。累计报告突发公共卫生事件3起（2起猴痘、1起水痘）。建卡管理结核病人140人，比上年增加19.7%，建卡阳性率72.9%。

【慢性病防控】 2023年，姑苏区累计建立居民健康档案88.53万份，建档率95.36%，累计管理高血压96616例、糖尿病33106例、冠心病4736例、脑卒中5152例、肿瘤9010例。完成辖区碘盐监测300份，其中，碘盐覆盖率96%，碘盐合格率94.79%，合格碘盐覆盖率93%。实施儿童口腔健康幸福工程，辖区7737名适龄儿童参与口腔筛查，筛查率84.59%（目标率80%）；4213名儿童进行窝沟封闭，窝沟封闭率54.45%，封闭牙齿11686颗。

【精神卫生】 2023年，姑苏区常住人口严重精神障碍患者报告患病率为5.04‰，在管患者4592例，随访20420人次。

基层卫生

【概况】 2023年，姑苏区共有运营社区卫生服务中心14家、社区卫生服务站23家，实行中心带站一体化管理。其中娄江、留园、平江新城中心转型为"江苏省社区医院"。有国家级示范社区卫生服务中心2家，实现江苏省老年友善医疗机构全覆盖。

【基层卫生服务能力建设】 2023年，姑苏区基层卫生服务机构严格规范开展诊疗服务，基层医疗卫生服务机构诊疗量为243.73万人次。新建成6家市级基层特色科室，1家市级特色科室建设单位。社区卫生服务构建“1+1+X”医联体合作模式，共建成综合医联体15家、专科医联体46家。放射、检验、24小时心电监护等系统全部实现与医联体医院远程会诊并结果互认。社区卫生服务机构接收上转病人2014人次，接受医联体下转病人2503人次，医联体专家下基层门诊1698天，诊疗35905人次。

【家庭医生签约服务】 2023年，姑苏区建立家庭医生团队121个，家庭医生工作室76个，省星级家庭医生工作室8家。建立老年人体检、妇幼儿童增值服务等特色签约包，推行基层首诊式家庭医生签约服务，首诊签约率达20.92%。

妇幼健康

【概况】 2023年，姑苏区坚持以妇女儿童健康为中心，不断拓展妇幼健康服务内涵，严格加强母婴安全管理，实施基本公卫服务和母婴阳光工程政府实事项目，推动妇幼健康事业取得新进展。姑苏区妇幼保健所获评苏州市首批市级儿童早期发展基地、儿童友好医院，并挂牌姑苏区托育综合服务中心。姑苏区锦帆、和泰、留园3家社区卫生服务中心获评“市级示范妇幼健康规范化门诊”。姑苏区代表队获评2023年苏州市妇幼健康职业技能竞赛团队一等奖。

【妇幼基本公共卫生服务项目】 2023年，姑苏区住院分娩产妇共计4072例，活产数4124人；早孕建册数3985人，早孕建册率96.63%；产后访视数4036人，产后访视率97.87%；为4124名产妇开展产后抑郁症筛查。辖区0—6岁儿童37274名，儿童健康管理率99.16%，新生儿访视率98.96%；托幼机构“六一”体检24689人，体检率98.93%；为24717名0—6岁儿童进行视功能检查，为41082名儿童开展孤独症筛查。为辖区22564名适龄妇女开展两癌筛查，完成孕前优生健康检查1626人，免费发放叶酸858人，在辖区社区卫生服务中心等43家单位开展免费基本避孕药具发放服务。

【母婴安全保障】 2023年，姑苏区持续规范母婴保健技术执业行为，为辖区27名母婴保健技术服务人员核发母婴保健技术合格证。做好高危孕产妇及新生儿管理工作，开展孕产妇和儿童死亡监测，全区未发生孕产妇死亡，婴儿死亡率、5岁以下儿童死亡率持续控制在低位。

【出生缺陷综合防治】 2023年，姑苏区落实三级预防，规范开展产前筛查与诊断治疗。全年共为2235对新婚登记对象开展婚前医学检查，全年助产机构完成新生儿先天性心脏病筛查20849人，筛查率98.30%，阳性转诊316人；新生儿29种遗传代谢性疾病和听力障碍筛查率达100%。共监测围产儿21291例，上报出生缺陷241例。

老龄健康

【老年健康服务体系建设】 2023年，姑苏区实现“养老机构+医疗”全覆盖。各社区卫生服务机构、二级及以上医疗机构与相应服务片区的养老机构签订服务协议，组织医疗团队为住养老人建立健康档案，定期开展上门配药、慢病管理、健康教育、双向转诊等相关服务。各综合为老服务中心、日间照料中心通过与医疗机构签约合作形式，实现“社区养老服务设施+医疗”全覆盖。52家社区养老服务设施开设“家庭医生工作室”，落实巡诊制度，提供血糖控制等慢性病管理服务。8家综合为老服务中心嵌入社区卫生服务机构同址运行，其中7家设置短托照护床位。设立111个家庭医生团队，每年为接受健康管理的老年人提供至少4次的健康咨询和指导服务，优先提供转诊服务，65岁以上老年人健康管理率70.95%。

职业健康

【概况】 2023年，姑苏区共有职业病危害企业34家，其中员工人数10人以上企业22家。主要涉及行业为建材、物流仓储、印刷、机械制造等，主要职业危害为粉尘、噪声、苯化合物等。全区共有放射诊疗单位91家，非医疗放射单位10家，职业健康检查机构4家、诊断机构2家、放射检测机构2家。

【职业健康管理】 2023年，姑苏区共检查职业病危害企业46户次，各类职业卫生技术服务机构6户次，立案处罚2起，移送案件1起；完成5家粉尘、化学毒物、噪声危害因素浓（强）度超标岗位的企业治理工作。对8家小微企业开展职业健康管理帮扶。

【职业病防治】 2023年，姑苏区完成职业病健康检查数据审核1632条、尘肺病随访177条。对5家企业开展工作场所职业危害因素监测。对2家职业病体检机构进行职业健康检查数据审核及职业病报卡工作督导。组织开展“职业健康达人”行动，1人获省“职业健康达人”称号。

健康促进

【健康教育】 2023年，姑苏区创新开展健康促进教育，组织健康教育讲座733场、健康宣传活动756场，发放健康教育宣传材料22.47万份。

【健康场所建设】 2023年，姑苏区新建省健康社区6个，新建苏州市健康社区10个、健康单位7个。

【爱国卫生运动】 2023年，姑苏区开展病媒生物防制工作，组织开展技术培训4073人次，病媒生物防制知识宣传教育370次，整治重点场所653处，清除“四害”孳生地4026处，完善“四害”防制设施11839处，新增毒饵站7090个，下发灭鼠告知书1万份，投放灭鼠药4吨；开展外环境蚊蝇孳生控制和消杀服务工作，投放防蚊贴59853个、捕蝇笼3900个，投放太阳能灭蚊灯1200个。开展控制吸烟宣传活动238场，对2076家单位进行监督检查，对9家单位和5名个人进行行政处罚，罚款金额3100元。建成姑苏区首批戒烟服务点15个。

中医药服务

【概况】 2023年，姑苏区有中医类医疗机构59家（其中中医医院1家、中西医结合医院1家、中医门诊部3家、中医类诊所54家），辖区各级各类医疗机构中可开展中医药服务的医疗卫生机构189家。

【中医药服务能力建设】 2023年，姑苏区实施基层中医药服务示范工程（一期）项目，为姑苏区政府2023年实事项目，开展中医药服务能力示范工程、中医药适宜技术惠民工程、中医药文化传承工程、中医药公共服务工程四项内容。实施中医馆提档升级改造及等级建设评价工作。娄江社区卫生服务中心、平江新城社区卫生服务中心2家五级中医馆建设单位通过省中医药管理局验收，新建彩香一村社区卫生服务中心、白莲社区卫生服务中心、横街社区卫生服务中心等3家四级中医馆，五级、四级、三级中医馆占比分别为14.3%、42.9%、35.7%。贯彻落实国家和省关于鼓励社会办中医各项政策要求，支持社会办中医，落实中医诊所备案制，完成中医诊所备案12家。全面实施中医药基本公共卫生服务项目，65岁以上老人和0—36个月儿童中医药健康管理覆盖率分别为77.05%和84.80%。

【中医医联体合作】 2023年，姑苏区促进优质中医药资源下沉，苏州市中医医院共派出15名专家在三香社区卫生服务中心、彩香一村社区卫生服务中心、白洋湾街道社区卫生服务中心开设中医特色专家门诊。

卫生监督

【概况】 2023年，区民卫局出动卫生监督人员4556人次、车辆1659车次，检查各类单位3662户次。完成卫生许可事项申请799份，窗口办件按时办结率、现场审核合格率、卫企服务联系卡新发单位发放率均达100%。组织开展6大条线共27个专项检查，聚焦重点领域重点行业，实现医美机构和口腔机构全覆盖。严厉惩治违法行为，依法依规查处案件46起，罚没金额248.68万元。

【公共健康综合监管执法】 2023年，区民卫局开展医疗服务监督专项检查11项，依法查处案件19起，罚没金额246.26万元。严肃查处非法行医案件，取缔非法行医4户次，对10名医务人员开展不良执业记分共27分，对15家医疗机构实施记分共56分。开展传染病防治和消毒产品专项检查7项，医疗机构消毒卫生抽检80户次共602项，合格545项，合格率90.5%，消毒产品抽检样品102件，合格102件，合格率100%；依法查处传染病防治案件8起，罚没金额1.67万元。

【公共卫生监督】 2023年，区民卫局出动208人次、117车次，检查学校和托幼机构236户次，检查覆盖率100%。学校教学环境抽检16家，抽检合格率92.71%。学校饮用水抽检25家，合格率100%。全区生活饮用水二次供水单位共54家，对10家二次供水单位开展监督抽检，合格率100%；现制现售饮用水设施共42处，抽查其中9处的水样，合格率100%；区内共设有5个水质在线监测点，全年未发现水质不合格预警。全年监督检查公共场所单位共计723户次，住宿、游泳、美容美发、沐浴四大类场所量化分级率100%，游泳场所、星级宾馆信用评价100%；开展公共场所卫生监督专项检查6项，依法查处移送案件32起，罚没金额2.6万元。

医政药政管理

【概况】 2023年，姑苏区组织对272家医疗机构进行年度校验，责令停业或暂缓校验医疗机构4家，责令整改单位16家。组织对70家医疗机构进行年度星级评审，共评出三星级单位5家，二星级单位59家，一星级单位6家。各社区卫生服务机构优先配备国家基本药物和集中采购药品，配备使用基本药物品种占比61.25%，金额占比61.97%。发挥家庭药师居家药学服务，以提供一次药箱整理、开展一次用药评估、建立一份用药档案、实施一次用药教育、完成一次药学调研、组织一场药学科普为核心，14家社区卫生服务机构开展“家庭药师进万家”活动。

【机构许可(备案)】 2023年，姑苏区新开医疗机构31家，其中执业登记医疗机构1家，各类诊所备案27家(含中医诊所备案12家)、养老机构内设医疗机构备案3家。全年注销医疗机构5家。

(王　玲)

体育

综述

【体育设施建设】 2023年，姑苏区结合一刻钟便民生活圈、口袋公园建设、城市更新、桥下空间建设等，充分挖掘和利用好“金角银边”，建好各种健身路径、小广场、小游园等，并积极探索“一地多用”模式，努力实现健身场地设施便利化，完善10分钟居民健身生活圈，完成80套健身路径的更新、新建。

【体育设施管理】 2023年，大儒实验小学、盘溪中心小学、崇道小学3所学校场地对外开放，申报10处智慧广场舞设备升级配建。组建室外场地设施网格巡查队伍，及时发现、报修、维护损坏器材。开展对环古城河健身步道和大运河健身步道的适宜路段进行品质与智慧化服务水平提升的摸排调研及社区健身房运营摸排调研。

【体育企业安全督导】 2023年，区教体文旅委着力推进体育企业安全监管制度贯彻落实，充分发挥街道、社区监管力量，发挥好三级监管机制在日常监管工作中的作用。全年出动检查人员300余人次，对60多家场馆进行安全检查，开展43家体育类校外培训机构的稽核工作，将企业门头图片、经营状况等信息录入国家校外培训机构平台。

【体教融合发展】 2023年，区教体文旅委推进“5621”计划全覆盖，结合姑苏区基础教育“三横四纵”集团化办学特色，指导辖区内37所小学完成田径、足球、篮球、乒乓球及游泳5个体育项目布局。

【全民健身公共服务】 2023年，区教体文旅委开展全民健身“五进工程”，为43家单位近1000人次提供免费的菜单式配送健身指导、科学健身知识讲座约200课次，有效提高全民健身水平和健康水平。

【体育社会组织建设】 2023年，区教体文旅委指导姑苏区篮球协会、游泳协会、老年人体育协会等完成换届选举，指导成立姑苏区模型运动协会、姑苏区奇点棋牌运动俱乐部，与区民卫局联合对姑苏区田径协会、健美健身协会进行全面检查，对姑苏区门球协会、足球协会等进行实地调研，了解协会现状特点，引导协会更好地发展。为全区465名社会体育指导员统一购买保险，举办社会体育指导员培训，提升社会体育指导员服务指导水平。培育发展推动各级各类体育组织广泛开展赛事活动，规范自身建设，主动参与公共体育服务，服务竞技体育。

体育赛事

【“姑苏杯”体育舞蹈城市公开赛】 2023年4月15日上午，第七届“姑苏杯”体育舞蹈城市公开赛在苏州市市民健身中心体育馆举行，近500名体育舞蹈爱好者参加比赛。活动由姑苏区教育体育和文化旅游委员会主办，姑苏区体育舞蹈协会承办，得到苏州市体育局、苏州市市民健身中心等单位的大力支持。本届大赛设少儿组、青年组、壮年组，覆盖华尔兹、伦巴、探戈、恰恰等体育舞蹈项目。

【江苏省运河沿岸城市第二届“姑苏杯”门球邀请赛】 2023年5月24日，江苏省运河沿岸城市第二届“姑苏杯”门球邀请赛在苏州市桂花公园门球场举行。活动由姑苏区教育体育和文化旅游委员会主办，姑苏区门球协会具体承办。前期分别进行姑苏区32支门球队和苏州市下属县级市、区9支门球队的选拔赛，最终2个组别选拔出的第一名和运河沿岸的苏州、徐州、宿迁、淮安、扬州、镇江、常州、无锡等9个城市的代表队参加邀请赛，参赛队伍共计48支约500人。姑苏区代表队荣获冠军。

【姑苏区第六届篮球比赛】 2023年8月12日，姑苏区第六届篮球比赛在苏州市大儒实验小学校开赛。本次比赛从8月12日持续至8月27日，全区27支参赛队伍近300名运动员共参加65场比赛。白洋湾街道、魔力星（吴门桥街道）、区民卫局获各组别冠军。

【“区长杯”青少年校园足球联赛】 2023年10月28日，苏州市姑苏区“区长杯”青少年校园足球联赛开赛。本次比赛从10月28日持续至12月3日，全区24所小学、13所初中共54支参赛队（27所全国青少年校园足球特色学校全部参赛），800余名小球员参加比赛。活动由姑苏区教育体育和文化旅游委员会主办，姑苏区足球协会承办。

2023年10—12月，“区长杯”青少年校园足球联赛举办

区教体文旅委　供稿

【姑苏区小学生田径运动会】 2023年4月21日，苏州市青少年阳光体育联赛小学生田径比赛姑苏区选拔赛暨姑苏区小学生田径运动会在苏州市虎丘教育集团金阊新城实验小学校举行。运动会由姑苏区教育体育和文化旅游委员会主办，虎丘教育集团金阊新城实验小学校承办，来自全区44支学校代表队的810名运动健儿参加角逐。经过激烈角逐，60人次破区运动会纪录。（梅佳祺）

收入与分配

就业创业

【就业状况】 2023年，姑苏区推进“就业惠民·创业富民”实事项目工程，坚持精准施策、靠前服务，确保全区就业形势总体稳定。全年新增就业岗位58830个，其中大学生岗位12285个，扶持自主创业人数3950人，引领大学生创业175人。

【就业创业特色品牌】 2023年，姑苏区结合省、市实事项目“家门口”就业服务站建设要求，完善“家门口”就业服务站点位建设，新增建设姑苏云谷、融·姑苏潮、德必姑苏WE产业园等11个特色点位，其中石路社区“家门口”就业服务站列入2023年4月全国人社系统稳就业工作现场推进会参观点位。依托“家门口”就业服务站持续深化打造“乐业姑苏”就业服务品牌，优化“线上+线下+直播带岗”三位一体招聘体系，优化公共就业服务。全区开展招聘会151场，2272家企业参加；组织直播带岗92场，244家企业提供4767个岗位，吸引151.37万人次观看。

2023年6月27日，“就在家门口”离校未就业高校毕业生就业指导活动举办　　区人社局　供稿

【稳岗惠企】 2023年，姑苏区落实稳岗惠企政策，出台《关于春节期间稳岗惠企有关补贴政策的操作细则》等配套文件，共计发放春节留苏慰问补贴、一次性扩岗补助、稳岗返还补贴4456.6万元，惠及企业2.5万家。

【就业帮扶】 2023年，姑苏区依托“家门口”就业服务站，建立重点群体就业帮扶工作规范，采取“大数据+铁脚板”工作模式，摸清特殊困难群体、就业困难人员、离校未就业高校毕业生、16—24岁失业青年等重点群体底数，采用“五色分类施策法”建立“一人一档”，精准开展“三送三进”专项行动。全区就业困难人员认定1764人，实现就业1681人。

【创业扶持】 2023年，姑苏区加强创业孵化载体建设，精心升级国家级、省级创业孵化示范基地，开展“四进问诊”创业导师进基地等活动，加速创业资源共享。联合上海市黄浦区扶持沪苏创业小店，开展“老字号·新活力”创业加速营，沪苏携手推动老字号企业焕新。举办“创·在平江路”主题活动，通过以点带面打造“有扶持、有创意、有活力”的“创业小店”特色街区，形成小店创新创业集聚发展，加速吸纳和带动就业。组织开展“筑梦姑苏·创享未来”姑苏区2023年创业创新大赛，助力推动青年人才创新创业；立足长三角一体化发展战略，参加第二届C9联盟创新创业大赛，构建创新发展新格局。依托姑苏区马兰花创业行动“1311”体系，开展GYB进高校、SYB创业培训，举办创业培训师资教学路演师资能力提升活动。支持成功自主创业人数3950人，引领大学生创业人数175人，累计参加创业培训172人，受理创业社保补贴1652人次，一次性创业补贴1123人次，创业场地租金补贴156人。

2023年8月23日，“筑梦姑苏·创享未来”姑苏区2023年创业创新大赛举办　　　区人社局　供稿

【高校毕业生就业创业】 2023年，姑苏区开展离校未就业高校毕业生实名制跟踪服务，为777名毕业生提供公共就业服务2771次，就业率达95.88%。开展高校学生就业赋能行动，联合在苏院校持续擦亮“菁英姑苏智汇营”品牌，打造“强技助业·才聚姑苏”就业能力提升平台和校企联合培养、实习生就业云平台等，招募99名苏大学生参加姑苏区政府部门暑期见习活动，140名苏大学生参加名城游学、名企游学活动，举办首届大学生职业规划大赛，促进高校毕业生高质就业。组织开展“名企送优岗”助力困难家庭高校毕业生专项行动，定向招聘本地困难高校毕业生。开发基层公共服务岗位30个，对毕业5年内苏州市区户籍高校毕业生提供市容管理等就业机会。

【妇女就业创业】 2023年，姑苏区服务妇女创业就业，实施巾帼家政进社区项目，举办家政员技能培训班，330名人员参训，开展家政进社区活动21场。举办女性专场招聘活动，提供招聘岗位576个，做好女大学生创业就业实践行动，提供就业实践岗位227个。在2023年“智汇姑苏”创新创业大赛中特设姑苏巾帼创新创业奖，评选优秀女性项目6个。在“赢在苏州　慧创未来”第八届苏州市女性创业创新大赛中获二等奖1个、优秀奖1个。扶持女性人才发展，发布姑苏区首个企业扶持巾帼科技人才方案，启动提服务质效·亮姑苏名片——商圈服务业“她助”项目，实施“我们在一起”妇字号企业暖心行动，指导成立姑苏区平江新城商会妇联，打造5家巾帼科技人才服务阵地，开展“我与古城保护”等展示交流活动20余次，惠及2000余人。

【残疾人就业创业】 2023年，区残联深入3家企业开展“走访拓岗促就业”活动，组织106名残疾人参加就业招聘。组织163名残疾人参加省、市、区残疾人职业技能培训暨比赛，获得市级个人第一1人、个人第二1人，取得高级职业资格证书7人。全年按比例就业年审单位276家，年审企业申报材料268家，对53家企业发放奖励49.7万元。引进2个残疾人辅助性就业项目，帮助就业增收。全年完成新增残疾人实名制就业134人，新增残疾人实名制培训238人。

【职业技能提升】 2023年，区人社局组织开展2023年度姑苏区重点人才、企业首席技师以及区高技能人才公共实训基地申报评选工作，共评选20名重点人才、10名企业首席技师、3家实训基地。搭建“百工百艺·匠人匠星”技能竞赛平台，共举办19个工种16场技艺技能状元大赛，发放高级工证书3856人次。开展城乡劳动力职业技能培训，全年共开班次28个，参加培训学员863人。有序开展实施新录用人员岗位技能培训，共26家单位组织开展培训，开设37个班，1324人完成培训并通过考核。探索项目制培训，15个培训专业（工种）累计申请培训2084人次。

【和谐劳动关系构建】 2023年，姑苏区深化构建省级和谐劳动关系综合配套改革试点区，全年新增省级劳动关系和谐企业2家、市级劳动关系和谐企业19家、区级劳动关系和谐企业18家、姑苏区劳动保障信用等级单位32家。开展“一对一”劳动用工管家服务，对960家新创的中小微企业提供“人力资源助理派遣服务”，对42家成长性的中小微企业开展“共享人事经理”服务。对劳动争议频发多发的31家企业开展劳动用工“法治体检”活动。推行劳动关系重大事项报告制度，全年共梳理劳动关系风险隐患51起，全部及时化解。截至年底，全区建成符合劳动关系和谐标准的企业490家。区人社局联合公安、城管等部门开展“清朗行动”，共出动人员99人次，整顿人力资源市场秩序。组织开展劳务派遣专项检查、女职工劳动保护专项监督检查和夏季高温劳动保护专项行动，完成5次跨部门双随机抽查检查行动，抽查检查单位814户。开展“制度运行提质增效”专项行动、月结月清提质增效年专项行动，推进全区工程建设领域农民工工资月结月清，全年办结欠薪线索1852件，办结率100%。

（阴佳浩　顾静洁　李　勇）

收入消费

【居民收入】 2023年，姑苏区城镇居民人均可支配收入76986.1元，比上年增长4.2%。

【居民消费】 2023年，姑苏区城镇居民人均消费支出53174.2元，比上年增长6.4%。（张云芳）

社会保险

【养老保险】 2023年，姑苏区企业职工养老保险参保缴费职工27.06万人，其中灵活就业参保人员4.11万人；城乡居民养老参保1511人，其中为符合参保条件的困难群体1265人代缴城乡居民养老保险。享受企业职工养老保险待遇的离退休人数6.9万人，享受城乡居民养老保险待遇5421人。

【失业保险】 2023年，姑苏区继续实施失业保险保障扩围政策，发放失业保险金、失业补助金总计9454.35万元，惠及4.97万人次。截至年底，姑苏区企业失业保险参保人数22.59万人，全年领取失业保险金人数4.38万人次。

【工伤保险】 2023年，姑苏区工伤保险参保人数23.78万人，全年工伤保险审核发放各类待遇共计3952人次5563.45万元，对诉讼后仍不能获得工伤赔偿的职工，依法实行工伤待遇先行支付，全年工伤先行支付30人次，总金额172.71万元。全区建筑业新开工项目工伤保险参保率100%。

【医疗和生育保险】 2023年，姑苏区职工医疗保险参保人数28.3万人、居民医疗保险参保人数4.09万人。全年拨付生育津贴(含男职工护理假津贴)7251人次。全年女职工生育津贴(含计生津贴)支出1.03亿元,男职工护理津贴支出899万元,未就业配偶一次性医疗费用补助支出30万元,生育医疗费用支出301万元。

(阴佳浩)

社会救助

【低收入人群救助】 截至2023年底,姑苏区共有低收入群体3122户3850人,全年共发放各类救助金6128.81万元。区民卫局完善救助对象核查比对机制,印发《区民卫局财政资金救助补助对象核查比对机制》。认真贯彻省、市关于进一步做好社会救助兜底保障的工作要求,聚焦重病重残困难群体,扩大救助辐射范围;严格落实苏州市最低生活保障提标政策,兜牢基本民生底线。

【流浪乞讨人员救助】 2023年,姑苏区完善落实街面联合巡查机制,织密救助发现网络。全年开展多轮"冬季送温暖""夏季送清凉"专项救助行动,全面加强极端天气下流浪乞讨人员街面巡查工作,共劝导流浪人员239人次,发放各类物品食品等救助物资674件,设立基层救助服务点87处,街面救助201人次、护送返乡3人、送至救助站3人。

【慈善救助】 2023年,姑苏区落实慈善救助项目,全年开展健康牛奶护苗计划、姑苏慈善爱心卡、阳光乐龄计划、暑期助学等项目,为全区4.87万户次低保、低保边缘家庭中小学学生提供12.18万元免费牛奶,为全区所有低保、低保边缘、孤儿及特困家庭发放爱心卡援助金214.21万元,支出32.82万元为全区320余名低保、低保边缘孤老提供个性化、菜单式的志愿服务,为240名低保、低保边缘、一般困难家庭学生发放助学款37.23万元。向26名困难群众提供9.93万元资金帮扶。全年累计支出慈善救助金1367.39万元。

【教育救助】 2023年,姑苏区学前教育阶段共资助271人次,资助金额16.26万元。义务教育阶段,小学共资助1512人次,资助金额120.96万元;初中共资助1196人次,资助金额125.58万元。全年共资助家庭经济困难未成年人2979人次,发放经费262.8万元。减免保教费73人次,减免14.07万元。

【帮扶慰问送温暖活动】 2023年,姑苏区共向22类2.11万户慰问对象发放慰问金2087.6万元。

(王 玲 梅佳祺)

社会福利

【儿童福利】 2023年,姑苏区共为449名困境儿童发放困境儿童基本生活费补贴691万元。打造沧浪街道为省级示范性未成年人保护工作站,改造提升苏锦街道、沧浪街道、金阊街道3个街道为市级儿童"关爱之家",高标准打造未成年人保护阵地。发挥区未保委牵头作用,加强部门联动,创新"未"你护航未保工作品牌,姑苏区获苏州市儿童主任职业技能大赛"团体一等奖",各街道开展困境儿童个案服务40余人,帮助儿童及家庭缓解困境。

【老年人福利】 2023年,姑苏区共发放尊老金13208.24万元。

【残疾人福利】 2023年,姑苏区为6491名困难残疾人发放残疾人"两项补贴"2366万元,惠及7.8

万人次。4月，姑苏区6个精神障碍社区康复驿站获评省级精神障碍康复服务示范点。 （王　玲）

住房保障

【保障性租赁住房】 2023年，姑苏区完成3707户家庭住房保障审核工作，通过新闻媒体等多种方式向社会公示住房保障新申请家庭11批次558户次、住房保障复审家庭12批次2489户次，向37批次11392户次家庭发放租赁补贴2458.71万元，向55户家庭发放购房补贴2753.37万元。安置公租房家庭3515户，累计收取租金1512.87万元；组织现场踏勘修缮公租房695套；组织完成对福运公寓小区、分散成套公租房小区及分散非成套公租房小区3个片区管理单位的考核工作。受理261户保障性住房上市交易申请，收取上市交易差价收益款6144.42万元。 （王昭承）

【住房公积金管理】 2023年，苏州市住房公积金管理中心姑苏分中心实际归集住房公积金99.18亿元，实际新增缴存单位4636户，实际新增缴存职工39720人。全年发放公积金贷款5836笔47.86亿元，为中低收入购房家庭发放公积金贷款6笔273万元，发放40笔高层次人才公积金贷款6539.2万元。全年提取公积金79.26亿元，其中住房类提取占比达82.13%。租房提取金额8735.87万元。10月10日住房公积金一系列新政实施至12月底共受理贷款4048笔，总金额394634.1万元，户均97.49万元。其中，“商转公”贷款2658笔，金额255000万元；享受青年人才政策的931笔，金额123380万元，户均133万元。

【住房公积金服务】 2023年，姑苏区坚持服务提升，惠民助企。长三角一体化窗口办理各类查询、证明出具、异地提取等业务300余笔。主动对接服务辖区内重点企业，掌握拟上市优质企业建缴情况，召开政策宣讲，提高企业规范缴存意识。完善“厅—点—站”服务架构，打造家门口的公积金服务。优化承办银行网点布局，新增中国银行网点，调整建设银行网点，市行政中心窗口进驻“苏行驿站”服务中心并升级为全业务综窗。主动拓展服务渠道，进驻房产超市分需分类进行现场服务，参加市级机关“法治开讲”详细解读公积金系列新政。

（贾　璇）

社会事务

人口家庭

【人口出生监测】 2023年，姑苏区稳妥实施三孩生育政策，提升人口监测和家庭发展管理服务质量，完善计划生育家庭奖励扶助制度，加强联系人制度落实。共办理生育登记4653例，其中，一孩生育登记3066例，二孩生育登记1320例，三孩生育登记267例；户籍人口生育登记2614例，流动人口生育登记2039例；网约生育登记1911例。

【计划生育家庭奖励帮扶】 2023年，姑苏区加大对计划生育家庭扶助关怀力度，为6121人发放农村计划生育奖励金571.09万元；为3176人发放计划生育特别扶助金3138.45万元；为255户计划生育困难家庭发放公益金58万元。登记持“独生子女父母光荣证”企业退休（到龄）一次性奖励人员6200人，发放一次性奖励金5212人次1876.32万元，开展无业人员独生子女父母奖励金发放344人次1.03万元。

【婚姻登记】 2023年，姑苏区办理结婚登记7908对、离婚登记2645对，补领结婚证998对，补领离婚证365对。全国婚姻管理工作示范培训班在苏州开班，耦园婚姻登记服务中心作为全市婚姻登记示范点在会议期间进行展示。丰富婚俗文化载体，成立姑苏区苏昆剧院婚姻登记服务中心，举办结婚登记集体颁证活动，推动甜蜜事业和甜蜜产业融合发展。10月，姑苏区被确定为全省婚俗改革实验区。

【收养管理】 2023年，姑苏区办理收养登记2件。

【殡葬管理】 2023年，姑苏区做好清明祭扫服务保障和安全管理工作，实现健康、安全、有序祭扫。落实惠民殡葬政策，共核发惠民殡葬补贴金额1455.55万元。

老龄事务

【老年人口概况】 截至2023年底，姑苏区60周岁以上户籍老年人口24.93万人，老龄化率33.26%；80周岁以上户籍老年人口4.37万人，高龄化率达17.52%。

【居家养老】 2023年，姑苏区以“虚拟养老院”为依托，深化居家养老服务内涵，推动居家养老服务标准化发展，全年政府购买居家养老服务23490户。实施适老化改造项目，为辖区1727户老年人家庭进行适老化改造，为1180户独居老年人家庭安装智能烟感装置。

【社区养老】 2023年，姑苏区推行社区养老服务设施建设，虎丘街道清塘等3家综合为老服务中心正式运营，建成25家日间照料中心，在72个社区安装151个“高德暖心车站”，在20家养老服务机构创建“营养健康食堂”，18个“家门口的老年大学”落地姑苏。开展老年人运用智能技术专项普及培训3500人次，提升为老服务信息化水平。在10个社区创新进行认知症友好社区建设。

【机构养老】 2023年，姑苏区运营中的养老机构共29家，其中护理院13家、老年公寓16家。其中，5家机构为公办，均已交付市场化运营（4家由区属国资养老公司运营，1家由江苏瑞颐运营）；其余24家机构均为民办，包括央企投资机构1家、区国资投资机构1家、集团连锁机构3家、外资机构1家，其余18家由各类民营机构投资运营。养老机构床位共6190张，入住3602人，入住率58.19%。（王　玲）

【退休人员社会化管理】 2023年，姑苏区组织开展“海棠红韵　乐龄学堂”家门口的老年大学、“繁华姑苏　毓秀常熟”——双城联袂文化退管融合项目等活动，擦亮“乐龄姑苏　社保添福”品牌。开展“冬送温暖”“夏送清凉”“重病慰问”“生日慰问”“亡故慰问”“定期帮困补助”等慰问关爱活动，各类慰问金支付实现“一键支付　直达个账”，全年通过网上支付渠道发放各类慰问金981万元，累计2.81万人次受惠。推进2023年度企业退休人员免费体检工作，组织体检约9万人次。（阴佳浩）

退役军人事务

【退役军人移交安置】 2023年，姑苏区根据上级关于军队转业军官和政府安排工作退役士兵移交安置工作法规政策，挖掘安置潜力，编制安置计划，开展安置工作。在移交安置过程中，遵循“公开透明、阳光安置、高效服务、人岗相适”原则，妥善安置退役军人，做到用人单位、退役军人、部队“三满意”。主动邀请纪检监察部门监督指导，确保安置过程公平、公开、公正，增强“阳光安置”透明度和公信力。

【退役军人就业创业】 2023年，区退役军人事务局为辖区退役军人提供招聘岗位和需求信息，开展退役军人就创业指导，提供创业政策扶持、岗位技能培训等服务，共计80余人次。组织退役士兵参加市局和苏州轨道交通公司联合举办的自主就业退

2023年10月10日，江苏省第五届百城联动退役军人专场招聘会暨2023年姑苏区秋季退役士兵返乡欢迎会举办
区退役军人事务局　供稿

役士兵就业专场对接活动。组织辖区2家企业赴南京参加首届江苏省退役军人人力资源交流活动。完成2家2023年省级优秀"戎耀之家"的推荐申报工作。举办江苏省第五届百城联动退役军人专场招聘会暨2023年姑苏区秋季退役士兵返乡欢迎会。86家用人单位为广大退役士兵及军属提供职位288个，岗位1486个。做好全市退役军人市域就业促进培训工作，充分发挥退役军人就业基地资源优势，鼓励退役军人就业基地江苏中融外包服务股份有限公司申报为苏州市退役军人紧缺专业培训联盟成员单位。

【退役军人困难帮扶】 2023年，区退役军人事务局推动重点服务对象数据信息动态管理，梳理全区困难退役军人名册，分层分类、精准帮扶。常态化走访关爱家庭困难、重大疾病、立功受奖等特殊退役军人群体，多渠道申请帮扶援助资金，为8名重病困难退役军人完成"扬子退役军人关爱基金会急难特困救助项目"申报，帮助10人申报苏州退役军人关爱基金会困难援助资金。

【退役军人权益保障】 2023年，区退役军人事务局制定《姑苏区退役军人和其他优抚对象建档立卡工作方案》，推动优待证申领发放、优抚对象建档立卡工作得到长期性、系统性落实。高质量开展"四尊崇""五关爱""六必访"工作。春季、秋季欢送姑苏青年光荣入伍，为新兵们举办欢送会、制作微视频；组织开展春、秋两季退役士兵火车站接站活动，协助办理报到落户、档案移交等手续；春节、"八一"期间召开退役军人座谈会，邀请立功受奖、英模典型退役军人欢聚一堂，走访当年度退役返乡、家庭困难、重大疾病等退役军人，为立功军人家庭敲锣打鼓上门送喜报。

（胡锦瑞）

社区建设

【社区治理与服务】 2023年，姑苏区推进基层减负，动态调整社区主体责任、协助办理事项、负面事项"三张清单"，建立健全民生综合台账。强化分类治理，制定《姑苏区社区分类治理工作指导手册（试行）》，明晰分类治理措施。突出为民导向，开展社区工作者"走百家、访千户、惠万民"入户走访工作。推动合力共治，制定出台《姑苏区关于加强基层服务能力建设"六支队伍"矩阵的实施方案》，推进"1234N"基层服务"六支队伍"建设矩阵。持续深化数字社区运行体系，健全完善人房数据库，推进社区综合管理服务平台、物联设备和线下服务空间建设，项目先后获评2021—2022年度江苏基层社会治理创新成果奖、江苏民政数字化转型"最佳应用"、2023数字江苏建设优秀实践成果、苏州市数字政府优秀案例等荣誉。姑苏区被列为江苏省智慧社区建设综合试点单位。

【社会工作发展】 2023年，姑苏区推进社会组织党建和"红色社工站"创建，在金阊街道开展苏州市"社工站规范建设试点项目"。推进协商民主，开展10个社区协商民主建设示范项目，引入专业社会工作力量，提升社区治理服务的能力水平。举办首届姑苏区社会工作专业人才职业技能大赛，组队参加苏州市首届社会工作专业职业技能大赛，获团体二等奖、个人二等奖。3人通过高级社工师评审，一批优秀社会工作人才获苏州市社工专业人才"先锋代表""领域标兵""明日之星"等荣誉称号。

【社区工作人才队伍建设】 截至2023年底，姑苏区社区工作者（含退休返聘及公务员事业编制在职）共计1929人。强化人才培养，修订完善《关于进一步加强社区工作者职业体系建设的实施意见》，制定《关于推进姑苏区社区工作者基层实务培训工作的实施方案（试行）》《保护区、姑苏区基层服务“六支队伍”建设工作指引（试行）》，开展新入职社工培训、全国社会工作师资格考试培训等，全区共有296人通过全国社会工作师考试，其中3人获评高级社会工作师；组织开展全科社工培育考核，805人通过考核，通过考核的社工数占在职社工总数的46.64%。落实激励保障，评选45名“深耕社工”、40名“新星社工”、171名“优秀社区工作者”、20名“双十佳”社工，组织开展优秀社区工作者专项疗养活动，为全区社工统一购买意外保险，不断加强对社工的关心关爱。（王　玲）

社会组织管理

【概况】截至2023年底，全区共有注册登记的社会组织520家，其中社会团体100家、民办非企业单位420家，等级社会组织337家（其中5A级3家、4A级6家、3A级55家、2A级239家、1A级34家）。全年共办理社会组织注册登记10家，变更51家，注销14家，换届换证109家。

表29-1　姑苏区3A级以上社会组织一览

序号	社会组织名称	社会组织类型	业务主管单位	地址	评估等级
1	苏州市姑苏区危险化学品行业协会	社会团体	无	东环路1643号	5A
2	苏州市姑苏区乐助社工事务所	民办非企业单位	苏州市姑苏区民政和卫生健康局	吴中西路909号509室	5A
3	苏州市姑苏区居家乐养老服务中心	民办非企业单位	无	吴中西路909号汇邻中心5楼	5A
4	苏州市姑苏区向上公益服务社	民办非企业单位	苏州市姑苏区民政和卫生健康局	里河新村84-4号202室	4A
5	苏州市姑苏区弘毅小学校	民办非企业单位	苏州市姑苏区教育体育和文化旅游委员会	谈家南巷111号	4A
6	苏州市姑苏区正德公益服务社	民办非企业单位	苏州市姑苏区民政和卫生健康局	桃花坞街道阊门内下塘街140号	4A
7	苏州市姑苏区百晟幼儿园	民办非企业单位	苏州市姑苏区教育体育和文化旅游委员会	平河路（善耕小学南侧）	4A
8	苏州市姑苏区蝴蝶妈妈社工服务社	民办非企业单位	苏州市姑苏区民政和卫生健康局	桂花新村133幢	4A
9	苏州市姑苏区银龄乐养老评估中心	民办非企业单位	苏州市姑苏区民政和卫生健康局	竹辉路477号	4A
10	苏州市姑苏区劳动模范协会	社会团体	苏州市姑苏区总工会	南环社区服务中心2楼	3A
11	苏州市姑苏区慈善总会	社会团体	无	三香路929号	3A
12	苏州市姑苏区武术协会	社会团体	苏州市姑苏区体育总会	景德路367号	3A
13	苏州市姑苏区金融创新服务行业商会	社会团体	无	金储街288号7楼	3A
14	苏州市姑苏区门球协会	社会团体	苏州市姑苏区体育总会	葑门二郎巷56号社区居委会2楼	3A
15	苏州市姑苏区仁寿社会工作服务中心	民办非企业单位	苏州市姑苏区民政和卫生健康局	桂花新村133幢桂花公益坊203室	3A
16	苏州市姑苏区双塔街道社区服务中心	民办非企业单位	苏州市姑苏区人民政府双塔街道办事处	十梓街463号	3A

续表

序号	社会组织名称	社会组织类型	业务主管单位	地址	评估等级
17	苏州市姑苏区双塔街道社区社会组织服务中心	民办非企业单位	苏州市姑苏区人民政府双塔街道办事处	十梓街463号	3A
18	苏州市姑苏区合众社会工作服务中心	民办非企业单位	苏州市姑苏区民政和卫生健康局	景德路雍熙寺弄8号景德公益坊104室	3A
19	苏州市姑苏区吴门桥街道幸福联盟	民办非企业单位	苏州市姑苏区人民政府吴门桥街道办事处	朱公桥南弄69号	3A
20	苏州市姑苏区孕之家母婴护理职业培训学校	民办非企业单位	苏州市姑苏区人力资源和社会保障局	人民路1001—1019号2楼	3A
21	苏州市姑苏区守护天使公益服务社	民办非企业单位	苏州市姑苏区民政和卫生健康局	桂花新村133幢	3A
22	苏州市姑苏区小青团公益服务中心	民办非企业单位	苏州市姑苏区民政和卫生健康局	十梓街343号昌和公益坊207室	3A
23	苏州市姑苏区居和养老服务中心	民办非企业单位	苏州市姑苏区民政和卫生健康局	平泷路251号苏州城市生活广场A幢2601室	3A
24	苏州市姑苏区崇昇残障家庭互助服务社	民办非企业单位	苏州市姑苏区残疾人联合会	胥涛路112—113号凤凰熙岸三期30栋	3A
25	苏州市姑苏区平江街道社区服务中心	民办非企业单位	苏州市姑苏区人民政府平江街道办事处	人民路1719号	3A
26	苏州市姑苏区弘文汇公共文化宣传中心	民办非企业单位	苏州市姑苏区民政和卫生健康局	景德路雍熙寺弄8号景德公益坊7号楼101室	3A
27	苏州市姑苏区彩香老年公寓	民办非企业单位	苏州市姑苏区人民政府金阊街道办事处	彩香二村公园内	3A
28	苏州市姑苏区指尖秀非遗文化园	民办非企业单位	苏州市姑苏区教育体育和文化旅游委员会	盛家浜9号3楼	3A
29	苏州市姑苏区映爱公益事业发展中心	民办非企业单位	苏州市姑苏区民政和卫生健康局	十梓街343号301—302室	3A
30	苏州市姑苏区景德公益坊	民办非企业单位	苏州市姑苏区民政和卫生健康局	景德路雍熙寺弄7—9号楼	3A
31	苏州市姑苏区桂花公益坊	民办非企业单位	苏州市姑苏区人民政府沧浪街道办事处	桂花新村89幢南	3A
32	苏州市姑苏区桃花坞残疾人托养服务中心	民办非企业单位	苏州市姑苏区人民政府金阊街道办事处	河西巷45-1号	3A
33	苏州市姑苏区桃花坞社区居家养老服务站	民办非企业单位	无	廖家巷18号	3A
34	苏州市姑苏区正梵公益服务社	民办非企业单位	苏州市姑苏区民政和卫生健康局	景德路雍熙寺弄8号景德公益坊9-101室	3A
35	苏州市姑苏区沧浪街道潼泾小候鸟工作站	民办非企业单位	苏州市姑苏区人民政府沧浪街道办事处	劳动路386号	3A
36	苏州市姑苏区沧浪街道邻里情社区服务中心	民办非企业单位	苏州市姑苏区人民政府沧浪街道办事处	书院巷111号	3A
37	苏州市姑苏区爱心之家老年公寓	民办非企业单位	苏州市姑苏区人民政府金阊街道办事处	吴趋坊129号	3A
38	苏州市姑苏区爱暮家养老服务社	民办非企业单位	无	南环西路99号6幢与7幢之间北侧	3A

续表

序号	社会组织名称	社会组织类型	业务主管单位	地址	评估等级
39	苏州市姑苏区白洋湾街道残疾人善爱之家	民办非企业单位	苏州市姑苏区残疾人联合会	虎殿路1500号	3A
40	苏州市姑苏区百思特惠老服务中心	民办非企业单位	苏州市姑苏区民政和卫生健康局	里河新村84-4号葑尚公益坊203室	3A
41	苏州市姑苏区益家社工事务所	民办非企业单位	苏州市姑苏区民政和卫生健康局	景德公益坊9-104室	3A
42	苏州市姑苏区石路残疾人庇护安养所	民办非企业单位	苏州市姑苏区残疾人联合会	彩香一村一区1幢东侧	3A
43	苏州市姑苏区美丽心灵心理咨询中心	民办非企业单位	苏州市姑苏区民政和卫生健康局	景德路雍熙寺弄8号楼9-103室	3A
44	苏州市姑苏区艾济公益服务社	民办非企业单位	苏州市姑苏区民政和卫生健康局	竹辉路桂花新村27幢1楼	3A
45	苏州市姑苏区苏锦街道苏锦一社区日间照料中心	民办非企业单位	无	苏锦一村180幢	3A
46	苏州市姑苏区虎丘街道残疾人庇护安养所	民办非企业单位	苏州市姑苏区残疾人联合会	海涌坊300号102室	3A
47	苏州市姑苏区虎丘街道社区服务中心	民办非企业单位	苏州市姑苏区人民政府虎丘街道办事处	虎丘街道办事处	3A
48	苏州市姑苏区观前地区社区服务中心	民办非企业单位	苏州市姑苏区人民政府平江街道办事处	人民路1719号	3A
49	苏州市姑苏区金塘爱心助老服务社	民办非企业单位	苏州市姑苏区民政和卫生健康局	解放东路197号	3A
50	苏州市姑苏区金阊街道三元一村社区居家养老服务站	民办非企业单位	苏州市姑苏区人民政府金阊街道办事处	三元一村35幢西南	3A
51	苏州市姑苏区金阊街道佳菱社区居家养老服务站	民办非企业单位	苏州市姑苏区人民政府金阊街道办事处	菱塘新村一区18幢北侧	3A
52	苏州市姑苏区金阊街道彩香一村三区社区居家养老服务站	民办非企业单位	苏州市姑苏区人民政府金阊街道办事处	彩香一村三区85幢B	3A
53	苏州市姑苏区金阊街道彩香一村四区社区居家养老服务站	民办非企业单位	苏州市姑苏区人民政府金阊街道办事处	电子新村7幢西侧	3A
54	苏州市姑苏区金阊街道彩香二村北社区居家养老服务站	民办非企业单位	苏州市姑苏区人民政府金阊街道办事处	彩香二村北社区1楼	3A
55	苏州市姑苏区金阊街道残疾人庇护安养所	民办非企业单位	苏州市姑苏区残疾人联合会	三元二村23幢东侧街道用房	3A
56	苏州市姑苏区金阊街道社区服务中心	民办非企业单位	苏州市姑苏区人民政府金阊街道办事处	三元二村9号	3A
57	苏州市姑苏区金阊街道社区社会组织服务中心	民办非企业单位	苏州市姑苏区人民政府金阊街道办事处	三元二村9号	3A
58	苏州市姑苏区金阊街道运河社区居家养老服务站	民办非企业单位	苏州市姑苏区人民政府金阊街道办事处	三元三村112-1幢	3A
59	苏州市姑苏区金阊街道金钥匙社会工作室	民办非企业单位	苏州市姑苏区民政和卫生健康局	彩香一村二区2号	3A
60	苏州市姑苏区金阊街道阊门社区居家养老服务站	民办非企业单位	无	阊门内下塘街323号	3A

续表

序号	社会组织名称	社会组织类型	业务主管单位	地址	评估等级
61	苏州市姑苏区金阳光公益坊	民办非企业单位	苏州市姑苏区民政和卫生健康局	彩香一村二区2号	3A
62	苏州市姑苏区锦绣公益服务站	民办非企业单位	无	苏锦一村180幢205室	3A
63	苏州市姑苏区馨心会圆梦关爱服务中心	民办非企业单位	苏州市姑苏区民政和卫生健康局	广济南路288号金座大厦15008、15009、15011室	3A
64	苏州市新沧幼儿园	民办非企业单位	苏州市姑苏区教育体育和文化旅游委员会	桐泾南路新沧花园内	3A

【社会组织评估】 2023年，区民卫局开展社会组织等级评估工作，通过“以评促改、以评促管、以评促建设、以评促发展”，推动区社会组织高质量发展。2家社会组织被评定为3A等级，1家社会组织被评定为4A等级。

【社会组织监管执法】 2023年，区民卫局加强社会组织日常监管，提升社会组织规范化建设。会同有关业务主管部门，对22家社会组织开展双随机抽查、定期抽查。常态化打击整治非法社会组织，持续优化社会组织生态空间，取缔非法社会组织2家。

区划和地名管理

【行政区划界线管理】 2023年，区民卫局完成区级界线矢量化工作，对姑苏区与新区、园区、相城区、吴中区界线的全面勘界成果进行档案数字化、界线矢量化和矢量影像化。

【地名管理】 2023年，区民卫局实施《苏州市姑苏区标准地名志》编印工作，落实第二次全国地名普查成果转化规划。深入摸排、解决一批存量“有地无名”问题，对38个地名进行新命名、调整、注销。

【地名文化建设】 2023年，区民卫局评定102个区级地名文化遗产，其中寿安桥、思婆桥、专诸巷等89个地名入选市级地名文化遗产名录，干将路、观前街、平江路等21个地名入选2023年江苏省省级地名文化遗产名单。开展地名文化宣传，评选出姑苏区第一批红色地名名录，包含中共苏州独立支部旧址等18个地名。其中，苏州革命博物馆、金瑞生烈士纪念广场入选苏州市第二批红色地名名录。

（王　玲）

表29-2　2023年姑苏区地名新命名、调整注销情况一览

序号	标准地名	汉语拼音拼写形式	曾用名称	指称地理实体位置	命名更名时间	统计类别
1	圆通巷	Yuantong Xiang		位于姑苏区双塔街道南石皮弄以西，起点为华家场，止点为阔家头巷向东延伸段（未命名，地名规划方案名“阔家头巷”）	2023年1月3日	命名
2	竹辉路	Zhuhui Lu		将位于姑苏区双塔街道的“竹辉路”指称道路起点调整为里河新村。调整后，“竹辉路”指称道路起点为里河新村，止点为人民路	2023年1月3日	调整

续表

序号	标准地名	汉语拼音拼写形式	曾用名称	指称地理实体位置	命名更名时间	统计类别
3	校场桥路	Jiaochangqiao Lu	高长桥	位于姑苏区金阊街道江苏省苏州昆剧院以南，起点为河西巷，止点为西大营门	2023年1月15日	更名
4	袁梗浜巷	Yuangengbang Xiang		位于姑苏区虎丘街道西环路以东，起点为玻纤路，止点为袁家浜弄	2023年3月3日	命名
5	金湾街	Jinwan Jie		将“金湾街”指称道路起点调整为规划道路（未命名，地名规划方案名“自由路”）。调整后，道路起点为规划道路（未命名，地名规划方案名“自由路”），止点为苏城大道	2023年3月3日	调整
6	朱家湾街	Zhujiawan Jie		将“朱家湾街”指称道路起点调整为无名道路（地名规划方案名“长青乡路”）。调整后，道路起点为无名道路（地名规划方案名“长青乡路”），止点为长泾塘路	2023年3月3日	调整
7	长泾庙街	Changjingmiao Jie		将“长泾庙街”指称道路起点调整为无名道路。调整后，道路起点为无名道路，止点为长泾塘路	2023年3月3日	调整
8	路南街	Lunan Jie		位于姑苏区白洋湾街道洋南路以北，起点为虎泉路，止点为规划道路（未命名，地名规划方案名“自由路”）	2023年3月3日	命名
9	联运街	Lianyun Jie		位于姑苏区白洋湾街道金业街以北，起点为规划道路（未命名，地名规划方案名“自由路”），止点为江苏（苏州）国际铁路物流中心	2023年3月3日	命名
10	熙运路	Xiyun Lu		位于姑苏区白洋湾街道金业街以北，起点为虎泉路，止点为规划道路（未命名，地名规划方案名“自由路”）	2023年3月3日	命名
11	友谊河路	Youyihe Lu		跨姑苏区苏锦街道、相城区元和街道，位于江昊路以西，起点为苏城大道，止点为阳澄湖西路	2023年3月10日	命名
12	西养蚕里弄	Xiyangcanli Long		位于姑苏区沧浪街道竹辉河（河长制公示牌指称名称）东侧，起点为养蚕里新村，止点为竹辉路	2023年3月24日	命名
13	养蚕里弄	Yangcanli Long		位于姑苏区沧浪街道西养蚕里弄以东，起点为养蚕里新村，止点为竹辉路	2023年3月24日	命名
14	东养蚕里弄	Dongyangcanli Long		位于姑苏区沧浪街道养蚕里弄以东，起点为养蚕里新村，止点为竹辉路	2023年3月24日	命名
15	梅林庙街	Meilinmiao Jie		位于姑苏区苏锦街道友谊河路以东，起点为平海路，止点为平润路	2023年5月26日	命名
16	品苑巷	Pinyuan Xiang		位于姑苏区虎丘街道西环路东，起点为品苑，止点为西园路	2023年7月7日	命名
17	北仙桥弄	Beixianqiao Long		东起齐门下塘，西至齐门新村	2023年7月19日	注销
18	武丘乡路	Wuqiuxiang Lu		跨姑苏区虎丘街道、白洋湾街道区域，位于西塘河（未命名，《苏州市吴文化地名保护名录》记载名称）西侧，起点为虎丘街道苏城大道，止点为白洋湾街道黄花泾（河道，未命名，水利部门指称名称）	2023年7月28日	命名
19	王洗马巷	Wangxianma Xiang		位于姑苏区金阊街道西百花巷以北，起点为中街路，止点为汤家巷	2023年8月17日	更名
20	明镜街	Mingjing Jie		位于姑苏区吴门桥街道太湖西路北，横贯瀚河苑，起点为宴宫路，止点为宴香街	2023年8月29日	命名

续表

序号	标准地名	汉语拼音拼写形式	曾用名称	指称地理实体位置	命名更名时间	统计类别
21	友邻街	Youlin Jie		位于姑苏区吴门桥街道吴中西路558号住宅区东侧，起点为盘蠡巷，止点为吴中西路	2023年8月29日	命名
22	凝合街	Ninghe Jie		位于姑苏区吴门桥街道苏州南门汽车客运站南侧，起点为迎春路，止点为湄长路	2023年8月29日	命名
23	洋澳桥街	Yang’aoqiao Jie		位于姑苏区平江街道平门上院东侧，起点为平门上院南侧无名道路，止点为平齐路	2023年11月25日	命名
24	北仙桥巷	Beixianqiao Xiang		位于姑苏区平江街道平门上院西侧，起点为平门上院南侧无名道路，止点为平齐路	2023年11月25日	命名
25	匠门弄	Jiangmen Long		位于姑苏区平江街道外城河（未命名，《苏州市姑苏区标准地名志》记载名称）西，起点为干将东路，止点为新建道路（未命名，地名规划方案名“阅甫巷”）	2023年11月25日	命名
26	狮子口巷	Shizikou Xiang		位于姑苏区平江街道干将东路北，起点为匠门弄，止点为仓街	2023年11月25日	命名
27	醒狮桥巷	Xingshiqiao Xiang		位于姑苏区平江街道狮子口巷北，起点为匠门弄，止点为豫顺巷（暂名）	2023年11月25日	命名
28	新华桥巷	Xinhuaqiao Xiang		位于姑苏区平江街道醒狮桥巷北，起点为匠门弄，止点为仓街	2023年11月25日	命名
29	豫顺巷	Yushun Xiang		位于姑苏区平江街道仓街东，起点为狮子口巷，止点为新华桥巷	2023年11月25日	命名
30	塔弄	Ta Long		东起城墙，西至仓街	2023年11月25日	注销
31	虹桥浜	Hongqiao Bang		西起仓街口，北至协成弄	2023年11月25日	注销
32	协成弄	Xiecheng Long		南起虹桥浜，西至仓街	2023年11月25日	注销
33	丽姬巷	Liji Xiang		西起仓街，东至弄底	2023年11月25日	注销
34	大营里	Daying Li		西起仓街，北至振亚丝厂	2023年11月25日	注销
35	程桥弄	Chengqiao Long		位于姑苏区双塔街道二郎巷河（未命名，河长制公示牌指称名称）东，起点为十全街21号住宅区，止点为十全街	2023年11月25日	命名
36	东瓦爿弄	Dongwapan Long		位于姑苏区双塔街道西瓦爿弄东，起点为西瓦爿弄5幢，止点为十梓街	2023年11月25日	命名
37	灵慧寺弄	Linghuisi Long		位于姑苏区双塔街道人民路东，起点为通关坊，止点为孝义坊	2023年11月25日	命名
38	东市稍巷	Dongshishao Xiang		位于姑苏区吴门桥街道益锦苑南侧，起点为横塘东街，止点为京杭大运河东侧无名道路	2023年12月4日	命名

应急管理

综 述

【应急管理体系建设】 2023年，姑苏区健全风险预警监测体系，加强部门会商研判，强化极端天气、自然灾害等预测预报，完善直达群众、直达基层、直白易懂的信息发布机制，提高预警和处置能力。推广“火眼”系统等数字化应用和“一键警报”等应急预警装置，提升智慧监管水平和应急逃生能力。增设宗教活动场所、医疗卫生机构、商场市场等5个专委会，充分发挥专业化监管优势。印发《保护区、姑苏区智能安防系统建设“巩固提升年”工作方案》，分类分批、有序推进智能安防系统建设。

【应急能力建设】 2023年，姑苏区强化基层日常监管能力建设，建强街道安全办、安全培训中心和消防站，充实基层网格员力量。鼓励引导企业加大安全投入，成立行业安全生产联盟，设立安全协作小组和专职安全员，全面配齐烟感报警装置、消防栓、灭火器等设施设备。推广建设安全生产示范社区、示范企业单位、示范楼宇，加大对落后企业、产业园、楼宇整改整治力度。印发《关于加强街道安全生产和消防监管能力建设实施意见》，进一步明确组织机构、职责任务、人员配备，充实一线人员队伍，提高基层协同攻坚能力。开展“九小场所”“三清”行动，全面实行标识化管理，发放“九小场所”消防安全告知牌，逐一签订消防安全承诺书，培训配备专兼职消防安全员2万余人。加强全民安全教育，综合运用现场警示教育、“班前班后5分钟”安全培训、“小手拉大手、安全伴我行”活动、“姑苏7点半　安全长相伴”安全打更等方式，增强公众安全意识和自救互救能力，不断提升本质安全水平。

【应急预案】 2023年，姑苏区推广全区应急预案简本。按照“1+13+X+Y”标准要求编制各类应急预案，并正式发文发布；在区减灾委成员单位中推进预案简本编制，完善预案体系，提高应急处置效率。共编制应急预案189个，其中，区级总体预案1个、专项预案22个、部门预案41个、街道级预案备案125个。

【应急物资储备】 2023年，姑苏区推进完善实物、协议、生产能力储备与家庭储备相结合的救灾物资储备体系，各单位根据各自职能和区域灾害特点，补充完善物资储备种类和数量。全区建有3个区级仓库、12个街道仓库，共储备应急物资11350件。全年共发放应急物资13446件。与浙江菜鸟供应链有限公司签订救灾救助物资储备供应框架协议，确保救灾物资精准、快速投放，切实保障受灾群众生活生产安全。

【应急队伍建设】 2023年，姑苏区坚持政府主导、社会参与的原则，加强应急救援队伍建设管理，建立应急救援队伍沟通联络机制，提高协同作战能力；拓展壮大队伍数量，加强与无锡龙天救援队等社会应急力量的沟通合作，填补域外应急救援力量的空白，提升大灾大难应对处置能力。全区统筹掌握各类应急救援队伍59支2740人，涵盖防汛抗洪、医疗救援、综合抢险等多个领域。全区各行业、部门、街道共开展各类应急演练539次，为强化救灾救援实战水平、保持队伍战斗力提供常态化保障。

防灾减灾

【概况】 2023年，姑苏区以灾害天气应对工作提示单、灾害预警信息、微信公众号等，及时通知相关单位做好防范措施，全年共发布气象灾害提示单37份、预警提示信息435条、短信6万条，启动气象灾害应急响应2次。开展首次自然灾害救助应急演练，通过“远程+现场”指挥模式，演练提升部门、街道、社区和社会力量之间的协同指挥能力。开展应急救援知识培训进机关、进学校、进企业、进社区、进家庭，通过广场宣传、参观体验、应急讲座、广告宣传等方式普及各类防灾减灾基本知识技能，共开展防灾减灾专项培训讲座12场，有效提升自然灾害救助先期处置能力。

2023年6月30日，姑苏区自然灾害救助应急演练开展
区应急管理局　供稿

【防灾减灾宣传教育】 2023年，姑苏区承办苏州市“5·12”全国防灾减灾宣传周活动，筹划组织启动仪式。利用“全国防灾减灾宣传周”“国际减灾日”等重要时间节点，组织开展各类防灾减灾系列宣传教育活动，制作宣传展板20张，发放宣传海报2000余张、宣传折页5000余册、各类防灾减灾宣传品4000余份。创新防灾减灾宣传方式方法，双塔街道大公园社区报送的《评弹说防灾减灾》节目，在2023江苏省“融文化　促提升”防灾减灾表演赛中获二等奖，营造全民防灾减灾的浓厚氛围。

2023年5月6日，苏州市应急管理局联合姑苏区应急管理局举办苏州市2023年防灾减灾宣传周启动仪式　蔡黎静　摄

安全生产

【概况】 2023年，姑苏区共有危险化学品企业308家，其中纯批发经营企业286家（含零售经营企业

13家)、加油站22座,无危险化学品生产企业,无化工园(集中区)。有生产型企业40家,主要集中于机械、轻工类。其中,规模以上工矿企业9家,无“厂中厂”企业。全年未发生生产安全事故。

【安全生产责任落实】 2023年,姑苏区按照“三管三必须”原则,压实“党政同责、一岗双责、齐抓共管、失职追责”安全生产责任体系,实现安全生产全链条管理。根据国家、省、市政府关于部门单位安全生产职责的相关规定,修改完善《姑苏区安全生产工作职责规定》,厘清监管职责。

【安全生产风险管控】 2023年,姑苏区在7个部门、11个重点行业领域开展风险报告动态监管系统建设,建立安委办监督、部门巡查、企业自查的三级监管机制,录入系统344家单位。企业每月通过微信小程序按照系统内风险点进行自查,部门巡查人员定期使用App端巡查本部门管辖企业,安委办通过PC端进行监督指导并定期通报。

【安全发展示范城市建设】 2023年,姑苏区结合市专家组综合调研测评,坚持问题导向、抓好问题整改,全面扎实做好各项创建工作任务;采取“四不两直”方式,常态化开展问题整改“回头看”,督促各责任单位把各项问题整改落到实处,确保创建工作顺利开展。投入近40万元,主要用于社区创建对标改造提升及安全发展示范城市创建工作,共落实市级测评整改事项180处。

【危险化学品安全监管】 2023年,姑苏区受理并颁发危险化学品经营许可证89份,办理易制毒备案21家。加强烟花爆竹安全监管,查处非法经营烟花爆竹行为2起,罚款5.8万元。深化危化品“百日攻坚”行动,严厉打击违法经营、存储危险化学品行为,出动执法人员135人次,检查单位63家,发现各类问题24起,对1起非法储存、2起非法经营立案处罚,罚款30.12万元。排查危化品网络销售企业38家,核查省应急厅转交的违法线索2条,处罚1起,罚款10.75万元。常态化推进使用环节整治,依托“月月亮剑”安全检查行动,开展底数摸排,更新危化品使用单位底数清单为187家;同时对18家危化品使用单位开展专项检查,发现并消除问题隐患24个,发布提示函2份。开展加氢站暨危化品事故应急演练,增强危化品应急处置能力。

【工矿领域安全监管】 2023年,姑苏区紧盯重大隐患开展工贸企业岁末年初安全生产重大隐患专项整治行动,围绕钢结构筒形仓9条重点检查事项,累计检查企业10家次,排查出钢结构筒形仓57个,消除一般隐患38个。全面开展工贸行业重大事故隐患专项排查整治行动,对照重大事故隐患判定标准和隐患图鉴,开展重点企业重大隐患“清零”行动,累计检查重点企业18家,消除一般隐患61个。推进动火等特殊作业、委外作业安全治理,对危险作业企业逐家建立作业微信群,实现企业作业前报备,作业中抽查,作业后清点。持续推进有限空间“上锁设柜”行动,8家存在有限空间的工矿企业全覆盖完成“上锁设柜”工作;开展工矿企业涉化储存柜安全整治,鼓励企业取消涉化工艺,严防超量存储,有效分散企业危险化学品存储安全风险。对中小型工业、喷漆、有限空间作业企业开展专项执法检查,结合重点行业领域第三方核查工作,对照重点执法事项,逐家逐项进行排查治理,累计消除各类隐患64个,立案查处企业1家。聚焦重点企业标准化建设,实现全区规上工矿企业、粉尘涉爆等重点领域企业三级标准化全覆盖。提升基层监管力量,累计培训企业人员、街道应急管理人员、网格员近500人次。

【安全生产专项整治】 2023年,姑苏区推进“月月亮剑”行动走深走实。累计成立检查组197个，检查各类生产经营单位564家，排查整治问题隐患797个。开展专项整治巩固提升年行动，每月调度各重点行业领域、各街道专项整治行动工作情况，督促对照重点整治内容开展自查检查，及时协调解决重点难点问题。各行业领域监管部门检查企业1472家，发现并整改问题隐患1350个。开展基础建设强化推进年行动，确定强化基层监管机构队伍建设、强化专兼职安全员配备等11个方面重点工作内容，量化工作指标，明确工作任务。对“九小场所”全面实行标识化管理，组织集中培训2次，区安委会成员单位、各社区安全员实现培训全覆盖。开展重大事故隐患专项排查整治行动，聚焦党委政府层面、部门层面、企业层面“三张清单”20条重点治理内容，强化安全生产责任落实。制定街道和行业部门“两张调度表”，定期汇总梳理、分析研判工作进展。

【安全生产监管执法】 2023年，姑苏区强化“精准执法+优质服务”，树立“零事故”理念和目标追求，切实化解安全风险，消除事故隐患。全年合计检查企业142家次，出动执法人员472人次，发现并整改问题隐患137个，出具执法文书2093份。事前立案100起，一案双罚62起，处罚总额105.68万元，没收违法所得0.12万元。深入开展工伤事故“回头看”“一带一帽”等4项执法行动，生命通道、有限空间作业、“百日千店”动火作业等专项执法行动，对发现的问题隐患严格执法，坚持真抓、严管、重罚，及时纠正。全年立案49起，查处重大隐患10个。

【安全生产宣传教育】 2023年，区应急管理局开展“姑苏7点半，安全长相伴”安全打更行动，发动社区、网格、物业等一线力量，每天晚上7点半开展安全打更行动，通过小区流动打更和门卫固定打更相结合的方式增强居民防火意识，做到住宅小区、城中村等集中居住区域全覆盖。推进消防设施进商超，协调推动大型商超销售便民消防设施，在大润发苏福店增加销售各类消防器材。聚焦小宾馆、小餐饮、小商店等场所集中区域，利用辖区1680块楼宇电视、电梯智能屏和3块地铁广告牌，普及消防法律法规知识及各类防火灭火常识。（杨　柳）

消防救援

【消防责任落实】 2023年，姑苏区拓宽消防力量建设渠道，发挥消防安全委员会平台作用，出台街道消安委实体化运行指导意见，推动街道消委办实现挂牌运行，持续探索委托执法工作。推动区消防安全委员会调整增补成员单位，压实各级各部门消防工作责任。推进行业部门消防安全标准化管理，分行业开展示范性消防安全检查。推动指导各行业部门开展行业系统消防安全检查专项行动，大型商业综合体、老旧小区住宅、城中村、文物古建、养老机构等场所领域消防安全整治走深走实。建立公安、消防部门重大问题会商制度，定期召开专题培训，指导派出所公安民警开展三级重点单位消防安全检查，落实监管责任。

【火灾隐患治理】 2023年，姑苏区强化火灾隐患源头防控、综合治理。摸排“老弱幼小，高大古标，医旅商市”12类重点场所，纳入“生命至上，隐患必除”和重大风险隐患排查整治体系，统筹推进多个专项行动。摸排全区80岁以上独居老年人和65岁以上长期卧床、残障独居、有拾荒习惯、有屋内明火祭祀习惯老人，逐一建立底册，免费安装智能烟感报警器。针对全区低保户、孤寡老人等困难群体家庭实施老化电线更新、智能烟雾报警器安装和隐患插座更换“三位一体”消防安全提升项目。对全区30家养老机构开展标准化管理达标验收工作，建立“一对一”挂钩指导机制，推动22家100张床位以上养老机构全部验收合格。推动所有学校全部配备微型消防站，城区41所学校安装104套火灾探测报警器，31所幼儿园安装独立烟感系统。加强“九小场所”消防安全能力建设，发放“九小场所”消防安全标识牌1.2万张，消防安全员挂牌1.6万个。全区6家重大火灾隐患单位全部整改销案。

【消防执法管理】2023年，姑苏区检查各类场所2.3万家，督促整改隐患2万余处，依托“双随机，一公开”监督检查各类单位、场所2507家次，发现火灾隐患或违法行为3677处，督促整改隐患3639处，处罚单位120家，罚款95.31万元，临时查封4家，责令“三停”1家，拘留1人。

【灭火救援】2023年，全区发生火灾526起（含206起垃圾草坪火等轻微火灾），直接财产损失237.8万元，未发生较大以上和有影响的火灾事故。接报各类警情2210起，其中火灾扑救526起、抢险救援668起、社会救助536起、公务执勤113起、其他367起，共出动车辆3146车次，出动警力18341人次，抢救被困人员17人，疏散被困人员40人，保护财产价值1542.1万元。

【火灾事故调查】2023年，勘查43处火灾现场。立案调查火灾事故24起，其中简易程序2起、一般程序22起。根据要求关联起火社会单位18家，并处罚2.43万元。

【消防救援队伍建设】2023年，区消防救援大队定期组织演练培训、现场考核、实地拉动，提升队站实战化能力。不定期结合队站辖区灾害事故类别对实训成果转化和实战训练工作推进情况进行检查考

2023年5月4日，姑苏区消防救援大队开展队伍执勤训练
毛炳清　摄

核，临机设置灾情，对消防站楼层火灾救人、有限空间救援、绳索救助和政府专职队居民建筑火灾扑救两车两枪初战能力进行考核考评，不断提高指战员的专业技能和应对能力。对队站指战员开展综合能力素质培训3次，比武竞赛1次，实战化拉动演练5次，抓紧抓实抓细队伍管理教育工作，提升队伍专业化、职业化、正规化建设水平。

组建地下空间救援、水域救援专业队，引进更新先进消防装备和技术，提升队伍专业化和现代化水平。新建十全街、莫邪路、茶花3个小型消防站，提高灭火救援的时效性。对水上消防站建设“提档升级”，强化水上灭火力量及开辟救援通道。

【消防安全宣传教育】2023年，姑苏区消防宣传以“五进”工作为载体，在宣传对象精准、宣传内容精细、宣传手段精确等方面狠下功夫。组建茶花村执勤点和“安小虎”“九巷久安”志愿消防队伍，推进消防安全宣传教育工作融入基层综合治理体系，定期开展网格员、志愿者消防宣传教育活动，发放消防宣传手册18万余份。将消防安全融入江南文化，联同“小桃娃木刻传习所”方正文老师创作“消防门神”木版年画。依托景区、夜市等资源优势，推动消防蓝码和全民消防安全学习平台注册工作，带动广大群众学习消防安全知识。依托全省火灾防范

工作座谈交流会，向全省介绍平江路历史文化街区“微消防”平台“九小场所”版块运用的先进经验。承办苏州市半年度消防宣传工作会议，承办苏州市“119”消防宣传月启动仪式，举办姑苏区首届消防救援青年职业技能竞赛，展现新时代消防员职业素养。以“守好沿街‘安全线’莫让炊烟变浓烟”为主题，开展“夏季燃气安全”夜访千年古街直播活动，开展“九小场所消防安全员”系列直播。建设集休闲健身、应急避难、防灾减灾、安全宣传于一体的防灾减灾·消防主题公园，以通俗易懂、贴近百姓生活的语言和形式，展示新时代防灾减灾救灾理念。利用消防科普基地、消防队站、消防博物馆等场所，组织策划开展参与性、趣味性强的灭火和逃生自救技能体验教育活动，共计开放科普教育基地和消防救援站30次，发动各类线下宣传80次，组织消防培训50余次。

（侍加旭）

2023年6月22日，消防产品宣传活动在盘门景区举办

毛炳清　摄

街道

拙政园历史文化片区·平江街道

【概况】 拙政园历史文化片区（平江街道）地处古城中心，东起东环路，西至埃河沿、河沿下塘、河西巷河，南接干将路，北以沪宁高速公路为界与相城区接壤，区域面积8.68平方千米，下辖23个社区，户籍人口11.03万人。街道设置职能机构9个，下属事业单位2家，市级政府派出机构1个，另有1家国资公司。

街道辖区园林集中，资源丰富，历史文化气息浓郁，拥有9处全国重点文物保护单位、9处省文物保护单位、36处市文物保护单位、100处市控制保护建筑，博物馆15个，非遗项目6大类38个，是极具代表性的典范集中展示地。汇聚平江路、观前街、拙政园、狮子林、耦园、苏州博物馆、北寺塔等文化旅游资源，美罗商城、人民商场、第一百货等商业载体，平江中学、景范中学、市立医院东区、苏州市口腔医院观前街院区等优质教育、医疗资源，得月楼、松鹤楼等代表性苏帮菜传承单位，以及稻香村、采芝斋、叶受和、陆稿荐等百年老店。2023年，平江街道获“全国五四红旗团委”“市三八红旗集体”等国家级、省级、市级荣誉15项。

【经济建设】 2023年，拙政园历史文化片区（平江街道）完成一般公共预算收入7.82亿元。1000万元以上注册资本项目落地76个，盘活闲置载体4.18万平方米，金浦产业园开园，中张家巷27号产业园开工建设，万豪傲途格精选酒店落户钮家巷董氏义庄、方宅。举办第15届“平江晒书节”和第9届“冬至大如年”活动，启动“平江九巷”项目，古城潮奢仁恒仓街商业广场开业。成功申报区级非遗代表性项目5个、项目保护单位17家。推出“平e”营商服务系列品牌，帮扶辖区企业获各类扶持资金、补贴4179万元。观前商圈获评市十大数字人民币使用示范商圈，平江路、观前无理由退货服务站成为全国消费者权益保护工作现场观摩点。

【城市建设】 2023年，拙政园历史文化片区（平江街道）共实施33个征收搬迁项目，累计完成200户住宅、9户非住宅，轨道交通6号线悬桥巷站、拙政园苏博站，娄门市场等9个项目实现清零。实施临顿路、东环路沿线等综合提升工程，永林新村二区综合改造提升工程，改造竣工蕴秀园、天宫寺弄等33个老旧小区及零星楼。实施城市“窗口地区”环境提升等10项行动，拆除违法建筑3.57万平方米，申报净美街巷43条，建成香花桥片区、仓街片区、曹胡徐巷片区和怡园片区4个“净美街巷典范片区”。制定出台《平江历史文化街区管理办法》，完成片区范围内63处控制保护建筑共1012户初步摸底调查，苏肇冰故居、尚堂弄愉庐等9处古建老宅修缮完工，东升里13号右见文化等6个项目入选区古城保护更新十大优秀案例。

【社会建设】 2023年，拙政园历史文化片区（平江街道）与上海黄浦区豫园街道签订政务服务战略合作框架协议，打造沪苏一体化示范服务窗口。推进1000余平方米的国投宝原老年友好博物馆建设，建成2个“海棠红韵·乐龄学堂”家门口老年大学课堂。全年新增就业岗位4285个，支持402名自主创业者成功创业。开展“千村万企、千家万户”大走访、“社情民意联系日”活动，处置办理问题诉求760条，申报实施民生小事项目31个。全年开展各领域安全检查7500余次，发现并整改隐患4853个，完成安全生产三级挂牌督办重大事故隐患治理。

【党的建设】 2023年，拙政园历史文化片区（平江街道）制定街道大兴调查研究实施方案，组建“身边榜样”讲师库开展理论宣讲69场。打造平江历史文化街区党群服务中心，成立苏州首个“党报调研点”，揭牌苏科大城市规划与建设学院校外实习基地。打造5个区域型为民服务品牌，实施2个街道统筹项目、70个社区项目。推进党风廉政建设，加大“追赃挽损、清收清欠”工作力度，挽回经济损失69万元，办好“5·10”尚廉日系列活动，评弹《回避》获区廉政文艺精品创作征集活动优秀表演奖。

【“平江晒书节”】 2023年5月26日，第十五届“平江晒书节”暨“我心中的城”姑苏文旅消费季活动启幕仪式在新艺广场举行。活动延续“晒书、晒文化，交流、交朋友”的宗旨，古吴轩出版社、简素山房、铁琴铜剑楼纪念馆等众多文化单位和民间收藏家带来古籍、畅销书等上百本书籍，推出内容丰富的平江书市、出版社联展、传统文化和非遗体验。

2023年5月26日，“平江晒书节”专家分享会举办

平江街道　供稿

（梁　斌）

阊门历史文化片区·金阊街道

【概况】 阊门历史文化片区（金阊街道）东邻观前商圈，西接京杭运河，南达里双河，北至护城河，区域面积8.85平方千米，常住人口13.89万人，其中户籍人口10.03万人。街道设置职能机构9个，下辖29个社区，2个村级集体经济平台，2家物业公司。

街道位于姑苏区核心地带，是苏州市委、市政府所在地。辖区内人文、商业资源丰富，既有苏大附二院、电信公司、移动公司、热工研究院、体育中心等20多家机关企事业单位，也有鳞次栉比的江南风格居民建筑群，“小桥流水”式街巷230多条，古桥梁、古驳岸、古城墙、古牌坊、古井、古砖雕门楼260多处，寒山寺、枫桥胜迹、环秀山庄等名胜景区亦坐落于辖区之内，其中环秀山庄和艺圃被联合国列入“世界文化遗产名录”，为金阊交织出一幅传统古城风貌和现代城市功能互补交融的“双面绣”。街道民俗底蕴深厚，作为“轧神仙”活动的主要实施区域，自街道承办以来，累计参与710余万人次；拥有国家级、省级、市级、区级非物质文化遗产22个，苏式花灯制作大师汪筱文、二胡乐器制作大师封明君获评国家级非遗传承人。

【经济建设】 2023年，阊门历史文化片区（金阊街道）完成一般公共预算收入9.09亿元。苏州轨道交通集团在省科学技术奖中获二等奖，苏州热工研究院获三等奖。71个重点招商项目落地，开心麻花、中国电影资料馆江南分馆项目落户演艺中心；华为高端MSC（综合销售中心）苏州首店正式开业；优米康、合慧科技、美团买菜等企业落地运营。累计盘活闲置载体4.5万平方米，推进华贸中心项目建设，同步推动国展中心二期、新华饭店等项目。新中森泰1788科创中心、星辉1976科技产业园、智禾秬创等5家单位备案为姑苏区社会化引才机构。全年姑苏领军人才申报4人，1人获评；区级领军人才申报11人，3人获评；市级重点产业紧缺人才申报47人，12人获评；人才乐居工程申报622人，通过542人。

【城市建设】 2023年，阊门历史文化片区（金阊街道）启动“周周清”行动，推行低值废塑料软包装回收利用工作，共回收低值塑料1000余吨。打造白莲花园等30处标准垃圾房，净美片区1个，“席地而坐”示范区2个，慢行路线2条，完成景德路、中街路等18条道路的市容环卫分色管理。累计拆违300余处，面积约4万平方米。天熹大厦周边地块遗留建筑拆除，清除积存垃圾2000余吨。创建笑园小区等5个“无违建示范小区”、滨河社区等4个“无违建示范社区”。完成迅达电梯厂约8.45万平方米地块收储，改造菱塘新村二区、虹桥小区2个老旧小区，惠及居民1313户。廖家巷南延、阊门西街、校场桥路西延等道路全线贯通，华贸太阳广场天桥开放通行，金门路拓宽工程北侧半幅完工。推进桃花坞历史文化片区综合整治保护利用工程，唐寅故居文化区正式开街，唐寅故居遗址、唐寅祠、苏州市方志馆、桃花坞美术馆对外开放运营，桃花坞木版年画体验店、才子茶馆相继入驻。

【社会建设】 2023年，阊门历史文化片区（金阊街道）健全为民服务体系，化解各类民生问题879件。彩香一村农贸市场正式开工建设，金夏社区等7个社区完成改造或维修，佳菱社区等6个日间照料中心、桃花坞综合为老服务中心、桃花坞社区卫生服务站正式运营，彩香二村北社区成功创建省级健康社区。街道调解员罗悦生获评全国模范人民调解员，街道“彩香嫂”志愿服务团队获评全国巾帼文明岗。石路社区“家门口”就业服务站获人社部现场会肯定。开展南浩街元宵灯市、“轧神仙”等大型民俗文化活动，举办2023国际篮联三人篮球争霸赛活动。辖区苏州东方艺术团获江苏省第三批群众文化“百千万”工程优秀群文团队称号。原创短篇弹词《百年诵芬》获第五届苏州市群众文化“繁星奖”金奖，评弹剧《人桥》获“江苏省文艺大奖·第十届曲艺奖”二等奖。

【党的建设】 2023年，阊门历史文化片区（金阊街道）推出“海棠磁场”沉浸式党性教育套餐菜单，打造学习教育线路9条。联合枫桥景区等共驻共建单位举办“纪念苏州解放74周年”主题党日活动，并亮相苏州先锋直播。街道产业创新集群行动支部挂牌成立，营财安保、康隆产业园等5个“邻里红韵”党群服务驿站提升。

【“轧神仙”民俗文化活动】 2023年“轧神仙”民俗文化活动在保留花草盆景展、八仙巡游等传统项目的同时，引入商贸、旅游、文创等元素，开展“运河雅集”沉浸式文艺演出、“寻觅仙踪”寻根文旅体验、商家优惠让利等活动，为传统民俗节日赋予新

2023年6月1—3日，“轧神仙”民俗文化活动举办
金阊街道　供稿

内涵、注入新活力，推动商圈引流。活动期间，参与人次达60万。（方　芳）

盘门历史文化片区·沧浪街道

【概况】 盘门历史文化片区（沧浪街道）地处古城西南，东起竹辉桥，西至桐泾南路，南沿环古城风貌带及巴里河南岸线，北至干将路，城市特征、古城特点突出。区域面积6.17平方千米，下辖21个社区，常住人口7.93万人，其中户籍人口7.36万人。辖区内有文保单位和控保建筑49处、古井200余口、古街巷23条，街道依托文化底蕴，持续打造“文化沧浪”品牌。

【经济建设】 2023年，盘门历史文化片区（沧浪街道）完成一般公共预算收入6.4亿元。南门兴业坊项目，签约销售公寓58套、商铺70套。金地广场招商进度75%，签约品牌中江苏首店17个，苏州首店24个，姑苏区首店23个，12月底开业。全年累计盘活闲置载体30156平方米。累计新增注册企业750家，新增注册资本34.58亿元。书香酒店集团、楹联年丰二期创业投资、传周半导体、招商国发私募基金、中昂股权投资基金、苏创工融、海嘉房地产、优信创投、苏州轨道交通基金等86个项目注册落地。全年实际使用外资及港澳台资274.4万美元，累计走访企业700余次，解决相关问题300余件，园林设计院正式挂牌“新三板”。全年申请扶持项目295个，发放各类产业扶持资金5679.16万元。

【城市建设】 2023年，盘门历史文化片区（沧浪街道）完成兴业路4号、西美巷29号、培智学校等16个项目清零。全年累计拆除违建65处、2.8万平方米。创建“龙湖天赋”等5个无违建小区、“道前社区”等4个无违建社区，西美33号街坊净美街区，净美街巷21条。启动33号街坊等54个零星楼宇整治项目，启动“微更新”改造项目，对30余个小区、近40个街巷立面和道路进行维修整治，打造234个文明楼道。清理道路街巷、新村小区、河岸等56处卫生死角和环境脏乱差点位，共清运各类垃圾230余吨。全年共开展各类安全巡查700余次，完成全域房屋排查4081处（幢），整治各类隐患问题1185个。

【社会建设】 2023年，盘门历史文化片区（沧浪街道）累计接待居民483人次，收集社情民意563件，统筹80余万元资金，累计为47处无物业公共区域安装便民晾衣架45个、楼梯扶手200多米，修剪高大树木120余棵，修补道路及墙面4000余平方米。完成适老化改造196户，走访慰问困难群众392户，发放各类救助金及生活补贴64.29万元，动员无偿献血291人，募得公益善款66万余元。新增2家托育机构，完成桂花社区“家门口的中医诊所”建设。新增2条“家门口”的就业服务站特色线路、2个市级创业孵化示范基地、2个产业园政务24小时自助服务区，全年新增就业岗位4042个，支持成功自主创业276人，创业带动就业276人。街道获评省级“优秀退役军人服务中心”，桂花社区获评“全省人力资源社会保障系统2022年重点工作成效明显的集体”。

【党的建设】 2023年，盘门历史文化片区（沧浪街道）开展《聚焦产业发展 探索载体盘活提档路径》专题调研，搭建“线上+线下”立体式学习平台，开展“指尖”微课堂活动15次，送学上门12次。在泰华商城设立“党员先锋岗”“党员责任区”“党员经营户”，打造“1+21+N”的新业态阵地体系，开展新业态支部亮旗帜、党员亮身份、车辆亮标识、服务亮承诺等活动15次，受益群众700余人。打造6处“邻里红韵”、192处“小巷红韵”、21处精品点位、3家党群服务驿站。实施88个党组织为民服务项目，与苏州日报社开展社区分类治理媒体合作，联合市委党校开展样板社区特色党建工作调研。“党建引领文商旅融合发展——以行动支部工作法推动南门商圈转型升级”基层党建书记项目，获评2023年度优秀“书记项目”。组建1个物业服务行业党委、6个党支部和8个党小组。

【文化特色】 2023年，盘门历史文化片区（沧浪街道）梳理编辑富郎中巷、瓣莲巷、剪金桥巷等5条街巷文化要素，出版电子书《32号街坊》。拍摄“古运新Young·自在沧浪”旅游线路，登上全国“学习强国”平台。“一眼千年·游古赏今——文化姑苏游学”项目，纳入江苏省游学项目。2023年文化工作获3个省级奖项、4个市级奖项，“龙舞（姑苏舞龙灯）”入选省级非遗，原创群文作品在第五届苏州市群众文化“繁星奖”中获金奖1名、银奖1名、网络人气奖1名。举办第22届古胥门元宵灯会和第19届苏州端午民俗文化节，累计吸引超20万游客，带动消费近2000万元。全年共引育17个文化产业项目，实现规上文化企业营收33.7亿元，增加值5.08亿元。

【第十九届苏州端午民俗文化节】 2023年6月22—24日，盘门历史文化片区（沧浪街道）以“运河闹端阳·江南新国潮”为主题，举办第十九届苏州端午民俗文化节。本次活动由开幕式和游园活动组成，包含9个子项目。同步启动“古韵潮范·乐活南门”年度开业商业载体发布、姑苏国际咖啡文化节启幕暨咖啡潮饮嘉年华、“双城联袂 乐龄端午”市域一体化融合项目成果发布等仪式。运河原创舞蹈第二部《嘿！新来那小伙》在端午节期间首次亮相。

2023年6月22日，端午民俗文化节开幕式举办

沧浪街道 供稿

（王 鹰）

葑门历史文化片区·双塔街道

【概况】 葑门历史文化片区（双塔街道）东起东环路，与苏州工业园区接壤；西以人民路为界；南抵南环东路；北至干将东路。区域面积7.95平方千米，户籍人口9.03万人。街道综合设置9个职能部门，有为民服务中心和综合行政执法大队2个事业单位，下辖21个社区、2个股份制村集体、6个联合工作站。

辖区历史底蕴深厚，是春秋时期吴都子城所在地，有沧浪亭、网师园2处世界历史文化遗产，中共苏州独立支部旧址等各级文保单位和控保建筑76处，苏州市体育局、苏州市教育局、苏州市园林绿化管理局、苏州市文广旅局等45个行政机关，苏州大学、苏州中学、振华中学、沧浪实验小学、民治路幼儿园等20所大中小幼院校，苏大附一院、苏州一〇〇医院2家综合性医院，锦帆、横街2个卫生服务中心以及苏州图书馆、颜文樑纪念馆等10余家文化单位。古城外区域以老新村、城中村、安置小区为主，曾经是苏州水陆市集交会地，现今保存着极具市井风味的葑门横街。2023年，街道获评“全国民族团结进步示范单位”，十全街获评第三批“省级夜间文旅消费集聚区”，双塔康复驿站获评省级精神障碍社区康复服务示范点位，街道团工委获评省级“五四红旗团委”。

【经济建设】 2023年，葑门历史文化片区（双塔街道）完成一般公共预算收入11.74亿元。推进人民路沿线267厂改造，歌林商业入驻乌鹊桥路沿线门面，苏州鸿鹰动画有限公司入驻人民路606号，苏州树乐派文化咨询有限公司入驻苏州一〇〇医院乌鹊桥路53号。龙湖姑苏物业（苏州总部）项目入驻锦帆文创园。古吴轩书店入驻章太炎故居，举办“章园故秋　草木芳华”留园苏派盆景艺术展。原竹辉路中信银行、十梓街568号等闲置载体相继升级为雅辰悦居、万豪集团旗下潮流品牌moxy酒店。累计新办企业784家，其中500万元以上规模企业142家，累计新增注册资金37.49亿元。苏州规划设计研究院股份有限公司成为姑苏区首家本土培育上市的企业。与苏州中学校友会正式签订战略合作协议，“双塔街道驻沪招商联络点”揭牌。与国机集团下属中国恒天集团签订战略合作协议，中国丝绸正式注册落地，北京清美道合规划设计研究院有限公司苏州分公司成立。举办“缤纷四季”潮流消费节品牌系列活动，辅导江苏建院营造股份有限公司完成第二批省现代服务业高质量发展领军企业申报，协助中石化成功举办2023易派客工业品展览会。辅导辖区高企申报完成29家。金秋家园二期人才公寓建设全面竣工，229套高品质人才公寓投入使用。邀请7位嘉宾参加苏州国际精英创业周，精英周期间14个项目落地签约。

2023年9月16日，“漫步十全　悦享古城”活动在十全街殿春里启幕　　双塔街道　供稿

【城市建设】 2023年，葑门历史文化片区（双塔街道）推进金城新村修缮，完成甲辰巷砖塔景观照明工程。上海战役指挥机关旧址纪念馆竣工。钟楼新村一期搬迁项目清零，二期搬迁项目推进。丁宅项目顺利清零。竹辉路—新市路沿线景观提升工程完工，东环路沿线杨枝三村、四村、长洲路小区等老旧小区改造、葑门桥重建、苏州中学东校区扩建、凤凰广场人防工程、横街17号微型消防站工程等项目推进。开展主次干道“U型空间”精细化管理行动，完成大公园“席地而坐”示范区建设。累计拆除违建93处面积2.44万平方米。创建大公园社区等4个无违建示范社区，觅渡里、觅渡翠庭等5个无违建示范小区。推广安装智能烟感2388个，推进官太尉河、葑门塘、小觅渡桥河等河道整治，集中清理沿岸垃圾约5吨，清理河岸垦种500余平方米，拆除涉河违建2处。竹辉路—乌鹊桥路苏州医学院等5处地块覆绿完成。

【社会建设】 2023年，葑门历史文化片区（双塔街道）完成大公园片区“15分钟政务服务圈”升级，打造全区首个个体工商户集中登记点，注册成立全区首家落地在社区的个体工商户；在全区首推“周六办事大厅”，将周六预约服务上线“惠姑苏”App。

截至年末，大厅周六办件量超过1900件，预约延时服务超120件。全年开展移动招聘会5场、直播带岗2场，开发就业岗位4195个。打造26个AED暖心驿站和7个红十字急救点位，培训初级救护员1003人。发放各类慰问救助资金528万元，惠及居民9909人次。街道矛盾调处中心正式实体化运行，调处各类矛盾纠纷1592件。举办首届府学书市，传播姑苏文化。串联辖区沧浪亭、可园、双塔等12个文化点位，打造“江南文脉”“妙笔生辉”“美美与共”“非遗所思”4条深度citywalk线路。十全街霓美术馆盛大开业、2023姑苏孔子文化节、“漫步十全·悦享古城”活动吸引超10万人次参与。

【党的建设】 2023年，葑门历史文化片区（双塔街道）在二郎巷、翠园社区分别建设“头雁”“领雁”书记工作室。举办“姑苏十年——践行四敢”主题演讲比赛、推出“社情民意回访记”系列VLOG展演；健全社区“两委”班子竞聘上岗机制，完成127个党支部换届工作。街道总工会、红十字会、文联等群团组织完成换届。与苏州市巡特警支队签署共建协议，建成100个海棠民情站，打造滚绣坊“红色露台”等11个小巷红韵阵地以及“围炉夜话”“海棠有约”多个民主协商共治平台。成立钟楼新村服务行动支部、背包医生行动支部，建立421个“海棠微网格”。编写《新时代廉政文化建设原创作品展之廉城双璧记》，拍摄苏州文庙廉政西苑之“清风八景”主题视频。

（蒋贝儿）

山塘历史文化片区·虎丘街道

【概况】 山塘历史文化片区（虎丘街道）位于姑苏城区西北隅，东起护城河、西塘河，西临京杭大运河、苏虞张连接线，南依上塘河，北至京沪高速公路，区域面积12.42平方千米，户籍人口7.28万人，下辖19个社区。

辖区文脉丰厚、风景优美、名胜众多，有国家级景区留园、虎丘、山塘街，省级文保单位西园寺、五人墓、玉涵堂等5处，市级文保单位叶天士故居等15处；有苏州灯彩、国画颜料制作技艺、苏派盆景造型技艺和苏州桃花坞木版年画4个国家级非遗项目，有姑苏区腊八民俗文化节、虎丘三花文化推广活动等特色文化活动。全年获国家“最美乡村公共文化空间（空间设计类）TOP30”榜单、江苏省党建引领物业管理服务工作省级示范点、江苏省“最美公共文化空间”、江苏省“人民满意窗口”建设质量提升工程先进单位、苏州市应急管理系统创建模范机关先进单位、苏州市人民调解工作先进集体、苏州市“美好家园”住宅小区等35个市级以上集体荣誉。

【经济建设】 2023年，山塘历史文化片区（虎丘街道）全年完成地方一般公共预算收入2.56亿元，累计盘活载体面积3.1万平方米。山塘街数字人民币消费体验区实现商户全覆盖，交易额达6000万元。全年累计对接项目149个，弘德医院、恒泰兴投资、东亚前海证券、格莱美酒店、景仑环科等83个项目落地。新增企业695家，注册资本25.5亿元。新认定国家高新技术企业6家，评定科技中小型企业53家，新增省“专精特新”中小企业1家。累计对接科技人才项目35个，落地14个。3人获评姑苏领军人才，5人获评姑苏区科技创业领军人才。累计走访企业300余家次，开展座谈会20余次，帮助解决问题100余个，为企业申请产业扶持资金1300万元。山塘街获评第三批省级夜间文化和旅游消费集聚区。

【城市建设】 2023年，山塘历史文化片区（虎丘街道）落地“路灯喷雾降尘项目”，引入全市首个公共排油烟管道系统建设。完成红星社区街巷、观景新村环境综合整治，玻纤路口及猛将庙围墙解危等工作。主次干道施划停车线33840米，新增非机动车停车标识牌939个，新增机动车泊位1800余个。完成桐泾北路沿线立面、西环路立面改造项目，配合完成虎丘路（正山门段）环境提升工程。开展“净美街巷”专项整治行动，清理190条背街小巷环境问题。完成11条河道保洁整治，清理各类垃圾664.91吨。推出“物—连—网”垃圾分类工作机制，打造阳光城花园社区“美好花园城　幸福阳光里”垃圾分类服务示范。完成45户住宅和2户非住宅征收搬迁，西环路西侧商业楼项目清零，虎丘综改首期启动区一、六标段清零，冶坊浜二期一、三、四标段清零，砻糠桥项目清零，完成虎丘村最后一户交房。实施西留园—虎丘片区形象提升，桐泾路北延项目正式通车，与虎东路、虎阜路、清塘路等实现贯通。实施虎丘路沿线整治提升，完成凝翠园绿地更新升级。推进轻工技校地块改建山塘桐桥游客中心项目，拆除无证建筑4193平方米，完成停车场升级改造工作。

【社会建设】 2023年，山塘历史文化片区（虎丘街道）累计走访优抚对象426人次，发放慰问金17.49万元。累计处办各类工单6407件，社区网格自办工单18.36万件，办结率100%。完成100件民生小事，使用经费54.86万元。启用清塘、观景综合为老

2023年4月27日，虎丘街道残疾人之家举行“助残行动支部”项目发布仪式　　虎丘街道　供稿

服务中心及虎丘路社区日间照料中心。打造清塘社区、来凤社区民主协商项目。康乐护理院搬迁项目完成新址搬迁。开展志愿服务活动8700余场次。推出“虎速办”政务服务品牌，设立帮办代办专区，注册窗口共办理企业设立、变更、注销、迁出1823家，新增注册资本14.94亿元、有限责任公司468家。共办理个体工商户设立、变更、注销903家，新增资金4100.58万元。推出O`PARK园企互动——惠企服务站线上小程序，为68家入驻企业提供指导。全年新增公积金企业开户数129户，灵活就业开户200余人。举办“2023年山塘接财神民俗文化活动”等品牌活动，发布《藏在二十四节气里的虎丘》手绘本，开通“虎丘青年号”古城旅游线路，开展“非遗文化圈”建设，9个项目及保护单位入选区第六批非遗代表性项目名录及保护单位名单。完成“走读姑苏·书香驿站”“运河漫书亭”阅读亭改造，观景、清塘2处老年大学教学点申报并开班。

【党的建设】 2023年，山塘历史文化片区（虎丘街道）推进“根系工程”，办好书记项目。“七里红棠·青心守护”青年学习社路线获评2022年度创新创优结项项目。开展“音乐党课”“二十大快板”进社区、进辖区单位活动30余场，3000余人次参与活动。加强青年干部教育培养，组织学习12场。出台“海棠先锋”微网格管理制度，推动400名“海棠先锋”参与基层治理。成立虎丘街道总工会，成立苏汽集团有限公司妇联，成立姑苏区虎丘街道退休干部党支部，完成民族团结进步促进分会、侨联、新的阶层代表人士联谊会换届及新一届选举工作。

【茶花村工作】 2023年，山塘历史文化片区（虎丘街道）完成茶花村20轮兜底排查，发现隐患3326个并督促整改。完成茶花社区股份合作社换届工作，选举产生新一届董事会和监事会。完成入户丈量工作，配合区征收部门做好合法面积认定、分户、

奖励费等研究，召开多轮群众意见沟通会，为征收政策制定做好充分准备。（顾雪琴）

平江新城·苏锦街道

【概况】 平江新城（苏锦街道）南至护城河，东至元和塘，北接相城区，西至虎丘湿地公园。区域面积10.28平方千米，常住人口8.8万人，其中户籍人口6.1万人。下辖13个社区及7个股份经济合作社。

辖区集交通枢纽、商务商贸、生态居住三大功能于一体。2023年获江苏省"扫黄打非"进基层示范点、省海绵城市优秀工程案例、全市城镇燃气管理工作先进单位、生活垃圾分类工作成绩突出集体等荣誉。

【经济建设】 2023年，平江新城（苏锦街道）完成一般公共预算收入8.18亿元。全年新增企业1988家，新增注册资本67.9亿元。累计对接洽谈项目166个，引进明州医院、中设数科等落地项目85个。年内新增世纪咏兴、名城天使2支经中基协登记的创投基金，总规模达6亿元。全年累计盘活面积23687平方米。苏国土2023-WG-6号、7号、8号三宗专项产业项目地块成功竞拍出让，10个区级重点项目（含苏大附一院二期、转化医学中心2个市级重点项目）均按进度建设，全年完成投资额61.99亿元。全年开展30场企业服务活动，服务企业700余人次，走访企业632家，解决企业需求205项。完成众业建设、冠新创投2家企业产业扶持；完成扶持项目32项，争取扶持资金654万元。制定股份合作社管理办法，完成股份合作社董事会、监事会换届工作。

【城市建设】 2023年，平江新城（苏锦街道）推进征收搬迁工作。新塘1、4、5、6组旧城区改建协议搬迁项目清零，苏锦一村（四合苑）老旧小区改造工程竣工，四合苑口袋公园建设完成。天筑家园南区增设电梯1台并投入使用，乌铁疗养院增设电梯项目开工。桐泾路北延工程建成通车，彩云里路建设中。全年拆除各类违建2万余平方米，完成6处无违建示范小区和4处无违建示范社区创建。推进垃圾分类，将原有的8个旧型垃圾房改建成新型垃圾分类屋。深化河长制工作，开展巡河2100余次、联合巡河12次，清理违法垦种1700余平方米，恢复河岸绿化面积1000余平方米，清理河湖垃圾、淤泥10余吨。浅棠平江6幢1单元的楼道获评第一批"市优"文明示范楼道，平江新城海绵城市项目入选2023年度省海绵城市优秀工程案例。

【社会建设】 2023年，平江新城（苏锦街道）累计解决居民反映问题656件，发放各类救助资金278.58万元。打造姑苏人力资源产业园和平门塘商圈2个"家门口"就业服务站特色点位。采集就业岗位2534个，发放各类创业扶持补贴18.5万元。街道老年大学被评为苏州市"家门口的老年大学"，苏锦一社区获评省级老年友好型社区建设单位；完成75户适老化改造。原创舞蹈《绎》获得第五届苏州市群众文化"繁星奖"（舞蹈类）金奖，图书《锦绣流年：苏州火车站百年影像集》于年底出版发行。坐忘书房锦尚联名店正式启用。新建姑苏区防灾减灾消防主题公园，为街道防灾减灾消防安全教育实训基地。组建"老娘舅"队伍，共调解各类矛盾纠纷2477起，涉及当事人4893人。开展安全隐患排查整治，整改完成市级挂牌隐患2个，对辖区58家中小旅馆、苏站别苑出租房实现智能烟感安装全覆盖。

【党的建设】 2023年，平江新城（苏锦街道）成立"苏新家园"楼宇联盟，打造平门塘商圈"家园"党群服务中心和人才之家，实施47项社区为民服务项目。选拔8名股份经济合作社工作骨干到街道挂钩锻炼，选派7名同志到社区挂职锻炼；开展“奋进学院”青年干部培训班，携手元和街道、平江街道联合开展“毗邻互鉴·善治有为”干部培养融合互鉴等活动。启动2023年“良才美锦”基层队伍能力提升培训计划，2人分别被评为姑苏区双十佳社会工作者和十佳社区带头人。开展“清风行动”，运用激励干事担当、干部敢为三项机制，开展廉政教育活动。

【楼宇品牌打造】 2023年，平江新城（苏锦街道）依托楼宇载体，整合各类服务资源，打造平江新城“苏新家园”楼宇联盟服务品牌。开设“苏新家园”楼宇展播专栏，梳理辖区楼宇载体，一楼一档，逐一推介展示辖区楼宇资源。开展“苏新家园”系列服务活动，整合服务资源为企业提供全生命周期服务。拓展“苏新家园”服务端口，在原有楼宇服务群、企业QQ群、新城公众号等企服窗口基础上，拓展招商资源共享平台、企业服务中心等服务端口，进一步提升企业服务力度，加大企业服务深度和广度。

【四季平门塘】 2023年，平江新城（苏锦街道）在原有“灯火平门塘”夜经济品牌的基础上升级打造“四季平门塘”，以全民阅读节为开端、以七夕大秀为压轴，贯穿全年重点节庆时间点，为市民献上“春遇”“夏聚”“秋悦”“冬享”四大主题盛宴，营造姑苏新城的潮流新“夜”态。先后举办苏锦街道全民阅读节暨“四季平门塘”夜经济开街仪式、“平门塘”杯5V5极限飞盘挑战赛、“6·16江苏彩民节”苏州活动、“四季平门塘——灯火七夕”等文旅促消费活动。

（王美红）

2023年4月28日，苏锦街道2023年全民阅读节启动仪式暨“四季平门塘”夜经济开街仪式在姑苏区万达广场举行

苏锦街道　供稿

沧浪新城·吴门桥街道

【概况】 沧浪新城（吴门桥街道）位于姑苏区南部，与高新区、吴中区接壤，南端以新郭为界，紧临石湖；北至里双河；西起京杭大运河；东接迎春路。区域面积12.19平方千米，户籍人口17.13万人。街道办事处地址为长吴路188号，下辖29个社区和6个农村经济股份合作社。

辖区人文底蕴积淀深厚，有越城遗址、唐寅墓、横塘驿站等10处省、市级文保单位和控保建筑，有缂丝、苏派鸟笼制作技艺、剪（刻）纸等19项世界级、省级、区级非遗项目及7位非遗代表性传承人。交通网络四通八达，轨道交通2号、3号、4号线形成“一横两纵”格局，西环高架、南环高架交会于此，有人民路、桐泾路等多条城市主要干道。公共服务配套日臻完备，有苏州市中医医院、社区卫生服务中心、各类诊所等53家医疗卫生机构，以及6所中学、13所小学和14所幼儿园。居民生活舒适便利，有汇邻中心、世茂广场2个商业综合体，大润发、沃尔玛等3家大型超市，友联、新康、盘溪等10个农贸市场。2023年，吴门桥街道姑香社区获评2023年江苏省民主法治示范社区，南环第二社区入选商务部发布的《城市一刻钟便民生活圈典型案例集》，街道共获得省级及以上荣誉8项。

【经济建设】 2023年，沧浪新城（吴门桥街道）完成一般公共预算收入3.83亿元。街道新登记注册企业总数804家，总计注册资金21.64亿元，注册资本5000万元以上企业9家。累计盘活闲置载体面积7.06万平方米，友新综合市场裙楼市场于9月28日正式开业，比亚迪4S店于8月开始试营业。新增9个在建、拟建重点地块项目，总占地面积22.73万平方米，总投资额约142亿元。中建国际、华发、万科等住宅项目推进，并陆续开盘销售。累计为辖区企业争取扶持金额超200万元，惠及200余家单位，制定并落实新城服务经济高质量发展方案，开展企业家大会、商会换届等相关企业服务活动26场次，吴·YOU营商服务品牌2.0焕新升级，挂牌成立街道企业服务中心。蓝·SPORT文化创意产业园获评江苏省体育消费场景精品案例、苏州元澄科技股份有限公司入选苏州市软件和信息服务业推动数字产业化发展“头雁”企业。累计接洽文化产业优质项目超30个，罗森内里、薇甘菊等文化规上企业新增入库，在库规上文化企业达13家。开展2023不夜苏纶场、世茂广场夜市等夜经济活动，南环第二社区一刻钟便民生活圈案例入选商务部典型案例集。研究优化《沧浪新城（吴门桥街道）股份经济合作社考核实施办法》，截至2023年末，6个股份合作社共有资产11.8亿元，完成总收入7462万元，其中经营性收入7296万元。出台《沧浪新城（吴门桥街道）经营性国有资产租赁管理办法》，新接收长吴路151号三楼、锦南巷88号四楼、四季晶华社区五楼等3处资产，总面积3764.8平方米；完成征迁区域拆迁资产兴隆桥49-1号、裕塘桥49-1号楼下、兴隆桥居委会东车库等3处，总面积512.08平方米；租金收入1102.45万元。

【城市建设】 2023年，沧浪新城（吴门桥街道）扎实推进重点征收搬迁任务。万丰里企业项目组（25户）基本完成；1856户居民累计交房1847户，交房率99.52%。解放西路与福星路西南地块全部清零，美味佳酒店、如家宾馆全部拆除，五建、苏规院产业地块建筑全部签约拆除；炒米浜地块、新郭港南地块完成强拆1户，协商交房2户，累计拆除56779.35平方米。开展市容环境专项整治1371次，完成54处垃圾亭房升级改造落地。推进南环花苑综合整治工程、桐馨苑小区改造工程、自建房零星解危改造项目，9项安全生产三级挂牌督办重大事故隐患项目完成整改验收销案工作，启动市级挂牌督办项目红革村危房鉴定整改。

【社会建设】 2023年，沧浪新城（吴门桥街道）积极开展“社情民意联系日”活动，累计采集问题1025条，解决1018条；立项区级民生小事项目44个，累计匹配区、街两级资金130余万元用于解决群众诉求。开展女性、青年、产业园等专场活动5场。建成双桥、宝运路2个综合为老服务中心，开办“家门口的老年大学”教学点3个，依托“爱心暑托班”开展各类活动88次。打造四季晶华社区“一刻钟便民生活圈”民生实事项目。举办第六届“石湖串月”中秋活动，做好“石湖棹歌”区级非遗项目评审，申报仿古铜器、中医药、核雕等省、市、区三级非遗项目19个。原创舞蹈《太湖渔鼓》获第五届苏州市群众文化“繁星奖”金奖。落实“筑桥为民”走访，纳入民政保障范围的低保398户，重点人群6636户。数字城管、12345、寒山闻钟处理平台等多个部门以及指挥中心实现联动互通，共处理各类工单1.1万件，受理各类信访投诉2360件。

【党的建设】 2023年，沧浪新城（吴门桥街道）全面攻坚万丰里拆迁征收工作，总结提炼“三联三队三法”工作法。梳理制作《社区治理高频复杂问题处置宝典》，形成涵盖10个社区的党建引领“三圈六型”社区分类治理典型案例库。进一步深化开展“大运河畔吴门起·美美与共耀新城”伙伴计划，签订“农好内马路”等一批“海棠有约”共建项目。建好建优“吴门齐心”流动党支部，打造“悠悠内马路”新就业群体一站式服务中心，落地“一元爱心午餐”等微项目，为新业态新就业群体提供生活、工作等一站式便利服务。先后成立蓝园、美地Park两个产业园联合党支部，搭载“产业集群好友趣”服务功能。组织开展“知百家情·架暖心桥”海棠先锋专修班，着力提升队伍履职能力。

【“石湖串月”民俗文化活动】 2023年9月27日至10月10日，沧浪新城（吴门桥街道）举办第六届“石湖串月”姑苏民俗文化暨第三届“石湖邀月”艺术节活动，联合风景园林集团探索民俗文化活动的市场化运作。以“承姑苏繁华　展福气江南”为主题，开展运河文化高峰论坛、走月亮民俗·鱼灯巡游展、新郭老街手作艺术节等主题活动。在深化最江南苏式生活的基础上拓展“石湖串月”民俗文化活动空间，串联起石湖与运河沿线景观点的苏式中秋赏月雅事，在中秋节、国庆节双节期间，打造时空交错、古今交融的文化意境，开启非遗文化之旅，吸引40余万名市民游客打卡体验。提炼运河民俗文化内涵，打造原创文艺精品节目，舞蹈《太湖渔鼓》获第五届苏州市群众文化“繁星奖”广场舞决赛金奖，歌曲《石湖串月》获第五届苏州市群众文化“繁星奖”音乐类铜奖。（韩佳润）

2023年9月27日，第六届“石湖串月”姑苏民俗文化活动暨第三届“石湖邀月”艺术节开幕式举办　吴门桥街道　供稿

金阊新城·白洋湾街道

【概况】 金阊新城（白洋湾街道）位于姑苏区西北部，东至虎丘湿地公园与相城区、苏锦街道相邻，南起金湾街、北环一线，西接京杭大运河，北至黄花泾河。区域面积18.5平方千米，常住人口约9.7万人，其中户籍人口4.7万人。下辖14个社区、9个股份合作社。

辖区产业布局清晰，姑苏云谷、联东U谷、元创智谷项目连片打造数字经济集聚区。传化公路港、安博物流园等众多物流企业集聚，功能互补、错位发展。机电五金城、钱万里桥小商品市场等专业市场集中在苏城大道沿线。基础设施完善，建有苏州第十中学金阊新城分校、叶圣陶中学、金筑实验小学等13所学校和复悦城、兴启坊等4个商业综合体。生态资源丰富，拥有虎丘湿地公园、白洋湾生态公园、金阊新城文体中心和体育公园。交通网络发达，汇集“公、水、铁”联运设施，沪宁高速、沪宁铁路、京杭大运河和建设中的轨交6号线、8号线等交通干线纵贯辖区。省级非物质文化遗产吴歌（白洋湾山歌）在大运河文化哺育下，有着明显的水乡地域特征，是流传于江南水乡的一种民间音乐。

【经济建设】 2023年，金阊新城（白洋湾街道）完成一般公共预算收入3.1亿元。全年举办招商推介活动11场，对接项目167个，引进依利特、纳博特、未芯等企业90家。新增企业1091家，注册资本44.8亿元；新增高新技术企业6家、省“专精特新”企业1家；新增众创空间省级2个、市级1个；新增区领军人才2名。姑苏云谷去化率达85%以上，启用数字经济人才会客厅和人才公寓；联东U谷全部封顶，元创智谷分四期滚动开发建设。启动物流产业“提档升级年”，发布“湾事无忧”营商环境品牌，

"助企诚信经营十八条"获评市级优秀案例。推出"政企互动联系日"服务制度，举办12期专场活动助企排忧解难。

【城市建设】 2023年，金阊新城（白洋湾街道）推动城市功能迭代更新，18号保障房B地块3个项目及农服中心地块项目清零，共完成13户企业居民签约，释放土地约23.33万平方米。推进西环北延中环西线连接线工程、沪宁高速公路西出入口高架改造、苏城大道（安杨路）拓宽以及陆步桥街和苏城大道路口儿童友好公园等项目建设。推进虎丘综改C、D剩余地块及新概念工业园等闲置地块覆绿，做好垃圾分类全覆盖巡查。拆除违法建设63处7.13万平方米。星光耀花园选举产生业主委员会。

【社会建设】 2023年，金阊新城（白洋湾街道）启用全市首家"电暖流"服务驿站，街道区域性养老服务中心、和泰卫生服务中心正式运行，完成2家日间照料中心建设和新益社区活动用房改造，启动富强农贸市场改扩建项目。开展"双百双解"社区服务提升行动，解决问题650余个。获评文明单位省级1家、市级3家，市级文明楼道1个，最美家庭8个；新增"苏州时代新人"1名、"姑苏好人"4名。歌曲《山歌唱醉白洋湾》获第五届苏州市群众文化"繁星奖"音乐类金奖。打造全市首家街道司法确认中心、全区首个市场矛调工作站。全年处办工单10724件，处办率99.8%，满意率99.68%。

【党的建设】 2023年，金阊新城（白洋湾街道）成立9个小区党支部，建成"暖'新'红韵"党群服务点23个。开展"新湾学堂"青年干部培训班，选派21名干部参与"三个一线"工程、挂职锻炼和轮岗交流。制订"新湾雁阵"社区党组织带头人培养计划，强化社区书记系统性培养锻炼。在姑苏云谷产业园打造姑苏·金阊新城数字经济党群服务中心，落实入园全天候值班制，提供党群、政务、法律等一站式服务。成立街道产业创新集群行动支部，推出党建惠企服务清单32项，全年为企业帮办、代办各类事项100余件，开展用工招聘、税法咨询等服务30余次，解决融资对接、业务拓展等重难点问题15个。

【"一路山歌"白洋湾山歌文化节活动】 2023年12月15日，金阊新城（白洋湾街道）在苏州大学举办"一路山歌"第五届白洋湾山歌文化节。现场发布"山歌传唱　青春留芳"白洋湾山歌青年传习计划，就该计划与苏州大学艺术教育中心签约。（许　婕）

2023年12月15日，"一路山歌"白洋湾山歌文化节活动举办

白洋湾街道　供稿

荣誉和人物

全国五四红旗团委

【苏州市姑苏区平江街道团工委】 2023年4月，平江街道团工委获评全国五四红旗团工委。平江街道团工委成立于2012年10月，共有下级组织276个，其中团委3个、团总支26个、团支部247个，动态管理团员1989人。街道团工委坚持以习近平新时代中国特色社会主义思想为指引，夯实组织建设，升级阵地功能，以联动支部拓展城市团建工作路径，以青年力量助力古城保护更新与基层治理。

主要事迹：近年来，平江街道团工委深度融合党团资源，聚焦“一街一路”建设、“平江文创人才街区”打造等重点工作，着眼青年创业就业、婚恋交友、生活消费等青年民生刚需，不断深化共青团平江历史文化区域联动支部建设，拓展与辖区“两新”企业、共建单位的团建朋友圈。持续探索平江路、观前街两大街区的特色团建工作。在观前商圈，围绕文心书房青年阵地与老字号传承工作，联合举办“阳光观前　惠企讲坛”，以浸入式体验推出老字号企业游学路线。在平江路景区，依托青年学习社线路，以中法艺术家合作绘就的东升里文化艺术长廊为亮点，着力打造受青年喜爱的特色景区。长期重视新兴青年培育与发展，对接平江文创人才街区，为入驻和集聚的青年群体提供丰富的人才管家服务，并以场地承办、服务提供、点位推介等灵活多样形式为新兴青年就业创业提供舞台。团中央、团省委、团市委多次到平江街道开展实地调研，对相关青年工作表示肯定。以品牌化思路开展活动与志愿服务。打造“青年周末社区”特色服务活动，将传统民俗文化活动与青年喜爱的摆摊义卖、手工艺体验、古城解密探索、新潮运动、沉浸式戏剧表演等内容融入活动开展，提升共青团活动对青年的吸引力。推出“青动力”志愿服务品牌，组织各类青年群体参与节假日景区商圈游览引导、定期看望困难群体等服务，让青年在社会治理中更有参与感。

二星级全国青年文明号

【苏州市公安局姑苏分局观前派出所】 2023年8月，苏州市公安局姑苏分局观前派出所获评二星级全国青年文明号。苏州市公安局姑苏分局观前派出所成立于1949年，是首批认定的全国一级派出所，有民警32人，其中，中共党员29人，青年民警17人。先后获评全国优秀公安基层单位、全国公安机关爱民模范先进单位、人民满意派出所、全国文明单位、全国青年文明号、全国首批“枫桥式公安派出所”、全国工人先锋号、全国青少年维权岗等荣誉。

主要事迹：观前派出所坚持党建引领，以“党建+青年文明号”为抓手，确立以“党建带队建，以队建促发展”的总体思路，将青年文明号创建与党建相融合。坚持“排、管、宣、服”并举，深化警网融合机制，打造苏阿姨调解室，成立观前蓝盾志愿者队伍，警校、警企、警医联动开展“警民同心　反诈同行”等专题宣防活动，实现矛盾纠纷“零上交”、安全隐患“零放过”、为民服务“零距离”、违法犯罪“零容忍”，全力守卫古城“核中之核”。坚持以“身边事”引领“身边人”，依托评选民警“先锋五岗”，辅警“模范三星”鼓励广大警务人员学先进、赶先进、当先进，先后涌现出“全国公安机关爱民模范”“全国优秀共青团干部”王君、“全国公安机关成绩突出青年民警”季骥、江苏省“清剿火患”先进个人董浩平等立得住、叫得响、影响广泛的典型标杆，为公安工作和队伍建设提供有力保证。

（姚寓恬）

全国巾帼文明岗

【苏州市姑苏区金阊街道“彩香嫂”志愿服务团队】2023年2月，苏州市姑苏区金阊街道“彩香嫂”志愿服务队获得“全国巾帼文明岗”荣誉称号。“彩香嫂”志愿服务队由居住在彩香新村的退休居民自发组织，共有队员58人，平均年龄65岁，其中女性占比87.9%。团队共有护绿护楼服务队、综治调解服务队、歌咏健身拳操辅导队、孤老独居每日一敲门服务队、车管志愿服务队、小区安全夜巡队、园艺栽培服务队、送餐志愿服务队等8支队伍。

主要事迹：金阊街道“彩香嫂”志愿服务团队在彩香一村南区社区党委的领导下，聚焦社区社会治理、社区民生关切、社区社会发展三大板块开展志愿服务，2023年，累计参与志愿服务3930人次，服务时长累计近万小时。志愿服务团队以社区党群服务驿站为阵地，在创建全域友好型社区进程中开展免费理发、测量血压、中医问诊、水电维修、编织和家电维修、鹊桥联姻、法律咨询、科学实验、故事会等社区十大志愿服务和应急上网、应急充电、应急电话、便民饮水、应急雨具、轮椅租用、医疗急救、失物认领、便民针线包、梯子借用等十大便民服务。“彩香嫂”们以打造“苏式服务”为品牌，接续发挥“小巷红袖章”的“苏式”效应，打造双语广播、大广播+小喇叭每日打更的“苏式”网红风范。（顾静洁）

全球世界遗产教育创新案例奖卓越之星奖

【拙政问雅·夜苏博：一场跨越五百年的时空邀约】2023年11月2—3日，“2023世界遗产创意&创新者大会”暨“全球世界遗产教育创新案例奖”三周年庆典在广州举办，“拙政问雅·夜苏博：一场跨越五百年的时空邀约”项目获2023“全球世界遗产教育创新案例奖卓越之星奖”。

该项目是苏州博物馆依托世界建筑大师贝聿铭设计的苏州博物馆本馆和世界文化遗产拙政园而开发的一个集世界遗产教育、活化利用园林艺术空间、吴门书画文化、文化创意产品等于一体的沉浸式教育体验创新项目。通过文化遗产苏州园林与园林式现代博物馆的结合，依循中国古典园林的美学思想，以多媒体创意营造方式，构建一场世界遗产价值的当代语境阐释，同时遵循世界遗产价值保护的原则，努力唤起公众对保护传承世界文化遗产的自觉。

全国优秀群众文化品牌案例

【平江历史文化街区】 2023年9月13日，首届中国群众文化品牌发展大会在四川省成都市开幕，平江历史文化街区获评首届全国优秀群众文化品牌案例。

平江历史文化街区拥有2500多年深厚底蕴，集中城内最密集的河道、桥梁和水巷，是苏州保存至今最典型、最完整的历史文化保护区。平江历史文化街区现存整体布局与宋代《平江图》基本一致，保持着“水陆并行、河街相邻”双棋盘格局以及“小桥流水、粉墙黛瓦”的江南水城风貌，聚集极为丰富的历史遗存和人文景观。近年来，平江历史文化街区致力于增强群众文化品牌底色、特色和亮色，提升品牌显示度和标识度，扩大品牌影响力，让群众文化品牌更好地渗透城乡肌理、融入群众生活、赋能经济社会发展。 （梅佳祺）

全国模范人民调解员

【罗悦生】 罗悦生，男，1966年5月出生，2007年从部队转业，现为苏州市姑苏区司法局金阊街道司法所四级调研员。曾多次获得苏州市人民调解工作先进个人、苏州市最美调解员、江苏省优秀人民调解员等荣誉称号，2023年10月被评选为“全国模范人民调解员”。

10余年来，罗悦生始终扎根在基层一线，坚持情法交融，勤于真诚作为，参与调解辖区各类民事纠纷1700余起。他以强烈的工作责任感和社会使命感投入法治宣传、社区矫正、人民调解、基层治理等各项工作中，在各项急难险重任务中，舍小家顾大家，勇于担当、恪尽职守，连续奋战、无私奉献，以实际行动展现新时代司法行政干警的良好风貌和过硬的战斗力。他用真心维护百姓邻里和睦，维护群众利益。他热情接待来访群众，耐心倾听群众诉求，妥善化解矛盾。如此优异的成效正是他怀着一颗爱民之心、办利民之事，是他对司法行政工作的认同和执着，以践行初心、服务群众为宗旨，努力推动基层法治建设。 （方　芳）

附 录

文 献

政府工作报告

——2024年1月9日在区三届人大三次会议上

区长 陈 羔

各位代表：

现在，我代表姑苏区人民政府，向大会报告工作，请予审议，并请各位政协委员和其他列席人员提出意见。

一、2023年工作回顾

刚刚过去的2023年，在姑苏区发展历程中极不寻常、意义非凡。习近平总书记亲临平江历史文化街区，给予了“生活在这里很有福气”的高度评价，留下了“保护好、挖掘好、运用好”的殷殷嘱托。总书记的重要讲话极大地激励了姑苏广大干部群众的信心和斗志，让我们倍受鼓舞、倍感振奋、倍增干劲。

全区上下坚持以习近平新时代中国特色社会主义思想为指导，深入学习贯彻党的二十大精神和习近平总书记重要讲话重要指示精神，在市委、市政府和区委的坚强领导下，紧紧团结依靠全区人民，同心同德、砥砺奋进，较好地完成了区三届人大二次会议确定的目标任务，在高质量发展进程中迈出了坚实一步。

——我们主动担当、创新探索，古城保护成果受到各界关注肯定。住建部历史文化街区和历史建筑保护利用现场会圆满召开，百余个历史文化名城代表首次齐聚一堂，姑苏古城保护经验向全国推广。第四届建筑遗产保护与修复博览会成功举办。“争取中长期低息贷款支持古城保护”举措纳入住建部实施城市更新行动可复制经验做法清单。潘氏祖宅项目获联合国教科文组织亚太地区文化遗产保护优秀奖，“拙政问雅”夜游项目获全球世界遗产教育创新案例奖。“平江九巷”作为“紫金奖·建筑及环境设计大赛”城市合作赛道，亮相具有全球影响力的品牌赛事。姑苏古城保护成果全年获《人民日报》、新华社、央视等国家权威媒体报道百余次。

——我们顶压奋进、满弓而上，经济运行态势呈现回升向好势头。面对复杂性、严峻性、不确定性持续上升的外部环境，我们坚持强信心、促发展，优服务、保稳定，毫不动摇与各类市场主体同舟共济、风雨同行。全区经济保持恢复性增长态势，预计实现地区生产总值950亿元，增长4%；一般公共预算收入64.6亿元，增长4.5%；社会消费品零售总额突破千亿元大关，实现1028亿元，增长6%；全社会固定资产投资180亿元。各项主要指标在全市排名进一步提升，摆脱“落后垫底”局面。全年各类市场主体数量保持正增长，“四上”单位在库数净增124家，发展更具韧性活力。

——我们节用裕民、补短固强，各项民生实事得到保质保量完成。牢固树立过紧日子思想，全年压减政府一般性支出近1.1亿元。坚持“小切口、大变化”，将87%以上的财政支出投入民生领域，15个大项31个子项民生实事项目全面完成，路面修整、飞线入地、绿化提升等409个民生微实事项目顺利开展，兑现了向群众的庄严承诺。居民人均可支配收入高于GDP增速。居民消费价格保持总体稳定。零就业家庭实现动态清零。为7492户困难群体家庭开展电线老化更新等消防安全提升项目，既有住宅电梯加装等一批无障碍设施工程顺利完成，为最柔软群体托起“稳稳的幸福”。

——我们直面沉疴、攻坚克难，诸多历史欠账得以有力有效化解。聚焦民意所盼、民生所需、民情所系，加压推进历史遗留问题攻坚，让一批历史欠账真正变为“历史”。创新试点货币化安置政策，搁置20年的城中村万丰里和17年未解危的钟楼新村，相继实施协议搬迁。停摆8年的沧浪城实现盘活利用，“汇邻·新市”项目正式开工。闲置8年的友新综合市场对外开业，南门水产市场整体迁入。桐泾路北延工程建成通车，10年“断头路”得以打通。直管公有住房管理办法制定出台，超3万平方米公房修缮工作全面启动。南园村股改历史遗留问题平稳解决。

一年来，我们统筹抓保护、促增长、提品质、优服务、防风险，主要做了以下工作：

一是稳步推进古城保育活化。名保办机制高效运转，落实推动111项议题。与国开行完成历史文化名城保护和提升利用工程二期项目战略签约，与苏创投合作成立10亿元规模古城保护基金，国资国企合作力度持续加大。古城54个街坊实现社区规划师队伍全覆盖。片区综合改造工程稳步推进，虎丘正山门段环境提升工程竣工验收，唐寅故居文化区正式开街，市方志馆新馆建成开放，唐寅祠、按察使署旧址主体等关键点位修缮完成。“古城保护更新伙伴计划”创新推出，活化利用传统民居“一件事”正式启动，22处古建老宅通过吸引社会资本实现活化利用，苏作馆苏州旗舰店等一批项目顺利开业，古吴轩入驻章太炎故居，古城保护成果更加可观可感。文物建筑国家文物保护利用示范区建设通过国家验收。“数字孪生古城”平台上线运行。苏州国家历史文化名城保护纪念日活动、苏州古城历史文化保护传承专家咨询会、古城保护更新专家畅谈会成功举办。

二是持续激发文商旅消费潜力。文旅市场持续火爆，全年接待游客超6000万人次，实现旅游总收入超9亿元。姑苏区入选国家文旅产业融合发展示范区建设单位。“状元之旅”等六大主题12条精品文旅路线全新推出，“水上游”品质优化提升。畅园有熊、万豪AC等一批精品酒店落户古城，旅游民宿业规范发展指导意见出台实施。平江路获评省示范步行街。商贸新业态蓬勃发展，胥江龙湖、仁恒仓街、金地广场等地标型商业载体建成开业，泰华商城升级焕新，“景区+商圈”联动格局加快构建。累计开展“五五”“双12”等促消费活动450场，限上住宿、餐饮营收比上年大幅增长。文化品牌加速打造，运河剧场全面开工，中国电影资料馆江南分馆顺利落地，桃花坞木版年画“一团和气馆”对外开业。全省首个老字号商标品牌指导站创新设立，苏州老字号新增4家，松鹤楼入围商务部“中华老字号守正创新案例集”。苏州国际设计周、“大运河姑苏民俗文化旅游节”等活动成功举办。特色名街志《平江路志》首发亮相。

三是加快培育创新发展动能。持续优布局、搭平台、强引育，重点产业集群呈现积厚成势、加速跃升新气象。全年落地数字创意产业项目83个、高技术服务产业项目141个，新增省服务业领军企业1家、市服务业领军企业2家、市级总部企业3家、注册资本亿元以上企业28家、数字金融生态圈企业11家。苏半科技产业园、姑苏法律服务产业园启动区顺利开园。区域创新能力显著提升，苏州热工研究院清洁能源技术研发实验中心项目成功落地，实现全国重点实验室重大突破；江苏国保获评省级“瞪羚”企业；3家企业科技项目分获省科学技术奖一、二、三等奖；有效高企数、“专精特新”企业数创历史新高。人才招引靶向发力，新增省级众创空间5个，落地高层次人才创业项目113个，国家级人才引育实现“零”的突破。产业空间要素加速释放，首次完成区级储备地块上市，全年累计出让产业用地10宗。聚焦人民路沿线等重点区域，有效盘活33.5万平方米载体资源，产业园楼宇全口径税收预计比上年增长12%。

四是着力优化营商服务环境。全面落实国家和省、市稳经济一揽子政策和接续措施，先后出台推动经济运行率先整体好转50条、促进经济持续回升向好25条政策措施，累计落实减免各类税额5.5亿元、发放稳岗返还资金和一次性留工培训补助超4000万元，用“真金白银”帮助市场主体应对冲击、增强信心。组织企业参加进博会、广交会，助力企业打品牌、增订单、拓市场。成立街道企业服务中心，一站式、集成化响应办理企业诉求事项，30名企业家成为区营商环境“体验官”“监督员”。深入开展“千村万企、千家万户”大走访、“集中服务月”活动，全过程倾听企业家诉求，全链条支持存量企业做大做强，苏规院成为首家本土培育上市企业，园林设计院挂牌“新三板”创新层。“15分钟政务服务圈”建设进一步深化，政务服务可网办率达98%，近八成事项可即来即办。彩香一村农贸市场等9个项目实现“拿地即开工”。“企业开办+用电报装”一站式服务率先落地。“姑苏·惠服务”和黄浦“店小二”政务服务品牌深度协作，高频涉企服务实现跨省远程办理。全区24个银行网点设置“企业开办一站式服务专窗”。

五是积极改善城市功能品质。永林新村二区等104个老旧小区启动改造，惠及居民3.4万户。虎东路等7条“断头路”全线贯通，竹辉路、高架沿线等重点区段改造提升工程顺利完工，区域交通循环格局进一步完善。41个征收搬迁项目实现清零，近35万平方米违法建设完成拆除，150条“净美街巷”集中创建，火车站北广场、观前主街等8个“席地而坐”示范区创新打造，环境品质有效提升。智慧停车管理平台正式启用，新增停车泊位超1万个、共享开放点21处，“停车难”问题得到缓解。“物业城市”试点工程全面启动，古城范围内181个无物业住区实现基础物业服务全覆盖。河长制、林长制工作有效落实，新改建13处口袋公园、新增7条市级幸福河湖，区水务管理中心正式成立。省考断面水质优Ⅱ比例达100%，取得历史性突破。空气质量稳定达标。中央、省生态环保督察交办信访件全部整改销号。

六是有效提升公共服务水平。就创业形势保持平稳，新增就业岗位5.9万个，“家门口”就业服务站工作品牌全国推广。新增参保扩面9.1万人，社会救助、抚恤优待、大病保险等托底政策扎实落实。新启用5所小学、幼儿园，16所初中平稳转隶，义务教育实现全学段贯通，中小学校医和心理教师配备全覆盖。医疗健康服务产业聚集区加快打造，桃花坞社区卫生服务站建成运营，医联体合作持续深化。国投宝原老年公寓、福相护理院、悦邻护理院和3个街道综合为老服务中心投入使用，新增养老机构床位480张，完成家庭适老化改造1727户。普惠托育服务供给进一步扩大，新增托位1565个。创成全国医养结合示范区、省级义务教育优质均衡发展区和省级健康区，桂花社区获评全国示范性老年友好型社区。3个社区综合为民服务中心提档升级，18所“家门口”的老年大学建设完成，一批健身路径、夜书房、24小时药店完成布点，三香、娄门、富强等农贸市场改造项目取得突破性进展，南环第二社区入选商务部一刻钟便民生活圈典型案例。

七是坚决守牢安全稳定底线。圆满完成各项重大安保维稳任务。89项挂牌督办隐患问题整改到位，安全生产继续保持“双零”。葑门路、茶花村等小型消防站建设完成，烟感报警、燃气安保装置安装工作全域铺开，火灾事故比上年下降16.9%，消防警情平均响应时间全市最快。治安环境不断净化，街面见警率进一步提升。坚持和发展新时代“枫桥经验”，“社情民意联系机制”持续深化，“一站式”矛盾纠纷调处化解中心全面建成，信访突出矛盾“百日会战”“双月攻坚”行动扎实推进，一批风险隐患有效化解，社会大局持续保持平安稳定。食品安全分层分级包保责任机制建立健全，在全市率先启动“透明餐厅”守护工程，“食安姑苏”品牌持续擦亮。

一年来，我们坚持把党的领导贯穿于政府工作各领域、全过程，在政府系统深入开展学习贯彻习近平新时代中国特色社会主义思想主题教育，把“牢记嘱托、感恩奋进、走在前列”贯穿始终，统筹安排、一体推进理论学习、调查研究、推动发展、检视整改、建章立制，深入贯彻落实全面从严治党要求，压实意识形态工作责任制，在新思想锻造洗礼中持续打造勤廉、务实、高效政府。深入推进法治政府建设，定期开展集中学法，严格执行重大行政决策程序，推行包容审慎监管，落实涉企“免罚轻罚”清单，行政执法既有力度又有温度。全面建成区、街两级公共法律服务实体平台，惠民法律服务常态化开展。自觉接受各方监督，高标准承办市两会建议提案37件，办理区人大建议144件、区政协提案263件，办复率和代表委员满意率均为100%。加快推动数字化转型，区城运联动指挥平台二期项目建设完成，政务信息资源有效归集，数据开放数量比上年提升60%，数字社区治理工作走在全省前列。持续优化政治生态，深入贯彻落实中央八项规定及其实施细则精神，驰而不息纠“四风”、转作风、树新风。认真抓好巡视、巡察、审计等发现问题整改，顺利完成第五次全国经济普查清查阶段任务。此外，对港澳台、侨务、民族宗教、退役军人、国防动员等各项工作都取得新的进展。

各位代表，艰难方显勇毅，磨砺始得玉成。过去的一年，我们在多重目标中统筹兼顾、协调推进，在多种挑战中迎难而上、难中求成，保持了经济平稳发展和社会大局稳定，成绩殊为不易，值得倍加珍惜。这是习近平新时代中国特色社会主义思想科学指导的结果，是省委、省政府、市委、市政府和区委坚强领导的结果，是在区人大常委会、区政协的监督支持下，姑苏人民无惧风浪、一往无前，以敢为致胜、以拼搏争先的结果。在此，我代表区政府向全区人民，向辛勤工作在各条战线的同志们，向区人大代表、政协委员，离退休老领导、老同志，各民主党派、工商联、无党派人士、人民团体和社会各界人士，驻区解放军和武警官兵，以及所有关心、支持和参与保护区、姑苏区发展的各界朋友，表示最衷心的感谢，致以最崇高的敬意！

在肯定成绩的同时，我们也清醒地认识到，当前姑苏经济社会各项事业处于“船到中流、人到半山”的关键阶段，面临着诸多短板弱项和困难挑战。古城保护社会化参与机制有待深入探索，古建老宅盘活利用的瓶颈难点尚未有效打通，文化资源优势未能充分转化为发展优势、品牌优势。经济回稳向好的基础尚不牢固，创新动能积蓄不足，营商环境与市场感受还有温差。城市环境和功能品质仍然存在一系列历史欠账，公共服务供给有待进一步提质增效。各类安全稳定风险隐患叠加，基层治理的难度不断提升。政府系统作风效能建设仍需加强。对此，我们将始终坚持问题导向，以滚石上山、闯关夺隘的勇气和韧劲攻坚克难，尽心竭力不辜负群众的期待。

二、2024年工作总体要求和目标

习近平总书记对江苏提出“在推进中国式现代化中走在前做示范”重大要求，对苏州高质量发展作出重要指示，对姑苏工作提出殷切期望，为我们奋进新时代把脉定向、指路引航。谆谆嘱托言犹在耳，唯有奋斗方能不负。我们必须始终保持昂扬向上的精神风貌，锐意进取、实干笃行，在中国式现代化姑苏新实践中努力创造新业绩、探索新经验、打造新范例，用高质量发展实绩回报总书记重托、回应群众期盼。

当前，世界之变、时代之变、历史之变正以前所未有的方式展开。世界经济格局面临深刻演变，不稳定、不确定、难预料的因素依然较多，但经济全球化持续发展的大势不可逆转，国内经济韧性强、潜力足、回旋余地广，长期向好的基本面没有变也不会变。数字经济背景下，省、市“两业融合”走深走实，实体经济仍是高质量发展最有力支撑。对姑苏区而言，近年来产业集群加速成势、消费热度持续提升、市场主体活力增强、交通路网日趋完善，有利于发展的资源要素正加快集聚，伴随着新一轮科技革命和产业变革带来的新机遇，加之多重政策叠加效应的逐步显现，我们有理由、有底气、更有信心推动发展行稳致远。

今年是新中国成立75周年，是全面完成“十四五”规划目标任务的关键一年。根据区委全会部署安排，今年政府工作的总体要求是：坚持以习近平新时代中国特色社会主义思想为指导，全面贯彻党的二十大精神和习近平总书记对江苏、苏州工作重要讲话精神，聚焦经济建设这一中心工作和高质量发展这一首要任务，坚持稳中求进工作总基调，完整、准确、全面贯彻新发展理念，服务构建新发展格局，全面落实“四个走在前”“四个新”重大任务，把创新驱动摆在更加突出位置，切实增强经济活力、改善社会预期、增进民生福祉、防范化解风险，凝心聚力建设“福气之城”，打造展示人文经济学苏州实践的最美窗口，奋力谱写“强富美高”新姑苏现代化建设新篇章。

全区经济社会发展主要预期目标是：地区生产总值比上年增长5%以上，力争突破千亿元大关；一般公共预算收入同口径增长5%；全社会固定资产投资实现185亿元；社会消费品零售总额比上年增长6%。居民人均可支配收入与经济增长基本同步。

完成上述目标任务，要自觉增强大局意识，做到奋发有为。主动把各项工作放在省、市发展大局中去审视分析、谋划推动，坚决扛起古城保护“排头兵”、高质量发展“主力军”的使命担当，传承发扬不怕困难、不畏艰险，勇于斗争、敢于胜利的精神，以非常之力、恒久之功，扎扎实实、踏踏实实把经济社会各项事业持续推向前进。要牢固树立系统思维，做到统筹兼顾。以更高水平统筹改革、发展、稳定关系，兼顾多重目标间的动态平衡，把握好工作的时度效，聚焦高质量发展、高品质生活、高效能治理，坚持系统谋划与重点突破相结合，办好办成一批巩固根基、带动全局、牵引长远的要事，让发展更有质效、更有温度、更可持续。要始终坚持以人为本，做到发展为民。紧紧围绕“让老百姓过上更好的日子”，多干让群众得实惠、涨腰包、心头暖的实事，着力扩大中等收入群体，提升困难群众生活水平，积极营造温暖和谐的社会氛围，拓展包容活跃的创新空间，创造便利舒适的生活条件，让群众真切感受到“生活在这里很有福气”。

各位代表，姑苏承载着总书记的关怀厚爱，肩负着省委、市委赋予的光荣使命，寄托着群众对美好生活的期待向往。我们坚信，有以习近平同志为核心的党中央掌舵领航，有省、市、区委的坚强领导，有百万姑苏人民的团结奋斗，我们必将迎来一个充满活力与希望的明天！

三、2024年主要任务

新的一年，我们将重点做好以下六个方面工作：

（一）把握机遇、顺势而上，让古城保护成果更加丰硕

按照习近平总书记“保护好、挖掘好、运用好”重要指示要求，围绕加快建成社会主义文化强区，紧抓古城关注度、影响力持续提升契机，持续做精做优“续、多、新”三篇文章，推动历史文化和现代生活融为一体，建设活着的古城、幸福的古城、繁华的古城。一是在顶层设计上勇探索。主动对上争取政策支持，积极申报、有力推进文化传承发展“专精特新”工程项目、平江历史文化街区文物建筑集中连片保护利用项目。深化古城全域历史地段保护研究，科学编制城市更新专项规划，探索实践“小单元、渐进式、微更新”成片保护模式。全面开展第四次全国文物普查，建立“应保尽保”对象名录。强化“古城细胞解剖工程”成果应用，以数字孪生技术演绎姑苏古城。二是在项目建设上强推进。全面开展古城人居环境和空间品质提升专项行动，逐步推动古城架空线整治入地。聚焦“点、线、圈、面”空间格局，统筹环境提升、功能完善、业态升级、文脉挖掘，压茬推进“平江九巷”、虎丘综改、32号街坊、五卅路子城等重点片区改造工程，创新打造十全街、葑门横街等一批具有代表性的特色街区，依序开展古建老宅保护修缮，“串点成线、联圈织面”形成一批保护成果，将古城整体打造为体验苏式生活典范的“最美窗口”。三是在资源活化上求实效。建立完善资源归集、修缮保护、活化运营、交易管理一体化平台，研究制定古城重点片区业态准入正反面清单。围绕打造“新时代的姑苏园林”，依托“古城保护更新伙伴计划”做好优质项目导入，推动悬桥巷方宅、苏肇冰故居、顾颉刚故居等一批文物建筑活化利用。发挥好专家团队、社区规划师作用，鼓励引导民间资本、社会力量共同参与保护更新，吸引更多有文化、有实力、有情怀的各类主体落户古城。四是在文化传承上谋创新。深化“典籍里的姑苏”研究整理，打造“苏”“古”“名”系列主题文化名片，探索“用一句话叫响一座城”，提炼形成体现独特文化内涵的城市“大IP”。积极推动“全市非遗在古城，全国非遗进古城”，引育一批优质演艺传媒单位，产出更多“姑苏原创”“姑苏出品”。将江南文化、苏式美学嵌入改造更新、融入街巷肌理，悉心打造“转角遇见美”的城市小品、艺文空间，推动各类公共文化服务场所充分开放、高效利用，让古城可感知、可阅读。主动参与对外文化交流行动，做优“轧神仙”“吴地端午”“冬至大如年”等群众喜闻乐见的民俗品牌，不断提高文化影响力、传播力、感召力。

（二）深挖潜力、提振信心，让经济增长步伐更加稳健

坚持稳中求进、以进促稳，着力激发有潜能的消费，扩大有效益的投资，持续释放内需潜力、提升市场活力、增强内生动力。一是促进消费提档升级。积极探索文商旅融合发展新路径，强化“景区+商圈”整体联动，保障华贸中心顺利开业、“上城门”“开元里”等项目竣工投用，推出更多地标型商业载体，引育商贸新消费产业项目不少于70个。围绕“微旅行、慢生活”，打造“福气平江”“竹辉葑溪”等15个“吃住行游购娱”全链条文旅生态圈，引入美陈展览、美食品鉴、特色市集、演艺演出、文

体赛事等新业态新模式，办好城墙灯光秀，丰富全天候、全时段消费场景。推动特色酒店、精品民宿集聚化品牌化发展，联合景区、文博场所推出文旅套餐。大力发展直播经济、网红经济，助力传统商超、老字号“触网焕新”，培育消费新动能。精心办好让利促销、主题节庆活动，有效拉动汽车、家电、住房等大宗消费，持续为群众营造更加安心、省心、舒心的消费环境。二是强化项目带动牵引。坚持“引进+推进”两手抓，掀起大抓招商、大抓项目、大抓发展的持续热潮，坚定不移扩投资、强支撑、促增长，用足用好专项债、特别国债等政策性工具，支持社会资本参与基础设施建设。服务保障联东U谷、美罗南扩等重点项目，加快元创姑苏智谷、胥江创意湾等地块开发，确保签约项目快落地、在建项目快达效。持续加大招商引资力度，深化与大型央企、头部企业和跨国公司合作，引培不少于12个总部经济项目。三是扶持企业做优做强。坚持“两个毫不动摇”，促进民营经济高质量发展，开展新一轮国企改革深化提升行动，持续激发国企活力和效率。加强企业全生命周期梯度培育，力争推动更多本土企业上市。积极提升中欧班列质效，支持外贸企业开拓多元化市场。大力弘扬企业家精神，扎实落实产权保护、市场准入、要素获取、公平执法、权益保护等举措，实施包容审慎监管，推动重大政策直达快享和兑现落实，坚定不移为企业发展保驾护航。坚持“有需必应、有应必果”，畅通政企沟通渠道，优化提升企业服务中心功能，推动涉企诉求一口收办、即时响应、闭环管理。

（三）前瞻布局、创新驱动，让产业发展动能更加强劲

紧扣高质量发展总要求，围绕建设现代化产业体系，积极培育具有姑苏特色的都市经济，加快形成新质生产力，不断提升产业“含金量”“含新量”。一是打造产业发展集群。深入开展第五次全国经济普查登记工作，摸清摸透产业发展规模、布局和效益，制定出台全区产业发展规划，完善细分领域图谱，配套修订更具针对性的扶持政策体系。着眼姑苏环虎丘片区一体化提升，用好虎丘湿地公园、沪宁高速沿线等重点产业空间，加快打造数字经济、医疗服务总部集聚区，探索“工业上楼”姑苏路径，精准布局元宇宙、人工智能、生命健康等未来产业新赛道。积极推动婚庆服务等重点产业全链条并联融合、同频共振，做精做强文创、生活、工业设计，培育壮大检验检测、律师会计、金融保险、商务会展等生产性服务业，提升服务业竞争力、辐射度。确保新增数字创意、高技术服务产业项目180个以上，数字经济核心产业增加值占地区生产总值比重10%左右，文化产业增加值增长6%以上。二是激发科技创新活力。加大区级创新项目奖补力度，鼓励引导企业开展研发活动，加大研发投入，推动科技创新型企业数量平稳较快增长，高新技术产业产值占规模以上工业产值比重达到8%，力争在专精特新“小巨人”企业培育上实现突破。加快建设西环路沿线科创走廊，服务好热工院、博宇鑫等重点项目，推动专业型孵化器、众创空间等各类科创载体提质扩面。主动对接大院大所大校，探索共建科技成果转化中心，积极打造“政产学研用”协同创新生态。三是强化资源要素保障。压茬推进低效用地再开发，构建完善“数据得地”工作模式，年内推出不少于300亩优质地块。围绕“拿地即开工、竣工即领证”，深入探索并联审批、容缺预审机制，有效解决优质企业得地难、用地慢问题。加快盘活存量资源，推动吴地中心、苏州饭店等多年停摆项目取得实质性进展，服务南门汽车站等载体自主更新，新增盘活闲置载体不低于30万平方米，确保亿元载体数量达到10个以上。深度融入长三角一体化发展，搭建资源要素共享平台。扩面升级人才礼遇政策，强化“双招双引”，培育领军人才不少于20人，落地高层次人才创业项目不少于100个。

（四）内外兼修、建管并重，让城市功能品质更

加宜居

坚持“人民城市人民建，人民城市为人民”，突出“精细、精微、精致、精雅”，以“绣花”精神提高城市规划、建设、治理水平，全域统筹打造高品质宜居环境。一是改善居住条件。深入实施25个老旧小区环境改善提升工程，重点解决配套不足、管网老化等群众关心关切问题，持续推进电梯加装和楼道无障碍设施改造，让“老”居民享受“新”生活。全面启动、依序实施城中村改造，全力以赴消除一批“城市疮疤”。聚焦直管公房长效管理，制定出台申请式退租办法，解危修缮不少于2万平方米，保障群众安居需求。二是补齐设施短板。完成临顿路、虎丘路改造，打通4条断头路、瓶颈路，加快友联运河大桥、葑门桥重建等项目进度，提升道路通达率。完善“慢行”交通体系，大力治堵、治乱、保畅，让群众出行更便捷、更舒心。推动平海路换乘停车场等项目建成启用，扩容泊位供给1万个、开放共享停车场20处，推广立体停车、智慧导引、无感支付，科学布设充电设施，缓解“停车难”“充电难”问题。三是强化精细治理。深化主次干道、高架桥下空间精细化管理，大力推进违法建设、户外广告专项整治，优化生活垃圾分类处置，维护干净、整洁、有序环境。围绕构筑“以人为本”街道空间，持续推进“净美街巷”打造，优化更新城市家具，新改建迎春路小游园等10个口袋公园，为群众提供更多信步可及的休憩场所。完善“物业城市”服务体系，积极推动环卫保洁等更多职能有效归集，提高业委会、物管会组建率，不断提升群众满意度。四是擦亮生态底色。全面落实“河长制”“林长制”，深入打好蓝天、碧水、净土保卫战。抓好重点时段$PM_{2.5}$和臭氧协同控制，持续改善大气环境质量。落实河道高质量管护，保障省市考断面水质稳定达标，打造不少于10条幸福河湖。深化土壤污染综合防治，确保重点建设用地安全利用。出台碳达峰实施方案，引导全社会践行绿色低碳生产生活方式。

（五）倾心倾力、竭诚为民，让民生幸福底色更加厚实

坚持以人民为中心的发展思想，围绕“人的一天、人的一生”，推进全龄友好型社会建设，积极回应多层次多样化民生需求，让群众忧心事烦心事更少、获得感幸福感更多。一是强化民生保障。提升“家门口”就业服务站工作质效，突出精确识别、精细分类、精准服务，持续做好农民工、高校毕业生、退役军人等重点群体就业帮扶，全年新增5.2万个就业岗位，确保零就业家庭至少一人就业。积极构建和谐劳动关系，保障群众劳有所得、劳必有得。推进社保扩面提质，全年新增参保不少于6.5万人。统筹落实社会福利、慈善事业、大病救助、优抚安置等各项工作，关心关爱“老弱病残”“五失人员”等重点群体，牢牢兜住民生底线。二是改善民生事业。集约优化教育资源配置，完成5所小学、幼儿园新改扩建工程，启动特殊教育学校异地新建和原大儒中心小学“小改幼”项目，让孩子在家门口“上好学”。挖掘百年老校文脉，深化集团化办学改革，关注教育领域心理健康，争创全国义务教育优质均衡发展区。提升医疗服务保障水平，完成西北街社区卫生服务中心和联青社区卫生服务站建设，深化紧密型医联体合作内涵，让群众就近享受大医院同质化医疗服务。推进中医药传承发展，确保社区卫生服务中心等级中医馆全覆盖。关心关爱“一老一小”，完善社区日间照料中心点位布局，完成适老化改造不少于1500户，新增养老机构床位不少于500张，着力提高认知症老年人照护能力；推进儿童友好医院和儿童早期发展基地建设，增加托育服务供给。深化青年发展型县域试点工作，以“友好之城”待“有为青年”。三是做优民生服务。加快三香、富强等7个农贸市场建设改造进程，抓好民生商品保供稳价、环境品质提档提优，推动“平价菜摊”等惠民政策精准有效落地。探索建设一批功能复合集成的社区嵌入式服务综合体，面向群众提供养老托

育、家政便民、健康卫生、文化休闲等服务，优化提升一刻钟便民生活圈。突出“便利化、智慧化、人性化、特色化”，有序推进公共卫生设施提质改造。服务保障体育中心改造提升工程，推动更多学校体育场地设施向社会开放。

（六）夯实基础、筑牢底板，让社会治理内涵更加丰富

深入践行新时代“枫桥经验”，推动政府治理同社会调节、居民自治良性互动，有效防范化解各类风险隐患，夯实社会安全稳定基础，建设更高水平的平安姑苏、和谐姑苏。一是筑牢安全防护屏障。压紧压实安全生产责任，加强网格化、专业化、数字化监管。深入开展安全生产治本攻坚三年行动，推进危化品、城镇燃气、道路交通、工程施工等重点领域风险隐患专项整治，完成城市生命线工程试点场景、桐泾路消防救援站建设，加快存量安全隐患建筑整改销号，坚决防范较大以上安全生产事故发生。强化社会治安多维管控，保持打击违法犯罪高压态势。守牢耕地保护红线和粮食安全底线。加强食品药品、特种设备等领域安全监管，把学校、幼儿园和养老机构食品安全作为重中之重，助力苏州创成国家食品安全示范城市。二是拓宽多元解纷路径。持续开展“千村万企、千家万户”大走访，做优做实“社情民意联系机制”，推动从“解决一件事”向“解决一类事”转变。深入推进信访问题源头治理三年攻坚行动，全力化解信访积案，争创全国信访工作示范区。用好“一站式”社会矛盾调处化解中心，健全人民调解、行政调解、司法调解联动体系，推动矛盾纠纷实质性化解。集中开展清理欠账、欠款、欠薪行动，扎实做好保交楼、防烂尾、稳预期各项工作，加强金融、电信、网络等领域风险监测、预警和应对，坚决维护好群众财产权益。三是深化基层治理创新。提升社区治理与服务能力，推动基层服务“六支队伍”融合发展，建立以居民满意度为主要衡量标准的评价体系，加快实现社会治理重心下移、力量下沉。厘清社区工作职责边界，落实分片包干常态化走访，推动社区职能从“忙事务”向“抓服务”转变。拓展全国文明城市创建成果，维护良好网络空间秩序。依法加强民族宗教事务管理，促进民族团结、宗教和顺。优化退役军人服务保障，持续做亮姑苏双拥品牌。

各位代表，让人民满意是政府的不懈追求。面对群众期盼、时代机遇、发展重任，我们将始终坚持全心全意为人民服务的宗旨，以敢为善为的姿态真抓实干、加压奋进，创造性地抓好工作落实，让人民群众更放心、更满意、更信赖！

一是坚持忠诚为政。始终把政治建设摆在首位，深学细照笃行习近平新时代中国特色社会主义思想，坚定捍卫“两个确立”，增强“四个意识”、坚定“四个自信”、做到“两个维护”。牢固树立总体国家安全观，扛稳意识形态责任，有效应对意识形态领域风险挑战。坚持党的全面领导，不断提高政治判断力、政治领悟力、政治执行力，树立“凡事有交代、件件有着落、事事有回音”的靠谱姑苏形象，确保中央和省、市、区委各项决策部署不折不扣贯彻到位。持续强化问题导向，深入细致对照巡视巡察反馈意见，以“抓铁有痕、踏石留印”的过硬作风抓好整改落实。

二是坚持依法行政。持续推进法治政府建设，突出依法、科学、民主，严格执行政府议事规则和重大行政决策程序，扩大公众参与度，让政策更接地气、更合民意。持续推进包容审慎柔性执法，大力提升基层行政执法规范化水平。贯彻落实新修订的行政复议法，切实发挥行政复议化解行政争议的主渠道作用。高标准高质量办好人大代表建议和政协提案，依法接受人大法律监督、工作监督，自觉接受政协民主监督，重视司法、舆论、社会监督，完善审计监督机制。深入推进政务公开和政府信息公开，及时回应社会关切，让行政权力在阳光下运行。

三是坚持高效施政。牢固树立和践行正确政绩

观，大力倡导雷厉风行、真抓实干的工作作风，始终站在群众角度看问题、办事情。围绕让企业和群众更加“有感”，深入实施数字化改革，持续推动数据开放共享、贯通融合、场景落地，推出一批“切口小、方法巧、效果灵”的数字化应用。深化“高效办成一件事”，落实线下“一窗办”，进一步减环节、减材料、减时限、减费用，力争政务服务事项平均承诺办理时限压缩95%、即办件占比85%以上，让企业和群众办事少折腾、少跑腿、更舒心。提升“一网统管”效能，提高城运联动指挥平台智能化响应、可视化指挥、闭环式处置水平。

四是坚持廉洁从政。始终把纪律和规矩挺在前面，深入推进政府系统党风廉政建设，紧盯重点领域和关键环节，一体筑牢不敢腐、不能腐、不想腐的防线，坚决整治群众身边的不正之风和腐败问题。坚决贯彻落实中央八项规定精神和省、市、区委相关规定，持之以恒纠治“四风”，力戒形式主义、官僚主义，持续为基层松绑减负。厉行勤俭节约，反对铺张浪费，大力压缩非刚性、非重点、非急需支出，深化零基预算改革，实行最严格的预算管理和绩效评估，用政府的“紧日子”换取人民群众的“好日子”。

各位代表！百舸争流，奋楫者先；千帆竞发，勇进者胜。让我们更加紧密地团结在以习近平同志为核心的党中央周围，以习近平新时代中国特色社会主义思想为指导，在市委、市政府和区委的坚强领导下，持续弘扬“主动担当、奋勇争先、高效务实”精气神，众志成城加油干、风雨无阻向前行，共同擦亮“福气之城”金名片，续写“姑苏繁华”新篇章！

组织机构及负责人名录

（截至2023.12.31）

中国共产党苏州国家历史文化名城保护区工作委员会、中国共产党苏州市姑苏区委员会

书　　记　方文浜

副 书 记　陈　羔　谢　强

常　　委　华建男　张　玮　陆文明　李　忠
　　　　　陆德峰　雷　波　杨国栋　薛永超

党组成员　荣曙文　蒋献忠　叶映红

秘 书 长　郑　云

苏州市姑苏区人民代表大会常务委员会

主任、党组书记　郦小萍

党组副书记　薛　宏　徐　翔

副 主 任　徐文祥　薛　宏　王伟民　沙亚萍

党组成员　王伟民　周马林　李　顺

苏州国家历史文化名城保护区管委会、苏州市姑苏区人民政府

主任、区长、党组书记　陈　羔

党组副书记　陆文明

副 区 长　陆文明　葛　昕　贺宇晨　杨　跃
　　　　　陈宇操　周　强　李继业
　　　　　俞　锋（挂职）

党组成员　华建男　雷　波　杨国栋　贺宇晨
　　　　　杨　跃　陈宇操　周　强　李继业
　　　　　俞　锋（挂职）

副 主 任　陆文明　葛　昕　贺宇晨　杨　跃
　　　　　陈宇操　周　强　李继业

中国人民政治协商会议江苏省苏州市姑苏区委员会

主席、党组书记　蔡炳锋

党组副书记　陆德峰

副 主 席　朱依东　陈　浩　荣曙文　唐丽艳
　　　　　徐寄洪

保护区纪工委，姑苏区纪委、监察委员会

书记、主任　张　玮

副书记、副主任　许建荣　陆　续

纪委常委、纪工委委员　张丽娜　樊志明　徐　彬

监察委员会委员　陆　续　张丽娜　赵　栋
　　　　　蔡哲斌

办公室主任　许　新

办公室副主任　韩广睿　张　静

纪检监察干部管理监督室主任　熊　融

党风政风监督室主任　戈　奕

党风政风监督室副主任　严玉能

信访室主任　缪　华

第一审查调查室副主任　李畅运

第二审查调查室主任　夏　明

第二审查调查室副主任　柯　键

第三审查调查室主任　洪铭权

第三审查调查室副主任　李文丹

第四审查调查室主任　王石飞

第四审查调查室副主任　刘　涛

第五监督检查室主任　顾筑家

第五监督检查室副主任　石　磊

第六监督检查室（区监委第一派出监察员办公室）
　主任　张一星

第六监督检查室（区监委第一派出监察员办公室）
　副主任　沈　阳

第七监督检查室（区监委第二派出监察员办公室）
　副主任　何建建

案件监督管理室主任　陈丽君

案件监督管理室副主任　李　峰
监督审查技术室主任　吴　庆
监督审查技术室副主任　戴　辉
案件审理室主任　黄艳虹
第一派驻纪检监察组组长　朱莺华
第一派驻纪检监察组副组长　李克克
第二派驻纪检监察组组长　陆建华
第二派驻纪检监察组副组长　鄂有森
第三派驻纪检监察组组长　戴书甫
第三派驻纪检监察组副组长　雷保蕊
第四派驻纪检监察组组长　吴同祥
第四派驻纪检监察组副组长　章燕飞
第五派驻纪检监察组组长　尹　云
第五派驻纪检监察组副组长　葛　芹
第六派驻纪检监察组组长　邵一兵
第六派驻纪检监察组副组长　王广莲
第七派驻纪检监察组组长　姚文婷
第七派驻纪检监察组副组长　叶　雯

保护区、姑苏区人民法院

院长、党组书记　杨晓春
副 院 长　徐　侃　徐海根　曹黎丰
　　　　　刘　玮（挂职）
党组成员　顾　军　曹黎丰　吴作新　黄晓虹

保护区、姑苏区人民检察院

检察长、党组书记　陈晓君
党组副书记　赵建华
副检察长　赵建华　周永清　陈　杰
党组成员　周永清　顾　晔　陈　杰　陈　玺

姑苏区人武部

上校部长　薛永超

保护区党工委、姑苏区委工作机构及直属单位

保护区、姑苏区党政办公室

主　　任　杨国栋
副 主 任　沈　彦　汤永新　杜　琴　陈　希
信访局副局长　黄埔樵（挂职）
综合一处（政策研究处）处长　金　琪
综合一处（政策研究处）副处长　沈建华　李慧慧
综合二处处长　陈国佐
综合二处副处长　徐　炎
综合三处副处长　吴晓红　唐　伟
综合四处处长　孙　霞
综合四处副处长　王家强
综合五处（改革处）副处长　张雨琛
督查与信息处处长　王文怡
督查与信息处副处长　叶　芊　刘德富
秘书处（政策法规处）处长　许　婷
秘书处（政策法规处）副处长　沈蕾音　陆亚莹
行政处处长　周　良
对外交流处处长　程　勇
对外交流处副处长　石佳恺
机关事务处处长　夏祯铨
机关事务处副处长　袁洪滨　金　晶
机要保密处（国家安全处）副处长　翁伟星
　　　　　刘智明
信访处处长　黄埔樵
信访处副处长　张　平　谢　帆
大数据管理处处长　吕　俊
大数据管理处副处长　薛　岚
档案处处长　张红兰
档案处副处长　郭志坚
姑苏区机关事务管理中心主任　成园园
姑苏区人民来访接待中心主任　徐志涛

保护区党工委、姑苏区委组织部

部　　长　陆德峰
副 部 长　翟晓萍　周跃洲（兼）　黄　波
　　　　　王　静
老干部局局长　王　静
办公室主任　曹　黎
党员教育管理处处长　刘　佳
干部处处长　高绪海
公务员管理处处长　周　敏
综合考核处处长　周　旺
人才工作处处长　顾敏莎
机关工委处处长　张绍松
老干部工作处处长　贺　蒙
姑苏区党员电化教育中心主任　蔡春鑫

保护区党工委、姑苏区委宣传部

部　　长　李　忠
副 部 长　胡　群　徐　词　周　娴
精神文明建设指导委员会办公室主任　周　娴
互联网信息办公室专职副主任　左　昀
办公室主任　倪　黎
创建办公室主任　陈春阳
理论文化处（出版管理处）处长　朱　军
互联网信息处处长　吴芃芃

保护区党工委、姑苏区委统一战线工作部

部　　长　陆德峰
副 部 长　黄　河　潘　文　刘　勇
台湾工作办公室主任　黄　河
侨务办公室主任　黄　河
民族宗教事务局局长　刘　勇
办公室主任　钱　蓓
业务处（侨台事务处）处长　李　琴
民族宗教事务处处长　杨雄林

保护区党工委、姑苏区委政法委员会

书　　记　谢　强
副 书 记　胡　玺　谢叶虎　袁　伟
办公室主任　戴　辉
维稳指导处（反邪教协调处）处长　赵善浩
综合治理工作处处长　李　希
执法监督处处长　金　强

保护区党工委、姑苏区委机构编制委员会办公室

主　　任　周跃洲
副 主 任　杨　雪　万立涛
行政机构编制处处长　杨　佶
事业机构编制处处长　何亚伟
姑苏区机构编制效能管理中心（事业单位信用管理中心）副主任　孙　寅

姑苏区委巡察工作办公室

主　　任　陆　续
副 主 任　王佳芸　邓　辉
综合协调处处长　毛姗姗

姑苏区委巡察组

组　　长　张霁虹　刘朝晖　顾一梅
副 组 长　钱文杰　彭绍磊　王存新　徐　文
　　　　　潘道鸿　赵　玲
副科职巡察专员　刘炎勇

姑苏区委党校

校　　长　陆德峰
常务副校长　赵　莉
副 校 长　王　未

姑苏区档案馆

馆　　长　张红兰

副 馆 长　吴育波、汤蓉蓉

姑苏区人大常委会机关

党组书记　周马林

党组成员　季晓云　顾东怀　黄新国　周子川

办公室（研究室）

主　　任　周马林

副 主 任　顾斌斌

人事代表联络工作委员会

主　　任　季晓云

副 主 任　朱守春

监察和司法工作委员会

主　　任　顾东怀

财政经济工作委员会

主　　任　濮　兵

副 主 任　唐　茜

城建环保工作委员会

主　　任　吴纪明

副 主 任　丛　玮

教科文卫工作委员会

主　　任　黄新国

外事民宗侨台工作委员会

主　　任　周子川

代表议案建议工作委员会

主　　任　林晓冬

保护区管委会、姑苏区人民政府工作机构及直属单位

保护区、姑苏区古城保护委员会

主　　任　朱依东

副 主 任　黄依群　顾蓓蓓　刘　君

党组副书记　黄依群

党组成员　顾蓓蓓

办公室主任　张海州

办公室副主任　李　斌

规划保护处处长　王永法

规划保护处副处长　赵临风

项目管理处处长　梁瀚千

项目管理处副处长　张金林

综合协调处处长　薛　衡

综合协调处副处长　吴　霞

姑苏区自然资源规划研究中心主任　阮　昳

保护区、姑苏区城市管理委员会

主任、党组书记　范洪根

副主任、党组成员　范剑军　徐燕英　黄保华　何　强

综合行政执法局局长　范洪根

综合行政执法局副局长　沈晓鸣（挂职）

办公室主任　韩晓庆

办公室副主任　惠启蒙

组织人事处处长　李萌萌

组织人事处副处长　范　昕

市容管理处处长　汪　明

市容管理处副处长　吴毅军

市政管理处处长　孙　超

环境卫生管理处处长　陈　进

环境卫生管理处副处长　姚荣来

执法管理处（政策法规处、大数据管理处）处长　沈晓鸣

执法管理处（政策法规处、大数据管理处）副处长
薛永辉 夏 天
监督考核处（安全生产监督管理处）处长 刘 锋
监督考核处（安全生产监督管理处）副处长
缪 颖
火车站地区协调处处长 张 弘
火车站地区协调处副处长 李晓明
姑苏区城市管理行政执法直属大队大队长 吴 平
姑苏区城市管理行政执法直属大队副大队长
朱 颖 朱大昌 瞿苏峰
姑苏区城市管理行政执法机动督查大队副大队长
陆晓东 黄 斌 许 强
苏州火车站地区城市管理行政执法大队大队长
孙 浩
苏州火车站地区城市管理行政执法大队副大队长
李晓龙
姑苏区环境卫生管理所所长 陈 进
姑苏区环境卫生管理所副所长 周 怡 张 虹 周 益
姑苏区道路停车和地下管线管理站站长 孙念平
姑苏区道路停车和地下管线管理站副站长 刘根男 曹 磊

保护区、姑苏区住房和建设委员会

主任、党组书记 姜 伟
副 主 任 颜维强 陆启鑫 王沁诚
党组成员 颜维强 陆启鑫 王沁诚 陆建华
办公室（大数据管理处）主任 陈文伟
办公室（大数据管理处）副主任 陈育樑 杨新星
组织人事处（财务管理处）处长 胥 健
组织人事处（财务管理处）副处长 丁海涛
法制处处长 吴 挺
法制处副处长 李玉强
消防设计审验处（燃气管理办公室）处长 成介明
住房保障处（既有建筑管理处）处长 刘 伟
房地产监管处（物业管理处）处长 黄潇虹
公房管理处处长 丁支农
公房管理处副处长 任 榴
公用事业处处长 胡水松
公用事业处副处长 李 俊
城市更新处处长 张红莲
城市更新处副处长 王 军
安全生产监督管理处（建筑业管理处）处长
方 卉
征收与补偿管理处处长 吴佳兵
征收与补偿管理处副处长 陈 阚
绿化处处长 郭晓宇
绿化处副处长 许 侃
水务处（节约用水办公室、河长制改革处）副处长
赵志刚
姑苏区房屋征收与补偿办公室主任 吴佳兵
姑苏区房屋征收与补偿办公室副主任 孙明霞 许正卫 周 伟
姑苏区房屋征收与补偿中心主任 陈 阚
苏州市直属房屋所所长 顾旭东
苏州市直属房屋所副所长 范 芋 唐 瑛
姑苏区建设工程质量安全监督站副站长 朱 郁 顾 钧 周 星
姑苏区建设管理中心主任 项卫东
姑苏区建设管理中心副主任 倪 荣 夏 虹
姑苏区住房保障和物业管理中心主任 陆 潼
姑苏区住房保障和物业管理中心副主任 陈 枫
苏州市市政设施管理处处长 陈建华
苏州市市政设施管理处副处长 钱 宇 蒋亚东 张益民 徐原根
苏州市市政设施管理处总工程师 蒋亚东
姑苏区绿化管理站站长 滕芳芳
姑苏区绿化管理站副站长 邓文娴

姑苏区水务管理中心副主任　朱　卫　程　颖

保护区、姑苏区教育体育和文化旅游委员会

主任、党组书记　明　岚
副 主 任　裴　泓　谢　芳　唐丽艳　孙俊麒
党组成员　裴　泓　谢　芳　孙俊麒
区委、党工委教育工委书记　明　岚
区委、党工委教育工委委员　裴　泓　谢　芳
孙俊麒　莫佳娴
钟　鸣
区人民政府教育督导室主任　明　岚
办公室（大数据管理处）主任　莫佳娴
办公室（大数据管理处）副主任　董徐行
组织人事处处长　钟　鸣
组织人事处副处长　王　鹿
发展规划与财务处（安全生产监督管理处）处长
周春芳
发展规划与财务处（安全生产监督管理处）副处长
史　鑫
义务教育处副处长　范　畴　曹　翔
学前教育与社会教育处处长　张　磊
学前教育与社会教育处副处长　王卫东
教育督导处副处长　吴建红
体育处处长　陈　娟
文化事业处（非物质文化遗产处）处长　徐珊珊
文化事业处（非物质文化遗产处）副处长　夏永庆
文化与旅游管理处副处长　杨占武
旅游开发处处长　赵　勤
旅游开发处副处长　沈文虹
产业发展处处长　朱　磊
姑苏区公共文化中心（区文化馆、区图书馆）主任
施　政
姑苏区公共文化中心（区文化馆、区图书馆）副主任
周　巍　束晓舒　陈佳晶
姑苏区教育科学研究中心副主任　曹大赞

苏州市平江中学校
党委书记　赵剑晓
校　　长　郑　谧
副 校 长　顾勇飚　徐燕萍　施金锋

苏州市草桥中学校
党委书记　范　桢
校　　长　徐美敬
副 校 长　黄　海　周晓慧　蒋少鸿　王　钰

苏州市振华中学校
党委书记　唐　曜
校　　长　杨　征
副 校 长　王晓骅　吕亚军　谢振良

苏州市第一初级中学校
党支部书记、校长　包黎青
副 校 长　陆丽红
党支部专职副书记　黄沁之

苏州市第十二中学校
校长、党支部副书记　曹　翔
党支部书记、副校长　接　崃
副 校 长　顾耀华

苏州市田家炳实验初级中学
党总支书记　黄裴莉
校　　长　孙文玲
副 校 长　顾志梅

苏州市十六中学校
党总支书记　蒋玉红
校　　长　徐　然
副 校 长　张朝江　裘冠华

苏州市光华中学
党总支书记　袁　军
副 校 长　周文婷　陈少华

苏州市第三十中学校
党总支书记　田明亮
校　　长　顾静怡
副 校 长　徐建庆　朱金平

苏州市觅渡中学校

党支部书记、校长　葛国旺

党支部专职副书记　宋苏烨

副 校 长　吕晓春

苏州市南环实验中学校（苏州市第二十六中学校）

党委书记　薛　瑾

校　　长　张黎青

副 校 长　邢　华　高　勇　李作平

苏州市彩香实验中学校（苏州市三元中学校）

党委书记　钱　芳

校　　长　钱　玲

副 校 长　陆振球　周　挺

苏州市胥江实验中学校

党总支书记　姚浩宇

副 校 长　蒋　凯　马欧亚　陆玥玥

苏州市金阊实验中学校

党总支书记　陈　荔

校　　长　杨喆毅

副 校 长　陈　禹　李自强

苏州市教育科学研究院附属实验学校

党总支书记　华　晔

校　　长　蔡　军

副 校 长　庞　骏

苏州市叶圣陶中学校

党总支书记　沈明程

校　　长　姚红霞

副 校 长　胡永琪

保护区、姑苏区发展和改革局

局长、党组书记　王正茂

党组副书记　沈婷艳

副局长、党组成员　王　琰　袁　敏　王玠桦

金融工作办公室主任　王玠桦

综合规划处（政策研究室、经济体制改革处）处长　崔胜杰

固定资产投资处（项目管理处）处长　方时励

社会发展处（信用建设处）处长　王爱明

资源节约与环境保护处（安全生产监督管理处）处长　徐　昱

服务业发展处处长　金　健

金融工作处处长　舒锦峰

农村工作处（粮食与物资储备处、对口协作处）处长　韩文生

保护区、姑苏区经济和科技局

局长、党组书记　葛宇东

副 局 长　郁华强　王小荣　王寅钰　顾建明　高　峰

党组成员　郁华强　王小荣　王寅钰　顾建明　高　峰　朱剑雯

办公室主任　丁　宇

商务处处长　杨　扬

科技处处长　夏艳洁

工业和信息化处（大数据管理处）处长　李旭东

企业服务处处长　张　璐

招商处处长　朱　卉

姑苏区招商服务中心主任　周勇俊

姑苏区招商服务中心副主任　周　韬　郎华南　邓　梅

保护区、姑苏区民政和卫生健康局

局长、党组书记　夏寒寒

副 局 长　宁咏梅　费　颖　朱纯玉　王　佶　王钧卿　许　佳

党组成员　宁咏梅　费　颖　朱纯玉　王　佶　王钧卿

办公室主任　胡月领

组织人事处处长　宋　琪

社会治理与社会组织处处长　虞　帆

社会事务处处长　徐爱华

社会卫生与医政处（中医处）处长　高瑜璋
监督与法制处（职业健康监管处）处长　别　别
大数据管理处（信息化处）处长　沈明亚
老龄服务处处长　项峻彦
家庭救助处处长　仲晓霏
应急保障处（安全生产监督管理处）处长　倪延群
姑苏区卫生监督所所长　李曼芸
姑苏区卫生监督所副所长　仲伟波　顾勤明
姑苏区疾病预防控制中心主任　周伟华
姑苏区疾病预防控制中心副主任　肖知明　詹斌秉　宗天舟

保护区、姑苏区司法局

局　　长　黄　慧
副 局 长　杨宏明　黄洪平　黄为一　刘　皓　周　晶　刘　杰
党组成员　杨宏明　黄洪平　刘　皓　周　晶　刘　杰
办公室（信息处、安全生产监督管理处）主任　陈　诚
依法治区工作处处长　钱文忠
社区矫正安置帮教处（社区矫正管理大队）处长　黄志农
法治宣传教育处处长　许　为
律师公证管理处处长　赵　琴
行政复议应诉处处长　吴　璇
基层工作处处长　李　刚

保护区、姑苏区财政局（国有〈集体〉资产监督管理办公室）

局　　长　颜　晓
副 局 长　王　俊　张钰林　金晓奕　朱　勇
党组成员　王　俊　金晓奕　朱　勇
国有（集体）资产监督管理办公室副主任　金晓奕
办公室主任　袁建峰
综合预算处（护税协税办公室）处长　朱　勇
国库处处长　马　芸
政府采购监管处处长　董　利
教科文行社保处处长　章　明
经建企业处处长　焦新元
绩效管理监督处处长　徐建华
资产管理处处长　朱晋苏
国资发展处处长　朱江婷
姑苏区国库支付中心主任　张　军
姑苏区国库支付中心副主任　童　璟　唐晓霞　张华健
姑苏区财政稽查大队大队长　余　静

保护区、姑苏区人力资源和社会保障局

局长、党组书记　许　顺
副局长、党组成员　杨桂荣　邓仕海　朱　丹　薛　梅
办公室主任　申心怡
就业促进与市场管理处处长　沈禺雨
人才开发与职业能力建设处处长　王　斌
社会保险处处长　孙　豪
劳动关系协调处处长　陈小武
事业单位人事管理处处长　赵书勤
姑苏区社会保险基金管理中心主任　孙　豪
姑苏区社会保险基金管理中心副主任　周沛隽　周　峰　高　斌
姑苏区人力资源管理服务中心主任　侯　峰
姑苏区人力资源管理服务中心副主任　鲍祎军
姑苏区劳动保障监察大队大队长　刘峥嵘
姑苏区劳动保障监察大队副大队长　李　晨
姑苏区劳动人事争议仲裁院院长　夏　斌

保护区、姑苏区审计局

局长、党组书记　王　弢

副 局 长　金一帆　沈　斌　徐颖霞
党组成员　金一帆　沈　斌
办公室主任　王　力
财政金融审计处处长　平　华
行政事业与资源环境审计处处长　葛恒余
法规综合处(企业审计处)处长　柏苏洋

保护区、姑苏区市场监督管理局

局长、党组书记　侯丽萍
副 局 长　张　刚　王丹东　刘志明　何建邦
　　金　岚　肖丽芳
党组成员　张　刚　王丹东　刘志明　何建邦
　　金　岚　肖丽芳　许文吉
办公室(大数据管理处)主任　劳马荣
人事教育处处长　韦　萍
法制处处长　王　平
食品安全综合协调处处长　张　懿
食品安全监管处处长　高　瑜
药品医疗器械监管处(保健食品化妆品监管处)
处长　李维嘉
市场主体监管处(商标广告监管处)处长　秦旭东
市场合同监管处(网络商品交易监督管理处)处长
　　鱼　涛
质量管理与监督处处长　王友俊
标准计量处处长　盛　驹
特种设备安全监察处(安全生产监督管理处)处长
　　陈为扬
消费者权益保护处(投诉举报中心)处长　万　红
知识产权处处长　刘书军
价格监督检查处处长　黄昌友
市场监管执法大队大队长　金金荣
火车站分局局长　许文吉
火车站分局副局长　郑　巍　陈　薇　周柯宏
　　白金龙
石路分局、桃花坞分局、金阊分局局长　袁宝明
双塔分局局长　韩海棣
沧浪分局局长　李存令
留园分局局长、虎丘分局局长　赵海峰
苏锦分局局长　于丽丽
吴门桥分局局长、友新分局局长　赵文进
白洋湾分局局长　刘　丰
姑苏区市场监督稽查大队大队长　孟卓琳

保护区、姑苏区行政审批局

局　　长　翟晓萍
副局长、党组成员　万泰喜　陈　祥　黄雪峰
办公室(督查处、安全生产监督管理处)主任
　　刘晓骊
综合审批一处处长　刘　莹
综合审批二处处长　时珏伟
审批制度改革处(政策法规处)处长　丁雄伟
政务服务指导处(信息化处)处长　陈　豫

保护区、姑苏区退役军人事务局

党组书记　黄　慧
局　　长　阙建良
副 局 长　赵德刚　张　艳　朱明华
　　丁海祥(兼)
党组成员　赵德刚　朱明华　丁海祥(兼)
办公室主任　韩庆康
双拥优抚处处长　徐骏杰
安置与就业培训处(权益保障处)处长　李建群

保护区、姑苏区应急管理局

局长、党委书记　华建文
副局长、党委委员　赵　斌　张万银　陈　澜
　　张劲松　杨春红
安委办专职副主任　浦　杰
安委办综合协调处(安全生产综合监管处)处长
　　王劲松

巡查督查处处长　张香宇
安全生产基础处处长　方　可
危险化学品管理处处长　潘　欣
姑苏区安全生产监察大队（危险化学品安全监察大队）大队长　倪汝钦
姑苏区安全生产监察大队（危险化学品安全监察大队）副大队长　袁　璞　蔡钧辉

保护区、姑苏区统计局

局长、党组书记　沈婷艳
副 局 长　宋　娟　汪　浩
党组成员　宋　娟　汪　浩　丁　萍
办公室主任　卞慧亚
统计处处长　壮　辉
姑苏区综合调查队队长　丁　萍
姑苏区综合调查队副队长　赵建树　程有龙

苏州市观前地区综合管理办公室

主　　任　游　奕
副 主 任　邵　勇　仲玉石

姑苏区社会综合治理联动中心

主任、党组书记　周　亮
副 主 任　田言笑　孟　彦　李　希（兼）
　　　　　陆军军
党组成员　田言笑　孟　彦

姑苏区政协机关

党组书记　叶映红
党组成员　张日金　薛　芳

办公室（研究室）

主　　任　叶映红
副 主 任　魏海斌　陈莉洁

提案委员会

主　　任　商克凡

经济科技委员会

主　　任　戴　亚
副 主 任　陈　威

社会事业委员会

主　　任　朱　琰

古城保护委员会（城乡建设委员会）

主　　任　张日金

文化文史委员会

主　　任　黄　翊

联络委员会

主　　任　薛　芳
副 主 任　余赫香

人民团体

姑苏区总工会

主席、党组书记　杜金生
副 主 席　李富康　王梦丹　陈莉洁（挂职）
党组成员　李富康　王梦丹

共青团姑苏区委员会

书　　记　金　琪
副 书 记　饶　珠　周宇琦　雷　坤（挂职）

姑苏区妇女联合会

主席、党组书记　王　洁
副主席、党组成员　罗佳怡　姚颖泉

姑苏区残疾人联合会

理事长、党组书记　金　云
副理事长、党组成员　王重民　陈竹君

姑苏区科学技术协会

主席、党组书记　张　杰
副 主 席　沙　菲
党组成员　沙　菲　夏艳洁（兼）

姑苏区文学艺术界联合会

主席、党组书记　张卫新
副 主 席　周国红
党组成员　周国红　左　昀（兼）

姑苏区归国华侨联合会

主席、党组书记　李　静
副 主 席　朱襄昆
党组成员　朱襄昆　李　琴

姑苏区工商业联合会

副 主 席　孔颖琛
党组成员　孔颖琛　钱　蓓（兼）

姑苏区红十字会

会　　长　陈宇操
常务副会长、党组书记　孙步霖
副 会 长　李宝华　朱纯玉（兼）
党组成员　石　标　李宝华　高瑜璋（兼）

街　道

平江新城（苏锦街道）

新城（街道）党工委书记　何　强
新城（街道）党工委副书记　方　芳　包晓华
　　鲍　方（公安）
街道办事处主任　方　芳
管委会副主任　方　芳　王意钢　侍柱著　叶　涵
新城党工委委员　王意钢　黄利平　陈旭松
　　侍柱著　张文渊　叶　涵
　　黄万荣
街道党工委委员　王意钢　黄利平　陈旭松
　　侍柱著　张文渊　叶　涵
　　黄万荣　王晓刚　刘宝荣
街道党工委政法委员　鲍　方（公安）
街道人武部部长　黄万荣
街道党工委宣传委员　王晓刚
街道党工委组织委员、统战委员　刘宝荣
新城（街道）纪工委书记　黄利平
新城（街道）纪工委副书记　易榆杰
街道人大工委主任　陈旭松
党政办公室（宣传办公室、城市集成指挥中心）
　主任　王晓刚
组织人事局（党建工作办公室）局长　刘宝荣
经济发展服务局（招商服务中心）局长　张　健
财务和资产管理局局长　张　燕
社会事业局局长　陈敏娜
社会治理局局长　卢　刚
城市管理局（综合行政执法局、应急管理局）局长
　　杨　峰
平江新城便民服务中心（退役军人服务站）主任
　　杨森达
平江新城便民服务中心（退役军人服务站）副主任
　　陈敏娜　刘　燕　蒲继民　吴　乾
平江新城综合行政执法大队大队长　张文渊
平江新城综合行政执法大队副大队长　杨　峰
　　于丽丽
　　李晓龙

沧浪新城（吴门桥街道）

新城（街道）党工委书记　祝　郡

新城（街道）党工委副书记　单　巍　娄子琛
万　新（公安）
街道办事处主任　单　巍
管委会副主任　单　巍　陈先冬　翁欢欢
新城党工委委员　刘　伟　顾卫明　陈先冬
翁欢欢
街道党工委委员　刘　伟　顾卫明　陈先冬
翁欢欢　章　宗　丁艳玲
街道党工委政法委员　万　新（公安）
街道人武部部长　刘　伟
街道党工委宣传委员　章　宗
街道党工委组织委员、统战委员　丁艳玲
新城（街道）纪工委副书记　王　立
街道人大工委主任　顾卫明
党政办公室（宣传办公室、城市集成指挥中心）
主任　章　宗
组织人事局（党建工作办公室）局长　丁艳玲
财务和资产管理局局长　季善爱
经济发展服务局（招商服务中心）局长　邢　晰
建设局局长　臧新军
社会事业局局长　吴晓峰
社会治理局局长　彭晓红
城市管理局（综合行政执法局、应急管理局）局长
朱忠元
沧浪新城便民服务中心（退役军人服务站）副主任
朱　雯　李　萍
沧浪新城综合行政执法大队大队长　王　奕
沧浪新城综合行政执法大队副大队长　李　勇
赵文进
王　磊
许　强

金阊新城（白洋湾街道）

新城（街道）党工委书记　邱　炜
新城（街道）党工委副书记　杜　蔚　陈建花
街道办事处主任　杜　蔚
管委会副主任　杜　蔚　陈建花　曹文明　胡金华
张一然
新城党工委委员　胡金华　钱晓云　潘恬甜
张一然　赵善浩
街道党工委委员　胡金华　钱晓云　潘恬甜
张一然　赵善浩　陈家乐
街道党工委政法委员　赵善浩
街道人武部部长　潘恬甜
街道党工委组织委员、统战委员　陈家乐
新城（街道）纪工委副书记　衣学成
街道人大工委主任　钱晓云
组织人事局（党建工作办公室）局长　陈家乐
财务和资产管理局局长　范友根
建设局局长　戴　悦
社会事业局局长　杨竹一
社会治理局局长　李宝华
城市管理局（综合行政执法局、应急管理局）局长
王永军
金阊新城便民服务中心（退役军人服务站）副主任
费金华　范晓英　朱晓峰　张越琦
金阊新城综合行政执法大队大队长　丁建涛
金阊新城综合行政执法大队副大队长　陆冠宏
刘　丰
芦修远

拙政园历史文化片区管理办公室（平江街道）

片区办主任、党委书记，街道党工委书记　袁硕旻
街道办事处主任　潘家栋
片区办（街道）党（工）委副书记　潘家栋
朱留军
赵　彦（公安）
片区办副主任　潘家栋　朱留军　闫明光　张一丹
片区办党委委员　胡红卫　何国兵　游　奕
王志斌·张一丹

街道党工委委员 胡红卫 何国兵 游 奕
王志斌 张一丹 刘 磊
肖 琛
街道党工委政法委员 赵 彦(公安)
街道人武部部长 王志斌
街道党工委宣传委员 刘 磊
街道党工委组织委员、统战委员 肖 琛
片区办(街道)纪(工)委书记 何国兵
片区办(街道)纪(工)委副书记 李可染
街道人大工委主任 胡红卫
综合处(宣传处、城市集成指挥中心)处长
刘 磊
组织人事处(党建工作办公室)处长 肖 琛
财务和资产管理处处长 张瑞栋
经济发展服务处(招商服务中心)处长 卞玮佳
城市保护建设处处长 王成勇
社会事业处处长 季小会
社会治理处处长 田鑫军
城市管理处(综合行政执法局、应急管理局)处长
冯靖凯
拙政园历史文化片区便民服务中心(退役军人服务站)主任 许 玲
拙政园历史文化片区便民服务中心(退役军人服务站)副主任 徐宸基 张 欣 翁明浩
拙政园历史文化片区综合行政执法大队大队长
龚佑军
拙政园历史文化片区综合行政执法大队副大队长
陈小男 王 舟 缪 健 丁樑坤

阊门历史文化片区管理办公室(金阊街道)

片区办主任、党委书记,街道党工委书记 朱 敏
街道办事处主任 周 泳
片区办(街道)党(工)委副书记 周 泳
曹 叶
钱海平(公安)
片区办副主任 周 泳 曹 叶 吴 刚 顾景炎
片区办党委委员 吴 刚 姚建华 贺慧芸
顾景炎 杨 奕
街道党工委委员 吴 刚 姚建华 贺慧芸
顾景炎 杨 奕 马尚群
陈若馨
街道党工委政法委员 钱海平(公安)
街道人武部部长 杨 奕
街道党工委宣传委员 马尚群
街道党工委组织委员、统战委员 陈若馨
片区办(街道)纪(工)委书记 贺慧芸
片区办(街道)纪(工)委副书记 尹晓丹
街道人大工委主任 姚建华
综合处(宣传处、城市集成指挥中心)处长
马尚群
组织人事处(党建工作办公室)处长 陈若馨
财务和资产管理处处长 倪 亮
经济发展服务处(招商服务中心)处长 孟 鑫
城市保护建设处处长 高钰敏
社会事业处处长 相 超
城市管理处(综合行政执法局、应急管理局)处长
许 文
阊门历史文化片区便民服务中心(退役军人服务站)主任 包晓华
阊门历史文化片区便民服务中心(退役军人服务站)副主任 管莉军 钱亚敏 邬张峰 金丽君
阊门历史文化片区综合行政执法大队大队长
李 锋
阊门历史文化片区综合行政执法大队副大队长
庞玉峰 张鸣泽 袁宝明

盘门历史文化片区管理办公室(沧浪街道)

片区办主任、党委书记,街道党工委书记 张 卫
街道办事处主任 章云丽
片区办(街道)党(工)委副书记 章云丽 赵 戈

吴震中（公安）
片区办副主任　章云丽　赵　戈　张雪风　施　丹
片区办党委委员　曹永良　俞　晓　张雪风　周立帆
街道党工委委员　曹永良　俞　晓　张雪风　周立帆　崔少婧　陈雨峰　龚霄鹏
街道党工委政法委员　吴震中（公安）
街道人武部部长　周立帆
街道党工委宣传委员　崔少婧
街道党工委组织委员、统战委员　陈雨峰
片区办（街道）纪（工）委书记　俞　晓
片区办（街道）纪（工）委副书记　周进修
街道人大工委主任　曹永良
综合处（宣传处、城市集成指挥中心）处长　崔少婧
组织人事处（党建工作办公室）处长　陈雨峰
财务和资产管理处处长　周　佳
经济发展服务处（招商服务中心）处长　孙黎锋
社会事业处处长　龚霄鹏
城市保护建设处处长　张高淼
社会治理处处长　马立新
城市管理处（综合行政执法局、应急管理局）处长　杜青山
盘门历史文化片区便民服务中心（退役军人服务站）副主任　罗瑾华
盘门历史文化片区综合行政执法大队副大队长　吴增强　姚少杰　李存令

葑门历史文化片区管理办公室（双塔街道）

片区办主任、党委书记，街道党工委书记　倪　俊
街道办事处主任　孙强生
片区办（街道）党（工）委副书记　孙强生　朱亚琴　苏爱军（公安）
片区办副主任　孙强生　朱亚琴　杜　云　李　涛
片区办党委委员　费国方　汤志学　杜　云　马　正　李　涛
街道党工委委员　费国方　汤志学　杜　云　马　正　李　涛　叶华艳　袁　方
街道党工委政法委员　苏爱军（公安）
街道人武部部长　费国方
街道党工委宣传委员　叶华艳
街道党工委组织委员、统战委员　袁　方
片区办（街道）纪（工）委书记　汤志学
片区办（街道）纪（工）委副书记　滕嵘嵘
街道人大工委主任　马　正
综合处（宣传处、城市集成指挥中心）处长　叶华艳
组织人事处（党建工作办公室）处长　袁　方
财务和资产管理处处长　杜瑾秋
社会事业处处长　戴惠杰
社会治理处处长　谢　涵
城市保护建设处处长　史　皓
城市管理处（综合行政执法局、应急管理局）处长　董　超
葑门历史文化片区便民服务中心（退役军人服务站）主任　顾苏逸
葑门历史文化片区便民服务中心（退役军人服务站）副主任　苏家蓉　陈　怡　巴舜蕾
葑门历史文化片区综合行政执法大队大队长　董　超
葑门历史文化片区综合行政执法大队副大队长　韩海棣　余　润　李　峰

山塘历史文化片区管理办公室（虎丘街道）

片区办主任、党委书记，街道党工委书记　高　立
片区办（街道）党（工）委副书记　陈　青　孙大权　杨成栋（公安）
片区办副主任　陈　青　孙大权　陈付霜　蒋　飞
片区办党委委员　喻立志　夏玮杰　陈付霜

吴　涛　蒋　飞
街道党工委委员　喻立志　夏玮杰　陈付霜
吴　涛　蒋　飞　金裕民
陆　卿　李凌敏
街道党工委政法委员　杨成栋（公安）
街道人武部部长　吴　涛
街道党工委宣传委员　金裕民
街道党工委组织委员、统战委员　陆　卿
片区（街道）纪（工）委书记　夏玮杰
片区（街道）纪（工）委副书记　马　骋
街道人大工委主任　喻立志
综合处（宣传处、城市集成指挥中心）处长
金裕民
组织人事处（党建工作办公室）处长　陆　卿
财务和资产管理处处长　朱文婷
经济发展服务处（招商服务中心）处长　孙福元
城市保护建设处处长　李凌敏
社会事业处处长　高兆娟
社会治理处处长　钱晓伟
城市管理处（综合行政执法局、应急管理局）处长
潘伟俊
山塘历史文化片区便民服务中心（退役军人服务站）主任　陆建明
山塘历史文化片区便民服务中心（退役军人服务站）副主任　周　洁　陆小娟　乔　怡
山塘历史文化片区综合行政执法大队大队长
陆　涛
山塘历史文化片区综合行政执法大队副大队长
潘伟俊　刘茂海　赵海峰　张　弢

媒体报道

在推进中国式现代化中走在前做示范
谱写“强富美高”新江苏现代化建设新篇章

中共中央总书记、国家主席、中央军委主席习近平近日在江苏考察时强调，江苏拥有产业基础坚实、科教资源丰富、营商环境优良、市场规模巨大等优势，有能力也有责任在推进中国式现代化中走在前、做示范。要完整准确全面贯彻新发展理念，继续在改革创新、推动高质量发展上争当表率，在服务全国构建新发展格局上争做示范，在率先实现社会主义现代化上走在前列，奋力推进中国式现代化江苏新实践，谱写“强富美高”新江苏现代化建设新篇章。

7月5日至7日，习近平在江苏省委书记信长星和省长许昆林陪同下，先后来到苏州、南京等地，深入工业园区、企业、历史文化街区、科学实验室等进行调研。

5日下午，习近平抵达苏州后，首先乘车前往苏州工业园区考察。在园区展示中心，习近平听取苏州市产业发展和园区整体情况介绍，察看创新发展成果展示。习近平强调，高科技园区在科技自立自强中承担着重大而光荣的历史使命，要加强科技创新和产业创新对接，加强以企业为主导的产学研深度融合，提高科技成果转化和产业化水平，不断以新技术培育新产业、引领产业升级。要继续扩大国际合作，努力打造开放创新的世界一流高科技园区。

随后，习近平来到苏州华兴源创科技股份有限公司考察。习近平走进展厅、研发车间、光电实验室，察看产品研发、生产、测试流程，询问企业设备产品的性能、用途、市场等情况。看到企业研发人员都是年轻人，习近平十分欣慰。他说，国家现代化建设为年轻人提供了广阔舞台，大家正当其时，要把握历史机遇，大显身手，勇攀科技高峰，将来你们一定会为自己对民族复兴所作的贡献而自豪。

位于苏州古城东北隅的平江历史文化街区，距今已有2500多年历史。6日上午，习近平来到这里考察，详细听取苏州古城保护及平江历史文化街区保护、修缮、利用情况汇报，步行察看古街风貌，观看苏绣制作，体验年画印刷。他说，中华优秀传统文化代代相传，表现出的韧性、耐心、定力，是中华民族精神的一部分。

街边小广场上，曲乐悠扬，当地居民和游客正在欣赏苏州评弹表演。看到总书记来了，大家纷纷向总书记问好。习近平饶有兴致地同大家一起观看表演，他对大家说，昨天我看了工业园区，今天又看了传统文化街区，到处都是古迹、名胜、文化，生活在这里很有福气。苏州在传统与现代的结合上做得很好，不仅有历史文化传承，而且有高科技创新和高质量发展，代表未来的发展方向。他对当地负责同志讲，平江历史文化街区是传承弘扬中华优秀传统文化、加强社会主义精神文明建设的宝贵财富，要保护好、挖掘好、运用好，不仅要在物质形式上传承好，更要在心里传承好。

当天下午，习近平在南京市考察调研。他来到紫金山实验室，走进展厅、6G综合实验室，详细了解推进重大科技任务攻关等情况。习近平强调，现在信息技术飞速发展，颠覆性技术随时可能出现，要走求实扎实的创新路子，为实现高水平科技自立自强立下功勋。

南瑞集团有限公司是国家电网公司下属的能源互联网领域高科技企业。习近平来到集团考察调研，听取南京市打造智能电网国家先进制造业集群总体情况介绍，察看企业自主可控技术产品展示。在企业智能制造生产区，习近平详细了解企业开展核心技术攻关，服务电网安全、电力保供和能源转型等情况。他指出，能源保障和安全事关国计民生，是须臾不可忽视的“国之大者”。要加快推动关键技术、核心产品迭代升级和新技术智慧赋能，提高国家能源安全和保障能力。

离开企业时，习近平勉励年轻研发人员说，大家意气风发、朝气蓬勃，要立志高远、脚踏实地，一步一步往前走，以十年磨一剑的韧劲，以“一辈子办成一件事”的执着，攻关高精尖技术，成就有价值的人生。

7日上午，习近平听取了江苏省委和省政府工作汇报，对江苏各项工作取得的成绩给予肯定，希望江苏在科技创新上取得新突破，在强链补链延链上展现新作为，在建设中华民族现代文明上探索新经验，在推进社会治理现代化上实现新提升。

习近平指出，中国式现代化关键在科技现代化。江苏要在科技创新上率先取得新突破，打造全国重要的产业科技创新高地，使高质量发展更多依靠创新驱动的内涵型增长。要强化企业科技创新主体地位，促进创新要素向企业集聚，不断提高科技成果转化和产业化水平。要深化科技体制改革和人才发展体制机制改革，形成支持全面创新的基础制度，多元化加大科技投入，加强知识产权法治保障，充分激发各类人才创新活力。

习近平强调，要把坚守实体经济、构建现代化产业体系作为强省之要，巩固传统产业领先地位，加快打造具有国际竞争力的战略性新兴产业集群，推动数字经济与先进制造业、现代服务业深度融合，全面提升产业基础高级化和产业链现代化水平，加快构建以先进制造业为骨干的现代化产业体系。要畅通国内国际双循环，积极打通堵点、接通断点，不断创新吸引外资、扩大开放的新方式新举措，建设具有世界聚合力的双向开放枢纽，推动外贸创新发展，不断巩固和拓展国际市场。

习近平指出，建设中华民族现代文明，是推进中国式现代化的必然要求，是社会主义精神文明建设的重要内容。江苏要加强优秀传统文化的保护传承和创新发展，积极参与建设长江和大运河两大国家文化公园。要大力发展现代科技、教育事业，全面提升人民群众的科学文化素质。要繁荣发展文化事业和文化产业，持续推进城乡公共文化服务标准化、均等化，扎实开展城乡精神文明创建，加强公民道德建设，推进书香社会建设，提高社会现代文明程度。

习近平强调，江苏必须在保障和改善民生、推进社会治理现代化上走在前列。要加快健全社会保障体系，健全就业促进机制和就业公共服务体系，做好重点群体就业工作。要坚持和发展新时代“枫桥经验”“浦江经验”，完善社会治理体系，健全城乡基层治理体系和乡村治理协同推进机制，推进社会治理数字化。要推进应急管理体系和能力现代化，深入开展安全生产专项整治，坚决防范重特大安全事故发生。

习近平指出，全国即将进入“七下八上”防汛关键期，江河湖库将面临主汛期洪涝灾害的严重威胁。同时，一些地方旱情严重，森林火灾风险加大。各地区各部门要立足于防大汛、抗大旱、救大灾，坚持人民至上、生命至上，守土有责、守土负责、守土尽责，切实把保障人民生命财产安全放到第一位，强化灾害隐患巡查排险，提前做好各种应急准备，努力将各类损失降到最低。交通运输部门要加强重要基础设施安全防护，能源和电力部门尤其是央企要全力做好能源电力保供工作，确保经济社会运转不受大的影响。

习近平强调，主题教育开展以来，各地区各部门各单位全面抓深抓实各项重点措施，取得较好效果。各级党组织要教育引导党员、干部落实“重实践”要求，坚持学思用贯通、知信行统一，匡正干的导向，增强干的动力，形成干的合力，在以学促干上取得实实在在的成效。一是树牢造福人民的政绩观，坚持以人民为中心的发展思想，坚持高质量发展，不搞贪大求洋、盲目蛮干、哗众取宠；坚持出实招求实效，不搞华而不实、投机取巧、数据造假；坚持打基础利长远，不搞急功近利、竭泽而渔、劳民伤财。二是鼓足干事创业的精气神，恪尽职守、担当作为，迎难而上、敢于斗争，严肃整治拈轻怕重、躺平甩锅、敷衍塞责、得过且过等消极现象，完善担当作为激励和保护机制。三是形成狠抓落实的好局面，不折不扣贯彻落实党中央决策部署，积极主动抓落实，聚合众力抓落实，以钉钉子精神抓落实，聚焦实际问题抓落实，在抓落实上取得新实效。

中共中央政治局常委、中央办公厅主任蔡奇陪同考察。

李干杰、何立峰及中央和国家机关有关部门负责同志陪同考察，主题教育中央第六指导组负责同志参加汇报会。（摘自2023年7月8日《光明日报》）

“自发姑苏”传承焕新

一座姑苏城，半部江南诗。作为全国唯一国家历史文化名城保护区，位于姑苏区的古城是苏州根脉所在。致力于“产城人文”深度融合，苏州以城市更新让“住在古城”成为情怀，以产业蝶变让“业在古城”彰显价值，以倾力为民让“人在古城”尽享温情。

固本开新，守护姑苏城

春秋时期，伍子胥“相土尝水、象天法地”建造阖闾大城。历经千年，这座城仍然保持“水陆并行、河街相邻”的双棋盘格局和“小桥流水、古迹名园”的独特风貌。

《平江图》刻画了宋代平江城的平面轮廓和街巷布局。如今，从高空俯瞰，苏州古城布局与图中基本相符。2500多年城址未变，世所罕见，这让苏州古城享誉中外。

行走于古城，稍开阔的地方抬头可见70多米高的北寺塔。古城保护，功在锲而不舍；文脉绵延，要在固本开新。2014年起，苏州逐步构建数字化保护体系，目前已完成以古城为核心的420平方公里实景三维模型，让《平江图》加速数字孪生。登录“苏周到”App的“数字古城”，即可深度体验高度还原的园林景观。

2020年，“古城细胞解剖工程”展开，54个街坊、14.2平方公里内的房屋、古井、古树、桥梁等每一个“细胞”，得到全面、深入的画像。每一处无名院落都有“身份证”，解剖式普查为古城保护更新提供科学依据。苏州规划设计研究院股份有限公司历史文化名城研究中心主任沈佶平说，这是保护街坊历史文化、形态肌理的重要举措。

古建活化，焕发新生机

春风吹皱池水，荡漾假山楼阁。古城十梓街上，顾廷龙故居焕然一新，5月已有企业入驻。从破败古宅到企业总部，顾廷龙故居是古城古建活化保护利用的缩影。

古城寸土寸金，空间布局受限，建设难以“施展拳脚”，但人文资源富集。苏州针对空间形态设计产业业态，将古城的文化资源优势转化成产业优势、市场优势，加快形成“保护更新老城、开发建设新城、新城反哺老城”的良性循环。

传承文化，也迭代产业。苏州推动古城“文化+科技+产业+旅游”深度融合发展，打造数字创意和高技术服务产业创新集群。目前，古城已有文化创意产业园18家，入驻企业近千家。十年来，已有数十处古建获得修缮，并成为传统文化展示场馆、企业经营场所、高端酒店等。

500多年前翰墨飘香的桃花庵，60年前机器轰鸣的丝织厂，如今已变身蓬勃发展的桃花坞文化创意产业园；原先生活条件差、安全隐患大的中张家巷29号，经修缮租给一家企业用于办公，头一年就实现税收1.2亿元……

在保护中发展，在发展中保护。“享受到‘拎包入驻’古宅的最高礼遇，也肩负着保护与发展的责任。”来到大石头巷24号秦宅，入驻企业百易晟生态（苏州）有限公司总经理王雅正与同事敲定软装细节。秦宅是一处五进建筑群，交付时已完成整体保护修缮，经过简单布置，将成为企业金融业务总部。

有人气，才能保持古宅的活力。近期，苏州将发布“古城保护更新伙伴计划平台”，率先将古城内国企持有且可活化利用的古建老宅在线发布，以公开招租、公开转让、合作开发等形式进行开发利用，让社会各界参与到古建老宅的保护和利用中。

古城新生，显现年轻态

“苏州都挺好，小船儿在歌声中轻轻地摇……”大儒巷38号古昭庆寺门口，街头艺人的弹唱，吸引年轻游客驻足。保留传统水乡建筑特色的十全街，装点潮流元素，成为时尚“打卡地”。

土生土长的苏州“90后”蔡惠贤，挖掘年轻人喜好，打造实景体验剧《声入姑苏·平江》。年轻创业者聚集，各类文化创意产业在古街巷里蓬勃生长。

“城市在保护好文化资源的前提下，要积极拥抱年轻一代。”中国文物学会会长单霁翔说，20世纪八九十年代，苏州以20年的努力把古城“保起来”；进入21世纪，苏州古城又实现“美起来”；再通过20年努力，使古城“活起来”，那是非常了不起的。

当年，余秋雨曾感慨“白发苏州”。如今，古城小巷蜿蜒掩映的门庭中，无论走出的是长髯老者还是时髦青年，都不会令人惊奇。人们对于古城的向往和情思绵绵不绝。苏州大学东吴智库执行院长段进军认为，亦老亦新的张力有望成为古城新生的基础。

“一起逛菜场，从青葱岁月到白发苍苍”，走进古城双塔市集，各种文案如商品一样琳琅满目。有文艺范儿也有烟火气，古城生活透着新鲜感。对于住在古城的老街坊们来说，“城区即景区，旅游即生活”正在成为现实。

姑苏区有关部门负责人表示，创意产业加速引入，吸引了越来越多创业青年，正迅速改变古城的人口结构，让古城更显年轻态。姑苏区正加速推进历史文化保护传承、古城保护更新、产业培育、载体建设、城市面貌提升等9个三年系列行动计划，让“苏式生活”更加令人向往。

（摘自2023年5月30日《新华每日电讯》）

老菜场更新记（人民眼·城市更新）

“自从我家楼下老菜场更新改造后，我们生活得更舒适了。”江苏苏州市民王雪龙说。

73岁的王雪龙，家住苏州市姑苏区双塔街道唐家巷社区。这几年，很多个周六的早晨，等到儿子一家三口上门来过周末，他总是高高兴兴带着全家人下楼吃早餐、逛市集。

王雪龙家楼下的双塔市集，前身是双塔市场，占地2310平方米，周边有不少居民小区。过去，菜场功能单一，环境较差，王雪龙在这里买菜只是图个方便。现在，菜场变市集，环境美了，体验好了：买菜、就餐、购物、娱乐，能享受一站式生活服务。

习近平总书记指出，城市是人集中生活的地方，城市建设必须把让人民宜居安居放在首位，把最好的资源留给人民。党的二十大报告提出，坚持人民城市人民建、人民城市为人民，提高城市规划、建设、治理水平，加快转变超大特大城市发展方式，实施城市更新行动，加强城市基础设施建设，打造宜居、韧性、智慧城市。

近年来，苏州市坚持政府引导、市场运作、群众参与，推动老菜场更新改造。改造后的老菜场，环境改善、业态升级、服务多样，转变成为干净整洁的特色市集，不再是脏乱差的旧模样。2019年7月启动改造以来，苏州已对全市427家老菜场中的280家完成更新。2022年11月，住房和城乡建设部印发《实施城市更新行动可复制经验做法清单（第一批）》，苏州探索老菜场更新的“市集模式”榜上有名。

小菜场，大民生。近日，记者走进苏州，探访老菜场更新改造之道。

居民王雪龙——

“如今环境美了，服务种类多了。过去买了就走，现在逛了还想逛”

上午8点多，王雪龙一家走进双塔市集，这里已是人声鼎沸，有的店铺门前排起了长队。

“真香啊！”王雪龙的儿子王键在一家店铺前排队10多分钟后，接过店主递来的蛋饼，迫不及待咬了一大口。当他回到座位时，家人们也都端着盛满美食的盘子回来了：生煎包、糖粥、馄饨、豆花……王键告诉记者，以前小吃摊摆在菜市场外的路边，空间小，环境差，只能站着匆匆吃完或打包带走。现在市集南侧主入口处专门开辟了由15个档口组成的小吃区，食物品类丰富，桌椅摆放整齐，客人可以坐下来慢慢享用。

吃完豆花，王雪龙拎着布袋站起身，走到生鲜区，在不同摊位前细细挑选鳊鱼、青菜、番茄，又到半成品柜台买了孙子喜欢吃的虾仁、鸡翅。

“完全没有老菜场的样子，心情也大不一样。”提着塞满的布袋，王雪龙领着记者参观新市集：暖色调的灯笼增添喜庆，水磨石地面映出人影。不同于传统菜市场随地堆放蔬菜，这里的蔬菜摊位上，各式菜品次第摆放。在紧挨着生鲜区的文创区，精致的小饰品令人赏心悦目。

“如今环境美了，服务种类多了。过去买了就走，现在逛了还想逛。”王雪龙告诉记者。

1997年4月，这里建起3层小楼，二、三层是居民楼，一层为配套建设的菜市场。王雪龙家住二层，在他的印象中，老菜场虽经过多次整治，效果却总难以令人满意，“水泥地经常湿漉漉的，带有鱼腥味的水四处流，菜品质量也不尽如人意，有时还会缺斤短两。”

如今，市集干净整洁，王雪龙指了指不少摊位统一安装的电子秤和电子屏：“你看，摊主姓名、照片、经营执照、进货渠道等一目了然，让我们买菜更放心。”

双塔市场更新改造成为双塔市集，王雪龙是受益者，也是参与者。“你看屋檐下的这排百叶装置，里面是空调外机。”王雪龙记得，在双塔市集改造过程中，一些同住在二层的居民没少提意见：“安装在市集东侧顶部的14台空调外机，就在我们家窗户下边，空调一开，感觉屋里地面都在震动。”

王雪龙虽也有意见，但理解菜市场需要新风系统，冬夏两季得开空调。后来，唐家巷社区党委书记陈钢找到曾当过工厂车间主任的王雪龙，请这位老党员收集居民意见，帮着做沟通工作。

“社区召开座谈会，从晚上9点开到凌晨3点，社区工作人员、菜市场运营方、居民代表面对面协商。”王雪龙说，“最后决定，增设支架，将原本紧挨着居民楼外墙的所有空调外机架空放置并安装隔音外罩，同时将其中7台移到远离居民的屋檐下方，空调错时启动，尽量降低影响。”

作为居民代表，王雪龙一边紧盯移机进度，一边向社区反映居民的另一关切：市场改造了，环境提升了，菜价会不会随之上涨？

“改造过程吸引群众参与，听取周边居民意见。我们规定生鲜区摊位租金价格与改造前保持不变，不增加经营户经营成本。同时根据居民不同需求，鼓励提供平价菜、一元菜等多种选择。”双塔市集运营方、苏州名城汇邻广场商业管理有限公司总经理陆智伟介绍，2021年初，姑苏区出台农贸市场“平价菜摊”考核奖励办法，对平价菜给予专项补贴。

不只是菜价惠民，“市集入口处几家位置好的商铺，我们集中安排给了经营五金百货、提供‘小修小补’服务的几家小店，更方便群众生活。”陆智伟说。

王雪龙买菜的时候，他的家人也没闲着：老伴儿选好了爱吃的南北干货，儿媳拎回一袋新鲜水果和一把沾着露珠的百合花……

老商户陆玉前——

“老菜场更新改造了，我们老商户的服务也要提档升级”

循着饭香，记者来到双塔市集“稻米纪”小吃档口前，摊主陆玉前正在忙活。只见她麻利地将一大早采购来的蔬菜洗净切好，把香肠、肉丸、蛋饺等砂锅配菜煮好备用。不时地，她用围裙擦擦手，掀开咕咕冒泡、煮着卤味的大锅，根据火候适量放入新的料包，再添一些鸡爪、鸡腿、鸡蛋。眼看快到10点了，她给自己炒点饭匆匆扒拉两口，等待中午的第一批顾客。

陆玉前主营苏式菜饭、砂锅、卤味，生意红火，常常一早出摊，忙到晚上8点多才收工。

自己动手做小吃，陆玉前过去从没想过，这些招牌菜都是她这两年新学的。49岁的陆玉前是江苏淮安人，20多年前到苏州打工并在这里成了家。双塔市集改造前，她租下老菜场沿街的一个门面，销售苏州当地一家品牌糕团。“生意勉强维持，每天卖几百元就算不错了。”陆玉前笑称自己过去是“三道贩子”，总店把做好的糕团送到门店，自己再从门店订货，利润空间很薄。

2019年7月，双塔市场启动更新改造，同步调整升级经营业态。陆玉前的糕团铺因生意不佳，加上缺乏创意展示互动、难以满足消费需要等，被告知将被退出双塔市集。这下，陆玉前有些着急，她找到参与老菜场更新改造的设计师朱镕，表示自己能吃苦，也愿意学：“听说更新改造后的小吃区会开不少档口，我试着接手一个？”

朱镕在规划布局、业态设计时，为陆玉前量身打造了“稻米纪”小吃品牌，主打容易上手的苏式菜饭和砂锅，还从餐饮店请来大厨手把手地教她。

“我老家的菜饭是煮的，苏式菜饭是炒的，要炒得粒粒饱满。我专门按照苏州人喜欢的口味去做，请教学习了好一阵儿。”陆玉前说话间，档口前已围坐了不少顾客，她将事先备好的配菜连同米饭一道下锅翻炒，升腾的烟火气伴随炒饭的香味扑面而来。她将炒锅里的菜饭盛出几碗，热情地向客人推介：“正宗的苏式菜饭，15元一碗，再加个卤蛋怎么样？我们这儿的卤味很好吃的。”

卤味的制作手艺，陆玉前也是拜师学来的。她还买来各种调料调制口味，研制出风味独特的卤味熟食，颇受顾客欢迎。“老菜场更新改造了，我们老商户的服务也要提档升级。”

“对于菜场的老商户，按政策在完成更新改造后可以选择自愿回迁，我们提供相关培训，引导业态转型升级。”陆智伟介绍，目前双塔市集79家经营户中，45家是经过业态转型升级的老商户，全市已经完成更新改造的280家菜市场中，老商户占八成以上。

市集设计师朱镕——

“更好满足消费者需求，打造烟火气与时尚感并存的生活场景”

周六下午，逛完平江历史街区，从南京来苏州旅游的大学生杨滢和她的两个朋友又向南走了几分钟，来到位于平江路南延线上的双塔市集。

粉墙黛瓦的建筑风格，映现着苏州的古城风貌。沿街而立的店铺里，摆放着粉色的白桃酒、橘色的梅子酒、奶白色的米酒，氤氲着咖啡与奶茶的香味，吸引杨滢不时拿起手机记录拍照，发到社交平台上。

实施更新改造之初，朱镕提出要在市场内引入奶茶店、咖啡店、小酒馆，并开辟出一块区域供顾客喝茶聊天。对此设想，投资方提出质疑，设计团队内部也有异议：谁会在菜市场喝咖啡？多设几个小吃档口，会不会更赚钱？

朱镕带队开展市场调研：市集周边有3个社区、居民6000多人，60岁以上老人约占一半，买菜是他们最主要的诉求；同时这里邻近平江历史街区，多数游客逛完街区后会继续向南走。“双塔市集辐射的人群，年龄层次多元，消费需求多样，规划设计要兼具便民与文旅属性，既要实用，也要时尚。”朱镕说。

“3杯奶茶，来个爆款的！”杨滢站在一家奶茶店柜台前点单。店员居英向她推荐：“试试碧螺春奶茶怎么样？这是店里人气第一的产品。”

实际上，这个“人气第一”也曾走过弯路。居英坦言，她们原本开苏州特色茶馆，主营本地的碧螺春，顾客不多。“后来我们发现来这里逛的年轻人尤其是女孩不少，在设计团队指导建议下，便将传统的碧螺春与年轻人喜爱的奶茶进行融合创新，老茶馆转型为奶茶店，顾客明显增多。”

隔壁的店铺，也有过试错经历，前后两家店主因管理不善退出经营。“第一家主打鸡尾酒，爱喝的人不多。第二家经营烟酒店，没什么特色，很快也关门了。”朱镕介绍，现在的店主着力打造“江南米造局”品牌，专门销售具有江南特色的黄酒、米酒、果酒，“店家精选的特色酒品，受到市场欢迎。”

双塔市集最有特点的，当数生鲜区与小吃区的互动。“游客想品尝当季小吃，我们就从生鲜区直接采购新鲜蔬菜、鲜活水产。”说话间，一家小吃店店主王峰给杨滢与她的伙伴端出韭菜炒螺蛳、香椿炒鸡蛋、荠菜小馄饨，“都是新鲜的当季菜。我们生意最火的时候要数10月份大闸蟹上市，客人自己到水产区挑选，再拿回店里加工，水产摊每天要给我们捆好几百只大闸蟹。”

“生鲜区的鸡头米刚剥完，河鲜刚捞出，小吃区蒸锅的水已经烧开，只等着食材。”朱镕介绍，规划设计时小吃区注重多类型引入，汇聚多种特色美食，且尽量发挥邻近生鲜区的优势，保证多数食材就近供应。

“老菜场改造不是简单的修修补补，我们坚持因地制宜，更好满足消费者需求，打造烟火气与时尚感并存的生活场景。”朱镕说。

新的场景，带旺人气。苏州市商务局市场体系建设处处长江婧介绍，全市280家已完成更新改造的菜市场，平均每家日客流量超过4000人次，不少“网红”菜市场还成为外来游客的“打卡地”。

市住建局局长王晓东——

“我们坚持保护性更新，下好‘绣花’功夫，让城市留住记忆，让人们记住乡愁”

从外观上看，美观大气是双塔市集给人的第一印象：市集南侧主入口处，是三扇玻璃门和一个大落地窗，暖色灯光投射下，开阔的视野看得到涌动的人群；西侧一排店铺沿街而设，又和市集相通，形成多个进出通道，往来行人络绎不绝。

改造这样敞亮、通透的外观布局，需不需要对原有建筑大改大动，会不会影响建筑结构安全？设计团队有过担心，为此专门制定了拆除少部分墙体扩建大门、整理周边私搭乱建的方案。但也有人认为，与其大费周折地修补老建筑，不如整个拆旧建新，安全又省事。

苏州市住房和城乡建设局请来专家现场踏勘、论证，最后在原有设计方案基础上提出改进意见：对南门前4根立柱用钢板进行加固，对内部房梁采用“钢结构骨架+木饰面”改造，既满足建筑本体结构安全要求，也提升建筑美感。

“农贸市场的不少建筑都建于二十世纪八九十年代，承载了许多人的青春记忆，有的还带有江南建筑风格。一旦拆除，就拆掉了一段历史、一段记忆。”苏州市住建局局长王晓东说，“我们坚持保护性更新，下好‘绣花’功夫，让城市留住记忆，让人们记住乡愁。”

“绣花”功夫，还体现在消防设施的配套建设上。按相关消防安全要求，市集更新改造需要加装消防喷淋系统，这一度让双塔市集建设方、苏州名城保护集团有限公司下属的苏州市姑苏危旧房建设有限公司工程部经理李文枝犯了难：加装喷淋系统，要么需向下开挖蓄水池，要么需在地面安装消防水池，同时增设专门的水泵房。但对这个老菜场而言，向下挖可能造成路面沉降，向上建空间受限。

市住建局多次派人论证，决定因地制宜加装简易喷淋系统：在市集内设置喷淋管网，连接到市政给水管网。系统采用智能化设计，当环境温度超过68摄氏度时，喷头将自动开启，喷水灭火。李文枝说：“为力避大拆大建，我们还在多个区域加装了火灾报警器、疏散指示牌、应急照明灯，多措并举完善市集消防系统。”

这样的论证，在苏州老菜场的更新改造中是常事。“许多需要改造的老菜场，私搭乱建多，消防设施少。还有一些老建筑，建筑结构不尽合理。我们采取‘一事一议’‘一宅一方案’的办法，对涉及需要保护性更新的地段、建筑，邀请专家现场踏勘、论证、复审，给出综合性方案。”王晓东介绍，目前，全市已改造完成的280家菜市场，均完善了消防安全设备，老建筑得到精细化的更新保护，基础环境有了大提升。

近年来，苏州市住房和城乡建设局还陆续出台《既有建筑改造施工图设计审查要点》《苏州市城市更新既有建筑消防设计技术指南（试行）》等文件。“把前期更新改造的相关做法形成标准、规范，为接下来全市菜市场的更新改造、城市更新行动提供依据和借鉴。”王晓东说。

运营公司总经理陆智伟——

“既把老菜场改造的民生实事办好，也探索可持续盈利的运营模式”

在双塔市集，陈巧文家的店铺前时常排起长队，许多人都冲着店里有名的“两朵花”而来——梅花糕和海棠糕。年过古稀的陈巧文常向客人推介：“一个形如梅花，一个形似海棠，入口甜而不腻，各有风味。”

制作了近60年苏州传统小吃，陈巧文家的糕点在当地小有名气。2019年12月，他在双塔市集开了家新店，生意格外红火。“比起另一家店面，新店开业以来，平均年营业额翻了一番。”

生意红火，得益于市集的合理规划，“这里经营业态丰富，但同一类型的一般只精选一家店，不同业态错位发展，带来大量客流。”陈巧文说。

市集则看重整体效益。“招引部分‘网红’小店聚集人气，同时培育新的店铺品牌扩大影响力，带动市集运营实现整体盈利。”陆智伟介绍，他所在的苏州名城汇邻广场商业管理有限公司是国有企业，负责双塔市集的运营管理，“既把老菜场改造的民生实事办好，也探索可持续盈利的运营模式。”

目前，双塔市集已在糕点制作、精品米酒、特色奶茶等多个业态培育10多个店铺品牌，带动市集人气、经营效益持续提升。陆智伟介绍，目前双塔市集日均客流量约1万人，日均总营业额超过18万元。

经济效益提升，还来自品牌输出。做了20多年蔬菜批发生意的宋艳艳，这两年通过给双塔市集生鲜区部分商户供货，了解到市集的运营模式，也想投资参与老菜场更新改造项目。去年12月，宋艳艳成功竞标苏州吴中区郭巷街道郭巷市集的更新改造，还特意请来汇邻公司，自己负责资金投入，对方负责菜市场的改造设计、品牌导入、运营管理等事项。

宋艳艳介绍，相比双塔市集，郭巷市集游客较少，同时周边有许多农产品生产基地，因此在更新改造时减少了文创区，增设了月月上新的"时令柜"区域。

"双塔市集是全市第一家按照'市集模式'完成更新的菜市场，我们根据其经验，因地制宜把设计装饰理念、部分店铺品牌引入新改造的其他市集，并提供员工培训、运营管理等服务。"陆智伟介绍，"这样实现了一举三得：公司可收取一定的管理费用；相关店铺品牌扩大了知名度和影响力；老菜场改造各有特色，又能吸纳更多社会资本参与。"

"全市427家老菜场，投资体量较大，改造周期较长，需要通过市集改造的示范带动吸引社会力量参与，拓宽老菜场更新改造的资金来源。"江婧介绍，目前全市已更新改造的280家老菜场，70家由社会力量参与完成，八成以上有自己的特色店铺、小店品牌，基本建立起可持续的长效运营机制。

运营可持续，市场添信心。"目前郭巷市集已完成平面设计、特色业态规划及招商，预计今年7月开业。"宋艳艳说，"有前期比较成熟的运营模式，我们有信心运营好，预计四五年就能收回投资。"

陆智伟最近在忙着洽谈合作，他已收到10多家民营企业关于参与老菜场改造的投资意向。"希望有更多社会力量参与这一民生项目，让更多群众受益。"　　（摘自2023年3月24日《人民日报》）

何以姑苏好　风雅传古今

"倷阿要来一碗泡泡小馄饨呀！"早晨8点，江苏苏州，居住在平江历史文化街区的姚志俭将孙女送到幼儿园后，便骑着电瓶车，穿过平江路，到北面的娄门农贸市场买菜，点心店老板热情地叫住了这位老主顾。

今早姚志俭没空吃馄饨，急着赶回去和街坊商议事情。此时，晨曦伴着吴侬软语的交谈声和桂花香，在平江路缓缓铺展开来。青石板铺就的街道边，街坊早已沏好碧螺春，悠悠然提着精致的鸟笼和邻居扯起家长里短；"噫噫噫，呀呀呀！"在平江路店里表演昆曲的年轻演员，面对中张家巷河吊起了嗓子。

"我在平江路住了快30年，见证了这里大大小小的变化。现在街区环境和居住条件越来越好，孩子们也都愿意住在这里，用'住在画中'形容一点都不为过。"说这话时，姚志俭脸上透着喜悦。

2023年7月，习近平总书记在江苏考察时强调，平江历史文化街区是传承弘扬中华优秀传统文化、加强社会主义精神文明建设的宝贵财富，要保护好、挖掘好、运用好，不仅要在物质形式上传承好，更要在心里传承好。

苏州广大党员干部群众牢记总书记殷殷嘱托，感恩奋进，努力绘就新时代"姑苏繁华图"。日前，本报调研组走进苏州古城的古街古巷，触摸苏州古城的脉络肌理，深入了解其保护修缮、活化利用情况，探寻古城保护的苏州实践。

1.留住古城里的景与人

一条平江路，半座姑苏城。

随着人流走进平江历史文化街区，调研组恰巧遇到要去平江路20号阮仪三城市遗产保护工作站的阮湧三。作为工作站执行主任，阮湧三与他的哥哥——同济大学国家历史文化名城研究中心主任阮仪三一起，从事古城保护数十年。听说调研组前来采访调研苏州古城保护情况，他高兴地当起了向导。

“家在古城”，是含蓄的老苏州人溢于言表的骄傲和自豪。苏州，从春秋时期吴国在此建都距今有2500多年。“平江是苏州的旧名之一。我们所在的平江历史文化街区依旧保持着宋代‘水陆并行、河街相邻’的双棋盘格局，至今未变。”阮湧三边走边介绍。

“特别是总书记的亲切关怀和殷殷嘱托，更是给我们指明了方向，现在我们干劲足着呢。”阮湧三停住脚步，激动地说。

沿着平江路，向西转弯穿过寿安桥，来到东西走向的钮家巷。“潘世恩是清朝乾隆年间的状元，他曾住在巷子最西端——钮家巷3号，如今这里是省级文保单位。”阮湧三娓娓道来，先前潘世恩故居住着33户居民，私搭乱建、宅院空间凌乱，且由于年久失修，房屋出现部分木结构开裂、油漆剥落、屋顶漏雨等问题。

自苏州启动首批古建老宅保护修缮工程后，潘世恩故居被列为12个试点项目之一，开始进行整修。拆除后期违章搭建的建筑，沿用原材料、原工艺进行修缮，恢复纱帽厅、鸳鸯厅等，在天井、庭院内部移花植木、叠山理水……故居原有样貌被一一再现。

潘世恩故居的保护修缮，仅是苏州古城保护历史建筑与文物古迹的一个范例。像这样的历史建筑，在平江历史文化街区乃至整个苏州古城数不胜数。

与历史建筑共生的，还有古城里的传统民居与古城居民。

“平江历史文化街区生活着近1.3万名居民，保护街区历史风貌就要留住原住民。当地控制着不低于50%的回迁率，80%的房屋功能仍为居住。”阮湧三介绍着原住民在古城保护中的重要性，“在保留居民原生态生活方式的同时，再优化基础设施等生活环境。”

从钮家巷3号出来，调研组迎面碰到家住平江历史文化街区东大园街巷的老人黄祖德。“住这里36年，变化翻天覆地。”他向上一指，说道，“前几年抬头看，空中全是架空线，乱得很；现在几乎看不到，因为架空线入地了。”

黄祖德所说的架空线入地，是从2018年起开展的架空线整治和入地三年行动，而这仅是古城居民居住环境改善提升的其中一项内容。随着改厕工程、净美街巷行动、污水管网建设等项目的实施，自来水、抽水马桶、网络等现代化基础设施全面入户，居民生活越来越便利。“住得美美的！好多年轻人都想来古城租房体验‘苏式生活’。”黄祖德说。

啥是“苏式生活”？瞧！平江路上，董氏义庄前的江南小剧场，两位苏州评弹演员唱功了得，吸引了十几桌游客坐着喝茶听曲。“虽然不能完全听懂意思，但苏州话蛮好听。”“这是徐调代表作《三笑》。”一对年轻人边听边小声交流。

河对岸，三两位穿着汉服的女孩以平江路为背景在照相。“咔嚓！咔嚓！”她们在苏州古城的美好记忆被定格下来。

2.使用是最好的保护

苏州商会博物馆、苏面坊、邹英姿刺绣艺术馆、滴滴绣咖啡、采芝斋……位于苏州古城西北角的山塘街，古老与现代辉映，传统与时尚融合。

“山塘街东至阊门，西至虎丘；山塘河连着京杭大运河和古城护城河，船只往来方便，使这一带自古成为商贸繁华场所。”姑苏区公共文化中心非遗部工作人员信虹红向调研组介绍起山塘街的历史。

江苏省文物保护单位玉涵堂，曾是明代大学士吴一鹏的故居，其中一部分已被打造为姑苏区运河文化展示馆。

展示馆以运河文化为纽带，将散落在运河两岸的“非遗明珠”串珠成链、集中呈现。漫步展厅，调研组感受到：随着非遗传承保护力度加大，虽历经千百年岁月洗礼，这些文化遗产依然焕发出旺盛生命力。

“选择将玉涵堂打造为姑苏区运河文化展示馆，其实也经历了一个漫长过程。自2002年启动山塘历史文化保护区保护性修复工程以来，破败不堪的玉涵堂被整修一新。作为姑苏城外最大的古建筑群，是进行商业化还是公益性改造？我们最终选择了侧重公益性的文化展示，现在正通过非遗再现姑苏古今交融的运河文化景象。”信虹红说。

对于如何做好古建活化利用，苏州市委常委、苏州国家历史文化名城保护区党工委书记、姑苏区委书记方文浜向调研组介绍了姑苏区的做法：“坚持‘使用是最好的保护’的工作理念，加快古建老宅的活化利用，不仅政府主导、国资参与，而且还吸引越来越多市场主体和社会资本加入进来。”

在苏州古城西隅的32号街坊，有这样一群人，他们时常手拿测量仪器，肩扛摄像机，走进一间间老宅测量、拍摄、记录。

“起初我们特别好奇他们在做什么，后面了解到原来是对老宅进行普查。”今年80岁的32号街坊居民张琴芳告诉调研组。

苏州市姑苏区古城保护委员会规划保护处的笪博，就是张琴芳口中“他们”的一员。2020年起，姑苏区实施“古城细胞解剖工程”，对古城54个街坊、14.2平方公里内的房屋、古井、古树、桥梁等每一个“细胞”，进行深度调查，同时利用数字技术，打造数字孪生古城。笪博也成为一名“古城细胞解剖师”，曾参与32号街坊的普查研究，为古城保护尽一份力。

在充满烟火气的32号街坊，“藏”有一处江苏省文物保护单位——畅园。步入畅园，到处氤氲着清雅之气。园林占地面积仅有1亩多，但亭、轩、廊、假山等江南古典园林要素一应俱全。

轻轻推开畅园一侧的小门，调研组看到工作人员正在施工。展板上写有具体项目名称——畅园有熊酒店项目。

“对畅园保护修缮后，姑苏区按照畅园的位置特点，依托畅园引入社会资本，打造以苏式生活为主题的高端精品园林酒店。”笪博拿出他们描绘的畅园历史格局推测图后介绍，根据“古城细胞解剖工程”的研究成果，畅园有熊酒店项目将分为三期，一期正在装修中。

关于社会资本参与古建老宅活化利用，苏州市姑苏区古城保护委员会主任朱依东说：“这样做的目的是为古城保护凝聚力量、注入活力。同时，我们建立负面清单，定期进行检查，该保护的必须保护好，容不得半点马虎。”

3.千年古城显现青春活力

天色渐暗，暮色四合。

“江南雾中雨呀，轻轻么落银纱……”平江历史文化街区大儒巷38号，苏州评弹专场正在上演。

台上演员是国家级非物质文化遗产苏州评弹项目区级代表性传承人王敏仙。她身着旗袍、怀抱琵琶，在拢捻抹挑间，唱着《江南雾中雨》。

王敏仙今年64岁，演唱评弹已40多年。2015年退休后，她全身心投入公益性演出。“现在了解学习评弹的人越来越多。我经常到社区、学校做讲座，还在演出过程中讲授专业知识，努力将评弹传得更广。”

经历2500多年历史沧桑的苏州古城，孕育出昆曲、古琴、宋锦、缂丝、香山帮传统建筑营造技艺、苏州端午习俗、碧螺春7项世界非物质文化遗产，以及苏州评弹、桃花坞木版年画、苏绣等众多国家、省、市级非物质文化遗产。

乔兰蓉是国家级非物质文化遗产桃花坞木版年画项目市级代表性传承人。在平江路25号“猫的天空之城”文创商品店，调研组见到了正专心制作年画的乔兰蓉。

她爱上桃花坞木版年画，源于大学期间的一次展览，“当时被年画作品深深吸引，一下子就喜欢上了”。不久后，乔兰蓉主动报名参加苏州工艺美术职业技术学院开设的桃花坞木版年画研修班。“那时有的老师已80多岁，但还在为年画事业坚守，这份情怀和热爱深深影响着我。”乔兰蓉回忆。

为复刻“加官门神”和“进禄门神”，乔兰蓉不停地查阅资料、反复尝试，终于将缺失部分恢复原貌，使早期门神形象得以重现；为让桃花坞木版年画焕发新活力，乔兰蓉不断创新，将木版年画与二十四节气、苏州古城经典元素相结合，创作出《姑苏二十四节气食景图》……

“丁零零……”上课铃响起，紧挨平江路的苏州市平江实验学校每周五下午的社团活动开始了。昆曲、评弹、竹刻、碑拓等非遗主题社团多种多样、各展其能。

“学校位于古城核心区域，浸润在深厚的历史文化之中。学校积极探索‘文脉铸魂’的育人方式，通过‘非遗进校园’‘校园里的博物馆’等活动，在学生心灵深处播下传承的种子。”苏州市平江实验学校副校长翁亦星说。

今年秋季开学典礼，苏州市平江实验学校邀请乔兰蓉等非遗传承人，为学生们讲述非遗故事、传承非遗技艺。“年画制作工艺复杂，构图形式多样，题材内容也很丰富。”第一次体验制作桃花坞木版年画的四年级学生朱隽漪兴奋地说，“我感受到了非遗魅力和苏州的文化底蕴。”

当年，乔兰蓉的老师将桃花坞木版年画技艺传给了她；如今，通过多方努力，乔兰蓉们又将非遗种子播撒在孩子们心里，薪火相传、生生不息。

苏州籍作家范小青如此说道：苏州古城之所以对老人和年轻人同时散发出如此巨大的磁石般的魅力，究其原因，是传统文化深入人心。人与城相互依赖、增彩，千年古城愈发显现青春活力。

4.经验和启示

保护好苏州古城，既是对历史负责，也是对人民负责。苏州广大党员干部群众始终坚持保护优先、保护第一，以珍爱之心、尊崇之心，把这份宝贵的文化遗产精心守护好。特别是新时代以来，苏州自觉以习近平新时代中国特色社会主义思想为指导，发扬“钉钉子”精神，切实扛起新时代新的文化使命，努力贡献古城保护的苏州方案。调研组认为，有以下几点经验可供借鉴：

规划引领、体制优化、依法保护，坚持“一张蓝图绘到底”。坚持“全面保护古城风貌”理念，先后编制五版历史文化名城保护规划，且一脉相承。同时，完成历史文化街区保护规划和古城街坊控制性规划、城市设计全覆盖，构建起多层次、多维度的保护规划体系。

出台《苏州国家历史文化名城保护条例》、制定《苏州市城市更新技术导则（试行）》等近50部地方性法规、规章和规范性文件，建立完备法规制度体系。围绕城市更新试点、存量建筑和传统民居活化利用等出台配套细则，用“绣花”功夫推动古城有机更新。2022年成立苏州国家历史文化名城保护工作领导小组和办公室，进一步落实主体责任，建立协调机制，高效推进各项工作，形成左右衔接、上下联动、齐抓共管的良好局面。

挖掘历史、传承文化、以人为本，做好保护利用文章。创新实施“古城细胞解剖工程”，以古城街坊为单位，进行全要素信息采集、分析、研判、甄选，深度挖掘内涵价值。开展城市体检评估，守住历史文化资源保护底线。

全面保护古城历史性城镇景观的层积性和多样性，系统修复历史文化街区空间格局和肌理，科学修缮历史建筑及其环境风貌，开展河道、街巷修复维护。多形式弘扬中华优秀传统文化，传承非遗记忆，赓续历史文脉，坚定文化自信。

坚持以人为本，按照“小单元、渐进式、微更新”模式推进古城保护，持续开展老宅改厕、老旧小区改造、架空线入地、管网改造、背街水巷整治工程，实现基础设施更新迭代和韧性提升，不断增强文化、教育、医疗等高品质服务供给。

在古城保护中，苏州按照保持古城格局、展现传统风貌、美化环境景观、传承历史文化的基本要求，完整保存了街区的建筑形式和空间格局，并形成了使传统生活形态和风俗得以保存和传承的文化空间。古城保护的经验在苏州古镇的保护和活化利用中也得到了全面应用，使江南文化在苏州全市得到更好的传承和创新。

多条路径、多方参与、多元投入，凝聚合力激发活力。设立“苏州国家历史文化名城保护纪念日”，在全社会树立全面保护、科学保护意识。开展“社情民意联系日”，宣传政策举措、倾听意见建议。举办古城保护专家咨询会，引入专家智库参与决策咨询。组建社区规划师、城市更新社区设计师等专业队伍，发挥古城保护志愿者联盟等社会组织力量，提升保护专业水平。

鼓励支持居民和企业自主参与保护，引导产业特色鲜明、社会经济效益兼具的新业态入驻古城。推出“古城保护更新伙伴计划”，打通多形式活化利用路径。成立姑苏・古城保护与发展基金，充分利用市场化基金在资源、资本、人才集聚等方面的优势。积极争取金融机构支持，开展战略合作。

数字赋能、技术迭代、精细管理，强化科技支撑作用。搭建姑苏CIM+“数字孪生古城”平台，全面汇聚时空基础、资源调查、规划管控、工程建设项目、公共专题、物联感知等共6大类260余子类数据资源，覆盖全区18类共4000余个保护对象。组建数字城市运营管理中心，建设“一网统管”、综合行政执法、大数据辅助决策三大应用平台，以人工智能技术提升管理效率。开展保护更新规划技术标准优化研究，比如，出台一批技术规范，从区域防火等方面破解古城在城市更新中的消防难题。

在保护苏州古城的同时，当地还注重利用深厚历史文化底蕴更好服务经济社会发展，与先进制造业、现代服务业深度融合，将古城最大的比较优势转化为发展优势，再以经济高质量发展更好地反哺古城，真正做到在保护中发展、在发展中保护。

（摘自2023年10月9日《光明日报》）

苏州有个“001号守城人”

前不久，记者在苏州市姑苏区采访，遇到一位“倔老头”，他叫谢勤国，76岁。在平江路悬桥巷41号，谢勤国在丁氏济阳义庄前的控保建筑指示牌前停下脚步。这块指示牌上标注着，这栋建筑建设年代在晚清时期，但谢勤国从建筑风格判断，这应该是一栋民国建筑。谢勤国回家查阅史料，确认这栋古宅的修建年代，理应延后大概60年，他第一时间将这一发现上报文保部门，希望能更正。

如此“麻烦事”，谢勤国已经做了40多年。他还有一重身份，是编号为001的文物保护志愿者。像谢勤国这样的志愿者，苏州古城中还有不少。长三角，古城多，保护历史文化和城市风貌需要方方面面的参与。

谢勤国与编号001的故事，要从2007年讲起。那年，第三次全国文物普查开展，苏州市文物保护管理所组建了一支古城保护的志愿者队伍。谢胜国立马报名参与。那支队伍规模很大，有120多人，不过因为平均年龄较大、文化水平参差不齐等原因，普查工作结束后，团队就解散了。2011年，苏州古城又组建了一支文物保护志愿者队伍。这次，苏州市文物保护管理所提高了招录门槛，要求年龄在65周岁以下，文化水平高中以上，还设置了开卷考试，一张A4纸两面印的题目，1个月之内完成作答。最终录取了30个人，按照分数进行排名，能录取的都是85分以上的成绩。在这批志愿者中，谢勤国年纪最长，只差1个月就到65周岁，因此编号001。

谢勤国与古城保护早有渊源。谢勤国进入苏州园林系统工作后，被分配到虎丘，从事绿化行业。1977年，他在塔园给花浇水时，无意发现虎丘塔东北角墙体水泥层大块脱落，还伴有很长的裂纹，他立马汇报，经过检测人员测量，虎丘塔倾斜有加剧趋势，塔尖与中垂线的距离增加了6厘米。在20世纪80年代，虎丘塔进行了第二次大修。

1989年，他担任绿化组组长，接到了编纂《北塔寺》的任务。照他自己的说法，从这件事开始，他正式踏上了古城保护之路。从搞绿化改行做文字工作，难度可想而知。谢勤国泡图书馆，查阅资料、抄写古书，一边请教专家学者，一边采访周围住民。6个月后，一本长达9万字的《北塔寺》诞生了，谢勤国从此开启用笔杆子记录古城历史文化的生涯。他又受邀编纂《石湖志》《绿化志》等多部志书，还与专家学者合作编写《姑苏老街巷》《苏州的桥》《姑苏名宅》等与苏州文史息息相关的书，已经累计创作250万字。

等到谢勤国成为文物保护志愿者时，他已积累了丰富的文本经验，苏州古城也迎来了崭新的起点。2012年10月26日，平江区、沧浪区、金阊区合并，姑苏区正式成立，成为全国首个也是目前唯一的国家历史文化名城保护区。

2013年，经过两年的培训，在掌握古建筑的测绘、拍摄、历史以及地方史等基础技能后，文物保护志愿者们迎来了第一项任务，开展第三次文物普查后的首次复查。30个人分为3个小组，谢勤国与其他9名队友负责老平江区的文物登录点，需要复查的文物数量有700多处。志愿者每天上午到达复查点位，拍照片、做测绘，下午再整理资料，填表格，每一处都要填一张表，名称、道路、门牌、时代、模样等信息记录详尽，不仅是房屋、园林，牌坊、古井等也要一一走访。那次普查工作从3月开始，7月底结束。

又10年过去了。2022年，姑苏区市保及控保紫线核定项目启动，谢勤国开启新一轮志愿服务。10年间，像谢勤国这样的志愿者对古城保护的参与从未缺席。在姑苏，文物保护不仅是相关部门的工作，更已成为全员上心、全民参与的日常习惯。

古宅活化利用，园林焕发生机，街头巷尾腾起烟火气，经过多年实践，苏州探索出一条有特色的古城保护路径。2022年，苏州名城保护集团揭牌成立；“古城细胞解剖工程”完成平江历史街区5个街坊传统民居信息全要素普查；CIM+数字“孪生古城”迎来阶段性成果，数字古城相关模块上线“苏周到”App；32号街坊、五卅路子城片区等项目齐头并进……今年1月12日，首批27个古城保护更新项目集中启动，总投资额近120亿元，涉及道路及基础设施建设、古建老宅活化利用、老旧住区环境改善提升、城市更新试点等方面。

“谢勤国们”更忙了。

（摘自2023年2月1日《解放日报》）

苏州古城敞开胸怀拥抱现代化

古城保护和现代化发展如何实现有机结合？面对这个世界广泛关注的问题，苏州这座享誉国内外的历史文化名城，正在用自己的智慧给出解决方案。

2月8日，正值获批国家历史文化名城纪念日，苏州召开一年一度的古城历史文化保护传承专家咨询会，请来国内古城保护相关领域的顶级专家出谋划策，成功获得了一份关于古城保护的建议书。

除了虚心吸纳专家意见，苏州人还立足过去40

年古城保护的生动实践和丰富经验，更加深刻地去思考和把握古城保护的重要意义，更加深入地去保护、传承和发扬古城的深厚底蕴，最终为具有2500多年悠久历史的古城量身定制了最优保护方案。

于是，我们看到，步入全面推进中国式现代化苏州新实践起步之年，苏州用高度的自觉、不懈的探索、实干的举措，持续激发古城活力，自信融入现代化浪潮。

延续历史与奔向现代的两个车轮滚滚向前，推动这座古城朝着未来不断前进。一座传统与现代相得益彰、交相辉映的古城，将是苏州献给世界的厚重礼物。

绣好古老与现代“双面绣”

城的起源，是人类文明发展史上的重要标志。春秋时期，伍子胥“相土尝水、象天法地”建造了阖闾大城，也就是现在的苏州古城。历经千年洗礼，如今的苏州古城仍然保持着“水陆并行、河街相邻”的双棋盘格局和“小桥流水、古迹名园”的独特风貌。

在苏州平江路入口处，一块刻着《平江图》的碑刻格外引人注目，上面详细刻画了南宋平江城的平面轮廓和街巷布局。这时，如果操控无人机飞上高空俯瞰，会发现镜头里古城的轮廓、布局，与碑刻上的《平江图》基本相符，这也是苏州古城享誉中外的决定性因素。2500多年城址未变，在全国乃至全世界都罕见。

要从中寻一处实景，平江路就是好去处。这是一个国家级旅游休闲街区，漫步其中，抬眼便是白墙黛瓦、木栅花窗的老房子，脚下踩着的石板路隙缝中依稀泛着苔色，不等细看，身旁已有乌篷小船沿着幽静的河道缓缓驶过，偶然一条柳枝斜斜地倚到人前，便宛如置身于一幅江南古画，街边店面都经过精心的装修布置，到处散发着清静古朴的文化生活气息，与仅一巷之隔却难掩鼎沸喧哗的观前街迥然两个世界。

如果说平江路是苏州古城穿越千年岁月讲给当代人听的历史絮语，那么双塔市集则是时下苏州最具烟火气的温情之地，同时兼顾着新派城市的时髦韵味，显示出苏州在古城保护中对古老传统与现代时尚的创新融合。

在双塔市集门口的“江南米造局”点上一杯玫瑰酒酿，南通小伙张锐慢悠悠逛了起来。所到之处，浓浓的苏式味道扑面而来，与传统的菜场不同，这里不仅售卖蔬菜、鲜花、编织品、锅碗瓢盆，还有着年轻人喜爱的咖啡店、茶馆、小酒馆、苏式小吃等店面。这间双塔市集由姑苏区的老农贸市场双塔菜场改造而来，经过升级后，其“颜值”和功能均得到提升，已变身成为集购物、娱乐、学习、休闲于一体的“网红打卡地”。

行走在古城，既可以感受到古街老宅带给人的厚重历史气息，也可以感受到传统文化拥抱新时代的清新现代气息，它们一体两面、相映成趣，赋予了古城宜古宜今的独特魅力。中张家巷29号，外观就是古城一隅粉墙黛瓦的老宅子，内里却是一家年税收过亿元的金融总部企业；一条十全街，保留着传统水乡的建筑特色，又吸纳了现代的潮流元素，成为年轻群体的向往地之一；而在竹辉饭店原址上重建而成的金普顿竹辉酒店和竹辉环宇荟商业街区，凭借传统与现代结合的园林式设计和高端集聚的多元业态，成为古城又一潮流“打卡地”。

从这样一个个小小的“取景框”，可以感受到苏州精绣古老与现代“双面绣”的孜孜以求。“城市在保护好文化资源的前提下，也要积极拥抱这个时代，特别要积极拥抱年轻一代。”中国文物学会会长、故宫学院院长、故宫博物院原院长单霁翔直言，20世纪八九十年代，苏州通过20年的努力使古城实现“保起来”；进入21世纪，苏州古城又实现“美起来”；如果再通过20年的努力，使苏州古城实现“活起来”，那是非常了不起的。

重构古城保护新的“朋友圈”

过往40年，苏州在古城保护上不懈探索，取得了令人惊艳的成果，为这座城市增添了韵味悠长的厚重底蕴和浪漫色彩。当下，面对风起云涌的现代化浪潮，苏州要延续古城的绰约风姿，让其在新时代散发新的亮丽光彩，仍然面临着重重挑战。

对于这一点，苏州有着清醒的认识。2023年姑苏区政府工作报告提出，苏州古城系统保护、整体保护工作的显示度还有待提升，打造示范引领的“江南文化”核心仍需发力，城市环境品质、公共服务还要提质增效。

在一次次沉思和考量中，苏州重新梳理现有的资源和布局，拿出了应对方案：树牢“大苏州”理念，深化整体保护内涵，明确19.2平方千米的历史城区，“四角山水”的自然系统，全市域江南水乡风貌保护三个圈层的空间范围，将全市域、全要素、全时期的历史遗存和历史记忆都保护起来。

初春，地处姑苏区、相城区交界的虎丘湿地公园绿芽萌动，在两地联动守护下，这个苏州“四角山水”的西北角展现在了更多人面前。在“大苏州”理念下，苏州立足江南水乡山水肌理的整体保护，持续实施“一山一策”“一湖一策”保护，深化161座山、401个湖泊的保护规划方案研究，在山的走向中、水的变化中，延续古城“山水相伴、河街相邻、人水相依”的城市空间格局。

树立“大苏州”理念，意味着放宽视角构建古城保护新的“朋友圈”。理念更新的同时，苏州借用数字化手段，让新时代的苏州古城有全新的打开方式。苏州推进“古城细胞解剖工程”，数字孪生城市建设取得阶段性成果。在“苏周到”客户端找到“数字古城”，进入“线上苏作馆”“数字地图”“数字园林”等功能模块，游客动动手指就可以720°全景游古城。

古城保护新的“朋友圈”，不仅保护视角要更宽广，保护力量也要更多元。苏州拿出的具体举措是，市域一体化推进古城保护，全社会参与古城保护，凝聚古城保护的各方力量。

去年6月，苏州名城保护集团成立，成为苏州19.2平方千米历史城区的保护与更新工作的主要平台，不久前该集团启动27个古城保护更新项目，总投资额近120亿元。去年7月，苏州平江历史街区保护整治有限责任公司与张家港市金城投资发展有限公司、南京宁颐实业有限责任公司成功“牵手”，三方以古建老宅潘宅为主要载体，打造姑苏·金城颐和精品酒店，眼下正在火热建设中。

政府、市场持续发力，住在古城、喜欢古城的人也要参与进来。2月8日，专家咨询会当天，苏州发布实施《苏州国家历史文化名城保护区社区规划师制度实施办法（试行）》，聘任了一批社区规划师，引导更多古城居民、社会组织参与进来，让他们从旁观者，变成参与者、推动者，苏州还在加快探索建立更多这样的有效机制和平台。“海棠合伙人”是又一股重要力量，快递员高二元在姑苏区工作了10年，对古城每一处角落都十分熟悉，去年起他多了一个新身份——双塔街道“海棠合伙人”，在工作之余力所能及为古城出力。

苏州正在用富有前瞻性的整体保护理念、勇于先行先试的创造突破意识，努力探索出一条古城保护与发展的率先之路。

玩转产城人“融合魔方”

城市发展的目标在于满足城内人的生活需求，提高人的生活水平。在苏州古城保护新的40年起步之年，苏州保持对古城的珍爱之心、尊崇之心，阔步再出发，以更广视角、更大力量推动古城保护，立志打造“世界一流的历史文化名城”“江南文化的强大内核”“诗与当下兼具的人间天堂”。在这段新征程上，现代化是“关键词”，未来的古城，一定是历史文化和现代生活融为一体的古城。

苏州提出，以“产城人”融合发展的理念推动古城保护、传承、发展。古城在城市功能融合、空间尺度等方面具有独特优势，但在产业发展、配套设施等方面也有不少短板，有条件更有需要在这方面率先探索，推动产业、城市、人口良性互动，激发古城的内生动力。

聚焦产业发展，做好“产”的文章。可以说，古城是全市人文资源最富集的区域，有着发展创新经济、数字经济、文化产业的天然优势。为此，苏州正积极招引科创型、文创型、服务型等总部项目入驻，推动“文化+科技+产业+旅游”深度融合发展，打造数字创意和高技术服务产业创新集群。2月1日，文化龙头企业泰丰文化签约入驻顾廷龙故居，将把老宅作为企业在苏州的总部基地，整体打造“顾廷龙故居・观丰文化艺术基地”。

瞄准城市更新，做好“城”的文章。苏州正加速推进历史文化保护传承、古城保护更新、产业培育、载体建设、城市面貌提升等9个全区三年系列行动计划（2023—2025年），系统推进虎丘综改、五卅路子城片区、32号街坊、桃花坞片区、过云楼—怡园片区、苏大天赐庄片区等九大区域的保护更新工作。

道前32号街坊，四至范围与沧浪街道道前社区相吻合。这块区域，自明清至民国都是古城的官衙重地，现有江苏省按察使署旧址等省文保单位2处，陶氏宅园等市文保单位5处，沈瓞民故居等市控保建筑7处，畅园等列入苏州古典园林名录的园林3处。近年来，姑苏区以32号街坊项目为试点，探索成片保护更新路径，伴随着更新改造项目加快推进，区域内众多古、旧、危建筑或被腾空或被加固，再经过保护修缮，成为独具特色的发展新空间，目前老字号雷允上已入驻曹沧洲祠，成为中医文化馆，畅园将被打造成精品酒店。

紧盯“苏式生活”，做好“人”的文章。悠闲的午后时光，沧浪街道潼泾综合为老服务中心，孙曼华品尝了老年人定制款“养生黑芝麻咖啡”后，忙和身边的伙伴分享感受：“咖啡可不是年轻人的专利，我们老年人也能喝的。喝喝咖啡，讲讲话，日子不要太惬意！”孙曼华所在的为老服务中心有着助餐点、适老化展厅等各类配套，为周边老年人提供便利服务。当前，苏州正着力做精“苏式生活典范”，以高品质的管理和服务，让现代生活的一切需求都在古城里得到更加便利的保障和满足，不断增加古城人的获得感、幸福感、安全感。

城市更新让“住在古城”成为情怀追求，产业发展让“业在古城”彰显古城价值，为民服务让“人在古城”感受城市温度，苏州用心用情书写“产城人”融合文章，肩负起“面向世界、面向未来贡献古城保护的苏州方案”的职责使命。

这样的古城，又怎能不令人期待和向往呢？

（摘自2023年2月17日《新华日报》）

统计资料

表33-1 姑苏区主要经济指标（2023）

指标	计量单位	累计完成	同比增幅
一、地区生产总值	亿元	950.04	4.1%
#第二产业增加值	亿元	51.71	-5.1%
第三产业增加值	亿元	898.33	4.6%
服务业增加值占比	—	94.60%	—
二、一般公共预算收入	亿元	64.60	4.5%
#税收收入	亿元	55.72	4.1%
一般公共预算支出	亿元	80.80	-8.5%
三、规模以上工业总产值	亿元	63.44	2.4%
#制造业	亿元	15.21	-2.5%
#电力、热力、燃气及水生产和供应业	亿元	48.23	4.0%
四、社会消费品零售总额	亿元	1032.34	6.4%
五、全社会固定资产投资额	亿元	181.16	-13.8%
#房地产投资额	亿元	105.39	-4.4%
六、人均居民可支配收入	元	76986	4.2%
七、常住人口	万人	92.61	-0.5%

表33-2 姑苏区一般公共预算收入（2023）

指标	累计完成（亿元）	同比增幅
一般公共预算收入	64.60	4.5%
按税种分		
税收收入	55.72	4.1%
增值税	26.21	20.6%
企业所得税（40%部分）	8.96	18.1%
个人所得税（40%部分）	7.93	3.1%
城市维护建设税	3.05	0.0%
房产税	3.63	15.4%
印花税	1.26	52.9%
城镇土地使用税	0.38	-8.8%
土地增值税	4.10	-53.3%
耕地占用税	0.02	-71.9%
环境保护税	0.16	-25.8%
其他税收收入	0.00	-79.5%
非税收入	8.89	6.9%

索 引

说 明

一、本索引采用内容分析法编制，按索引款目首字的汉语拼音字母（同音字按声调）顺序排列，同音同调按第二字母的音序排列，依次类推。

二、索引款目后的数字表示内容所在的页码，数字后的a、b分别表示该页码的左、右栏。

三、大事记、统计资料、附录等未作索引。

A

爱国卫生运动　193b
安全发展示范城市建设　213a
安全工作　138
安全生产风险管控　213a
安全生产监管执法　214a
安全生产宣传教育　214a
安全生产责任落实　213a
安全生产专项整治　213b
安全稳定工作　96b
安全隐患排查　99b
安置帮教　104b
案件查处　74a

B

百年老校　172b
百年老校非遗课程　179b
帮扶慰问送温暖活动　200b
保护区党工委、姑苏区委反腐败协调小组会议　72b
保护区党工委会议、区委常委会会议　27a
保护使用　114b　115b
保障性租赁住房　201a
标准化管理　130a
殡葬管理　202b
兵员征集　106a

C

C9联盟合作深化　136b
财政改革　124a

财政和经济工作监督　47a
财政监督　124a
财政审计　127b
财政收入　122b
财政支出　123a
参政议政　75a　76a　76b　77a　78a　78b　79a　79b
残疾人福利　200b
残疾人关爱服务　93b
残疾人就业创业　198b
残疾人康复服务　93b
残疾人权益保障　93a
残疾人文化体育　94b
残疾人无障碍建设　94a
残疾人阵地建设　93b
查档利用　42a
茶花村工作　224b
产品质量安全监管　130b
常规督查　60a
长三角示范楼宇创建　144b
“畅购古城　姑苏上新”五五购物节姑苏联动分会场活动　138b
城市建设　217b　219a　220b　222b　223b　225a　227a　229a
城市绿化　165b
城中村（无地队）改造　117b
筹资工作　95a
出生缺陷综合防治　192b
传染病防控　191a
创业扶持　198a
慈善救助　200a

D

大气污染防治　166b
大儒巷38号旅游线路　151a
代表建议办理　48a
代表履职保障工作　47b
担保公司　126a
党的建设　218a　219b　221a　223a　224b　225b　227b　229a
党建业务融合发展　39b
党外知识分子和新的社会阶层人士统战工作　38a
党员管理　33a
党组织建设　40a
档案数字化　42a
档案宣传　42b
档案资源建设　41b
道路建设　113b
道路交通安全管理　99a
德邻堂吴宅修缮项目　112a
德育工作　173a
低收入人群救助　200a
地表水环境质量　165a
地名管理　208b
地名文化建设　208b
第六批区级非遗项目　189a
第十九届苏州端午民俗文化节　221a
典当公司　126b
“点亮石路·嗨翻金阊”新年活动　143a
调研视察　67a
端午民俗文化节　140a
对外交流拓展　135b
多元解纷　103a

E

儿童福利　200b
儿童友好城市建设　89b
2023观前啤酒美食节举行　139a
2023年全区高企申报业务培训会　170b
2023中国（苏州·虎丘）国际婚纱节　163b

2024年复评高企动员交流会　171a

F

发展规划　62a
法律监督　101b
法律援助　103b
法治保障体系　96a
法治公安建设　99a
法治宣传教育　103a
法治营商环境优化　102b
“繁华金阊门·潮流嘉年华”主题广场活动　142b
“繁华金阊门·欢购在石路”主题广场活动　143a
“繁华金阊门·金秋有好物”假日市集活动　142b
“繁华金阊门·石路万物生”主题市集活动　142a
“繁华金阊门·石路寻品味”春日潮流市集　142b
“繁华金阊门·石路有逛头”南浩街元宵灯会　142a
反垄断调查与反不正当竞争　129a
方言　21a
房地产管理　163a
防灾减灾宣传教育　212b
非公经济领域统战工作　37b
非公有制经济健康发展促进　80a
非公有制经济人士健康成长促进　80a
非遗品牌活动　189b
非遗宣传周　189b
服务发展　124b
服务管理　40b
服务管理保障机制　180a
服务贸易　135a
服务能力建设　64b
服务企业专场活动　145b
妇女儿童权益保护　89b
妇女就业创业　198b
妇幼基本公共卫生服务项目　192a

G

“轧神仙”民俗文化活动　219b
干部管理　33b
干部教育　33b
干部培训　41a
港澳台统战工作　37b
高层次人才服务　169b
高层次人才引育　169b
高校毕业生就业创业　198a
高新技术企业预申报辅导会　170b
公安基层基础建设　100a
公共法律服务　103b
公共机构节能　166b
公共健康综合监管执法　194a
公共卫生监督　194b
公务员管理　34a
公益诉讼检察　101a
公证服务　159b
工程建设领域整治　155a
工矿领域安全监管　213b
工伤保险　199b
工作机制建设　64a
共青团苏州市姑苏区第三次代表大会　85a
“姑苏杯”体育舞蹈城市公开赛　196a
“姑苏·惠服务”政务品牌矩阵　61b
姑苏区百年老校传承发展系列工程　177b
姑苏区第六届篮球比赛　196a
姑苏区第三次归侨侨眷代表大会召开　92b
姑苏区第三次少代会　181b
姑苏区第三届人民代表大会第三次会议　45a
姑苏区2023年第二批高企认定申报工作专家门诊服务　171a
姑苏区2023年高企申报专家门诊服务　171a
姑苏区公共文化中心　187a
姑苏区公共文化中心平江分中心　187a

姑苏区工会第三次代表大会召开 82a
姑苏区红十字会第三次会员代表大会 94b
姑苏区旅游大数据平台建设 153a
姑苏区首家外卖配送行业联合工会委员会成立 82a
姑苏区小学生田径运动会 196b
“姑苏区优秀旅游节庆活动”征集评选 152a
姑苏研学品牌 182b
姑苏游客驿站 153a
“姑苏月、观前夜”系列主题活动举行 139a
姑苏云谷产业园 146a
古城保护更新伙伴计划平台建设 109b
古城墙管理 109a
古城社会治理推进 98b
古城细胞解剖工程 109b
古代经济 21b
古建老宅活化利用 109a
顾家花园13号修缮项目 111a
顾家花园4号修缮项目 111b
管党治党责任落实 72b
广告业 160a
规范协会换届 91b
规划研究 116a
国发大厦 145b
国际合作交流 178a
国际篮联三人篮球争霸赛暨“繁华金阊门·石路运动YE”主题运动市集活动 142b
国际市场开拓 135b
国家历史文化名城中心城区政协跨区域协商第一次会议 68b
国家统计调查 129a
国家文物保护利用示范区创建 110b
国有企业服务古城保护 121a
国有企业改革 120b
国有企业监管 121a
国有企业人才工作 122a
国有企业社会责任履行 121b

H

海绵城市建设 117a
河道管理 118a
核级管道高质量高效现场焊接系列智能装备 170b
和谐劳动关系构建 199a
河长制工作 165a
红十字文化宣传 95a
虎丘婚纱城·2023江苏省婚纱礼服职业技能定制赛暨服装院校学生设计大赛 164a
环境监管执法 168b
环境提升 113b
环境卫生管理 118b
环境治理 138a
婚纱城橱窗大赛 164b
婚姻登记 202a
火灾事故调查 215a
火灾隐患治理 214b
货物贸易 135a

J

基层党建 32b
基层党组织建设 39b
基层法律服务 104a
基层管理体制改革 38a
基层民主法治建设 103b
基层社会治理 96b
基层卫生服务能力建设 191b
机构许可（备案） 194b
机构养老 203a
机关党建服务 39b
机关党组织和党员情况 39a
机关绩效管理 38b
机制探索 108a
集团化办学 172a

计划生育家庭奖励帮扶 202a
计量管理 130a
纪检监察队伍建设 71b
纪检监察信息化建设 71a
纪审巡审联动 128a
家庭服务 89a
家庭医生签约服务 192a
家政服务 160b
价格监测 131b
价格收费监管 132a
价格调控 131b
监督贯通协调 73b
简政放权 60a
健康场所建设 193b
健康教育 193a
建新巷30号修缮项目 111a
建置沿革 19a
建筑安全监管 156a
建筑安装工程投资 154a
建筑业规模 154a
建筑业信用管理 156b
建筑质量监管 155b
江苏省义务教育优质发展县区创建 179b
江苏省运河沿岸城市第二届“姑苏杯”门球邀请赛 196a
教师队伍建设 173a
教学改革 176b
教育督导考评 173b
教育合作交流 177b
教育救助 200b
教育科研 174a
教育信息化 174b
街区提升 142a
结对帮扶宿迁市 63b
节令习俗 20a
节约用水 165b
巾帼建功 89a
金融风险防控 125b
近代经济 22a
经济建设 217b 219a 220a 222a 223b 225a 226b 228b
经济统计监测 128b
经济责任审计 128a
精品文旅路线 151a
精神卫生 191b
精神文明建设 36a
景区建设 113b
酒店民宿管理 153a
就业帮扶 197b
就业创业特色品牌 197a
就业状况 197a
居家养老 203a
居民收入 199b
居民消费 199b

K

科技成果 169a
科技服务体系建设 170b
科技赋能 99b
科技教育 181b
科技投入 169a
科技政策 169b
科技智库建设 91a
科普场馆 171a
科普活动 171b
科普联动 171b
科普研学 171a
科研资政 41a
课程建设三年行动计划 175b
客流高峰应对 119b
课题研究 108b

空气质量 165a
跨区域促进沪苏协同 61b
会计服务 160a

L

劳动技能竞赛 82a
劳动教育 182b
劳模精神、劳动精神和工匠精神弘扬 82b
老旧小区改造 117a
老年健康服务体系建设 192b
老年教育 180b
老年人福利 200b
老年人口概况 202b
老字号宣传推广 161a
离退休干部队伍 40a
理论教育 35a 39a
历史文化街区和历史建筑保护利用现场会 109b
联动中心信息化建设 64b
联谊合作 93b
廉洁文化建设 73a
连云港赣榆区“五方挂钩”工作 63b
流浪乞讨人员救助 200a
楼宇品牌打造 226
旅游交通体系 153b
旅游市场整治 152b
律师服务 159b

M

M+芯谷产业园 146a
慢性病防控 191b
矛盾纠纷化解 98a
庙堂巷14号修缮项目 111b
庙堂巷11、12号修缮项目 111a
灭火救援 215a
民办义务教育规范发展 177a
民办园办学质量提升 176a
民兵应急分队集训 106a
民兵整组工作 106b
民生保障 123b
民事行政检察 100b
民主监督 66b
民族 21b
民族宗教工作 37a
母婴安全保障 192b

N

内审工作 128a
能力提升 40b
钮家巷陈宅修缮项目 112a
农贸市场建设 160b

P

排水管理 118a
盘门灯会 140b
配合上级巡视巡察 74b
品牌认证监管 129b
平安姑苏建设 96a
平江历史文化街区建设 112b
“平江晒书节” 218a
普惠服务 82a

Q

企业服务 137a 139b 141b
企业服务中心成立 145b
企业科协双创 91a
企业质量发展 129b
气候 18a

侨法宣传　93a
侨务工作　37b
青年发展型城市（县域）建设　86b
青年志愿服务　86a
青少年法治教育　43a
青少年关爱帮扶　43b
青少年关爱救助　86a
青少年权益保护　85b
青少年思想引领　85b
区民生实事项目　53b
区人大常委会会议　45a
区图书馆　187a
区文化馆　187a
区文联第三次代表大会　91b
区域发展协同推进　136a
“区长杯”青少年校园足球联赛　196b
区政府重要会议　52a
区政协常委会议　67b
区政协主席会议　68a
区重点项目　56a
全民健身公共服务　195b
全民阅读　188a
全年主要工作成果　49a
全区领导干部警示教育大会　72b
全区武装工作会议召开　106a
群众身边“微腐败”整治　73b

R

燃气管理　117b
人才工作　34b
人大代表构成及机构概况　44a
人大工作创新发展　44b
人道救助　94b
人防工程管理　107a
人防工程建设　107a
人防宣传教育　107a
人防训练演练　106b
人口　21a
人口出生监测　202a
人力资源服务　159b
人民监督员和人民陪审员工作　104a
人民调解　103b
人事任免　44b
认可与检验检测管理　130a
融合教育　180a
“融入式协商”议事工作　69a
融资租赁　126b
柔性直流互联配电网安全经济优质调控关键技术及应用　170a

S

“三资”监管　122b
山塘历史文化街区建设　113a
商圈建设　137a　139b　141a
商业保理　126b
尚堂弄4、8、10号修缮项目　111a
少先队工作提升　181b
少先队建设　86b
社会服务　75b　76a　77a　77b　78a　78b　79a　80b
社会工作发展　204b
社会建设　218a　219b　220b　222b　224a　225b　227b　229a
社会治安　98b
社会组织监管执法　208a
社会组织评估　208a
社情民意工作　69b
社区工作人才队伍建设　204b
社区矫正　104b
社区教育　181a

社区养老 203a
社区治理与服务 204b
深化改革 122a
审查调查制度建设 74a
审计管理 128b
审计整改 128a
生态环境监测 167b
生态环境问题整改 168a
省、市优质园创建 175a
施工安全培训 155a
施工扬尘治理 155a
失业保险 199b
“石湖串月”民俗文化活动 228a
食品安全监管 130b
史志工作 42b
市场主体登记注册 129a
市区两级职能调整 38b
市容环境管理 118a
市域一体融合发展 136b
市政管理 118b
事业单位登记管理 39a
事业单位优化调整 38b
收养管理 202b
书海夜航 188b
数据治理 62b
数智建设 137b
数字产业发展 127a
数字人民币业务 124a
双减工作 181a
双拥工作 107b
水上旅游线路 151b
水污染防治 167a
水系水文 18b
水韵江南 风雅姑苏——2023“姑苏杯”导游大赛 153b
“水韵江南 风雅姑苏”姑苏古城旅游专题推介会 152a
税费征管 124b
司法所建设 104b
四季平门塘 226a
苏州第五建筑集团有限公司 155b
苏州国际设计周 134b
苏州建设（集团）有限责任公司 155b
苏州市方志馆新馆开馆 114b
诉讼服务 102b
随迁子女入学保障 177a

T

泰华商城升级 140b
唐寅故居文化区开街 114b
特色审判 102b
特殊教育师资建设 180a
特种设备监管 131a
提案工作 69a
体教融合发展 179a 195b
体育企业安全督导 195a
体育社会组织建设 195b
体育设施管理 195a
体育设施建设 195a
调解组织建设 105b
停车管理 119a
统筹谋划巡察工作 74a
统计产品 128b
统计分析调研工作 128b
投资审计 127b
土壤环境质量 165a
土壤污染防治 167b
团结合作 66a
退休人员社会化管理 203a
退役军人就业创业 203b
退役军人困难帮扶 204a

退役军人权益保障　204a
退役军人移交安置　203b
托育服务　160b

W

外事服务　64a
外事接待　64a
万融国际大厦　145b
网格化社会治理　65a
网络交易与合同监管　129a
网络品牌建设　37a
危险化学品安全监管　213a
维护社会稳定　98a
委员工作室建设　69b
未成年人检察　101a
为侨服务　92b
卫生健康信息化建设　190b
卫生人才队伍建设　190a
卫生应急体系建设　190b
位置面积　18a
文化产业载体建设　152b
文化产业招商　152b
文化惠民活动　187b
文化活动　92a
文化建设　35b
文化类奖项　187b
文化市集　188a
文化特色　221a
文教融合　189a
文旅行业监管　152b
文旅融合　140a　189b
文史宣传工作　69b
文体活动　82a
文物安全管理　110a
文物勘探　113b
文物修缮管理　110a
文艺创新和扶持　92b
文艺惠民　92a
稳岗惠企　197b
污水处理节能　166b
物价补贴　132a
物流服务品牌创建　158b
物流项目建设　158a
物业管理　163a

X

闲置载体盘活　144a
现代经济　22b
献血捐髓　95a
项目服务　116b
项目管理　62b
项目建设　114a　115a
项目建设审批　61a
项目引进　134a　145a
项目运营　114a
消防安全宣传教育　215b
消防救援队伍建设　215a
消防责任落实　214b
消防执法管理　215a
消费者权益保护　131a
小贷公司　126a
“小巷巡察”品牌建设　74b
心理健康教育　178a
新入驻企业简介　145a
新时代中小学科学教育　178a
新闻宣传　35b
新业态新就业群体党建　33a
信访举报　74a
信用服务　133a
信用监管　133a

信用信息应用　133b
信用知识宣传教育　133b
刑事检察　100a
行政复议　97b
行政区划　19b
行政区划界线管理　208a
行政应诉　97b
行政执法　97b
悬桥巷23、25号(钱伯煊故居)修缮项目　111b
悬桥巷14号修缮项目　112a
悬桥巷47号修缮项目　111b
学前教育普及普惠　175a
学生体质健康发展　178b
学校卫生与健康教育工作　175a
巡视巡察整改和成果运用　74b

Y

严打违法犯罪　98a
阳光惠民　63b
养老保险　199b
养老照护服务　95a
药械监管　131a
业态布局优化　138a
12345政务服务便民热线　64b
依法办案　102a
依法治档　42a
医疗和生育保险　199b
医疗卫生机构概况　190a
一刻钟便民生活圈建设　160b
“一路山歌”白洋湾山歌文化节活动　229b
遗体和人体器官捐献　95a
艺术教育　178b
艺术实践活动　182b
义务教育管理体制改革　179a
义务教育入学工作　177a
因公出国(境)管理　64a
营商环境　125a
营商环境优化　61a　120b
应急队伍建设　212a
应急管理体系建设　211a
应急救护　94b
应急能力建设　211a
应急物资储备　211b
应急预案　211b
优抚工作　107b
语言文字工作　174a
预防接种　191a

Z

再担保公司　126b
载体提档升级　144a
责任体系健全　97a
站区环境优化　119b
招商推介　134a　144b
阵地建设　41b　81a　85b　95b
政策支持　145a
政法队伍建设　97a
政府依法履职　97b
“政务+电力”融合服务“电暖流”驿站　61b
政务服务优化　61a
政协姑苏区三届三次会议　67a
政协委员构成及机构概况　66a
政治监督　73a
正风肃纪反腐　71a
知识产权保护　132a
知识产权创造　132a
知识产权服务　132b
知识产权宣传　132b
执法管理提升　119b
执法检查和视察　47a

职工困难帮扶　81b
职工权益维护　81b
职工思想引领　81b
职业病防治　193a
职业技能提升　199a
职业健康管理　193a
直管公房管理及修缮解危　162a
制度规范　62a
制度建设　108a
“智改数转”工作　127a
智慧工地建设　154b
智慧司法建设　105a
智能化绿色城市轨道交通移动装备关键技术研究及应用　170a
智能建造　154b
中共苏州市姑苏区委三届六次全体会议、中共苏州国家历史文化名城保护区工委（扩大）会议暨区委经济工作会议　26b
中共苏州市姑苏区委三届五次全体会议暨中共苏州国家历史文化名城保护区工委（扩大）会议　26b
中国共产党苏州市姑苏区第三届纪律检查委员会第三次全体会议 72a
中国（苏州）丝绸服装服饰设计大赛　164b
中欧班列发展　135b
中医药服务能力建设　193b
中医医联体合作　194a
重大事项讨论决定　44a
重大行政决策　97a
重点督查　60a
重点领域应用　63a
重点物流企业介绍　159a
住房公积金服务　201b
住房公积金管理　201a
住宿餐饮　160b
“专精特新”企业培育　127a
专项工作监督　46b
专项审计　127b
装配式建筑　154a
资政建言　69a
自然灾害　18b
综合金融服务　125b
综合考核　34a
综合治理　141b
宗教　21b
组织建设　42b　75a　76a　76b　77a　77b　78a　78b　79b　81a　85a　88b　91a　91b　92b　94b
组织收入　124b
作风建设　73a
作用发挥　40a